MOED

거 룩 한 약 속

| 이문희 지음 |

쿰란출판사

머리말

절기에 대하여 책을 쓸 수 있도록 지혜를 주신 하나님께 무한한 영광을 돌린다. 부족한 사람이지만 하나님께서 절기에 대하여 관심을 갖도록 하시고 연구하게 하시니 감사를 드린다.

이 연구는 성경을 조금 더 하나님의 관점에서 보고 싶은 갈급함의 표현이었다. 연구를 해나가는 과정 속에서 많은 이해와 깨달음을 허락하셨고, 성경을 보는 눈이 새롭게 열리게 되어 참으로 설레기도 하고 기쁨을 감출 수가 없었다. 매일 기도하는 마음으로 성경을 통해 하나님의 시간표와 징조를 보려고 노력했고, 그 가운데 절기를 통해서 일하고 계시는 하나님을 새롭게 발견하게 된 것은 참으로 놀라운 기쁨이라고 할 수 있다. 연구하는 내내 하나님의 임재를 경험하게 되어 참으로 행복했다. 그동안 맹목적으로 성경을 이해하고 지식적인 안목에서 성경을 대하려 했던 태도를 돌아보게 되었고, 오만과 편견에 사로잡혀 있던 나의 모습에 한없이 부끄러움을 느꼈다. 알량하고 지엽적인 지식의 눈으로 말씀을 보려 했던 나의 어리석은 모습을 보게 하신 하나님께 참으로 감사할 따름이다.

이제 맹목적인 틀에서 벗어나 조금 더 낮아지고 겸손한 마음으로 하나님께 한 발 다가갈 수 있는 기초석을 하나씩 하나씩 깔아 가는 것이 오만과 편견이라는 교만의 거대한 집을 무너뜨리는 굴삭기가 되기를 바라는 마음이다.

필자가 이렇게 말하는 것은 어떤 대단한 지식적인 가치를 발견했다는 자랑보다는 독자들로 하여금 하나님의 말씀에 조금 더 가까이 갈 수 있는 계기가 되기를 바라는 것이며, 장차 임하게 될 주님의 나라에 대한 소망이 더욱 간절해지고 굳세어지기를 바라는 마음에서이다. 어찌 이 거대하고 무한하신 하나님의 뜻과 영광을 새의 깃털보다도 가벼운 인간의 지식과 안목을 가지고 알 수 있을까마는, 하나님으로부터 내려지는 신령한 은혜의 감동의 전이가 살아가는 전 생애를 통해서 증거되고, 또 그것을 나누는 일에 조금이나마 일조할 수 있다면 필자의 작은 깨달음이 부끄럽지 않겠다는 생각이 들어 이 책을 쓰게 되었다.

때로는 강한 어조가 거부감이 들고 불쾌할 수도 있겠지만 영혼을 사랑하고자 하는 작은 자의 소망이라고 여겨 주면 참으로 감사하겠다.

적지 않은 시간 준비를 하고 작은 깨달음이 있을 때마다 메모의 습관을 가지고 모아 놓았던 여러 가지 필적들이 오늘 이렇게 한 권의 책으로 엮이었다.

수고와 내조를 아끼지 않은 사랑하는 아내 최효숙 사모, 그리고 하나님께서 선물로 주신 사랑하는 첫째 예담, 둘째 예성, 셋째 사랑스러운 딸 예소리, 막내 예빈 모두에게 너무 고맙고 감사하다는 말을 전하고 싶다. 남편으로서, 아빠로서 시간이 필요했음에도 불구하고 방해하지 않기 위해 배려를 해준 사랑스런 가족이 있었기에 부족하나마 이런 글을 쓸 수 있었다. 교정을 거칠 때에도 무뚝뚝한 남편을 옆에서 응원해 준 아내의 따듯한 사랑에 고마운 마음을 글로 표현해 본다.

조금 더 겸손한 모습으로 글을 쓰려고 노력을 기울였지만 필자의 연약한 모습에 대해 독자들의 사랑과 배려가 있기를 부탁한다. 가장 연약한 종으로, 낮은 자의 모습으로 섬겨 가기를 원하는 작은 종의 외침에 귀를 기울여 주시기를 바라면서 필적을 남긴다.

2016년 싱그러운 9월에
주님의 작은 종 이문희

당부의 말

이 책은 조금 생소한 주제를 다루고 있고, 또한 원어인 히브리어를 사용하다 보니 좀 낯설게 느껴질 수도 있다. 그렇기 때문에 절기의 부분과 성경의 난해함에 이해를 더하고자 반복적인 기법을 여러 번 사용하였다. 그러므로 찬찬히 살펴보면 이해하는 데 도움이 될 것이다. 그리고 각주를 꼭 참조하여 읽었으면 한다.

성경의 배경적인 부분은 그동안 우리가 접하지 않았던 부분에 대하여 쓰여 있기 때문에 때로는 의혹, 때로는 이해의 과도기를 거치기도 할 것으로 생각된다. 또한 유대의 배경사와 유대인 목사들(메시아닉 쥬)의 기록을 의제한 부분이 있으므로 우리 가치관과 조금 다를 수 있다는 것을 먼저 밝히는 바다. 이야기의 반증은 그만큼 성경을 우리의 관점으로 바라보고 있었음을 주지하기 위해서이다. 혹시 몰이해로 말미암아 감정의 역동이 있었다면 이해를 바란다.

그리고 조금 디테일한 부분은 성경의 이해를 돕기 위해 기록했음을 양지해 주기를 바라며, 단순히 사변적인 기록이 아니라 이 시대의 징조에 대한 이해를 돕기 위한 것이고 하나님의 백성으로서 이 세대를 어떻게 조망하며 살아가야 할지를 염두에 두고 기록하였다는 것을 강조해 두고 싶다. 또한 성경을 볼 수 있는 성경적인 가치관을 갖도록 하기 위한 목적으로 노력을 기울였음을 양지하기를 바란다. 그러므로 번거롭지만 각주를 꼭 참조해 가며 읽어 나가는 습관을 갖는 것이 좋을 듯하다.

그리고 주제와는 좀 다른 듯하나, 독자들의 경건한 신앙의 삶에 도움을 주고자 청교도들의 삶과 신앙, 즉 하나님을 만나기 위하여 헌신한 이야기들을 수록해 놓았다.

졸고를 통하여 만나게 된 독자들과 교회와 가정과 삶에 하나님의 무한하신 영광과 위로하심이 늘 넘쳐나기를 축복한다.

차례

1부

2부

3부

MOED

거룩한 약속

1부

1

들어가며

필자는 5형제 중에 막내아들로 태어나 시골에서 자랐다. 워낙 약한 몸으로 태어나서인지 아니면 먹을 것이 변변하지 못해서인지 학교를 갔다 오는 길에 자주 쓰러지곤 했고, 그럴 때마다 지나가던 이웃 아저씨의 등에 업혀 온 기억들이 생생하다. 그런 날이면 어머니께서는 귀한 라면 한 그릇을 끓여 주셔서 그것을 맛있게 먹었던 기억이 난다. 그때는 모두가 어려운 시절이었다. 식구는 많고 농사할 땅은 작아서 어떤 이들은 그리 높지 않은 산을 개간하여 화전을 하여 감자와 고구마를 심어 부족한 식량을 해결하곤 했다.

잠시 그때의 기억을 떠올리면, 여름에는 감자로 끼니를 해결하는 날이 많았던 것으로 기억한다. 그래서 학교를 갔다 집에 돌아오면 어느새 찬거리를 위해서인지 커다란 고무 다라에 감자가 가득 담겨 있고 그 옆엔 3분의 2 이상 닳고 닳은 초승달 모양의 놋숟가락이 놓여 있었다.

어머니의 무언의 부탁이신 것이다. 지금이야 아이들이 놀거리도 많고 볼거리도 많지만 그 시절에는 보이는 것이 산과 들이요, 화전을 일구어 개간한 밭뿐이었다. 어머니는 그 감자들의 껍질을 다 벗겨 놓으라고 하시는 것이다. 그래야 점심 찬을 만들어 가신다는 것이다. 지금이야 설탕이지만 그때는 어머니께서 당원이라는 달달한 것을 넣고 감자 버무리를 하시면 맛있게 먹었던 기억이 난다.

겨울철이면 방 한 켠에 수확하고 남은 수숫대로 발을 엮어서 커다란 움집 비슷한 것을 만드는데, 우리는 그것을 '고구마 통가리'라 불렀다. 천장까지 닿을 듯하게 가득 채워진 고구마는 한겨울 가족이 둘러앉아 무김치를 놓고 대나무 소쿠리에 한 가득 담아 먹으며 긴 겨울을 달래곤 하던 음식이었다.

어린 시절 가장 기다리던 절기 두 가지가 있었는데, 가을에는 추석이었고 겨울에는 설이었다. 왜냐하면 이때만큼은 풍성하게 준비된 음식과 절기를 보내면서 먹을 수 있는 유일한 과자들이 놓여 있었기 때문이다. 우리는 절기들이 가져다주는 풍성함에 늘 명절을 기다리곤 하였다.

무엇보다도 절기의 백미는 설이었다. 설 준비를 하기 위해서 보통 두 달 전부터 어머니는 명절을 위해서 시간표를 맞추어 놓고 준비를 하셨다. 말하자면 두 달 전부터 명절의 분위기를 띄우는 것이다.

명절이 가까워지면 가까워질수록 분위기는 한층 고조되기 시작한다. 보름 정도 앞으로 다가오면 어머니는 분주해지신다. 수정과를 담그고, 두부를 만드시고, 엿을 고신다. 특히 기다려지는 것은 엿을 고실 때이다. 며칠을 장작불을 지펴서 엿을 고신다. 엿을 고을 때 들어가는 무는 쫀득한 맛이 일품이다. 이렇듯 명절의 분위기가 고조되고 새로 마련한 설빔을 입고 마지막 클라이맥스의 날을 기다린다. 그날이 되면 모든 이들을 만날 수가 있다. 멀리 외지로 나갔던 형들과 친지가 한곳으로 모이는 날이 절기였다. 이날은 기쁨의 날이다. 왜냐하면 모두가 만나고 볼 수 있는 날이기 때문이다.

그렇다. 이렇듯 절기는 우리에게 매우 중요한 날이다. 모이는 날이고, 기쁨의 날이기 때문이다. 그래서 하나님께서도 절기를 두셨다. 이날은 주의 이름으로 모이는 날이기에 기쁨의 날이다. 즐거운 날이다.

그래서 필자는 이 기쁨이 주어진 날에 대해서 말하고자 한다. 마치 어린 시절 새로 마련한 설빔을 곱게 차려입고 이날을 기다렸던 것처럼 주님의 백성들은 주(יהוה)를 기다리는 거룩한 마음으로 거룩한 신부의 모습으로 주의 날을 기다려야 하기 때문이다.

성경은 우리가 주님의 신부로 준비되어야 함을 말한다.

> "그에게 빛나고 깨끗한 세마포 옷을 입도록 허락하셨으니 이 세마포 옷은 성도들의 옳은 행실이로다"(계 19:8).

이 거룩한 옷을 입지 않고서는 결코 주님의 나라에 들어갈 수가 없기 때문이다.

우리는 신랑 되신 예슈아(ישוע)와 함께 이 거룩한 혼인 잔치에 참여해야 한다. 그래서 성경은 혼인 잔치에 대해서 계속 강조하고 있는 것이다.

구약을 통해서 이스라엘 백성은 토라(תורה)를 받음으로 하나님과 정혼식을 치르게 되었다. 출애굽기 19장에는 하나님께서 이스라엘 백성에게 토라를 주시며 정혼하는 장면이 나온다. 정혼을 하면 신부는 신랑을 위하여 정결하고 거룩한 삶을 살아야 한다. 그것이 이스라엘 백성의 삶이요, 우리의 삶이다.

신랑과 아직 혼인 상태가 아니기 때문에 혼인식을 치르기까지 신부는 정결하고 거룩한 삶을 잃지 말아야 한다. 만약 거룩한 삶을 살지 않는다면 신랑은 신부와의 혼인을 깨뜨려 파기할 것이다. 부정한 여인이기 때문이다.

신랑은 이 혼인잔치를 위해 많은 대가를 지불하게 된다.

우리 옛 혼인식에도 이러한 풍습이 있었다. 신랑이 신부를 맞이하기 위해서 먼저 신부 집에 가서 혼인잔치를 하고 3년 동안 신부 집을 위해서 노동력을 제공하며 살았다. 이것을 서류부가혼(庶流婦家婚)이라고 하는데, 신부를 데려오기 위해서 신랑은 그만큼 납폐금을 내든지 아니면 노동력을 제공하며 살았다. 이에 따라 신부 집에서는 신랑 즉 사위가 머무를 수 있는 집을 따로 마련해 주었는데 이것을 서옥(庶屋)이라고 불렀다고 한다. 그리고 자녀를 낳고 3년 동안 봉사를 하며 살다가 시간이 채워지면 신랑은 신부를 데리고 본가로 와서 비로소 혼인잔치를 치르고 살게 된다. 이것이 혼인잔치의 풍습이었다.

성경 속으로 들어가 보자.

창세기 24장을 보면, 이삭이 리브가를 아내로 맞이하는 장면을 접하게 된다. 아브라함이 엘리에셀로 하여금 이삭의 아내가 될 리브가를 맞아오도록 하는 장면이다. 엘리에셀이 리브가를 위하여 은금과 패물 등 납폐물을 준비하고 포도즙이 든 가죽부대를 준비하여 신부를 맞이한다.

이렇듯 신랑은 신부를 위하여 대가를 지불하여야 신부를 맞이할 수가 있다. 우리는 어떤 사건을 떠올리게 되는가? 우리의 신랑이신 예슈아(ישוע)께서는 우리를 맞이하시기 위하여 엄청난 대가를 지불하셨는데, 그것은 유월절 어린 양의 피로써 대가를 지불하고 우리를 신부로 삼으신 것이다.

신랑은 신부와 함께 정혼식을 치르고 집으로 돌아간다. 신부와 함께 살 처소를 마련하기 위해서이다.

> "너희는 마음에 근심하지 말라 하나님을 믿으니 또 나를 믿으라 내 아버지 집에 거할 곳이 많도다 그렇지 않으면 너희에게 일렀으리라 내가 너희를 위하여 거처를 예비하러 가노니 가서 너희를 위하여 거처를 예비하면 내가 다시 와서(가을 절기인 초막절) 너희를 내게로 영접하여 나 있는 곳에 너희도 있게 하리라"(요 14:1-3).

신랑은 돌아가면 신부와 살 집을 준비한다. 신랑이 신부를 데리러 가는 때는 아버지만이 안다. 그래서 아버지가 "다되었다, 이제 신부를 데려오라" 하면 그때에 신랑은 신부를 데리러 가는데, 유대인의 결혼 풍습을 보면 신랑은 신부를 데리러 가기 전 상당한 시간을 둔다고 한다. 그 이유는 신부가 신랑을 기다리며 거룩하게 살고 있는지를 보기 위해서이다.

유대인의 결혼 풍습이 성경의 혼인 잔치의 비유와 매우 닮은 것을 발견하게 된다. 즉 유대인의 풍습을 알면 성경을 이해하기가 쉽다는 것이다. 그래서 필자는 하나님의 절기를 매우 중요하게 생각한다. 그러므로 하나님의 절기를 중심으로 절기 속에 나타난 하나님의 징조를 살피고자 한다. 그때와 시는 알 수 없지만 하나님의 징조(אות, 오트)[1]를 통해서 이루어진 하나님의 때를 살피고자 하는 것이다.

---

1) אות : 징조 ① א : 첫째 강한 권위 ② ו : 연결하다, 구원하다, 못 ③ ת : 십자가. 첫째로 강한 권위를 가지신 분이 십자가에서 구원하심을 드러내신다(머리가 되신 분이 십자가에 못 박히다).

하나님의 말씀을 깨닫는 데 있어서 무엇보다도 중요한 것은 회심의 역사이다. 진정한 회심의 역사를 거치지 않으면 성경을 바로 볼 수가 없다.

> "이르시되 때가 찼고 하나님의 나라가 가까이 왔으니 회개하고 복음을 믿으라 하시더라"(막 1:15).

회심을 거치지 않으면 진정한 복음을 깨달을 수 없다는 것이다. 또한 회심의 역사만큼 중요한 것이 관점의 변화, 인식의 전환이다. 성경을 들여다보는 인식의 전환은 히브리적인 사고로 들여다보는 것이다. 그래서 절기를 중심으로 펼쳐지는 하나님의 때와 징조, 그리고 히브리적인 사고로 더욱 믿음의 틀을 견고하게 하자는 것이 필자의 의도이기도 하다.

2 회개에 대하여

회개라 하면 단순히 어떤 도덕적인 감정상의 문제로 보는 경우가 많다. 그래서 기독교인들은 잘 회개하지 않는다는 말을 자주 듣는다. 그리고 교회에서 열심히 일을 하고 있으면 자신은 별로 회개할 것이 없다고 생각하는 경우가 많은 것 같다. 필자 또한 그렇게 생각하고 치부하는 것이 편안하다고 생각할 때가 많다. 그러나 우리는 우리의 내면에 본질적으로 복음이 있는지를 살펴야 한다.

그래서 필자는 회개에 대해서 두 가지 시선으로 바라본다.

하나는 도덕적인 회개이다. 어떤 행위에 대하여 양심적인 가책을 느낄 때이다. 기독교인으로서 하지 말아야 할 일을 했다면 양심의 가책을 느끼고 자신의 잘못을 뉘우치는 것이다.

오래전의 일이다. 젊은 나이에 한 청년이 작업 공구를 만드는 공장에서 일을 한 적이 있다. 수입이 넉넉하지 않은 그는 주인 몰래 늦은 시간을 이용해 만들어 놓은 공구를 빼돌려 팔아 이익을 챙긴 적이 있었다. 경영난에 시달리던 공장은 몇 달 지나지 않아 문을 닫았고, 이 청년은 실직하였다. 시간이 지나 이 청년은 미국으로 건너갔는데, 어려움 끝에 사업을 시작하고 승승장구하여 사업이 번창하였다. 이제 중년의 나이가 되었고, 어느 날 그는 20여 년 전의 일이 떠오르면서 그 시절 공장 문을 닫게 된 것이 자신의 탓처럼 느껴졌다. 그는 고국을 방문하기로 했다. 20여 년 전 자신이 몰래 훔쳐 판 공구 값을 돌려주기 위해서였다. 세월이 지나 공장 위치는 찾을 수가 없어서 신문사를 통해 자신의 사정을 이야기하고 신문에 기사를 실어 줄 것을 요청했다. 그 사연은 당시 언론에 토막 소식으로 전해졌고, 필자도 깊은 감동을 받았다.

생각해 보자.

20여 년 전의 자신의 잘못을 뉘우치고 이역만리 먼 거리를 날아왔다. 그냥 묻어버리면 끝이다. 그러나 시간이 지나서 이 청년은 도둑질했다는 죄책감과 자신으로 인하여 공장이 문을 닫게 된 것이 아닐까 하는 그 후회가 자신을 찌른 것이다.

정말로 대단한 일이다. 결심하기 어려운 일을 한 것이다. 이쯤 되면 이 사람이 지은 지난 일은 많이 상쇄될 것이다. 보통 우리는 이것을 회개라고 생각하고 있다. 그래서 도덕적인 감정에 벗어난 것만을 해결하면 모든 것이 끝이라고 생각한다.

그래서 교회는 더 이상 회개할 것이 없다고 생각을 한다. 왜냐하면 도덕적으로 바르게 살고 누구에게 해악을 끼치지 않고 종교적인 규범에 잘 적응하여 지키면 자신은 하나님 앞에 모든 것이 온전하다고 생각을 하기 때문이다. 그러나 기독교인이 아닌 사람들 중에 더 도덕적으로 바르게 사는 사람들이 많다. 봉사도 많이 하고, 헌신도 많이 한다. 그러므로 진정한 하나님의 백성은 한 걸음 더 앞으로 나아가야 한다. 하나님 앞에 자신이 진정 죄인인 것을 깨달아야 한다.

사무엘상을 보면, 우리가 잘 아는 사울 왕이 이스라엘의 초대 왕으로 이스라엘을 다스리는 것이 나온다. 8장 7절을 보면 백성이 하나님께 왕을 요구했다. 이때 사무엘이 하나님께 기도하자 하나님의 답변이 사무엘에게 돌아온다. "백성이 네게 한 말을 다 들으라. 이는 그들이 너를 버림이 아니요 나를 버려 자기들의 왕이 되지 못하게 함이니라." 백성들은 자신들의 기호에 따라서 자신들의 요구를 들어 줄 수 있는 왕이 필요했다. 이방 나라처럼 언제든지 자신들의 요구를 들어주는 왕이 필요했다. 즉 자기중심적인 편견으로 가득 찬 이스라엘 백성이었던 것이다. 하나님께서는 자기중심적인 편견에 사로잡혀 있는 이스라엘 백성이 하나님 중심적인 백성으로 돌아오기를 원하셨다.

사울의 이야기로 돌아가 보자.

사울이 사무엘에게 기름 부음을 받을 때에는 참으로 겸손한 사람이었다. 즉 그는 토라(תורה)[2]에 순종하는 겸손한 왕이었다. 이런 사울에게 하나님께서는 나라를 통치할 모든 제도를 기록하여 하나님 앞에 두게 하셨다(삼상 10:25). 하나님께서는 영원한 이스라엘의 왕이시며 왕이기를 원하셨다.

그러나 사울은 하나님의 왕권을 위임 받았음에도 불구하고 얼마 지나지 않아서 모든 것을 자기중심적으로 생각하게 되었다. 제사장만이 하나님께 제사를 드릴 수 있는데 자신의 왕권을 내세워 하나님의 규례를 어긴 것이다. 자신의 마음대로 제사도 드리고, 전쟁은 하나님께 있음에도 불구하고 전쟁에 나가서 하나님의 거룩하신 뜻을 저버리기까지 하였다. 사울은 토라에 순종하고 따르던 왕에서 토라를 버린 자기중심적인 왕이 되었다. 자신이 우상이 되어서 하나님께서 받으실 영광을 자신이 가로챈 것이다.

교만하여서 자기중심적으로 자신이 우상이 된 사울은 하나님께 버림받을 수밖에 없었던 것이다. 진정한 회개는 자기중심에 사로잡혀 자신이 우상이 된 것을 철저히 부수고, 엘리야의 제단에 불이 내려 제물을 불살랐던 것처럼 하나님의 불로 태워야 한다. 즉 하나님의 말씀 앞에 철저하게 자신이 죄인인 것이 발견되어야 한다. 어떤 도덕적, 종교적인 기준의 행위에서 자신을 바라보는 것이 아니라 하나님의 말씀의 불 앞에 자신이 발견되어야 하는 것이다. 이와 같이 도덕적인 기준에서 벗어나 철저히 자신을 돌아보는 회심이

2) 토라(תורה)의 뜻 ① 물같이 흐르다. ② 손가락으로 과녁을 가리키다. ③ 손으로 가르치다(교육하다). ④ 위에서 아래로 흐르다. 에스겔 34장 26절 복된 소낙비, 시편 72편 6-8절, 호세아 6장 3절, 하박국 2장 14절, 신명기 32장 2절. 우리는 토라가 율법이라는 잘못된 이해를 가지고 있다.

필자가 이야기하려는 '복음적인 회개'이다.

그 예를 구약의 제사 제도에서 찾아보자.

번제는 번제단에 불로 태우는 화제이다. 이것은 여호와 앞에 드려지는 제사이다. 또 속죄제, 속건제, 화목제가 있다. 죄인이 번제단 앞으로 짐승을 이끌고 간다. 그러면 제사장은 흠이 없는지 검사를 하고, 죄인이 짐승의 머리에 죄를 전가하면 제사장은 희생제물을 끌고 가서 잡고 피를 받아 번제단에 피를 뿌린다. 나머지 고기는 각을 떠서 번제단에 불살라 드리는 화제로 하나님께서 흠향하신다.

① 그러나 속죄제는 향기로운 냄새를 하나님께 드리는 제사가 아니다. 진 밖 재 버리는 곳에서 태우는 제사이다. 다른 제사는 하나님을 만족하게 해드리려고 하나님께 향연을 드렸다. 그러나 속죄제는 자신의 죄를 진 밖에 내다버리는 것을 의미한다.

② 속건제는 죄의 범과(예: 부정한 죄, 죄의 열매)로 드려지는 제사로 동일하게 여호와께 드리는 제사이다. 속건제는 속죄제와는 달리 배상이 따라야 한다. 남의 물건을 훔쳐 쓰고 나중에 말로만 "잘못했습니다"라고 하면 참 회개가 아니다. 반드시 배상이 따라야 참 회개가 되는 것이다(레 5:15).

③ 그리고 나머지 화목제도 제사의 방식은 같다. 그러나 화목제는 말 그대로 화목하게 하는 제사이다. 먼저는 하나님께 번제물로 드리고, 남은 제물을 제사장과 나누어 먹는 특징이 있다. 사람과도 화목하게 하는 제사라는 의미가 있다. 죄를 지은 죄인이 흠이 없는 제물을 이끌고 제사장 앞으로 나아가면 제사장은 제물로 드려질 짐승을 잡는다. 이 희생제물이 죄인을 대신해서 죽는 것이다. 이 희생적인 의미와 죄를 깨닫는 것이 진정한 복음적인 회개이다.

> "그러므로 예물을 제단에 드리려다가 거기서 네 형제에게 원망 들을 만한 일이 있는 것이 생각나거든 예물을 제단 앞에 두고 먼저 가서 형제와 화목하고 그 후에 와서 예물을 드리라" (마 5:23-24).

이것이 화목제의 의미이다.

미국에서 목회하던 목사님이 어느 날 큰 찔림이 있었다고 한다. 그래서 그는 생각했다. '내가 보통 때와 다르게 한 것이 있는가?' 그런데 자신을 돌아보았을 때 어떤 행위에서도 보통 때와 다른 점을 발견하지 못했다. 그는 어느 때보다도 주님 안에서 잘하고 있다고 확신했다. 자신의 사역에 기적, 치유, 계시들을 보면서 주(יהוה)께서 회개하고 돌아오라는 사실이 이해되지 않았다. to repentance, 그는 주님의 요구가 이해되지가 않았다.

그가 이해되지 않았던 이유는 아직도 사람들이 치유 받고 있었고, 사역은 점점 커 가고 있었고, 많은 사람들에게 사랑을 받고 있었기 때문이다. 사역이 커 가는 것을 크게 생각하고 있었기 때문에 이해되지 않았던 것이다.

그런데 주님은 그의 길을 버리고 돌아오라고 하셨다. '너의 비전, 너의 계획, 너의 야망, 너의 꿈을 버리고 주께로 돌아오라'고 하셨다. 그래서 그는 행동을 회개하려 했지만, 주님은 그가 행한 어떤 일이 아니라 그의 태도(마음)를 지켜보고 계셨던 것이다(잠 4:20-23).

그래서 그는 이렇게 기도했다.

"저는 죄를 깨닫지 못하는 그런 죄인입니다. 어떻게 회개를 해야 하는지 모르겠습니다. 회개의 은혜를 주시옵소서."

그가 그렇게 부르짖을 때에 주님의 임재를 경험하게 되었다. 주님의 임재가 강해지자 그는 두려워지기 시작했다. 그때 주님께서 말씀하셨다.

“내가 창세 전에 너를 알고 있었다. 내가 너를 택해서 마지막 때에 나를 섬기라고 불렀다. 그러나 내가 네게 할 말이 있다. 내가 만약 오늘 나의 거룩한 신부를 부르러 온다면 너는 나의 신부에 속하지 않을 것이다. 나는 너를 네려가지 않겠다.

그는 큰 충격에 빠졌다. 주께서 계속 말씀하셨다. 히브리서 9장 28절 말씀을 그에게 주셨다. ‘주께서 바라는 자들에게 나타나시리라’는 말씀이었다.

“너는 나를 기다리는 사람이 살아가야 할 그런 삶을 살고 있지 않다. 너는 온갖 더러운 것이 너의 삶으로 들어오도록 허용하고 있다. 너는 재림을 기다리지 않는 자처럼 살고 있다.”

> “불의한 자가 하나님의 나라를 유업으로 받지 못할 줄을 알지 못하느냐 미혹을 받지 말라 음행하는 자나 우상숭배하는 자나 간음하는 자나 탐색하는 자나 남색하는 자나 도적이나 탐욕을 부르는 자나 술 취하는 자나 모욕하는 자나 속여 빼앗는 자들은 하나님의 나라를 유업으로 받지 못하리라”(고전 6:9–10).

“너의 삶은 더러운 것으로 가득 차 있다. 너는 외형만 다듬으며 많은 것을 마음속에 숨기고 있다. 너의 삶에는 여러 부정한 것으로 가득 차 있다.” 그가 마음으로 거부하자 “내가 너에게 보여주겠다” 하셨다.

“이날을 기억하느냐? 이 장소를?”

어느 날 집으로 돌아오기 위해서 택시를 타고 다음 승객을 기다리고 있는데, 창문 밖으로 보이는 한 여인을 바라보며 온갖 상상을 하는 것을 보여주시는 것이었다.

"너는 밤에 침상에서도 온갖 더러운 상상을 하며 그것을 즐기고 있었다. 어느 날은 나를 증거하기 위해 세운 사역자까지도 바라보며 온갖 더러운 상상을 하였다.

너는 나를 두려워하지도 않았다. 음욕을 품는 자마다 마음에 이미 간음하였느니라"(마 5:28).

그리고 주님은 죄를 나열하셨다. 그의 마음속에 있는 질투, 시기, 남을 중상함, 남을 속이는 일, 그리고 치유의 사역을 통해서 그들의 마음을 사로잡고 그들의 마음을 조종하고 그들로 하여금 자신만을 바라보도록 조종했던 일, 사역이 커 가면서 하나님을 바라보는 것이 아니라 사람에게 초점을 맞추고 하나님을 바라보지 않는 그의 자세를 말씀하셨다.

그는 오열했다. "오, 주님! 제가 범죄하였나이다." 그때 주님이 말씀하셨다. "아니, 너는 죄를 짓지 않았다. 죄 안에서 살고 있었지. 너는 겉으로는 최고였다. 노력하고, 설교도 잘하고, 기적도 많이 일으키고, 기름 부음도 강했다. 그러나 사람들을 너에게 있는 능력을 가지고 무수히 조종하고 자신을 높이고 다른 사람들이 높아지는 것을 인정하지 않고 그를 시기하고 질투하였다."

그에게 큰 찔림이 있었다.

우리에게는 매일 어떤 찔림이 있는가? 매일 주의 말씀을 읽으며 찔림을 받는가? 주의 말씀 앞에 도덕적인 감성의 울타리를 넘어 깊은 찔림이 있는가?

"Return to me!" 주님은 회개하고 주님께 돌아오기를 원하신다.

주님의 말씀에 찔림이 있는가. 주님께 회개하고 돌아오라. 주님의 말씀에 찔림이 없는가? 냉랭한가? 심각한 영적인 병이다. 나는 보다 안전하다고 생각하는가? 도덕적으로, 신앙적으로 문제가 없다고 생각하는가? 사탄에게 속고 있는 것이다.

매일 매일 자신을 주님 앞에서 돌아보며 주님의 얼굴을 구하기 바란다. 우리는 그렇게 안전한 그 무언가의 어떤 장치도 갖고 있지 않다. 갖고 있는 지식, 자신이 지니고 있는 영향력, 오랜 사역을 통해 얻은 어떤 경험, 교회의 전통으로 흐르는 관행, 신앙의 오랜 경험, 그리고 신비로운 체험, 자신에게 주어진 그 어떤 직분도 그렇게 안전한 장치가 되지 못한다.

때로 사람들은 자신의 지식과 경험으로, 경제력으로 튼튼한 방어진을 구축했다고 생각할 것이다. 그러나 하나님 앞에는 그렇지 않다. 하나님의 능력을 방어할 그 어떤 요새도 없다. 비록 하나님 앞에 적들이 대규모로 손을 잡고 연합한다 할지라도 그들은 쉽게 산산조각이 날 것이다.

그들은 회오리바람 앞에 쌓여 있는 커다란 쭉정이 더미와 같거나 타오르는 불길 앞에 있는 다량의 건초더미와 같다. 땅에 기어다니는 벌레를 짓이겨 버리는 것은 쉽다. 또한 어떤 것을 매달고 있는 가느다란 실을 자르는 일은 쉽다. 마찬가지로 하나님 앞에 회개하지 않는 자들을 지옥에 던져 넣는 것은 쉽다.[3)]

3) 조나단 에드워즈의 "Sinners in hands of an Angry GOD" 중에서.

오직 주님의 은혜만이 우리를 안전한 포구로 인도할 뿐이다.

> "여호와께서 말씀하시되 오라 우리가 서로 변론하자 너희의 죄가 주홍 같을지라도 눈과 같이 희어질 것이요 진홍같이 붉을지라도 양털같이 희게 되리라"(사 1:18).

지금 당신은 주의 말씀으로 자신을 변론하고 있는가, 아니면 아직도 세상의 안락함과 자신의 안일함을 위하여 주께 변론하고 있는가? 돌이키라. 주의 얼굴을 매일의 주어진 시간 속에서 구하고 있는가?

만약 그렇지 않다면, 마귀는 하나님이 허락하시기만 하면 어느 순간이든지 악인들을 덮쳐 악인들을 자기 소유로 사로잡을 준비가 되어 있다. 악인들은 마귀에게 속해 있다. 마귀는 악인들의 영혼을 자기 소유로 삼고 자기의 지배 아래 둔다. 성경은 누가복음 11장 21절에서 악인들은 마귀의 소유라고 말한다. 귀신들은 악인들을 지켜보고 있다. 배고픈 사자가 이를 갈며 자기의 먹잇감을 노려보는 것처럼 귀신들은 악인들을 기다리고 있다. 그러나 귀신들이 악인들을 잡으려고 하지만 현재는 그렇게 하지 못하도록 제어당하고 있다. 그것은 하나님의 은혜와 자비 때문이다. 만약 하나님이 손을 거두신다면 귀신들은 한순간에 쏜살같이 불쌍한 영혼들에게 달려들 것이다.[4]

옛 뱀이 회개하지 않는 자들을 향해 혀를 날름거리고 있다. 지옥이 입을 크게 벌리고 악인들을 받을 준비를 하고 있다. 만일 하나님이 허락하시면 악인들은 즉시 지옥에 삼켜져 지옥으로 떨어지고

---

4) 조나단 에드워즈의 "Sinners in hands of an Angry GOD" 중에서.

말 것이다.

아직 떨어지지 않아 안전하다고 생각하는 것은 결코 좋은 일이 아니다. 그것은 전적으로 하나님의 은혜와 자비 때문이다.

회개하지 않는 자들은 큰 저수지의 물이 가득 차서 위험한 처지에 놓여 있는 것과 같다. 왜냐하면 수문이 열렸을 때 그 물은 매우 급하고 빠르게 쏟아져 내리기 때문에 이것을 감당할 수가 없는 것이다.

자신이 지금 안전하다고 생각하지 말라. 늘 주님의 얼굴과 얼굴을 대면하여 주님의 얼굴을 구하기를 바란다.

자신이 매우 안전하다고 생각하는 것에 대한 변론은 다음과 같다.

하나님께서 일반 성도나 특히 사역자들에게 기름을 부으시는 거룩한 일들에 대해 한국 교회나 우리는 매우 보수적인 성향들을 갖고 있다. 왜냐하면 그렇게 교육을 받아 왔고 설교를 들어왔기 때문이다. 그런데 하나님께서 기름 부으시는 이유는 그렇지가 않다.

사역자들이 오해하는 경우가 많이 있다. 자신이 오랜 세월 노력해 왔고 기도해 왔고 준비해 왔기 때문에 하나님께서 이러한 기적을 보이시는 것이라는 자신의 생각에 속고 있는 것이다. 물론 준비가 필요없다는 말은 아니다. 하나님께서는 우리의 어떠한 행위에 대하여 그 보상을 해주어야 할 마땅한 의무를 가지고 계시지 않다. 그 거룩한 일을 행하신 이유는 단 한 가지이다. '서서 하나님의 말씀을 들으려는 그 어떠한 한 사람, 또는 무리 때문'이다.

자신을 통해서 드러난 어떠한 영적인 가치를 가지고 자신을 생각하고 판단하는 것은 매우 교만하고 불경스러운 일임을 직시해야 한다.

그런 생각을 하는 자들에게 하나님은 이렇게 말씀하실 것이다.

“너는 왜 그런 생각을 하느냐? 네가 그럴 가치가 있어서 내가 너를 통해서 기적을 일으킨 것이 아니다. 설교를 들으려는 내 백성을 사랑해서 기적을 일으킨 것이다.”

마태복음 7장 22-23절에 “우리가……주의 이름으로 귀신을 쫓아내며 주의 이름으로 많은 권능을 행하지 아니하였나이까 하리니 그때에 내가 그들에게 밝히 말하되 내가 너희를 도무지 알지 못하니 불법을 행하는 자들아 내게서 떠나가라 하리라” 하셨다. 이런 자들에게 기적의 근거로 너의 가치를 판단하지 말라고 말씀하실 것이다.

또한 신명기 9장 4-6절에 “네 하나님 여호와께서 그들을 네 앞에서 쫓아내신 후에 네가 심중에 이르기를 내 공의로움으로 말미암아 여호와께서 나를 이 땅으로 인도하여 들여서 그것을 차지하게 하셨다 하지 말라 이 민족들이 악함으로 말미암아 여호와께서 그들을 네 앞에서 쫓아내심이니라 네가 가서 그 땅을 차지함은 네 공의로 말미암음도 아니요 이 민족들이 악함으로 말미암아 네 하나님 여호와께서 그들을 네 앞에서 쫓아내심이라 여호와께서 이같이 하심은 네 조상 아브라함과 이삭과 야곱에게 하신 맹세를 이루려 하심이니라 그러므로 네가 알 것은 네 하나님 여호와께서 네게 아름다운 땅을 기업으로 주신 것이 네 공의로 말미암음이 아니니라 너는 목이 곧은 백성이니라”고 말씀하신 것을 기억하라. 하나님은 자신이 가치 있다고 생각하는 것을 버리고 주께로 돌아오기를 원하신다. 꿈, 야망, 권리, 자신이 소중하게 생각하는 것들을 버리고 주님께로 돌아오기를 원하신다. “to repentance.”

히브리어로 ‘회개’는 ‘슈브’(שב)이다.

우리가 죄를 회개하고 주님을 마음속에 모셔 들이며 주님을 나의 구세주로 고백하는 순간 우리의 영은 새로워진다(born again). 그리고 영적으로 변화된 상태(change of status)가 된다.

이렇게 될 때 죄인이 구원받고 천국에서 하나님과 영원한 세계를 함께 누릴 예슈아의 신부가 되는 것이다. 히브리 뿌리를 통해서 본 회개는 참으로 구체적이다. 고대 히브리 글자의 모양과 뜻이 우리에게 회개의 진정한 의미가 무엇인가를 잘 설명해 주고 있다.

회개를 뜻하는 '슈브'(שב)의 두 글자의 뜻을 살펴보기로 하자.

- ש(쉰): 파괴시키다, 강함을 나타내다(destroy).
- ב(베트): '집'(the house)의 뜻이다.

즉 옛날 살던 집(베트), 옛 성품, 구습, 행동을 불로 태워 부서뜨려야만(ש, 쉰) 다시는 옛 집으로 돌아가지 않게 되며, 그때 비로소 진정한 회개가 이루어진다는 뜻이다.

전쟁 영화를 보면 전쟁에 이긴 정복자들이 하는 독특한 일들이 있다. 그것은 정복지의 모든 마을과 집을 불태워 없애는 것이다. 그럴 만한 이유가 있다. 만약 피정복자 포로들이 다시 돌아갈 곳이 있다면 어떠하겠는가? 언젠가는 돌아갈 수 있다는 소망을 갖기 때문에 아예 그 소망의 싹을 잘라 버리는 것이다.

하나님께서도 가나안 정복 전쟁을 치르실 때 완전히 진멸시키셨다. 여리고 성을 완전히 세우지 못하도록 무너뜨린 경우도 그와 같다. 성을 남겨 놓으셨다면 이스라엘 백성은 그 성에 안주하여 살려 했을 것이다. 그래서 무너뜨리신 것이다.

과거와의 모든 관계를 완전히 분쇄시키기 위해 정복자는 포로들이 지켜보는 가운데서 그들이 살던 옛 집을 완전히 불태워 돌아갈 생각을 하지 못하게 했다. 이와 같은 배경에서 '회개'를 뜻하는 단어 return, repentance란 말이 비롯되었다. 즉 돌아갈 옛 집이 없으면 돌아갈 생각을 하지 않는다는 것이다.

이와 같이 우리가 옛 성품을 완전히 부서뜨려야 구습으로 돌아가지 않는다. 이것이 바로 진정한 회개일 것이다. 진정한 회개는 자신을 깨뜨리는 것이다. 마치 성전의 불을 밝히는 감람산의 감람나무 열매를 깨뜨려야 불을 밝힐 수 있는 것처럼 자신을 깨드리지 않으면 하나님의 빛의 조명을 받을 수 없기 때문이다.

3

히브리적인 관점(헤브라이즘)으로 성경 보기

하나님의 시간과 인간의 시간, 이 두 시간은 분리된 것이 아님에도 우리는 마치 이 시간들을 분리된 시간들처럼 생각하고 성경을 바라보는 경우가 많다. 하나님의 시간과 인간의 시간은 분리되어 있는 것이 아니라 하나이다. 하나님께서 이 땅을 창조(ברא)하시면서 우리에게 시간을 허락하신 것이다. 성경의 시간에는 크로노스적인 시간과 카이로스적인 시간 두 가지가 존재한다. 크로노스적인 시간은 우리에게 허락된 시간이다. 즉 하나님께서 우리에게 허락하신 하나님의 시간이다. 그런 우리에게 허락된 시간을 우리는 우리 의지대로 사용하고 있는 것뿐이다.

그러나 카이로스적인 시간은 허락되고 주어진 시간을 하나님의 영광과 존귀를 위하여 사용되는 것이다. 때문에 하나님 앞에 드려지는 영광의 시간이라고 한다. 따라서 우리에게 주어진 모든 생각과 시간은 하나님의 영광과 존귀를 위하여 주어진 것들이어야 한다. 즉 크로노스적인 시간을 카이로스적인 시간으로 드려야 한다.

이러한 관점을 가지고 바라보는 것이 히브리적인 관점이다. 필자 또한 지난날 가지고 있던 모든 틀을 깨뜨리고 성경이 주어진 헤브라이즘의 사고와 관점으로 전환하려 애를 쓰고 있다. 이제 고착된 우리의 관점의 틀을 깨뜨리고 성경에서 말하고 있는 시선으로 볼 수 있기를 바란다.

1) 포도나무

요한복음 15장 2절을 보면, "무릇 내게 붙어 있어 열매를 맺지 아니하는 가지는 아버지께서 그것을 제거해 버리시고(헬라어: αίρω, 아이로, 들어올려 주시고) 무릇 열매를 맺는 가지는 더 열매를 맺게 하려 하여 그것을 깨끗하게 하시느니라"고 하였다.

포도나무 되신 예수님께서는 열매를 맺지 못하는 가지를 제거하는 것이 아니라 들어올려 주신다. 헬라어로 '아이로'는 '들어올리다, 일으키다, 취하다, 죽이다, 받들다, 제거해 버리다'와 '들어 주신다' 의미를 가지고 있는데, 히브리인의 관점으로 볼 때 '들어올리다'로 번역되어야 한다(유대인들의 농사법을 보면).

포도나무의 포도송이는 길게 뻗어나가는 가지에 달린다. 그래서 가지를 들어올려 주어야 하는데, 성서 시대에는 철사가 귀했으므로 가지를 들어올려 주기가 쉽지 않았다. 땅으로 내려앉은 가지에는 포도송이가 맺힐 수 없다. 그래서 열매를 맺지 못하는 가지를 들어올려 주어야 열매를 맺을 수가 있다.

예슈아(ישוע)께서는 우리가 포도나무에 붙어 있기만 하면 들어올려 주셔서 열매를 맺게 하시는 신실하신 분이심을 잊지 않기를 바란다.

2) 예레미야 1장 11-12절 번역의 오류: 살구나무(아몬드 나무)

성경에서 의미가 잘못 전달된 살구나무(아몬드 나무)에 대해서 살펴본다.

> "예레미야야 네가 무엇을 보느냐 하시매 내가 대답하되 내가 아몬드(샤케드) 나뭇가지를 보나이다 여호와께서 내게 이르시되 네가 잘 보았도다 이는 내가 내 말을 지켜 그대로 이루려 함이라"(렘 1:11–12).

하나님께서는 예레미야에게 이스라엘 백성을 깨어나게 하라는 말씀을 아몬드 나무를 비유로 말씀하셨다.

겨울잠에서 제일 먼저 깨어나는 나무는 아몬드 나무이다. 우리말로 번역된 살구나무는 학명 자체가 다르다. '깨어나다, 파수꾼'이라는 뜻의 이 샤케드 나무는 1월 초에 이미 꽃을 피운다고 한다. 그러므로 이 나무는 졸지도 주무시지도 않는 주(יהוה) 하나님(시 121:4), 곧 잠자는 자들의 첫 열매(고전 15:20, 23)인 예슈아(ישוע), 또한 그에 속한 영적 파수꾼을 상징한다.

모세에게 성막의 메노라 제작을 명하실 때 바로 아몬드 나무를 그 모델로 삼으셨다. 열매를 최초로 맺는 아몬드 나무와 최후로 맺는 올리브 나무(감람나무)는 영적으로 깊은 연관이 있다. 아몬드 나무와 올리브 나무는 성소에서 하나가 되어 빛나는 영원히 타지 않는 나무 메노라(금 등잔대)가 되는 것이다. 영적으로 흔들어 깨우는 대제사장 아론의 지팡이에 아몬드 꽃이 피게 한 것은 이러한 영적인 의미가 있다(민 17:8-10).

우리는 기원전 1440년으로 되돌아가서 지중해 아래 시나이 반도의 광야를 40년 동안 유랑하던 250만 명에 달하는 이스라엘 자손의 거대한 민족 대이동을 이해하여야 한다.

이스라엘 민족은 모세의 인도로 이집트의 노예 생활에서 해방되어 희망의 땅 가나안을 향해 출발한 때부터 원망과 반역의 연속이었다.

홍해를 건넌 지 사흘 만에 물이 써서 마시지 못하겠다고 불평하고, 한 달이 지나자 이집트에서 종살이할 때 가마 곁에서 얻어먹던 떡과 고기가 그립다고 원망하자 하나님은 아침에는 만나를 내리시고, 저녁에는 메추라기를 잡아 고기를 배부르게 먹게 하셨다.

인간은 허기를 면하면 명예욕이 꿈틀거리기 마련인 존재이다. 모세의 사촌형제인 고라가 반란을 일으켰다. 왜 같은 레위 자손인데 자기들은 성막 운반이나 보조 업무를 담당하는데 모세는 최고 지도자이며 아론은 대제사장이란 말인가 하고 불공평하다는 것이었다.

이스라엘 불만 세력들은 지도자를 불신하고 하나님을 원망하였다. 그때마다 하나님은 진노하시고 징계하시며 심판하셨다. 반역자 고라 일당 250명은 불타는 향로를 안은 채 땅이 꺼져 산 채로 깊은 땅속에 묻혀 죽고 말았다.

이와 같이 엄격한 징계를 보여주신 하나님은 아론의 가문이 대대로 대제사장직을 맡는 가문임을, 모든 이스라엘 족속이 다시는 의심하지 않도록 신뢰의 표상을 부여하기 위해 12지파 대표에게 명령하셨다.

각 지파 대표는 자기 지팡이에 이름을 써서 가져오되 레위 지파는 아론의 이름을 쓰라고 하셨다. 그런 후 각 지파에서 낸 12개의 지팡이를 광야 성전인 회막 안 지성소의 법궤(증거궤) 앞에 두면서 "내가 택한 자의 지팡이에서는 싹이 날 것이다"라고 선언하셨다.

이튿날 이스라엘 자손 앞에서 지팡이를 꺼내 보니 아론의 지팡이에서만 '움이 돋고 순이 나고 꽃이 피어서 아몬드 열매가 열린 것'을 확인할 수 있었다. 여호와께서는 모세로 하여금 싹이 난 아론의 지팡이를 법궤 앞에 보관하라고 명하셨다.

아몬드 꽃과 아몬드 열매(공동번역에서는 감복숭아)에서 아몬드라는 뜻의 히브리어 '샤케드'는 '깨어 있다. 지키다'의 뜻도 있으므로 하나님의 택하심을 받고 있는 레위 지파 중 아론과 그 직계의 대제사장직이 절대임을 표징해 줄 뿐만 아니라 하나님이 이스라엘을 깨어 지키신다는 상징이라 해석되고 있다.

따라서 1년 중 제일 먼저 피고 열매를 맺는 아몬드 나무와 마지막 열매로 열리는 감람나무의 열매는 처음 시작을 여시는 분도 주님이시고 마지막을 이루시는 분도 주님이시라는 영적인 의미가 들어 있는 것이다.

3) 석류나무 열매

"너는 그 옷 단 주위로 돌아가며 청색과 자주색과 주홍색 실로 석류를 수놓고 금방울 간격을 두어 달되"(출 28:33).

대제사장의 옷에 유일하게 달린 식물이 석류이다. 석류는 이름과 모양에서 드러나듯이 이스라엘 최고의 과실이다. 석류의 모양이 마치 왕관과 비슷하여 최고의 영화와 영광을 상징한다. 석류는 히브리어로 '림몬'(רימון)으로 높은 곳을 뜻하는 '람'에서 왔다. '내가 주의 이름을 높이 올립니다'에서 '높이'란 단어가 '람'이다. 대제사장의 에봇 받침 겉옷 주변에는 석류로 된 금방울을 달아서 움직일 때마다 소리가 나게 했다.

우리가 바로 알아야 할 것은, 그러면 지성소에서는 금방울 소리가 들리는가 하는 것이다. 출애굽기 28장 35절에서는 분명히 금방울 소리가 성소에 들어갈 때와 나올 때 날 것이라고 하였다.

에봇은 성소에 들어갈 때 입는 옷이고, 지성소에 들어갈 때는 레위기 16장 4절에서 하얀 세마포 옷만 입으라고 하셨고, 나온 후에 금방울 달린 에봇을 입으라고 하셨다. 대제사장이 지성소에 들어갈 때 에봇을 입는 것은 잘못된 것이다.

4) 사해(Dead sea)인가, 염해(Salt sea)인가?

"이들이 다 싯딤 골짜기 곧 지금의 염해에 모였더라"(창 14:3).

우리는 성경적인 해석인 헤브라이즘(유대인 사상)보다 헬레니즘

(서구 사상)에 물들어 있어 창조주의 가르침을 벗어날 때가 많이 있다. 일반적으로 바다의 염도가 3.7퍼센트인 것과는 달리 이스라엘의 염해(사해)는 바다보다 9배나 높은 33퍼센트의 염도를 자랑한다. 생긴 모양을 가지고 사물을 파악하는 헬라의 개념으로 볼 때 염해는 물고기가 살 수 없는 죽은 바다일 테지만 기능을 중심으로 파악하는 유대적 관점에서는 사해가 아니라 염해이다. 흔히 바다를 사해라고 부르지만 정작 성경 어디에서도 사해라는 표현은 없다. 오직 염해라는 표현이 아홉 번 나올 뿐이다. 유대인들도 이 바다를 '얌 하멜라흐'(ים המלח)라고 부르는데, 이는 염해라는 성경적인 표현 그대로다. 이는 성경을 읽는 우리의 사고가 얼마나 헬레니즘적인가를 보여주는 실례라고 할 수 있다. 유대인에게서 말씀과 구원이 나온다는 말씀을 한시라도 잊지 말아야 한다(사 2:3; 시 14:7).

> "이스라엘의 구원이 시온(ציון)에서 나오기를 원하도다 여호와께서 그의 백성을 포로 된 곳에서 돌이키실 때에 야곱이 즐거워하고 이스라엘이 기뻐하리로다"(시 14:7).

> "많은 백성이 가며 이르기를 오라 우리가 여호와의 산에 오르며 야곱의 하나님의 전에 이르자 그가 그의 길을 우리에게 가르치실 것이라 우리가 그 길로 행하리라 하리니 이는 율법이 시온(ציון)에서부터 나올 것이요 여호와의 말씀이 예루살렘에서부터 나올 것임이니라"(사 2:3).

5) 겉옷 탈릿(Talit)

> "예수의 뒤로 와서 그의 옷가에 손을 대니 혈루증이 즉시 그쳤

더라"(눅 8:44).

유대인들은 탈릿(Talit)을 두르게 되어 있는데, 머리에 두르고 기도를 하여 '기도 숄'이라고 부르며 예슈아(ישוע)께서는 이를 '골방'이라고 하셨다. 겉옷 가 네 귀퉁이에는 청색 술을 더하고 다녔다. 혈루병을 앓던 여인이 만진 것은 겉옷 가의 옷술로서, 말라기 4장 2절의 병 고치는 능력이 여기서 나온다. 성경은 여인이 단순히 옷을 만진 것이 아니라 하나님의 말씀(613개의 명령)을 붙잡은 것이라고 가르친다.

> "이스라엘 자손에게 명령하여 대대로 그들의 옷단 귀에 술을 만들고 청색 끈을 그 귀의 술에 더하라, 이 술은 너희가 보고 여호와의 모든 계명을 기억하여 준행하고 너희를 방종하게 하는 자신의 마음과 눈의 욕심을 따라 음행하지 않게 하기 위함이라"(민 15:38–39).

바울 사도의 생업은 천막이 아니라 탈릿을 만드는 것이었고, 디모데에게 가지고 오라는 겉옷이 탈릿이며, 룻은 보아스에게 탈릿으로 자신을 덮어서 취해 줄 것을 원했고, 시편에서 '전능자의 그늘'이란 탈릿 아래서 보호받는 삶을 표현한 것이다. 우리가 히브리적 사고 하나로 얻을 영적인 보화가 이렇게 풍성한 것이다.

6) 유대적 사고의 중요성(헤브라이즘)

> "내가 율법이나 선지서를 폐기하러 온 줄로 생각하지 말라 폐기하러 온 것이 아니라 이루려고 왔노라"(마 5:17, KJV 한글).

여기서 말하는 율법(Law)의 정확한 의미는 토라 교훈, 가르침으로 모세오경을 말한다. 그렇다면 폐한다는 말은 무엇을 의미할까? 고대든 현대든 유대인들은 회당에서 안식일마다 토라를 낭독한 후 낭독자가 적절한 해석을 곁들이게 되어 있다. 이때 기존의 일반적인 해석을 벗어나면 앉아 있던 사람들이 소리를 지른다. "당신은 지금 토라를 폐하고 있는 것이오." 그러면 토라를 해석하던 사람은 이렇게 대답을 한다. "나는 토라를 폐하는 것이 아니라 완성하고 있는 것이오."

예슈아께서는 이렇게 말씀하셨다. "나는 모세오경이나 선지서의 내용을 곡해하러 온 것이 아니라 올바로 해석하러 왔노라." 이러한 유대적인 사고와 언어의 습관을 모르면 성경을 억지로 해석하여 율법이 폐하여졌다는, 성경에서 벗어나는 주장을 하게 된다. 우리가 반드시 히브리적 사고로 성경을 해석해야 하는 이유가 바로 여기에 있다.

혹자들은 구약의 모세오경을 읽을 필요가 없다고까지 생각한다. 그 이유의 주장은 예슈아께서 율법을 완성하셨기 때문이라고 한다.

그러나 잘못된 주장이다. 우리는 여전히 토라를 지켜야 한다. 예슈아께서는 토라와 선지서를 완성하러 오신 분이라는 사실을 기억해야 한다. 따라서 토라를 빼고서는 복음서를 이해할 수가 없다. 우리는 여전히 하나님의 절기를 지켜야 하며 토라를 지켜야 한다.

7) 대추야자나무

"주 너의 하나님께서 너를 아름다운 땅으로 인도하시리니 시냇물들이 흐르고 골짜기들과 작은 산들에서 솟아나는 샘들과 깊은 곳들이 있는 땅이며, 밀과 보리와 포도나무들과 무화과 나무들과 석류들의 땅이요 기름 올리브와 꿀의 땅이며"(신 8:7-8, KJV 한글).

이 말씀에는 가나안을 대표하는 식물들이 나온다. 마지막에 나오는 꿀을 놓고 유대인들은 우리와 전혀 다른 해석을 한다. 우리가 볼 때 꿀은 식물이 아닌 것 같지만 유대인들의 꿀은 대추야자로 만든 식물을 뜻한다. 우리 성경에 종려나무로 된 것은 오역이며 대추야자나무로 표기해야 한다.

'젖과 꿀이 흐르는 땅'은 성경에 18번 등장하는데, 이 표현은 과연 무엇을 뜻하는 것일까?

성경에 등장하는 꿀 가운데 벌꿀을 뜻하는 경우는 많지 않다(삿 14:8-9, 벌꿀). 대추야자는 영어로 data라고 하며, 대추야자를 졸여서 만든 대추야자 꿀은 'data honey'라고 한다. 지금도 유대인들은 아침마다 빵에 대추야자 꿀을 발라 먹는다고 한다.

성서시대에 유대인들은 대추야자 꿀을 줄여서 '꿀'이라고 했다. 이 꿀은 문맥에 따라서 벌꿀을 뜻할 수도 있고 대추야자 꿀을 뜻할 수도 있다는 것이다.

** 대추야자나무와 열매

예슈아(ישוע)께서 예루살렘 입성하실 때 사람들이 시편 113-118편을 부르며 호산나 호산나 외치면서 흔들었던 가지가 종려나무 가지가 아니라 대추야자나무 가지라는 것이다.

8) 올리브 나무

> "예수께서 힘쓰고 애써 더욱 간절히 기도하시니 땀이 땅에 떨어지는 핏방울같이 되더라"(눅 22:44, 개역개정).

겟세마네는 틀(frame)을 뜻하는 가트(גת)와 올리브 기름을 뜻하는 슈마님(שמנים)이 합쳐진 복합어이다. 그러므로 예슈아(ישוע)께서 올리브의 기름을 짜는 틀이 있는 겟세마네 동산에서 올리브 기름을 쥐어짜는 것처럼 심령을 쥐어짜며 하나님께 기도드린 것이다. 올리브 기름은 처음에는 가벼운 돌을 사용해서 깨뜨려서 성전의 메노라(금 등대)를 밝히는 데 사용하였다.

두 번째는 무게 추를 높여서 가정에서 식용으로 사용하는 기름을 짜고, 세 번째는 남은 찌꺼기에 무게 추를 높여서 올리브 등잔을 밝히는 것과 여자들의 화장품과 약품으로 사용하였다. 이렇게 단계마다 무게의 추를 올려서 네 번 기름을 짜듯이 예슈아께서는 최후의 한 방울도 남지 않은 찌꺼기가 될 때까지 기도를 하셨다. 이를 누가는 '땀이 핏방울같이 되어 땅에 떨어졌다'고 표현한 것이다. 이때 예슈아의 몸 상태는 다 짜고 남은 올리브 찌꺼기가 되었고, 그 후 가룟 유다와 대제사장에 의해 붙들리셨다.

다 짜고 남은 올리브 찌꺼기와 같은 모습으로 십자가를 지시고 갈보리 언덕을 오르신 것이다.

9) 무화과나무

> "나다나엘이 이르되 어떻게 나를 아시나이까 예수께서 대답하여 이르시되 빌립이 너를 부르기 전에 네가 무화과나무 아래에 있을 때에 보았노라"(요 1:48).

'무화과나무 아래에 있다'는 말은 유대인들의 관용구로서, 당시에 유대인들은 이 표현을 '토라를 공부하다'라는 뜻으로 사용하였다. 성서시대에는 토라를 가진 사람들이 많지 않았고 제법 규모가 있는 마을의 회당에나 있었다. 회당이 없는 마을에서 토라를 공부하기 제일 좋은 장소가 바로 무화과나무 아래였다.

이스라엘의 건기는 훨씬 덥고 건조해서 햇빛 아래에서는 숨 쉬기도 힘들지만 잎이 넓어서 좋은 그늘을 제공하는 무화과나무 아래는 토라를 공부하기에 좋은 장소였다.

예슈아께서는 무화과나무 아래에서 토라를 공부하던 나다나엘을 보시고 말씀을 하신 것이다. 성경을 올바로 이해하려면 시간과 공간의 틈을 메워야 한다.

성경을 2,000년이 지난 시대를 살아가는 한국 사람의 눈으로 보지 않고 1세기 유대인의 눈으로 이해하여야 성경이 올바로 해석된다는 뜻이다.

10) 합분태

"아람 사람이 사마리아를 에워싸므로 성중이 크게 주려서 나귀 머리 하나에 은 팔십 세겔이요 비둘기 똥 사분의 일 갑에 은 다섯 세겔이라 하니"(왕하 6:25).

합분태가 고가에 팔린 이유는 마늘과 같은 저장식품이므로 뿌리를 먹을 수 있기 때문이다. 창조주께서 우리에게 가르쳐 주시는 본래의 뜻이다.

** 합분태

이것이 합분태의 꽃이다(성경에서 오역한 비둘기 똥).

11) 쥐엄 열매

"요한은 낙타털 옷을 입고 허리에 가죽 띠를 띠고 메뚜기와 석청을 먹었더라"(막 1:6).

이 구절은 세례 요한이 광야에서 메뚜기를 잡아먹은 것으로 오해하게 만드는 구절이다. 유대 광야에는 메뚜기가 거의 살지 않으며 살 수도 없다. 세례 요한이 먹은 것은 우리가 알고 있는 메뚜기(하루브, harub)가 아니라 쥐엄나무(하루브, harub)의 열매로서 서로 이름이 같아서 생긴 오해이다.

> "그가 돼지 먹는 쥐엄 열매로 배를 채우고자 하되 주는 자가 없는지라"(눅 15:16).

탕자의 진정한 뜻은 '부정한 짐승을 치는 자'를 말하며, 콩과에 속하는 쥐엄 열매는 돼지만 먹는 것이 아니라 사람도 즐겨 먹는 간식으로 가난한 사람에게는 마지막으로 먹는 식량이었다. 하솔에서 브엘세바 근방까지 나무와 숲이 있는 곳에서는 어디서나 볼 수 있으며, 처음에는 떫은 맛이나 점차 달콤한 맛을 내기 시작한다.

우리나라에 있는 쥐엄나무와 이스라엘에 있는 쥐엄나무가 모양이 비슷하다고 한다.

** 가난한 자의 식물 쥐엄나무 열매(하루브, harub)

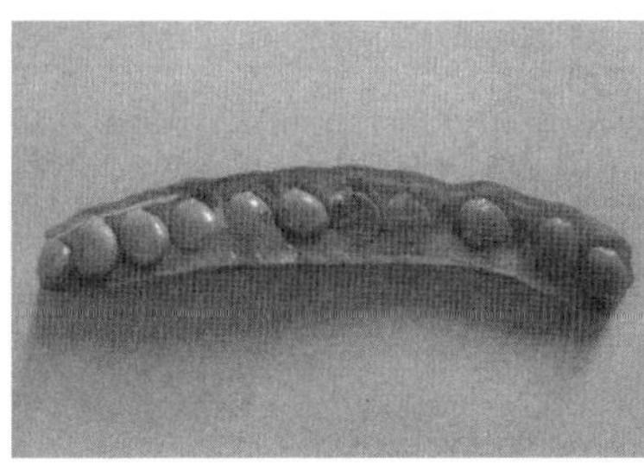

4

하나님의 징조(אות)[5]

옛날 어른들은 비가 오기 전에 꼭 이런 말씀을 하셨다. "비가 오려나……허리가 쑤시네." 그러면 꼭 비가 내렸다. 너무 신기했다. 어떻게 아셨을까? 몸에 오는 징조를 보고 아신 것이다. 이처럼 하나님께서는 수많은 징조들을 통해서 깨닫게 하신다. 하나님께서는 인간의 연약함을 보시고 하나님을 알 수 있도록 하나님의 시간 속에 모에드(מועד)[6] 징조를 두셨다. 이 징조를 보고 하나님의 때를 알도록 나타내고 계신다. 마태복음 24장 32절 "무화과나무의 비유를 배우라"는 말씀은 징조에 대한 말씀이다. 반드시 하나님의 징조와 때가 있다는 것이다.

요한복음 2장에서도 가나의 혼인 잔치에서 포도주가 떨어졌을 때 예수님의 어머니였던 마리아의 요청에 "내 때가 아직 이르지 아니하였나이다"(4절)라고 말씀하신다. 이렇듯 하나님의 때에 따라서 우리 예슈아(ישוע)께서도 행하셨다는 것을 알 수 있다. 주께서도 철저하게 하나님의 때를 기다리시고 행하셨다. 따라서 무엇보다도 하나님의 때인 징조를 알아야 성경을 깨달을 수가 있다.

얼마 전 우리 막내아들이 초등학교에 입학하였다. 예비소집일 안내를 통해서 3월 2일 10시에 입학식이 있다고 한다. 이 시간은

5) **אות** : 징조 ① **א** : 첫째 강한 권위 ② **ו** : 연결하다, 구원하다, 못 ③ **ת** : 십자가. 첫째로 강한 권위를 가지신 분이 십자가에서 구원하심을 드러내신다.

6) **מועד** : 정해진 시간, 절기, 신성한 약속

정해진 시간이다. 개인 사정이 있다고 해서 3월 3일 다음날로 바꿀 수 있는 시간이 아니다. 이날은 공적인 시간이고 이미 정해진 시간이다. 정해진 시간 안에 학교 강당에 가서 앉아 있어야 입학식을 치를 수 있는 것이다. 3월 3일 혼자서 입학식을 치를 수는 없다. 그 시간에는 모든 학생들이 교실에서 정해진 시간에 따라서 수업을 받기 때문이다.

어떤 생각이 드는가?

이 약속의 시간이 정확히 지켜져야 한다는 생각이 들지 않는가? 그동안 우리는 모든 징조의 절기들을 더 이상 지키지 않아도 된다고 생각하고 있지 않았는가? 우리 주님은 이 징조의 절기들을 폐하신 것이 아니라 온전히 이루신 것이다. 즉 온전히 해석하신 것이다. 그런데 현대 신학과 교회의 전통은 이제 하나님께서 두신 이 징조의 절기들이 이루어졌으니 더 이상 지킬 필요가 없다고 생각하게 한다. 우리 하나님(יהוה)께서도 철저하게 절기에 따라서 행하신 것을 복음서를 통해서 만나고 볼 수 있다. 절기 속에는 하나님의 징조가 있다. 예수님이 부활하신 이후에도 초대교회와 사도들은 이 절기를 계속 지키고 있었음을 볼 수 있다.

사도행전 18장 21절

개역개정	"작별하여 이르되 만일 하나님의 뜻이면 너희에게 돌아오리라 하고 배를 타고 에베소를 떠나"
KJV English	"but took leare of them, saying I must by all means keep **this comeing feast** in Jerusalem but I will return aging to you God Willing and he sailed from Ephesus

= this comeing feast : 다가오는 명절에(מועד)
여기서 다가오는 명절은 모에드 절기이다.

= 그들과 헤어지면서 말하기를 내가 어떠한 일이 있어도 다가오는 명절(מועד)을 예루살렘에서 지키리라
but I will return aging to you God Willing and he sailed from Ephesus
그러나 하나님의 뜻이면 다시 돌아오리라 하고 에베소를 떠나니라

사도행전 27**장** 9**절**
"여러 날이 걸려 **금식하는 절기**(속죄일을 말한다)가 이미 지났으므로 항해하기가 위태한지라 바울이 그들을 권하여."

바울도 반드시 절기를 지켜야 한다고 강조하고 있다. 왜냐하면 절기 속에 하나님의 뜻이 있고 징조들이 있기 때문이다.

징조와 절기 속에 감추어져 있는 하나님의 뜻을 알기 위해서는 예수님께서 그러셨던 것처럼, 바울이 그랬던 것처럼 우리도 이 절기 속으로 들어가서 하나님의 뜻과 징조를 발견하고 깨달아야 할 것이다. 폐해진 것이 아니라 지켜져야 한다.

성경 곳곳에 오역된 부분으로 말미암아 그동안 절기와 징조를 살피지 못한 것이 사실이다. 그러나 하나님은 절기 속에 징조를 두시고 말씀하고 계심을 이제 알게 될 것이다. 그동안 성경의 오역된 부분을 살펴보기로 하자.

창세기 1장 14절

"하나님이 이르시되 하늘의 궁창에 광명체들이 있어 낮과 밤을 나뉘게 하고 그것들로 징조와 계절과 날과 해를 이루게 하라."

- 여기서 '징조'는 **אות**(오트)이다.
  = **א**(알렙)은 첫 번째로 강한 힘
  = **ו**(바브)는 못, 연결하다, 구원하나
  = **ת**(타브)는 십자가

여기서 징조를 우리말로 해석하면 **'첫째로 강한 머리 되신 분이 십자가에 못 박혔다'**라는 뜻이다. 우리가 즐겨 쓰는 Sign(징조)이 바로 이 뜻이다.

- 또 '계절'이라고 번역된 단어는 모에드(מועד) 절기로 표현되어야 맞다.

이사야 14장 13절

"네가 네 마음에 이르기를 내가 하늘에 올라 하나님의 뭇별 위에 내 자리를 높이리라 내가 북극 집회의 산 위에 앉으리라"

= '집회의 산 위에'는 모에드(מועד) 절기의 신성한 산의 신성성을 상징하는 모습이다. '집회의 산'은 절기의 산이다. 모에드 절기의 산을 말한다.

또한 하나님의 시간은 우리가 알고 있는 시간과 다르다. 즉 유대인들의 시간 개념도 우리와 다름을 볼 수가 있다. **"저녁이 되고 아침이 되니"**로 시작을 알리신다. 해가 질 무렵부터가 하루의 시작

시간이다.

창세기 1장

5절 "저녁이 되고 아침이 되니 이는 첫째 날이니라."
8절 "저녁이 되고 아침이 되니 이는 둘째 날이니라."
13절 "저녁이 되고 아침이 되니 이는 셋째 날이니라."
19절 "저녁이 되고 아침이 되니 이는 넷째 날이니라."
23절 "저녁이 되고 아침이 되니 이는 다섯째 날이니라."
31절 "저녁이 되고 아침이 되니 이는 여섯째 날이니라."

하나님의 시간의 시작은 저녁부터이다. 우리가 생각하는 시작은 아침부터이지만 하나님의 시작은 일몰이 되면 하루가 시작되는 것이다. 성경을 예의주시하지 않으면 쉽게 놓칠 수 있는 부분들이다. 예를 들면 필자도 예수님께서 유월절 만찬의 시작점을 이해하지 못한 탓에 성경의 사건을 이해하는 데 상당한 시간을 허비한 적이 있다. 그러나 지금은 이해하지 못해서 풀리지 않았던 일들이 명쾌하게 풀리게 되어 하나님께 너무 감사하다.

성경의 이해를 돕기 위해 예를 한번 들어 보기로 한다.

예슈아께서 예루살렘 땅을 들어오신 때는 정확히 니산 월 10일(태양력 4월 10일)이다. 요한복음 12장 1절을 보면, "유월절 엿새 전에 예수께서 베다니에 이르시니 이곳은 예수께서 죽은 자 가운데서 살리신 나사로가 있는 곳이라"고 하였다.

니산 월은 우리가 사용하는 그레고리안 달력으로 4월이다(성서력으로 하면 첫 달이다. 즉 우리로 말하면 신년의 첫 달인 것이다). 유월절이 첫 달 14일이니까 유월절 엿새 전인 8일이 나사로가 무덤에서 살아서 나온 날이다.

그리고 요한복음 12장 12절을 보면, "그 이튿날에는 명절에 온 큰 무리가 예수께서 예루살렘으로 오신다는 것을 듣고"라고 하였다. 여기서 명절은 유월절을 말한다. 니산 월 8일에는 베다니에 나사로와 함께 계시고 이틀 후인 니산 월 10일에는 정확하게 예루살렘에 입성하시는데, 많은 무리로 하여금 시편 113편부터 118편의 찬양을 들으시면서 이스라엘 왕으로서 입성하신 것이다.

예슈아께서는 예루살렘에 니산 월 10일에 입성하셨다. "호산나, 호산나" 찬양을 외치는 유대인의 찬양을 들으며 예루살렘 성에 입성하셨다(이때에 레위기 23장 40절처럼 유대인의 왕으로서 대관식을 치르신 것이다).

다니엘서의 예언이 예슈아를 통해서 그대로 성취되고 있음을 볼 수가 있다. 다니엘이 예레미야서 29장 10절의 70이레의 깨달음 가운데 아닥사스다 왕 때 70년 만에 포로에서 돌아오겠다는 70이레 중 7이레가 성취되고, 다니엘 9장 26절 "예순두 이레 후에 기름 부음을 받은 자가 끊어져 없어질 것이며"(예슈아를 말함)라는 말씀이 성취되는 장면이다. 기름 부음을 받은 왕이 62이레 만에 나타나시고 그 후에는 끊어질 것이 예슈아가 오심으로 정확히 성취된 것이다.

그리고 26절 "장차 한 왕의 백성이 와서 그 성읍과 성소를 무너뜨리려니와"라는 말씀과 같이 세상의 왕, 로마의 침략으로 장차 모든 나라와 족속이 초막절 때 모일 장막을 무너뜨린 것이다.

예슈아의 행적을 계속 살펴보면 베다니에서 내려오셔서 감람산을 거쳐 남문을 지나서 동문으로 들어가셨다. 니산 월 10일에 입성하셔서 4일 동안 흠을 찾으려는 바리새인과 제사장에게 시험을 당하셨다. 그 사건이 복음서 곳곳에 나타난다. 안식일에 대한 일로, 세금에 관한 일로 흠을 잡으려 했으나 흠 없는 양처럼 찾지 못하였다. 제사장들은 제단에 제물을 드리기 위해서 유월절이 되면 양들을 성전 뜰 동편에 4일 전에 끌고 와서 4일 동안 흠 없는 양을 선별하는 일을 한다. 우리 주님도 어린 양으로 4일 동안 흠이 없나 시험을 당하시기 위해 유월절 4일 전에 예루살렘에 들어오신 것이다(눅 20장). 그리고 흠이 없으심이 확인되셨다.

> "빌라도가 이르되 어찜이냐 무슨 악한 일을 하였느냐 그들이 더욱 소리 질러 이르되 십자가에 못 박혀야 하겠나이다"(마 27:23).

> "이 사람이 무슨 악한 일을 하였느냐 나는 그에게서 죽일 죄를 찾지 못하였나니"(눅 23:22).

다시 이해를 돕기 위해서 하나님의 시간을 정확히 할 필요가 있다.

창세기 1장 5절, 8절, 13절, 19절, 23절, 31절을 보라. 한결같이 "저녁이 되고 아침이 되니"라는 표현이 있다. 이는 하나님의 시간은 저녁부터 시작됨을 알 수 있다(레 23:32).

니산 월 14일이 유월절이다(레 23:5). 그래서 예수님께서는 하나님의 절기에 맞추어 자신의 유월절을 치르신 것이다. 즉 13일 저녁에 유월절 만찬을 치르신 것이다.

유월절 날은 시편 113편에서 118편을 찬양하게 된다. 예수님은 시편 118편의 찬양을 들으면서 감람산에 오르신 것이다. 감람산에서 기도하신 후 잡히셨다. 제삼시(오전 9시)에 십자가를 지시고 갈보리 언덕을 오르시고 나무에 달리셨다(벧전 2:24). 그리고 제구시(오후

3시 저녁 제사 드릴 때)에 죽으셨다. 유월절에 저녁 제사를 드릴 시간에 이들이 어린 양이신 예슈아를 죽인 것이다.

매년 첫 달(니산 월) 14일 유월절의 시작으로 16일은 무교절기의 시작이라 7일간 무교병을 먹어야 한다(레 23:6; 고전 5:7). 이날은 안식일처럼 지켜야 한다(무교절 기간). 또한 유월절(14일)이 지나고 15일은 첫 안식일이다. 이날로부터 이레 동안 안식일처럼 무교병을 먹으며 21일까지 지키게 된다.

예슈아께서는 13일부터 14일 유월절 날 잡히시고(밤에), 오전 9시에 십자가를 지고 갈보리를 오르시고, 십자가에 못 박히고 오후 3시에 죽으셨다. 그리고 14일에 걸친 15일 무덤에 묻히시고 15일 첫 안식일이 지나고 17일 초실절 날 부활하셨다. 초실절을 이루신 것이다(레 23:11; 고전 15:20).

위에서 말한 무교절의 이레의 기간을 안식일처럼 지냄을 상기하라.

그러므로 15일은 첫 안식일이고, 부활하신 16일이 걸쳐진 17일은 안식 후 첫날이 되는 것이다.

마태복음 28장 1절을 살펴보자.

"안식일이 다 지나고"는 유월절이 지난 첫 안식일, 15일을 말하는 것이고, "안식 후 첫날"의 의미는 16일에서 17일 초실절을 말하는 것이다.

그러므로 우리가 지내는 주일은 Lord day, 주님이 부활하신 날이 아니라는 것이다. Sunday는 주님의 부활과 무관한 태양절이다.

이것이 사탄의 교묘한 속임이다. 다니엘 7장 25절처럼 '지극히 높으신 이를 대적하는 자들이 때와 법을 고치고자 할 것이며'라는 성경을 응한 것이다.

하나님의 달력

첫째 날	둘째 날	셋째 날	넷째 날	다섯째 날	여섯째 날	1 월삭
2	3	4	5	6	7	8 안식일
9	10	11	12	13	14	15 안식일
16	17	18	19	20	21	22 안식일
23	24	25	26	27	28	29 안식일

우리가 알고 있는 달력은 주일예배에 대한 오류가 있다. 역사적으로 거슬러 가보면 주후 4세기 콘스탄틴 대제에 의해서 열렸던 종교회의는 철저한 정치적인 회의였다. 하나님의 달력인 태음력, 순음력, 태양력으로 만들어진 달력을 철저하게 그레고리우스력에 의한 태양력으로 바꾸어 놓았다.

이 당시 콘스탄틴 대제는 321년에 이교도와 기독교를 혼합시키려는 정치적인 의도를 가지고 일리우스력인 8일의 문제를 불식시키고 7일, 즉 별자리를 의존한 7일로 만들면서 하나님의 7일 창조의 7일을 정치적으로 교묘하게 변개시켰다.

정치적으로 이교도에게는 정치적 특혜를, 그리고 유대인들에게는 7일을 존중한다는 종교적 존경을 말하면서 교묘히 혼합시킨 것이다.

그리고 그의 아들인 콘스탄티우스는 크리스천에게 하나님의 달력인 태음력을 사용하지 못하게 한 아버지의 정책에 한 걸음 더 나아가 유대인들에게도 태음력을 사용하지 못하도록 극심한 핍박을 가하였다. 그래서 지금까지도 유대인들은 토요일을 안식일로 예배를 드리고 있는 것이다.

이후 산헤드린의 대주교 힐렐 2세는 정치적 야합에 못 이겨 그동안 산헤드린에서 달의 월력을 관찰하고 달력을 만들던 것을 깨뜨리고 어느 곳에서나 달력을 만들도록 결정을 내렸는데, 그로 인해 그레고리우스력인 태양력을 사용하게 되었다. 그래서 하나님의 절기가 매해마다 바뀌는 것도 태양력에 의해서 바뀌는 것이다.

하나님의 달력은 바뀌지 않는다. 매 달마다 안식일의 날짜가 같다. 매월 첫날은 월삭이다. 월삭으로 첫 달의 의미가 시작된다.

사탄인 루시퍼는 이렇게 교묘하게 하나님의 절기와 달력을 교묘히 바꾸어서 하나님을 찬양하도록 하는 것이 아니라 자신을 숭배하도록 바꾸어 놓았다.

'SUNday', 태양을 의미한다. 그리고 각 요일마다 별자리의 의미가 있는 이교도적인 날짜를 따르고 있다.

성경은 일요일, 태양일에 예배드리도록 가르치지 않는다.

> "그가 장차 지극히 높으신 이를 말로 대적하며 또 지극히 높으신 이의 성도를 괴롭게 할 것이며 그가 또 때와 법을 고치고자 할 것이며 성도들은 그의 손에 붙인 바 되어 한 때와 두 때와 반 때를 지내리라"(단 7:25).

성경에서는 월삭과 안식에 대해서 이렇게 말한다.

이사야 66**장** 23**절**
“여호와가 말하노라 매월 초하루(월삭을 말함)와 매 안식일에 모든 혈육이 내 앞에 나아와 예배하리라.”

에스겔 46**장** 1**절**
“주 여호와께서 이같이 말씀하셨느니라 안뜰 동쪽을 향한 문은 일하는 엿새 동안에는 닫되 안식일에는 열며 초하루에도 열고(월삭일)”

출애굽기 40**장** 1-2**절**
“여호와께서 모세에게 말씀하여 이르시되 너는 첫째 달 초하루에(월삭일) 성막 곧 회막을 세우고.”

에스라 7**장** 9**절**
“첫째 달 초하루에 바벨론에서 길을 떠났고 하나님의 선한 손의 도우심을 입어 다섯째 달 초하루에 예루살렘에 이르니라.”

여호수아 6**장** 3**절**
“너희 모든 군사는 그 성을 둘러 성 주위를 매일 한 번씩 돌되 엿새 동안을 그리하라.”

하나님의 말씀은 옛적이나 오늘이나 동일하고 변함이 없다. 시간이 바뀌고 세대의 정서가 바뀌었다고 해서 하나님의 시간이 바뀌는 것은 아니다. 그것은 인본주의의 논리이다. 우리가 알고 있는 주님이 일요일 새벽에 부활하셨다는 것은 잘못된 지식으로, 일요

일이 주일이라는 개념으로 예배를 드리고 있다.

유대인인 이들에게 왜 그러냐고 물으면 '전통'이라고 대답한다.

만일 예수님 당시에 잘못된 안식일로 지내고 있었다면 예수님께서 바로잡으셨을 것이다. 주후 30년에 예수님이 돌아가시고 부활하셨으니까 하나님의 달력이 잘못된 것은 주후 321년 니케아 종교회의 이후에 일이다.

그 외에도 간단히 말하면 초막절(수장절)을 추수 감사절로 변개하고 바꾸어 놓았고, 무교절을 사순절로 바꾸었다. 성서적이지 않다. 우리는 무교절, 초실절의 의미로 지켜야 한다. 또한 가을 절기를 보면 일곱째 달 첫날이 나팔절(10월 1일), 그리고 10일 후 10월 10일이 속죄일이다. 마지막으로 초막절은 10월 15일부터 21일까지이다.

예수님께서도 하나님의 절기의 시간표에 의해서 일하신 것을 성경 곳곳에서 찾아볼 수가 있다.

1) 예수님의 나심과 세례 요한의 출생

다음은 세례 요한의 출생과 예수님의 출생에 대해서 살펴보기로 한다.

누가복음을 보면(1-2장) 세례 요한의 출생과 예수님의 출생 과정이 맞물려 있다는 것을 알 수 있다. 그때가 무교절이 지나 오순절 '오머'(Omer)를 세어 가며 오순절을 기다리는 절기에 나타난 일들이다.

누가복음 1장 9절을 보면, "제사장의 전례를 따라 제비를 뽑아 주의 성전에 들어가 분향하고"라고 한다. 절기상 오순절이다.

"유대 왕 헤롯 때에 아비야의 반열에 제사장 한 사람이 있었으니 이름은 사가랴요 그의 아내는 아론의 자손이니 이름은 엘리사벳이라"(눅 1:5).

다윗은 제사장을 조를 짜서 제단의 제사를 섬기게 했는데 누가복음 1장 5절에 나오는 아비야는 여덟 번째 조에 해당한다(대상 24:10). 사가랴가 아비야 반열에 해당하니까 8조에 해당한다. 따라서 누가복음 1장 9절을 보면, 제사장의 전례를 따라 제비를 뽑았다고 한다. 즉 조의 순서에 의하여 성전의 제사를 섬기게 되었다는 뜻이다.

유월절이 지나 오순절이 다가오는 절기는 무교절부터 7번의 안식일에 하루를 더한 날이 오순절이다. 오순절이 다가오는 기간까지 제사장들이 조를 짜서 제단을 섬기게 되는데, 사가랴는 반열대로 8조에서 섬기게 된다. 무교절 기간 7일은 안식일과 같이 보내기 때문에 조에 상관없이 모든 제사장이 성전을 섬기게 된다.

누가복음 1장 8절 말씀처럼 사가랴가 그 반열대로 차례대로 직무를 행할 때 주의 사자가 요한의 출생에 대해서 말해 준다. 이때가 니산 월이다.

그리고 사가랴는 오순절 제사장으로서 직무를 다하고 집으로 돌아가게 된다(눅 1:23). 이때 세례 요한이 잉태되는 시기이다.

엘리사벳은 임신하고 다섯 달 동안 숨어서 지낸다(눅 1:24).

그리고 누가복음 1장 26절 이하를 보면 여섯째 달에 가브리엘이 마리아에게 나타나 예수님의 잉태를 고지하게 되는데, 이 시기가 절기상 하누카이다(키슬레브 20-25일). 하누카란 '성전의 회복'을 뜻한다. 성전이 회복되는 절기에 예슈아께서 성령으로 잉태된 것이다.

누가복음 1장 36절을 보면 "보라 네 친족 엘리사벳도 늙어서 아들을 배었느니라 본래 임신하지 못한다고 알려진 이가 이미 여섯 달이 되었나니"라고 했다. 따라서 예슈아(ישוע)께서 성령으로 잉태되신 때가 키슬레브 12월인 하누카의 절기이다. 이것이 우연일까? 정확하게 예슈아께서는 무너진 성전을 회복하러 오시는 메시아로 오시는 것이다.

이때 마리아가 엘리사벳을 방문한 시기는 엘리사벳이 세례 요한을 잉태한 후 6개월째였다(눅 1:36). 그리고 누가복음 1장 56절을 보면 마리아가 석 달쯤 있다가 집으로 돌아갔다고 한다. 이때가 니산월 4월이다. 세례 요한의 출생 시기이다. 마리아는 세례 요한의 출생을 보고 돌아간 것이다. 키슬레브(12월)에 예수께서 잉태되시고 그 후 9달 뒤인 초막 절기에 예수께서 태어나셨다.

다시 누가복음 2장 4절을 보면 베들레헴의 방문에 대하여 기록되어 있다. 이때가 중요한 절기임을 알 수가 있다.

5절에 마리아가 베들레헴을 방문했을 때 잉태 중이고, 6절에 해산할 날이 찼다고 했다. 중요한 절기이므로 많은 사람이 다윗의 동네인 베들레헴으로 모이는 절기임을 알 수 있다. 절기 중에 모든 유대인들이 남녀노소 모두 한곳으로 모이는 절기는 초막절 절기이다. 요세푸스에 의하면 250만 명이 베들레헴에서 모였다고 한다.

그래서 2장 7절을 보면, 많은 사람이 모이는 절기이므로 여관에 있을 곳이 없어 요셉과 마리아는 마구간에서 보낸 것이다. 이것에 비추어 볼 때 우리가 알고 있는 예수님께서 태어나신 날이 겨울이 아니라는 것을 성경의 절기를 통해서 알 수가 있다.

누가복음 2장 10절을 보면 천사가 나타나 목자들에게 이렇게 말을 한다. **"내가 온 백성에게 미칠 큰 기쁨의 좋은 소식을 너희에게 전하노라."** 온 백성에게 미칠 큰 기쁨의 좋은 소식이다.

큰 기쁨의 절기는 초막절 절기를 말한다. 즉 초막절 절기 중에 이 백성에게 미칠 좋은 소식은 메시아의 탄생이다. 초막절 절기는 대속죄일 티슈레이 10일 후 5일부터 시작이 되는데, 7일 동안 기쁨으로 맞이하는 기간으로 이날은 안식일과 같이 보내는 시간이다.

예슈아께서 겨울에 나셨다는 일반적인 가설을 보자. 나사렛에서 베들레헴까지의 거리는 70.8킬로미터라고 한다. 한겨울 팔레스타인 지역의 겨울은 춥다. 우리의 겨울철과 같다고 보면 된다. 마리아가 아무리 나귀를 타고 여행한다 하더라도 혹독한 추위 속에 임산부가 70킬로가 넘는 거리를 여행한다는 것은 쉬운 일이 아니다.

그리고 천사가 목자들에게 나타난 시기도 양을 치기 위해 빈 들에 있을 때이다. 추운 겨울에는 목자들이 양들을 위해 초막을 짓고 초막에 둔다. 목자들이 겨울철 이 양들을 빈 들에 두기는 어렵다는 것이다. 그러므로 예슈아께서 태어나신 날이 우리가 알고 있는 12월이 아니라는 것이다. 12월 25일은 이교도들이 태양을 숭배하기 위해 만들어 놓은 태양 숭배의 절기이다. 예슈아의 나신 날을 태양신 숭배의 날로 만들어 놓은 것이다. 따라서 예슈아께서는 초막절 절기에 이 땅에 오셨다(티슈레이 월인 10월).

2) 초막절(장막절)의 하나님의 메시지(민 29장)

하나님의 절기 중 첫째 달(니산 월)과 일곱째 달(티슈레이)은 매우 중요하게 인식되는 절기이다. 우리가 지키고 있는 태양력으로는 도저히 하나님의 뜻과 절기를 이해하기 어렵다.

첫 달은 대부분 봄 절기들이다. 유월절은 니산 월 14일, 무교절은 유월절이 지난 첫날인 니산 월 15일부터 7일 동안 이루어지는 절기이다. 초실절은 무교절 기간 중 니산 월 17일이다(예슈아께서 부활하신 날이다. 하나님의 시간을 염두에 두기를 바란다). 그리고 초실절이 지나면서 세어 가는 날수가 있는데 이것을 Omer라 하며, 안식일이 일곱 번 지나고 하루 더한 날이 오순절이다.

일곱째 날은 가을 절기들이다. 티슈레이 1일은 나팔절이다(욤 테루아). 그 후로 10일 지나면 티슈레이 10일 속죄일이다. 속죄일 5일이 경과하면 이날은 초막절(장막절)의 시작이다. 티슈레이 15일이다. 7일 동안 안식일처럼 장막절을 보낸다. 티슈레이 15일부터 21일까지이다.

민수기 29장 12-40절 초막절기에 들어 있는 하나님의 메시지

초막절은 7월 15일부터 21일까지 7일간 지켰다. 이스라엘 백성은 나무로 초막을 만들어 야외에서 들이나 밭에서 추수하며 살았다. 이는 이스라엘 백성들이 광야에서 장막을 치고 살던 것을 기념하는 것이므로 장막절 또는 수장절이라고 불렀다.

① 민수기 29장 12절

"일곱째 달 열다섯째 날에는 너희가 성회로 모일 것이요 아무 일도 하지 말 것이며 이레 동안 여호와 앞에 절기를 지킬 것이라."

② 그리고 매일같이 번제를 드리는데 하나님 앞에 향기로운 화제로 드리게 된다.

첫째 날 = 수송아지 열세 마리이다.

둘째 날 = 수송아지 열두 마리이다.

셋째 날 = 수송아지 열한 마리이다.

넷째 날 = 수송아지 열 마리이다.

다섯째 날 = 수송아지 아홉 마리이다. (번제 드리는 수가 점점 적어지는 것은 성화되어 가는 과정을 말한다.)

여섯째 날 = 수송아지 여덟 마리이다.

일곱째 날 = 수송아지 일곱 마리이다.

총 70마리의 수소를 잡는데, 여기에는 중요한 메시지가 있다. 이스라엘을 버리지 않았다는 영적인 의미이다(또한 모든 나라에 대한 속죄의 의미가 있기도 하다).

③ 근거: 창세기 10장 1-32절(70개 나라와 종족)

출애굽기 1장 5절

"야곱의 허리에서 나온 사람이 모두 칠십이요 요셉은 애굽에 있었더라."

④ 여기서 우리는 잠시 안식일의 의미에 대해서 살펴야 한다. 6일 동안 창조하시고 7일째 안식하셨다. 이 안식은 주님과 영원히 함께하는 의미의 시간이다. 단순히 안식을 보내는 것이 아니라 만왕의 왕이요 만주의 주이신 예슈아와 영원히 함께하는 의미이다. 이날은 단순이 의례적으로 자나가는 시간이 아니라 주님과 함께 영원한 안식을 하는 거룩한 시간이다.

⑤ 초막절에 70마리의 수소를 잡는다. 수송아지여야 한다. 수소는 힘의 근원의 상징이다. 또 다른 영적인 의미가 있다. 70마리의 수소를 잡는 것은 예레미야 29장 10절과 다니엘 9장 26절의 70이레의 성취를 의미한다.

⑥ 초막절 7일이 지나고 8일째는 크고 장엄한 대회로 모이는 날이다(민 29:35-36).

이때는 수송아지 한 마리를 잡는다. 여기에 영적인 의미가 있다. 70이레 중 남은 1이레의 성취를 의미한다(민 29:36).

흠 없는 숫양(숫양이어야 한다) 일곱 마리를 드린다.

영적인 의미는 7이레를 의미한다. 즉 7이레의 성취를 의미한다.

안식일 의미는 주님과 함께하는 시간이다. 우리에게 안식의 의미는 영원성이다. 영원히 주님과 함께하는 시간이다.

그래서 8일째를 장엄한 큰 성회로 모이라고 하신다. 천년왕국이 이루어지는 시기이다. 그래서 장엄한 큰 대회이다.

⑦ 민수기 29장 35절에 여덟째 날 대회로, 그것도 큰 대회를 안식일로 모이는 것은 남은 7이레의 성취로, 하나님의 나라 천년왕국이 이루어짐의 영적인 의미가 있다.

⑧ 예슈아께서는 가을 절기인 초막절에 다시 오실 것을 이 절기를 통해서 증거하시는 것이다. 어느 때의 초막절인지는 알 수 없다. 그러나 절기상 초막절 절기에 다시 오심을 절기를 통해서 알 수가 있다. 그래서 우리는 시대를 분별하며 깨어 있어야 한다(마 16:3, 24장).

3) 하나님께서 정하신 정한 짐승과 부정한 짐승

레위기의 정한 짐승과 부정한 짐승을 통해서 하나님의 백성들이 취하지 말아야 할 영적인 의미들이 있다. 단순히 율법서가 아니라 하나님께서 말씀하시는 의도를 알아야 한다. 하나님께서는 첫 유월절 날 이스라엘 백성을 애굽에서 건지셨다.

"이스라엘 자손의 신음 소리를 내가 듣고 나의 언약을 기억하노라 그러므로 이스라엘 자손에게 말하기를 나는 여호와라"(출 6:5-6).

① 내가 애굽 사람의 무거운 짐 밑에서 너희를 빼내며
② 그들의 노역에서 너희를 건지며
③ 너희를 속량하여 내 백성으로 삼고
④ 나는 너희의 하나님이 되리니

"곧 창세 전에 그리스도 예슈아(ישוע) 안에서"(엡 1:4-5).

① 선택하시고
② 거룩하고 흠이 없게 하시고
③ 구원하시고
④ 자기의 아들로 삼으시고

또한 이런 하나님의 백성에게 구별되어 살아야 한다는 하나님의 메시지가 있는데, 이는 광야에서 이들에게 주신 절기와 제사제도이다.

이 모든 것의 결정판이 정한 짐승과 부정한 짐승을 구별하는 것으로 취해야 될 것과 취하지 말아야 할 것들을 말씀하고 계신다.

오늘 이 세대를 살아가는 우리 기독교인들과 교회 안에 반드시 수반되는 일일 것이다. 그러나 변별력을 잃어버린 오늘날 교회의 현주소는 성장이라는 미명 아래 예슈아의 이름으로 포장하여 내면의 거룩성을 잃어버린 지 오래되었다.

즉 교회의 성장이라는 동력을 찾기 위해 무분별한 세상 문화의 혼용과 세상적 가치가 그대로 교회 안에서 이루어지고 행해지고 있다(성공주의, 교회 안에서 이루어지는 정령술, 행복론, 기복주의로 인한 복음의 변질, 문화 사역의 미명 아래 이루어지고 있는 세상 문화의 혼용이 그것이다).

그러면 레위기 11장과 신명기 14장 1-21절의 조명을 통해서 정한 짐승과 부정한 짐승의 성서적 의미를 살펴보자.

① 정한 짐승(신 14:3-6): 굽이 갈라지고 새김질을 하는 짐승

굽이 갈라졌다는 것은 구별이 되었다는 것이다. 세상으로부터 완전히 구별되는 삶을 의미한다. 가증한 것을 취하지 않으며 때를 얻든지 못 얻든지 항상 구별되어 거룩하신 주(יהוה) 앞에 두렵고 떨리는 마음으로 구원을 이루어가라는 것이다.

굽이 갈라졌어도 새김질을 하지 못하는 짐승은 부정하다(신 14:8). 굽이 갈라졌다는 거룩성, 즉 경건의 모양은 있지만 경건의 능력이 없는 상태를 말한다(딤후 3:1-5).

즉 새김질을 못한다는 의미는 내면에 하나님의 말씀이 없는 자들을 말한다. 하나님의 말씀을 무시하고 사는 상태를 말한다. 새김질을 한다는 것은 주야로 말씀을 묵상하고 되새겨 하나님의 때를 분별하여 그 말씀을 준행하며 살아가는 모습이다.

우리는 말씀을 곱씹어야 한다. 아니, 곱씹는 것만으로는 부족하다. 새겨야 한다.

하나님께서 기도하고 있는 여호수아에게 찾아오셔서 하신 말씀이 여호수아서 1장 1-9절 말씀이다. 특히 6-9절의 말씀은 하나님의

말씀을 주야로 묵상하라는 것이다. 마치 정한 짐승 소, 양, 염소의 되새김질하는 모습이 연상되지 않는가? 하나님께서는 말씀을 되새김하라고 여호수아에게 말씀하고 계시는 것이다.

또한 시편 1편 1-6절도 그와 같다. 구별되는 것만으로는 충분하지 못하다. 말씀을 되새겨야 한다. 마음 판에 꼭꼭 잘 씹어서 탈나지 않게 해야 한다.

② 물에 있는 것들(신 14:9)

물에 있는 것들의 정한 것은 지느러미와 비늘이 있는 것이다. 반대로 비늘과 지느러미가 없다는 것은 부정하다.

물고기의 비늘은 물의 온도를 감지하고 소리를 듣는 청각 기능을 한다고 한다. 또한 물속에서 자신의 몸속에 있는 물을 밖으로 나가지 못하게 하고 몸 밖의 물이 안으로 들어오지 못하게 하는 갑주와 같은 기능을 한다.

이와 같이 하나님의 백성은 하나님의 말씀에 귀를 기울여야 하며, 주께서 베푸시는 세대의 징조에 대하여 민감하게 반응하여야 한다는 것이다. 즉 깨어 있어야 한다(엡 6:11-20).

비늘은 감각적인 것으로 느끼고 깨달음을 의미한다.

지느러미는 방향의 키를 제공한다. 물고기가 자유로이 움직일 수 있도록 방향의 키를 제공한다. 우리의 방향의 키는 예슈아(ישוע) 이시다. 그래서 예슈아께서 요한복음 14장 6절에서 "나는 길이요 진리요 생명"이라고 말씀하신 것이다.

또한 지느러미는 기독교인의 마음의 열쇠이기도 하다(잠 4:20-27).

③ 땅에 기어다니는 짐승 - 부정함

레위기 11장 29절을 보면 땅에 기어다니는 부정한 길짐승을 말하는데, 부정하다는 것은 땅의 것을 바라본다는 것이다. 하늘에 소망을 두고 살아야 하는데 땅을 바라보며 창조주를 부인하다는 것이다. 그래서 부정하다.

④ 레위기 11장 27절을 보면, 네 발로 다니는 짐승 중 발바닥으로 다니는 것은 부정하다고 했다. 같은 의미이다. 네 발바닥으로 다닌다는 것은 땅을 강하게 의지한다는 것이다. 육적인 소망을 두고 살아감을 의미한다.

그러나 네 발이라도 곤충 중에 뛰는 다리가 있는 곤충은 정하다. 그 의미는 하늘을 향한 강한 소망을 의미한다. 그래서 정한 것이다. 이와 같이 하나님의 백성들은 하나님에 대한 강한 소망을 가져야 한다(롬 12:1-2, 5:1; 골 3:5, 1:20).

4) 뱀같이 지혜롭고 비둘기같이 순결하라

다음은 순결과 지혜로운 삶에 대해서 생각해 보기로 한다.

> "보라 내가 너희를 보냄이 양을 이리 가운데로 보냄과 같도다 그러므로 너희는 뱀같이 지혜롭고 비둘기같이 순결하라"(마 10:16).

ט 우리는 히브리어 '테드'에 대해서 생각해 볼 필요가 있다.

'뱀'을 의미하는데 이 뱀은 지혜로운 동물로 상징되고 있다. 즉 배로 다니며 땅의 것을 배로 느끼고 안다는 것이다. 이 테드라는 단어는 '선한 것', '지혜로운 것'을 뜻한다. 왜 갑자기 이 테드라는 단어가 등장을 하였는가, 그리고 이 테드라는 단어가 마태복음 10장 16절 말씀과 무슨 상관이 있는가.

우리 주님(יהוה) 예슈아를 현대 신학에서는 마치 유럽의 헬라 문화권을 사용하고 헬라어를 사용하셨을 것이라는 착각을 심어 주게 하였다. 그때 당시 헬라권의 영향 아래 있던 것은 사실이다. 그렇다고 유대인이셨던 예슈아(ישוע)께서 헬라 문화권인 언어를 사용하고 계셨다는 생각을 의제할 수는 없다.

예슈아께서는 히브리어를 사용하셨다. 그분은 유대인이셨기 때문이다. 그리고 예슈아께서는 성경 곳곳에서 하나님의 뜻에 따라 일하신 사역을 볼 수가 있다. 신약성경을 헬라어로 기록했다는 것에서 우리 주 예슈아께서 헬라어를 사용하셨을 것이라는 추측이 나왔다.

① 뱀같이 지혜롭고

주님(יהוה)이 하신 말씀의 의미를 생각해 보자. 말씀의 의미는 '테드'처럼 우리가 살아가고 있는 이 땅의 모든 징조들과 현상들을 보면서 주께서 무엇을 말씀하고 계신지 관심을 가지고 살피고 깨달으라는 것이다(마 24:32-33; 욜 1장; 창 1:14).

열왕기상 18장 21절을 보면 엘리야의 절규를 들을 수 있다.

> "엘리야가 모든 백성에게 가까이 나아가 이르되 너희가 어느 때까지 둘 사이에서 머뭇머뭇하려느냐 여호와가 만일 하나님이면 그를 따르고 바알이 만일 하나님이면 그를 따를지니라 하니 백성이 말 한마디도 대답하지 아니하는지라"(왕상 18:21).

엘리야의 지혜에 대한 절규이다. 그때 당시 이방의 종교 문화인 바

알 문화와 이스라엘 백성이 섞여 있음을 볼 수가 있다. 우리는 자신에게 질문을 던져야 한다. 나는 지금 어디서 머뭇거리고 있으며, 안전한가. 엘리야의 질문은 두 가지이다. 하나는 언제까지 미혹된 바알의 사상에서 배회하고 있겠는가, 결단하라는 촉구이고, 하나는 하나님과 바알 사이에 하나님을 분별할 수 있는 지혜를 가지라는 것이다.

② 비둘기처럼 순결하라

비둘기는 더러운 것을 먹지 않는다(레 11장, 17:10-16, 18장, 19장).

예수아(ישוע)께서 말씀하신 의도를 생각하라.

거룩하지 않은 것을 취하지 말라는 것이다. 그 예로 마태복음 16장에 바리새인과 사두개인들의 누룩을 조심하라고 말씀하신다. 누룩은 부패하는 습성을 가지고 있다. 이처럼 바리세인들의 내면은 누룩으로 가득 차 있다. 고린도전서 5장 7절에서 "너희는 누룩 없는 자"라고 하신다. 그래서 우리는 구별된 것만을 취해야 한다. 우리 안에 있는 세상의 누룩을 제거해야 한다.

만약 유대인들이 가증한 음식을 취하고 있었다면 예슈아께서 그에 대하여 말씀하셨을 것이다. 이들은 누구보다도 율법에 충실한 자들이다. 그런데 무엇이 순결하지 않다는 것이다. 유대인들, 즉 지도자들의 내면에 품고 있는 마음이 거룩하지 않아 탐욕적이고 이기심으로 가득하고 자신의 지위를 이용하여 사람들을 조종하는 내면의 불의와 악함으로 가득하다는 말씀이다.

5

여호와의 절기(מועד)

다음은 하나님의 절기에 대해 생각해 보기로 한다.

성경에서 나오는 절기들을 그동안 유대인의 절기로 알려져 왔다. 그러나 이것은 유대의 절기가 아니라 하나님의 절기이다. 하나님께서는 이 절기를 통해서 하나님의 뜻을 드러내신다. 그리고 하나님께서는 이 절기 속에 하나님의 은밀하고 비밀한 일들을 말씀하고 계신다. 따라서 이 절기를 이해하지 않고서는 성경을 바르게 이해할 수도 알 수도 없다. 그렇기 때문에 하나님께서는 이스라엘 백성들에게 절기를 두고 지킬 것을 말씀하셨다.

필자도 하나님의 절기를 통해서 그동안 몰랐던 성경의 비밀들을 깨닫게 되었다. 그래서 지금도 반드시 절기를 지켜야 한다고 생각한다. 절기를 먼 구약의 산물처럼 생각해서는 안 된다. 절기는 구약의 산물이 아니다. 복음을 이해하기 위해 물속을 들여다보는 수경(水鏡)과도 같다.

이런 이야기를 하면 사람들은 색안경을 끼고 본다. 그도 그럴 것이, 그동안 우리 교회들은 절기를 무시해 온 것이 사실이다. 성경에 분명히 있음에도 불구하고 그동안 교회는 절기에 대해서 말하지 않았다. 교회의 성장만을 부르짖었지, 영적인 성숙과 성장에 대해서는 거의 무관심했던 것이 오늘의 우리의 실정이다.

이제 바른 시각으로 영혼들의 영적인 부분에 관심을 가지고 나아가야 할 때다. 아니, 어쩌면 늦었는지도 모른다. 그러나 지금이라도 우리는 성경을 바르게 보아야 하고, 오랜 전통처럼 굳어진 딱딱한 껍질을 벗고 이제 예슈아 안에서 영적인 속살을 드러내야 한다. 그것이 바로 절기를 통해서 하나님께서 절기 속에 두신 징조를 알아가야 할 이유이다.

1) 유월절(출 12:31-13:14; 레 23:4-5)

그 첫 절기로 유월절이다.

유월절은 애굽의 장자의 죽음이요, 이스라엘 백성들에게는 생명이 주어진 날이다. 이스라엘 백성들은 어린 양을 잡아서 문설주와 인방에 피를 발랐다. 천사가 그것을 보고 지나갔다. 즉 심판을 면하게 된 것이다. 우리는 예슈아의 피로만 속죄와 구속의 은혜를 누리게 된다. 이것이 유월절이다. 유월절은 우리에게 생명이 주어진 날이다.

> "내가 애굽 땅을 칠 때에 그 피가 너희가 사는 집에 있어서 너희를 위하여 표적이 될지라 내가 피를 볼 때에 너희를 넘어가리니 재앙이 너희에게 내려 멸하지 아니하리라 너희는 이날을 기념하여 여호와의 절기를 삼아 영원한 규례로 대대로 지킬지니라"(출 12:13-14).

유월절은 이스라엘 백성이 430년간의 종살이에서 해방된 날이다. 이 사건은 우리 예슈아께서 우리를 죄에서 해방시키시려고 희생이 되신 날이다. 그리고 잠자는 자, 우리들의 첫 열매가 되신 것이다(고전 15:20-23).

유월절은 유대인들이 3,000년이나 지켜온 절기이다.

유월절은 최고의 절기이다(20세 이상 된 남자는 유월절을 지키기 위하여 각 곳에서 모인다).

유월절은 하나님의 절기 중에 제일 먼저 오는 절기이다. 출애굽기 12장 2절을 보면 "이달을 너희에게 달의 시작 곧 해의 첫 달이 되게 하고"라고 하였다. 유월절을 시작으로 무교절, 초실절, 오순절, 나팔절, 속죄일, 초막절로 이어진다. 따라서 유월절은 첫 절기이다. 유월절의 특징은 '피'에 있다(출 12:3-7).

일 년 된 것은 가장 힘이 좋은 때를 의미한다. 가장 충실하고 완전할 때 하나님께 드리는 것이다. 수컷은 힘을 상징하고, 암컷은 아름다움을 상징한다.

10일에 선택해서 양을 4일간 가두었다가 14일 저녁에 잡는다.

예슈아께서도 니산 월 10일에 예루살렘 성에 입성하셨다. 그리고 4일 동안 바리새인과 제사장들에게 흠이 없나 시험을 당하셨다. 그리고 유월절 날 잡히시고(13일 저녁 만찬을 치르셨다. 하나님의 시간은 저녁부터 시작이다), 유월절 양이 제단 뿔에 매인 것처럼 예슈아께서도 십자가에 달리시고, 저녁 제사 드리는 시간에 양을 잡듯이 예슈아께서도 오후 3시 저녁 제사 드리는 시간에 죽으셨다.

유월절에는 유월절의 음식이 있다(출 12:8-11).

무교병을 먹는다. 맛이 없는 떡이다. 우리는 음식을 먹으려고 사는 것이 아니고 살려고 먹는 것뿐이다. 세상 사람들은 먹으려고 산다. 우리는 살려고 먹는 것이다.

쓴 나물을 먹는다. 그때의 고통 중에 있던 날을 기억하는 것이다. 무교병과 쓴 나물을 7일 동안 먹는다. 그리고 허리에 띠를 매고

발에 신을 신고 손에 지팡이를 잡고 급히 먹는다(출 12:11)

무엇이 떠오르는가? 사사기에 기드온 사건이 떠오르지 않는가? 기드온의 300명의 남긴 자를 선별할 때와 같은 모습이다.

> "이에 백성을 인도하여 물가에 내려가매 여호와께서 기드온에게 이르시되 누구든지 개가 핥는 것같이 혀로 물을 핥는 자들을 따로 세우고 또 누구든지 무릎을 꿇고 마시는 자들도 그와 같이 하라 하시더니 손으로 움켜 입에 대고 핥는 자의 수는 삼백 명이요 그 외의 백성은 다 무릎을 꿇고 물을 마신지라" (삿 7:5-7).

그러면 예슈아께서 제자들에게 명하여 준비시키신 유월절의 식탁에는 무엇이 놓여져 있었을까?

네 잔의 포도주가 놓인다. 여기에 네 가지의 하나님의 은총이 있다. 이 은총을 생각하며 네 잔의 포도주를 마신다.

> "그러므로 이스라엘 자손에게 말하기를 나는 여호와라 내가 애굽 사람의 무거운 짐 밑에서 너희를 빼내며 그들의 노역에서 너희를 건지며 편 팔과 여러 큰 심판들로써 너희를 속량하여 너희를 내 백성으로 삼고 나는 너희의 하나님이 되리니 나는 애굽 사람의 무거운 짐 밑에서 너희를 빼낸 너희의 하나님 여호와 인 줄을 너희가 알지라"(출 6:6-7).

첫째 잔, 내가 너희를 빼냈다.
둘째 잔, 내가 너희를 건졌다.

셋째 잔, 내가 너희를 구속하였다.
넷째 잔, 내가 너희를 내 백성으로 삼았다.

> "곧 창세 전에 그리스도 안에서 우리를 택하사 우리로 사랑 안에서 그 앞에 거룩하고 흠이 없게 하시려고 그 기쁘신 뜻대로 우리를 예정하사 예수 그리스도 말미암아 자기의 아들들이 되게 하셨으니"(엡 1:4-7).

첫째, 선택되고
둘째, 거룩하고 흠이 없게 되고
셋째, 구원받고
넷째, 아들로 받아들여졌다.

이렇듯 유월절에는 이와 같이 생각을 하고 네 잔을 마시게 되었다. 여기서 예정론에 대한 바른 이해가 있어야 한다. 로마서 11장 1-2, 16-24절을 살펴보면 하나님은 자기 백성을 버리지 않으심을 알 수 있다. 하나님의 백성이 약속을 깨뜨리고 떠난 것이다. 따라서 하나님의 백성은 약속을 버리고 아무렇게나 살아가도 괜찮다는 것이 아니다. 정말로 하나님을 사랑한다면 이 약속을 지켜야 한다는 것이다.

우리 아이들 중에 유독 심부름을 잘하는 아들이 있다. 늘 이 아들은 무슨 심부름을 시키든지 척척 잘해낸다. 아무런 불평 없이 잘해낸다. 그래서 유독 아내는 이 아들에게 심부름을 잘 시킨다. 이 아들은 엄마아빠를 사랑하니까 심부름을 하는 것이다. 생각해 보자. 이 아들이 심부름을 해야만 우리 아들이 되는 것은 아니다. 이 아들은 우리 아들이다. 아들이니까 심부름을 하는 것이다. 반드시 심부름을 해야만 아들이 되는 것은 아니라는 것이다.

같은 원리이다. 우리가 하나님의 자녀이니까 이 말씀을 사랑하며 지키는 것이다. 예정론은 여기에 모순이 있다. 자녀로 부름 받기만 하면 그가 어떻게 살든지 구원은 안전하다는 것이다. 그러나 이스라엘 역사가 심판의 역사인 것을 생각하면 그렇지 않다. 성경의 역사에서 반느시 하나님의 심판이 주어지는 것을 볼 때 하나님의 말씀을 거룩히 지켜야 함을 알 수 있다. 막 살아도 구원이 비껴가지 않는다는 주장은 잘못된 주장이다. 하나님의 백성으로 하나님을 사랑한다면 말씀을 지켜야 한다.

예정론에 익숙하게 길들여지다 보니 구원에 대해서 안일한 생각을 하는 것 같다.

하나님은 하나님의 백성을 버리지 않으신다. 틀린 말이 아니다. 그러나 하나님의 백성이 하나님을 떠나는 것이다. 떠난 자들의 구원은 절대로 안전하지 못하다.

2) 무교절(민 28:11-15, 16-25)

두 번째로 무교절이다.

무교절은 유월절과 이어지는 절기이다. 니산 월 14일이 유월절이고, 유월절 후 7일간 니산 월 15일부터 21일까지가 무교절 절기이다. 이때도 무교병을 먹는다. 그러므로 무교절은 유월절과 뗄 수 없는 유월절의 결과물인 것이다.

> "그 첫날에는 너희가 성회로 모이고 아무 노동도 하지 말지며 너희는 이레 동안 여호와께 화제를 드릴 것이요 일곱째 날에도 성회로 모이고 아무 노동도 하지 말지니라"(레 23:7-8).

무교절 시작인 첫날을 안식일처럼 보낸다. 마지막 일곱째 날도 안식일처럼 보낸다.

이처럼 무교절은 성회로 시작해서 성회로 끝을 맺는다. 그리고 모일 때마다 노동을 하지 않았다. 온전히 출애굽 생각만 하며 하나님을 찬양하기 위함이다.

> "이레 동안은 누룩이 너희 집에서 발견되지 아니하도록 하라 무릇 유교물을 먹는 자는 타국인이든지 본국에서 난 자든지를 막론하고 이스라엘 회중에서 끊어지리니"(출 12:19).

예슈아와의 교제에서는 누룩부터 제거해야 교제가 이루어지는 것을 의미한다.

무교절에서 가장 중요한 것은 '오머'(Omer)이다. 오머의 뜻은 곡식단, 또는 이삭이다. 유월절부터 무교절까지는 보리의 수확기이다. 따라서 오머를 세어 가며 첫 수확의 곡식단을 가지고 제단 앞 제사장에게 가져오면 제사장은 첫 이삭을 하나님 앞에 흔들어 요제를 드린다. 이날이 초실절이다.

초실절은 우리 예슈아께서 부활하신 날이다. 고린도전서 15장 20-23절 말씀과 같이 잠자는 자들(잠들어 있는 우리들)의 첫 열매가 되신 것이다.

3) 초실절(레 23:9-14)

세 번째로 초실절이다.

초실절은 '첫 열매를 드리는 날'이다. 여기서 첫 열매는 곡식의 첫 열매가 아니라 1년 중 가장 먼저 수확하는 곡식의 첫 열매이다. 1년 중 가장 먼저 수확하는 곡식이 바로 보리이다. 초실절은 무교절 속에 들어 있는 안식일 다음날이다(유월절이 니산 월 14일이니까 15일 무교절이 시작되는 날이 첫 안식이 되는 것이다. 그리고 초실절은 17일 예슈아께서는 초실절 날 부활하셨다).

마태복음 28장 1절을 보면, “안식일이 다 지나고 안식 후 첫날”이라고 하였다. 여기서 안식일은 유월절 다음날, 무교절 시작인 15일을 말하고, 안식 후 첫날 17일 부활하신 초실절을 말하고 있다. 바로 초실절이 부활절이 되는 것이다.

4) 오순절(레 23:15-21; 신 16:9-12)

봄 절기의 마지막인 오순절이다.

유월절 안식일이 지난 다음날부터 7주간이 지난 이튿날까지를 오순절이라고 한다. 이때는 밀 수확을 하는 절기이다. 오순절은 곡식을 거두는 절기이다. 오순절은 밀을 수확하는 절기라 맥추절이라고도 한다.

> “맥추절을 지키라 이는 네가 수고하여 밭의 뿌린 것의 첫 열매를 거둠이니라”(출 23:16).

오순절을 칠칠절이라고 부른다.

> “일곱 주를 셀지니 곡식에 낫을 대는 첫날부터 일곱 주를 세어”(신 16:9).

오순절은 소제(레 23:16), 번제, 속죄제(레 23:19), 화목제(레 23:19), 요제(레 23:20), 이 다섯 제사가 하나님께 드려지는 거룩한 절기이다.

특별히 오순절에는 떡 두 덩이를 하나님께 드렸다.

레위기 23장 17절을 보면, "너희의 처소에서 십분의 이 에바로 만든 떡 두 개를 가져다가 흔들지니 이는 고운 가루에 누룩을 넣어서 구운 것이요"라고 하였다. 이 떡 두 개는 유대인과 이방인을 뜻한다. 이방인에게 구원의 은혜가 내려지는 것이다. 그런데 왜 누룩을 넣은 떡일까? 우리에게는 아직 죄가 있기 때문이다.

> "우리가 유대인이나 헬라인이나 종이나 자유인이나 다 한 성령으로 세례를 받아 한 몸이 되었고 또 다 한 성령을 마시게 하셨느니라"(고전 12:13).

구약과 신약이 하나라는 것을 의미한다. 하나님은 구약을 통하여 말씀하신 것을 신약을 통하여 이루고 계신다. 두 성경은 둘이 아니라 하나이다. 그래서 하나님은 두 떡을 동시에 같이 바치라고 말씀하시는 것이다.

5) 나팔절(레 23:23-25; 민 10:1-10)

가을 절기의 시작인 나팔절이다.

매년 일곱째 달 초하루가 나팔절이다. 나팔절의 특징은 나팔이다. 다음과 같은 경우에 나팔을 불었다(민 10:1-10).

회중과 족장을 소집하려 할 때(민 10:3-4), 진을 진행시키려 할 때(민 10:5-6), 전쟁을 알릴 때(민 10:9), 특별한 제사, 희락의 날, 정한 절기, 각 달이 시작할 때이다.

나팔은 또한 속죄의 선언을 뜻한다. 그리고 심판을 의미한다.

6) 속죄일(레 23:26-32, 16:5-10, 30-34)

두 번째로 속죄일이다.

속죄일은 나팔절 다음에 오는 절기이다. 일곱째 달 10일이 속죄일이다.

속죄일은 욤키푸르(Yom Kippur)인데, 화목의 날이다. 속죄일은 죄에서 속함을 받는 날로 영적으로 새롭게 되는 신성한 날이다(레 16:29-30).

속죄일의 가장 뚜렷한 특징은 아사셀(Azazel) 염소이다. 두 염소를 선택하여 한 마리는 번제단에서 이스라엘 백성들의 죄를 위하여 속죄한다. 그리고 남은 한 마리에 대제사장이 안수하여 이스라엘 백성들의 죄를 전가시킨다. 그리고 광야에 내다가 버린다. 이를 아사셀 염소라고 한다(레 16:21).

이때 제사장은 백성들 앞에 서서 세 번 그들이 알아듣도록 신앙 고백 형식으로 외친다. 첫 번째 고백은 자기 자신의 죄와 자기 권속들을 위한 죄 때문에 하는 고백, 두 번째는 레위 족속을 위하여, 세 번째는 이스라엘 백성 전체를 위함이라는 것이다.

아사셀(Azazel) 염소는 우리의 죄를 다 짊어지고 죽으신 예수 그리스도를 의미한다. 아사셀 염소는 될 수 있는 한 멀리 데려다 버렸다. 예슈아는 우리의 죄를 동이 서에서 먼 것같이 멀리 옮기신 분이다(시 103:12). 바로 이것을 의미한다.

그러므로 나팔절은 속죄일의 준비가 시작되는 시점이다. 나팔절에 죄 사함의 기쁨의 감격을 받다가 아사셀 염소를 광야로 보내면서 확신을 갖는 것이다.

속죄일은 안식일로, 아무것도 하지 않고 속죄하는 일만 하나님 앞에 행하였다.

> "이는 너희에게 안식일 중의 안식일인즉 너희는 스스로 괴롭게 할지니 영원히 지킬 규례라"(레 16:31, 개역개정)

이는 죄를 자각하며 영혼을 괴롭게 하여야 하는 날이다. 참회와 통회, 그리고 자복, 영혼이 찢어지는 아픔과 하나님의 진노를 생각하며 스스로 영혼을 괴롭게 하는 날이다. 죄 때문에 아파하는 날이 속죄일이다.

> "그러나 신랑을 빼앗기는 날이 이르리니 그날에는 금식할 것이니라"(막 2:20).

하나님의 역사와 징조들(אות)

다음은 창세기 1장 1절의 창조의 역사를 메노라(촛대)를 통해서 살피기로 한다.

1) 메노라

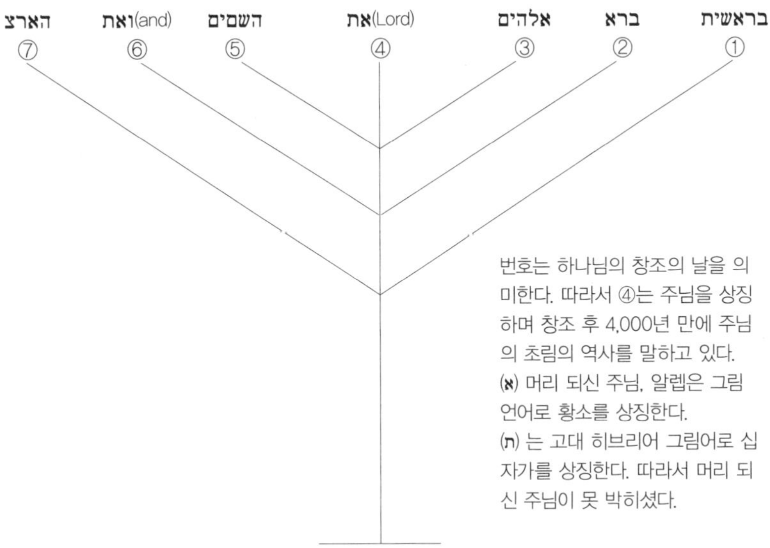

메노라

① בראשית(in the beginning)
② ברא(created)
③ אלהים(GOOD)
④ את(Lord)
⑤ השמים(the heavens)
⑥ ואת(and)
⑦ הארצ(the earth)

⑥은 여섯째 날을 의미하는데, 6,000년의 인간의 역사와 여섯째 날 인간의 창조의 역사를 의미한다.

여기서 중요한 것은 'ו' 바브라는 글자이다. 바브는 히브리어 단어 중 여섯이라는 숫자 의미를 가지고 있다. 이제 ⑥번의 바브를 강조하여 밑줄로 표기한 의미가 여기에 있다. 이 'ו'가 ⑥번의 첫 글자로 등장하는 이유는 창세기 1장 1절의 여섯 번째 단어에 'ו', 이 바브가 처음 등장하기 때문이다.

그 의미는 א 머리 되신 주님께서 ת 십자가에 못 박히신 모습 그대로 6,000년 후에 재림하신다는 의미이다.

그리고 'ו' 접속사로서 하늘과 땅을 연결한다는 뜻이다. 즉 주님께서 십자가를 지심으로 하늘과 땅을 연결시키셨다는 뜻이다.

요한복음 20장 24-29절 사건을 들여다보라. 주께서 의심 많던 도마에게 나타나셨다. 그리고 ה(보라), 나타나신 것이다. 손의 못 자국 그대로 다시 오시는 것을 보게 되는 것이다.

참고로 이 'ו' 바브는 접속사의 의미로 연결한다는 의미이다. 즉 주님이 땅과 하늘을 연결하신다는 뜻이다. 이 얼마나 놀라운 역사인가?

또한 ② ברא(created) 'בר'는 아들이라는 뜻이다. 그리고 א는 머리 되시는 전능자라는 뜻인데, 아버지 되신 하나님께서 침묵을 하시고 ברא(created) 말씀하시도록 맡기셨다는 뜻이다.

창세기 1장 1절

① בראשית ② ברא ③ אלהים ④ את ⑤ השמים ⑥ ואת ⑦ הארצ

참고로 히브리어 이해를 위해 히브리어 그림 언어에 대해서 자료를 소개한다.

• א

이 '알렙'이라는 단어를 이해하지 않으면 창세기 1장 1절을 이해하기가 쉽지 않으므로 이해를 돕기 위해 먼저 이 단어의 의미를 살펴보기로 한다.

**** 참고**

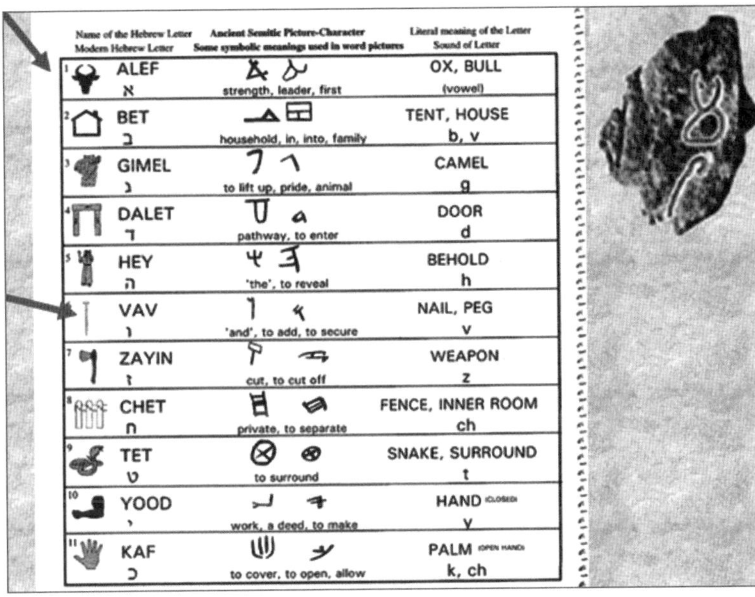

	Name of the Hebrew Letter / Modern Hebrew Letter	Ancient Semitic Picture-Character / Some symbolic meanings used in word pictures	Literal meaning of the Letter / Sound of Letter
1	ALEF א	strength, leader, first	OX, BULL (vowel)
2	BET ב	household, in, into, family	TENT, HOUSE b, v
3	GIMEL ג	to lift up, pride, animal	CAMEL g
4	DALET ד	pathway, to enter	DOOR d
5	HEY ה	'the', to reveal	BEHOLD h
6	VAV ו	'and', to add, to secure	NAIL, PEG v
7	ZAYIN ז	cut, to cut off	WEAPON z
8	CHET ח	private, to separate	FENCE, INNER ROOM ch
9	TET ט	to surround	SNAKE, SURROUND t
10	YOOD י	work, a deed, to make	HAND (CLOSED) y
11	KAF כ	to cover, to open, allow	PALM (OPEN HAND) k, ch

알렙 단어의 구성에 대해서 알아보자.

① '알렙'이라는 단어는 י(요드) 그 사이에 ו(바브) 그리고 또다시 י(요드)로 구성되어 א이 만들어졌다.

조금 더 구체적으로 말하면, 요드 'י'는 '손, 창조하다, 강한 손, 만들다'는 뜻이다. 'ו' 바브는 '못, 연결하다, 끌어오다'의 뜻이다.

무엇이 연상되는가?

י(요드)가 두 개이므로 팔을 벌린 두 손, 그리고 ו 못, 이것을 연계해서 생각을 하면 **'못 박힌 두 손'**을 볼 수가 있다.

그러면

י ת ע ו ש י

우리는 알렙이라는 단어에서 ישועתי(예슈아토)를 만나게 된다(구원과 재림을 만나는 것이다).

창세기 1장 1절에 א의 단어가 6번 등장을 하는데, 이것은 6일 동안의 창조의 역사를 말하는 것이다. 즉 인간의 6,000년의 역사를 의미하는 것이고, 이 창조에서 우리는 알렙 예슈아를 보게 된다. 예슈아가 창조를 하셨고 다시 재림하는 역사를 창세기 1장 1절을 통해서 보고 알고 깨닫는 것이다. 보라, 이 얼마나 놀라운 일인가. 하나님의 역사를 깨닫게 되는데 창세기 1장 1절을 알지 못하고서는 성경을 제대로 알 수가 없다.

2) 창세기 1장 1절에 숨겨진 7,000년 역사

"태초에 하나님이 하늘과 땅을 창조하시니라"

In the beginning God created the heavens and the earth

הארץ ⑦ ואת ⑥ השמים ⑤ את ④ אלהים ③ ברא ② בראשית ①

하에레츠 바에트 하샤마임 에트 엘로힘 바라 베레쉬트

7일(7천 년) 6일(6천 년) 5일(5천 년) 4일(4천 년) 3일(3천 년) 2일(2천 년) 1일(1천 년)

7 6 5 4 3 2 1

창세기 1장 1절에 나타난 6개의 א(Aleph)는 인간 6,000년 역사를 말한다.

인간 6,000년 역사

(6일 동안 하나님이 천지를 창조하시고 7일째 안식하심)

예수님의 초림과 재림 ישוע를 한눈에 볼 수 있는 말씀이 창세기 1

장 1절 말씀이다.

1. The Seven Days of Creation 7일 천지창조

2. The Seven Spirit of God 하나님의 일곱 영(사 11:2; 계 1:13, 4:5)

① 지혜의 영, ② 총명의 영, ③ 모략의 영, ④ 아도나이 야훼 여호와(예슈아)의 영, ⑤ 능력의 영, ⑥ 지식의 영, ⑦ 여호와를 경외하는 영-일곱 영)

3. 또한 The Seven Feast of Yeshua, 예슈아의 일곱 절기를 나타내기도 한다.

(봄 절기 넷-유월절, 무교절, 초실절, 오순절은 이미 이루어졌고, 세 개의 가을 절기 나팔절, 속죄절, 장막절은 앞으로 곧 이루어지게 될 것이다.)

4. The Seven Church 일곱 교회

눈에 성령의 안약을 발라야 히브리 뿌리 토라[7](תורה) 말씀, 즉 예슈아를 볼 수 있는데, 지금은 믿는 자들의 신앙이 눈먼 자요 귀머거리요 마음에 할례를 받지 못한 미지근한 라오디게아 시대에 우리가 살고 있다.

마가복음 9장 2절

"예슈아께서 베드로, 요한, 야고보를 데리시고 변화산(다볼 산)에 올라가셨을 때 6일 후에(6,000년) 영광의 몸으로 변화되신 모습을 잠

---

7) תורה : 머리 되신 주님이 십자가에 못 박히시다.

① 첫 번째 유월절 = 어린 양의 피로 홍해를 건너 애굽에서 나옴.

② 첫 번째 오순절 = 토라를 받고(출 19장)

③ 첫 번째 속죄일 = 속죄를 받고, 얼굴과 얼굴을 마주하다(Yom Kippur, 시 91편) 행 27:9 = 카팔(덮는다: 아담과 하와가 범죄 후 무화과 잎으로 가림, 수치를 덮는다(창 3:7, 21), 새로운 시작(A new Beginning) 모세의 속죄 엘림 월 9월 1일-티슈레이 월 10월 10일에 내려옴, 큰 죄(This sin is too great)

④ 첫 번째 초막절 = 초막을 지음(성막), 나라와 민족의 속죄(속죄일, 장막절)

깐 보여주셨다. 여호와께서 이틀 후에(2,000년) 우리를 살리시며 제 삼일(3,000년)에 우리를 일으키시리니 우리가 그 앞에서 살리라."

호세아 6장 1-3절

"오라 우리가 여호와께로 돌아가자 여호와께서 우리를 찢으셨으나 도로 낫게 하실 것이요 우리를 치셨으나 싸매어 주실 것임이라 여호와께서 이틀 후에(2000년) 우리를 살리시며 셋째 날에(3000년) 우리를 일으키시리니 우리가 그의 앞에서 살리라(초막절 8일째에 새로운 천 년의 역사가 있을 것을 말한다) 그러므로 우리가 여호와를 알자 힘써 여호와를 알자 그의 나타나심은 새벽 빛같이 어김없나니 비와 같이, 땅을 적시는 늦은 비(Ruach Ha Kodesh, 거룩한 성령의 엘리야의 Movement-주님 오시기 전 마지막 추수 성령 운동임)와 같이 우리에게 임하시리라 하리라."

요한계시록 22장 11절

"불의를 행하는 자는 그대로 불의를 행하고 더러운 자는 그대로 더럽고 의로운 자는 그대로 의를 행하고 거룩한 자는 그대로 거룩하게 하라."

요한계시록 22장 12절

"보라 내가 속히 오리니 내가 줄 상이 내게 있어 각 사람에게 그가 행한 대로 갚아 주리라."

하나님의 여섯 가지 전신갑주인 토라, 말씀으로 진리의 허리띠, 예슈아의 의의 흉배, 샬롬 평강의 복음의 신발, 담대한 믿음의 방패, 구원의 투구, 성령의 검인 하나님의 말씀을 가지고 승리하여야 한다.

3) בראשית(태초에 담겨 있는 하나님의 메시지: 히브리어[8])

① בר(바르) = 아들(단 3:25) 곡식(창 41:49)

열매(고전 15:20) 나무(왕하 19:23)

② ברא(바라) = 내 아들, 창조된, 모든 것을 창조함.

③ שית(쉬이트) = 가시 면류관을 쓰시고

④ אשי(이사) = 머리에 얻으시고

⑤ בראשי = 나무에 달리시고(왕하 19:23)

⑥ אש(이시) = 위에서 내려온 불, 불에 있으시고

(출 3:4) = 메노라(떨기나무의 상징)

⑦ ברית(바이트) = 모든 것을 언약 가운데 하셨다.

(ת = ✝ 의 뜻)

⑧ אשית(이쉬트) = 그리고 선물을 하셨다.

(ת = ✝ 의 선물을 주셨다)

שית(시이트) = 아내를 위하여(신부)

⑩ ת בראשי = 십자가에 못 박히신 하나님의 아들

(✝)

정리하면: 하나님이 하늘에서 불 가운데(출 3:4, 메노라의 상징) 임하셔서 나타나셨고, 언약을(창 15:17; 출 6:5-7, 19장 or 출 19:5, 6, 16; 민 29:13-32) 하셨고, 그 아들이 가시면류관을 쓰시고 나무에 달려서 모든 언약 가운데서 이루시고 아들의 아내(신부)를 위하여 아들을 선물로 주셨다(그 아들이 십자가에 달리셨다).

8) 히브리어 글자는 '부록'을 참조.

레쉬트(ראשית)라는 단어를 자세히 살펴보면, 레쉬트는 '태초에'로 번역이 된다. 레위기에서 그것은 또한 '첫 열매'라고 번역이 된다.

> "이스라엘 자손에게 말하여 이르라 너희는 내가 너희에게 주는 땅에 들어가서 너희의 곡물을 거둘 때에 너희의 곡물의 첫 이삭 한 단(ראשית)을 제사장에게로 가져갈 것이요"(레 23:10).

신약성경에서는 메시아 예수님의 이름 가운데 하나가 '레쉬트'이다(고전 15:20-23). "그러나 각각 자기 차례대로 되리니 먼저는 첫 열매(ראשית)인 '메시아'요 다음에는 그가 강림하실 때에 '메시아'에게 속한 자요." 여기서 철자 베트(ב)는 영어의 단어 by 또는 for 등으로 번역될 수 있다. 그래서 창세기 1장 1절은 메시아를 위하여, 또는 메시아에 의해서 "하나님은 하늘과 땅을 창조하시니라"라고 번역할 수가 있다.[9)]

신약을 보자.

> "만물이 그(메시아)에게서 창조되되 하늘과 땅에서 보이는 것들과 보이지 않는 것들과 혹은 왕권들이나 주권들이나 통치자들이나 권세들이나 만물이 다 그로 말미암고 그를 위하여 창조되었고"(골 1:16).

---

9) 즉 '태초'라는 단어 ראשית가 신약에서는 메시아를 뜻하기 때문에 창세기 1장 1절에서는 '태초'라는 말 대신에 메시아로 바꿀 수 있다는 것이다. 그래서 בראשית(태초에)라는 말은 ראשית + ב이므로 ב를 영어 전치사인 by 또는 for로 ראשית를 '메시아'로 바꾸어서 For Messiah 또는 by Messiah로 God created the heavens and earth로 번역할 수 있다.

"죽임을 당한 어린 양의 생명책에 창세 이후로 이름이 기록되지 못하고 이 땅에 사는 자들은 다 그 짐승에게 경배하리라"(계 13:8).

베레쉬트[10](בראשית)라는 단어는 가장 근본이 되는 단어이다. 왜냐하면 성경의 첫 단어일 뿐만 아니라 시작을 의미하고 있기 때문이나. 또 이것이 창조의 기초이기 때문이다. 그러므로 만약 예수님께서 창세 이후로 죽임을 당한 어린 양이시라면 우리는 이 히브리어 안에서 이미 예수님이 죽으실 것을 볼 수가 있다.

베레쉬트라는 단어에서 발견되는 첫 두 글자 바르(בר)라는 단어는 유대 민족들 단어에서 일반적인 단어로 쓰이는데 '아들'의 의미가 있다. 이렇게 쓰인 단어의 예는 다니엘 3장 25절에서 찾아볼 수 있다. 그러나 창세기 41장 49절에서는 곡식을 의미하였다. "쌓아둔 곡식(בר)이 바다 모래같이 심히 많아 세기를 그쳤으니 그 수가 한이 없음이었더라"고 하였다.

우리는 요한복음에서 똑같은 단어가 아들과 곡식 두 가지로 번역되는 것을 통해 모종의 관련성을 찾게 된다.

"예수께서 대답하여 이르시되 인자가 영광을 얻을 때가 왔도다 내가 진실로 너희에게 이르노니 한 알의 밀(a grain of wheat)이 땅(에레츠)에 떨어져 죽지 아니하면 한 알 그대로 있고 죽으면 많은 열매를 맺느니라 자기의 생명을 사랑하는 자는 잃어버릴 것이요 이 세상에서 자기의 생명을 미워하는 자는 영생하도록 보전하리라"(요 12:23-25).

10) 《블러드 문》, 마크 빌츠, 조용식 역, 순전한나드, 2014

베레쉬트(בראשית)에서 바르(בר)에 다음의 철자 알레프(א)를 더하면 바라(ברא)라는 또 다른 히브리어 단어가 된다. 이것이 창세기 1장 1절에 나오는 '창조하시다'이다. 그런데 골로새서 1장 16절에 따르면 아들은 모든 것을 창조하신 분이었다. "만물이 그로 말미암고"라고 말하고 있다.

로쉬(ראש)는 히브리어로 '머리'를 의미하는데, 신명기 28장 13절에 사용되었다. "여호와께서 너를 머리(ראש)가 되고 꼬리가 되지 않게 하시며." 이 단어의 끝에 철자 'י'(요드)를 더하면 그것은 '나의 머리'(ראשי)가 된다. 우리는 또한 이 단어가 베레쉬트라는 말의 가운데 있다는 사실(ב/ ראשי /ת)을 알게 된다. 그리고 에베소서 1장 22절을 통해 예수님과도 관계가 있다는 사실을 알게 된다.

> "또 만물을 그의 발 아래에 복종하게 하시고 그를 만물 위에 교회의 머리로 삼으셨느니라"(엡 1:22).

베레쉬트(בראשית)를 자세히 살펴보면 다음과 같다.

① בראשית 태초에

② בר 그 아들

③ ברא 만물을 창조하시다.

④ ראשי 나의 머리에

이제 בראשית라는 단어를 분석해 보면 ברא / שית가 된다. 여기서 마지막 철자 세 개(שית)는 이사야 10장 17절 "이스라엘의 빛은 불이 되고 그의 거룩하신 이는 불꽃이 되실 것이니라 하루 사이에 그의 가시(שית)와 찔레가 소멸되며"에 나오는 대로 '가시덤불'로 번역한다.

그래서 이제 우리는 다음과 같은 뜻을 얻는다. “그의 아들이/ 창조했다/ 모든 만물을/ 나의 머리 위에/ 가시관.” 우리가 베레쉬트를 다음과 같이 분리했을 때를 기억하라. ב / ראשית 베레쉬트(בראשית)가 첫 열매임을 알았고 바르(בר)가 곡식을 의미한다는 사실을 알았다. 그래서 예수님께서 첫 열매의 곡식이 됨을 알게 되었다.

다음은 하나님께서 히브리어 ‘알렙 벳’을 신호로 사용하시는 것을 보여줄 것이다. 성경은 단순히 하늘에 징조들이 있다고 선언한다. 이것은 우리가 알고 있는 대로 특별한 시간의 종말에 관한 징조들이다.

> “하늘의 별들과 별 무리가 그 빛을 내지 아니하며 해가 돋아도 어두우며 달이 그 빛을 비추지 아니할 것이로다”(사 13:10).
>
> “내가 이적을 하늘과 땅에 베풀리니 곧 피와 불과 연기 기둥이라 여호와의 크고 두려운 날이 이르기 전에 해가 어두워지고 달이 핏빛같이 변하려니와 누구든지 여호와의 이름을 부르는 자는 구원을 얻으리니 이는 나 여호와의 말대로 시온 산과 예루살렘에서 피할 자가 있을 것임이요 남은 자 중에 나 여호와의 부름을 받을 자가 있을 것임이니라”(욜 2:30-32).
>
> “해와 달이 캄캄하며 별들이 그 빛을 거두도다”(욜 3:15).
>
> “곳곳에 큰 지진과 기근과 전염병이 있겠고 또 무서운 일과 하늘로부터 큰 징조들이 있으리라”(눅 21:11).

> "일월성신에는 징조가 있겠고 땅에서는 민족들이 바다와 파도의 성난 소리로 인하여 혼란한 중에 곤고하리라"(눅 21:25).

> "내가 보니 여섯 인을 떼실 때에 큰 지진이 나며 해가 검은 털로 짠 상복같이 검어지고 달은 온통 피같이 되며"(계 6:12).

하나님께서는 하늘에 징조를 두시고 그 징조를 통해서 이루실 일들을 나타내고 계신다. 뜻 없이 하늘에 징조들을 두신 것이 아니라는 것을 우리는 성경을 통해서 발견해야 한다. 하늘과 땅의 창조물을 통해서 하나님은 말씀하시는데, 그 징조로 그 모든 것들을 사용하신다는 것이다.

다음은 천문에 나타난 징조들을 통해서 하나님의 징조를 살펴보기로 한다.

그림을 참조하기 바란다.

하늘의 징조들(2013-2017)

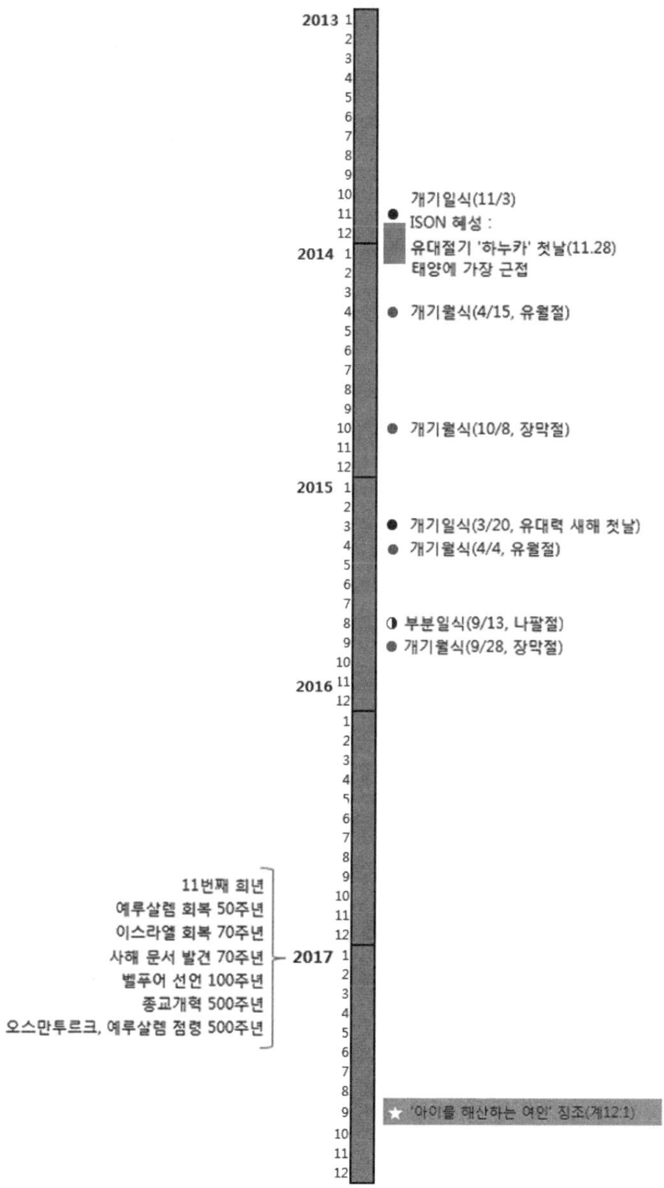

유명한 독일의 랍비 유다 벤 사무엘(Judah Ben Samuel, 1140-1217)은 2017년이 열한 번째 희년(Jubilee)으로, 그해 '메시아의 마지막 때'(Messianic end times)가 온다고 예언했다. 그는 자신이 죽던 해(1217)에 이렇게 말했다: "300년 후에 오스만투르크가 예루살렘을 점령할 것이며, 그렇게 여덟 번의 희년을 지날 것이고 아홉 번째 희년은 주인이 없을 것이다."[11]

그의 말대로 오스만투르크는 1517년에 예루살렘을 점령했고, 예언대로 정확히 400년(=50년×8번) 후인 1917년 물러났다. 제1차 세계대전 당시 영국의 앨런비(Edmund Allenby) 장군은 총 한 방 쏘지 않고 예루살렘에 입성했다. 그날은 예루살렘 성전의 봉헌을 기념하는 유대 절기인 하누카(Hanukkah)였다. 그 후 예루살렘은 영국과 요르단 아래 '주인 없이' 있었고 정확히 50년 만인 1967년, 이스라엘은 6일 전쟁을 통해 예루살렘을 탈환했다. 그의 예언은 지금까지 매우 정확했다. 과연 그의 예언대로 2017년에 '메시아의 마지막 때'가 시작될 것인가? 그것은 하나님의 손길에 달려 있다.

이스라엘 회복 70주년

이스라엘은 유엔 총회 결의 181호에 따라 1948년 5월 14일 건국되었다. 2017년은 결의 70주년이 되는 해이다.

성경에서 완전수 7에 완벽을 상징하는 10을 곱한 70은 하나님의 경륜의 완전함과 완벽함을 상징하는 수이다. 이스라엘은 70년 만에 바벨론 포로 생활에서 벗어났고, 다니엘은 이스라엘의 미래를 보이는 70이레 환상을 보았다.

---

11) elshaddaiminstries 선교회 자료 중.

성경에는 말세에 있을 징조들에 대한 기록이 손꼽을 수 없을 정도로 많다. 그리고 그 징조들은 실제로 현재 정치, 경제, 사회, 문화에 이르는 인간사의 모든 면뿐만 아니라 자연 재해 등을 통하여 매우 뚜렷이 나타나고 있다.

하나님께서 이러한 징조들을 통해 우리에게 말씀해 주시려 하는 것은 명확하다고 생각된다. 우선 이스라엘 제3성전 건축이 임박한 것으로 보인다. 실제로 건축이 시작된다면, 이것은 다니엘서 9장 27절의 조건이 이루어지는 것이며, 다니엘이 예언한 70째 이레, 소위 '7년 대환란'이 시작되었다는 신호가 된다.

예수님께서는 "이런 일이 되기를 시작하거든 일어나 머리를 들라 너희의 속량이 가까웠느니라"(눅 21:28), "무화과나무의 비유를 배우라 그 가지가 연하여지고 잎사귀를 내면 여름이 가까운 줄 아나니 이와 같이 너희가 이런 일이 일어나는 것을 보거든 인자(예수님)가 가까이 곧 문 앞에 이른 줄 알라 내가 진실로 너희에게 말하노니 이 세대가 지나가기 전에 이 일이 다 일어나리라"(막 13:28-30)라고 말씀하셨다.

성경에서 무화과나무는 이스라엘을 상징한다. 죽은 것 같았던 이스라엘이(이스라엘은 1,900년 이상 나라가 없어진 상태였다) 다시 '잎사귀를 내면', 만물이 왕성히 자라는 '여름'이라는 것이다. 그리고 곧 곡식을 추수하게 된다. 추수란 알곡과 가라지를 나누는 하나님의 심판을 의미한다. 이스라엘이 회복되는 일이 일어나는 것을 보거든 예수님께서 문 앞에 이른 줄로 생각하라는 말씀인 것이다. 그리고 이스라엘의 회복을 본 세대가 다 죽기 전에 말세에 있을 것이라고 예언하셨던 일들이 다 이루어질 것이라고 말씀하신다. 1948년 이스라엘 건국을 지켜본 세대는 지금 최소 70세 이상의 고령자들이다.

7년 대환란(다니엘의 70째 주)이 임박했다.

또한 예수님께서는 "이러므로 너희는 장차 올 이 모든 일을 능히 피하고 인자(예수님) 앞에 서도록 항상 기도하며 깨어 있으라"(눅 21:36)고 말씀하신다. 피해야 할 '모든 일'이란 무엇일까? 그것은 전무후무한 대환란이다. 예수님께서는 이렇게 말씀하신다.

> "이 일이 겨울에 일어나지 않도록 기도하라 이는 그날들이 환난의 날이 되겠음이라 하나님께서 창조하신 시초부터 지금까지 이런 환난이 없었고 후에도 없으리라"(막 13:18-19).

세계는 이제 경제 붕괴와 전쟁, 하늘과 땅으로부터의 재난과 기근, 전염병 등으로 엄청난 고통을 당하게 될 것이다.

각국 정부는 전체주의화되어 사회 안정을 빌미로 개인의 의사 표현의 자유는 물론 신앙의 자유마저 억압하게 될 것이다.

하지만 사람들은 생존과 안전을 위해 그 모든 것을 기꺼이 수용하게 될 것이다.

그래서 예수님께서는 장차 올 이 모든 일을 능히 피하고 인자(예수님) 앞에 서도록 항상 기도하며 깨어 있으라고 말씀하시는 것이다. 어떻게 이 일들을 피할 수 있다는 말인가? 그것이 바로, 이제는 모르는 사람이 없는 그 '휴거'다. 진심으로 주를 믿는 모든 사람들이 환난이 임하기 전에 하늘로 순식간에 들려 올라가는 것이다.

물론 휴거를 믿는 성도들 사이에서도 휴거의 시기에 관해선 신학적 견해 차가 존재한다. 어떤 이들은 환난 전 휴거를, 어떤 이는 환난 후 휴거를, 어떤 이는 환난 중간 휴거를 주장한다. 하지만 어느 쪽이 맞다고 100% 확신은 못한다는 것이 솔직한 답이다. 분명한 것은 휴거가 있다는 것이다. 그리고 중요한 것은, 그때 휴거되지 못하면 상상할 수 없는 엄청난 고통이 기다리고 있다는 것이다.

휴거 소동은 이전에도 자주 있었다. 그러나 그들은 "그날과 그때는 아무도 모르나니 하늘의 천사들도, 아들도 모르고 오직 아버지만 아시느니라"(마 24:36)라는 예수님의 말씀조차 무시하고 방종하여 행동하는 잘못을 범했다. 오히려 사람들로 하여금 진짜 있게 될 휴거를 가볍게 여기게 만드는 큰 죄를 범했다. 진짜 휴거로부터 사람들의 관심을 빼앗으려는 사탄의 전략에 보기 좋게 이용당한 것이다.

그렇다. 그날과 그때는 아무도 모른다("No one knows the day or hour"). 그러나 뱃속의 아기가 태어날 '그날과 그때'는 모르지만 대략 언제쯤이 될지는 알 수 있듯이, 깨어 있는 성도는 그 시기가 가까이 왔을 때 분별할 수 있다. 그래서 사도 바울은 "형제들아 너희는 어둠에 있지 아니하매 그날이 도둑같이 너희에게 임하지 못하리니 너희는 다 빛의 아들이요 낮의 아들이라"(살전 5:4-5)고 말한 것이다.

깨어 기도하며 거룩하고 온전한 순종의 삶을 살기 위해 싸워야 한다.

성경은 이렇게 말한다.

"주님의 날이 밤에 도둑처럼 온다는 것을, 여러분이 잘 알고 있습니다. 사람들이 '평안하다, 안전하다' 하고 말할 그때에, 아기를 밴 여인에게 해산의 진통이 오는 것과 같이, 갑자기 멸망이 그들에게 닥칠 것이니, 그것을 피하지 못할 것입니다. 그러나 누구든지 어둠 속에 있지 않다면, 그날이 도둑처럼 덮치지는 않을 것입니다. 우리는 모두 빛의 자녀요, 낮의 자녀입니다. 우리는 밤이나 어둠에 속한 사람이 아닙니다. 그러므로 우리는 다른 사람들과 같이 잠자지 말고, 깨어 있으면서, 정신을 차려야 합니다. 잠자는 사람들은 밤에 자고, 술에 취하는 사람들도 밤에 취합니다. 그러나 우리는 낮에 속한 사람이므로, 정신을 차리고, 믿음과 사랑을 가슴막이로 하고, 구원의 소망을 투구로 써야 합니다"(살전 5장).

또 예슈아께서 이렇게 말씀하신다.

> "너희는 스스로 조심하라 그렇지 않으면 방탕함과 술 취함과 생활의 염려로 마음이 둔하여지고 뜻밖에 그날이 덫과 같이 너희에게 임하리라 이날은 온 지구상에 거하는 모든 사람에게 임하리라"(눅 21:34-35).

> "깨어 있으라 내가 너희에게 하는 이 말은 모든 사람에게 하는 말이니라"(막 13:37).

로마서 10장 9절을 보면, 입으로 예수는 주님이라고 고백하고, 하나님께서 그를 죽은 사람들 가운데서 살리신 것을 마음으로 믿는 사람은 구원을 얻을 것이라고 하였다.

> "믿고 세례를 받는 사람은 구원을 얻을 것이요 믿지 않는 사람은 정죄를 받으리라"(막 16:16).

4) 요한계시록 14장 1절, 고린도전서 15장 51-54절

휴거의 시기에 대해서는 많은 이견이 있다. 따라서 필자는 그 이견들을 알기 쉽도록 살피고자 한다.

① 휴거의 시기에 대한 문제: (a) 환난 전 (b) 환난 중 (c) 환난 후

환난에 대한 인지(7년 대환란)

② 다니엘의 70이레에 대한 이해(단 9:2) ⇒ 포로에서 돌아올 것

(포로 귀환, 하나님의 백성이 예루살렘으로 돌아오게 될 것)

↓

예루살렘 황무함이 70년 만에 끝날 것이다.

(렘 29:10 ⇒ 다니엘이 깨달은 말씀)

③ 조국과 백성을 위한 다니엘의 기도. 이때 기도하는 다니엘에게 하나님의 이상을 열어 주시게 된다.

(a) 이것이 다니엘의 70이레

(b) 세상이 끝날 70이레에 대해서 알려 주심.

(c) 이레 (Week는 7년으로 계산된 시간)

(d) 성경에서 이레는 일주일 또는 7년의 의미의 단어로 이해된다.

(e) 70이레라 함은 70×7년의 시간, 490년을 의미함.

(레 25:8-10, 23:15-16)

(f) 이 70이레는 다시 7이레, 62이레, 그리고 1이레에 대한 예언으로 구분된다.

④ 7이레-예루살렘을 중건하라는 명이 날 때부터 기름 부음을

받은 자 곧 왕이 일어나기까지 7이레와 62이레가 지나갈 것이라고 하신다.

⑤ 이미 70년 전에 1차 포로 귀환한 스룹바벨에 의해서 다시 성전이 세워졌지만(스 4, 5, 6, 7장) 예루살렘 중건은 주전 445년 니산 월 1일에 아닥사스다 왕에 의해 성취된다(스 8장).

⑥ 70이레 가운데 7이레가 성취되었다.

⑦ 62이레-예루살렘의 중건의 명이 내려진 지 483년의 시간이 지나서 주후 30년 니산 월 10일에 이루어진다.

이날은 예슈아께서 십자가를 지기 위해 입성하신 날이다.

⑧ 이때 예슈아께서 나귀를 타고 입성하여 왕의 대관식을 치르시는 왕들의 전통에 따라 예루살렘에 입성하셨다(시 113-118편).

⑨ 정확히 다니엘의 이상대로 70이레 중에 62이레가 성취되는 순간이다. 그리고 62이레가 지난 시점에서 기름 부은 왕이 일어난 것이다.

⑩ 그러나 다니엘 9장 26절을 보면 "예순두 이레(62이레) 후에 기름 부음을 받은 자가 끊어져 없어질 것이며 장차 한 왕의 백성이 와서 그 성읍과 성소를 무너뜨리려니와"라고 기록된다.

여기까지가 70이레의 69이레에 대한 예언이다. 이 모든 예언은 이스라엘 역사 속에 정확히 성취되었다.

⑪ 이제 남은 것은 1이레 = 7년간의 예언뿐이다.

다니엘 9장 27절에서 “그가 장차 많은 사람들과 더불어 한 이레 동안의 언약을 굳게 맺고 그가 그 이레의 절반에 제사와 예물을 금지할 것이며”라고 적그리스도의 등장과 활동을 언급한다.

시기에 대해서는 의견이 분분하지만, 그러나 반드시 하나님의 백성이 들림 받는다는 것은 확실하다. 그러므로 시대의 징조들을 통해서 알 수 있듯이 깨어 있어야 하며, 그때와 시는 알 수 없지만 주님의 거룩한 신부로서 매일을 주님 오실 그날을 준비하는 신부로서 살아가야 할 것이다.

7 룻기에 나타난 하나님의 징조와 메시지

오순절이 다가오면 유대인들은 룻기를 읽는다. 룻기에는 유대인을 통한 이방인의 구원의 역사가 들어 있다. 하나님께서 하신 약속을 절기를 통해서 증거하시고 나타내심을 살펴볼 수 있는 것이 룻기이다. 유월절은 보리의 수확기이며, 오순절은 밀의 수확기이다. 이 절기를 통해서 하나님은 징조를 나타내 보이기를 반복하신다. 따라서 하나님께서는 하나님의 백성이 이 절기를 지키면서 하나님을 기억하기를 원하신다. 단지 기억하는 것만이 아니라 그 속에서 하나님의 놀라운 역사를 보고 믿을 것을 말씀하시는 것이다.

룻기에 등장하는 이방 여인 둘이 있다. 한 사람은 오르바이고, 한 사람은 룻이다. 둘 다 유대인을 통하여 구원을 받은 여인들이었다. 그러나 오르바는 하나님의 구원의 약속에서 등을 돌리고 세상으로 가 버린, 타락하고 변질된 교회의 모습을 보여주고 있다. 요한계시록 14장 18절처럼 이방 신을 섬기는 교회의 심판에 대한 모습이다. 반면에 룻은 진리에 순종하는 교회의 모습이며, 깨어 있는 교회의 모습을 상징적으로 보여주고 있다. 그리고 이 깨어 있는 교회가 장차 어떻게 하나님의 나라를 유업으로 받을지를 보여준다. 유대인과 새로운 하나가 되어 메시아가 오심을 준비하는 교회의 모습이다.

룻기 1장 14절을 보면, "그들이 소리를 높여 다시 울더니 오르바는 그의 시어머니에게 입 맞추되 룻은 그를 붙좇았더라"고 하였다. 후에 유대 역사에서 오르바는 골리앗을 낳았고 룻은 다윗을 낳았다. "보라 네 동서는 그의 백성과 그의 신들에게로 돌아가나니 너도 너의 동서를 따라 돌아가라"(룻 1:15)는 나오미의 말에 룻은 이렇게 대답한다. "만일 내가 죽는 일 외에 어머니를 떠나면 여호와께서 내게 벌을 내리시고 더 내리시기를 원하나이다"(룻 1:17). 이것은 바로 룻의 신앙고백인 것이다.

룻기를 통해서 우리는 신약 복음서의 한 사건을 만나기도 한다(눅 15장).

한 집에 아들이 둘이 있었는데 한 아들이 아버지의 유업을 미리 상속 받아 먼 곳으로 가버린다. 아버지의 품을 떠나 자신을 의지하고 살던 그 아들은 머지않아 모든 것을 잃어버리고 아버지를 생각하게 된다. 아들은 자신의 힘으로 살아갈 수가 없음을 깨닫고 돌아가게 되는데, 아버지는 여전히 그 아들이 돌아오기를 기다렸고, 결국 돌아온 아들을 가슴으로 안고 그 아들에게 자신이 끼고 있던 가락지를 빼서 끼워 준다. 비로소 그 아들은 이제 탕자가 아닌 아들이 된 것이다. 아버지를 떠났던 아들이 돌아옴을 인하여 그 아들은 다시 아들의 권위를 회복하게 된 것이다.

이것은 룻기 전반의 이야기다. 이제 그 아버지인 하나님은 먼 길을 떠났던 유대인들이 다시 돌아오기를 기다리신다. 그리고 여기에는 떠났던 유대인과 이방인이 하나가 되어 메시아를 기다리게 될 것이라는 메시지가 들어 있다. 우리가 잘 아는 이야기다. 누가복음 15장의 돌아온 탕자의 이야기다.

다시 룻기 1장 이야기이다.

> "내가 풍족하게 나갔더니 여호와께서 내게 비어 돌아오게 하셨느니라"(룻 1:21).

> "나오미가 모압 지방에서 그의 며느리 모압 여인 룻과 함께 돌아왔는데 그들이 보리 추수 시작할 때에 베들레헴에 이르렀더라"(룻 1:22).

① 보리 추수 때는 유월절이다. 유월절에 나오미와 룻은 베들레헴으로 돌아온 것이다.

② 베들레헴은 뜻이 '떡집'이다. 즉 '말씀의 집'에 돌아온 것이다. 예수아(ישוע)께서도 베들레헴에서 태어나셨다. 성경에는 우연이 없

다. 그 속에 메시지가 있다. 그래서 주님께서는 요한복음 6장 48절을 보면 "내가 곧 생명의 떡이니라"고 말씀하신 것이다.

③ 나오미와 룻은 구원의 주인 예수아(ישוע)께 돌아온 것이다. 나오미가 이방인이었던 룻을 데리고 돌아온 것이다. 따라서 이방인은 이스라엘을 통해서 여호와(יהוה)께 돌아오게 되는 것이다. 하나님께서 이스라엘을 버리신 것이 아니다. 그래서 우리는 그들을 위해서 기도해야 한다.

창세기 43**장** 3**절**

"유다가 아버지에게 말하여 이르되 그 사람이 우리에게 엄히 경고하여 이르되 너희 아우가 너희가 함께 오지 아니하면 너희가 내 얼굴을 보지 못하리라 하였으니."

유다가 자기 동생을 아버지께 데려오겠다고 말한다. 여기서 동생은 이방인을 상징적으로 드러내고 있다. 누가 누구를 데려온다고 말하고 있는가? 유다가 동생을 데려오겠다고 말한다.

④ 로마서 11장 1-2절을 보라. 하나님은 자기 백성을 버리지 않으신다.

⑤ 시편 69편 22-36절, 로마서 11장 11-12, 16, 25-31절

유월절에 어떤 일이 있었는지 기억해 보자.

출애굽기 11장을 보면, 첫 유월절에는 홍해를 건너게 된다. 애굽의 장자가 죽고 이스라엘 백성이 애굽에서 구원받은 날이다.

출애굽기 12장 3절에 "너희는 이스라엘 온 회중에게 말하여 이

르라 이 달 열흘(니산 월 10일)에 너희 각자가 어린 양을 잡을지니"라고 한 것처럼 이날은 예수아(ישוע)께서 예루살렘에 들어가신 날이다. 그리고 제사장들이 양을 잡아 놓았던 것처럼 예슈아에 대해 바리새인과 사두개인들이 4일 동안 흠을 잡으려 한 기간이다.

5절에 "너희 어린 양은 흠 없고 일 년 된 수컷으로 하되 양이나 염소 중에서 취하고"라 하였다. 유월절에는 양이나 염소를 취하여 잡는다. 따라서 염소가 사탄을 상징한다는 것은 잘못된 해석이다. 속죄일 때 Azazel[12]을 보더라도 그렇다.

그리고 6절을 보면, 이 달 열나흗날까지 간직하였다가 해 질 때에 이스라엘 회중이 그 양을 잡았다고 한다. 니산 월 14일 유월절날[13] 예슈아께서 잡히시고 선별된 양을 제단 뿔에 매었던 시간에 십자가에 못 박히셨고, 해가 질 때에 양을 잡았던 것처럼 저녁 제사 드리는 시간에 정확히 예슈아께서 죽으셨다.

1) 룻기 2장 - 룻이 보아스를 만나다

① 10**절에** "룻이 엎드려 얼굴을 땅에 대고 절하며 그에게 이르되 나는 이방 여인이거늘 당신이 어찌하여 내게 은혜를 베푸시며 나를 돌보시나이까 하니"라고 하였다.

12) Azazel: 속죄일 때 똑같은 염소를 성전으로 이끌어서 한 마리는 성전과 이스라엘 백성의 속죄를 위해서 잡는다. 이것은 성전이 죄를 지었다는 말이 아니라 성전에서 제사를 드리다 보면 부정한 일들도 있는데, 이것을 아무리 닦아도 닦이지 않기에 피의 속죄를 인하여 깨끗하여진다는 의미이다. 그리고 나머지 한 마리는 머리에 빨간 리본을 달아 멀리 떠나보내어 죽게 한다. 이 염소가 아사셀이다. 예슈아의 모습이다. 예슈아를 통해서 우리 죄를 멀리 떠나보내어 기억도 하지 않겠다는 것이다. 염소가 사탄을 상징한다면 사탄을 통해서 죄를 속죄할 수는 없는 것이다.

13) 유월절은 개인적 속죄이고 속죄일, 초막절은 국가적 차원의 속죄이다.

어떤 사건이 연상되는가? 요한복음 4장에서 수가 성 여인과 예슈아의 만남의 사건이 기억되지 않는가? 이 사건은 후에 자세히 다루어 보기로 한다.

② 12**절에** "여호와께서 네가 행한 일에 보답하시기를 원하며 이스라엘의 하나님 여호와께서 그의 날개 아래에 보호를 받으러 온 네게 온전한 상 주시기를 원하노라"라고 하였다.

마태복음 25장 32-46절 양의 나라와 염소의 나라를 구분하는 모습을 보라. 32절에 "모든 민족을 그 앞에 모으고 각각 구분하기를 목자가 양과 염소를 구분하는 것같이 하여"라 했는데, 여기서 '민족'이라는 번역을 '나라(나라들)'로 표현하는 것이 맞다. 또한 양과 염소로 각각 구분한다고 하신다. 마지막 때에 양과 염소의 나라로 구분하시겠다는 것이다.

33절에 "양은 그 오른편에(= 이스라엘 나라이다) 염소는 왼편에 두리라" 하였다. 이는 이스라엘 나라에게 어떻게 하였느냐에 따라서 양의 나라와 염소의 나라로 구분하시겠다는 것이다.

민수기 29장 12-32절을 보라. 장막절에 70마리의 염소를 잡았다.

70개의 염소의 나라를 위해서 염소를 잡는다(출 1:5; 창 10:1-32; 신 32:8)(70인종의 나라가 세워지는 모습).

마태복음 25장 32-46절을 보라. 이스라엘 나라에게 어떻게 대하였는가를 말씀하고 계신다.

③ 14**절** "식사할 때에 보아스가 룻에게 이르되 이리로 와서 **떡을 먹으며 네 떡 조각을 초에 찍으라** 하므로 룻이 곡식 베는 자 곁에 앉으니."

유월절 떡을 떼는 모습이다.

④ 15-16**절** "곡식 단 사이에서", "곡식 다발"

Omer를 말한다. 유월절이 지나고 무교절의 시작으로 매일 매일을 세어서 일곱 번 안식일을 보내고 하루를 더한 날, 오순절까지 세어 가는 것을 Omer라 한다. Omer는 곡식단, 또한 이삭을 말한다. 유월절을 지나 초실절을 거쳐 오순절을 기다리는 것이다. 이스라엘 역사는 절기로 시작을 해서 절기로 끝이 난다 해도 지나치지 않는다.

⑤ 23**절** "보리 추수와 밀 추수를 마치기까지 이삭을 주우며 그의 시어머니와 함께 거주하니라."

= 유월절부터 ⇒ 무교절 ⇒ 초실절 ⇒ 오순절까지(예수님의 초림의 성취)

= 유대인을 통해서 이방인에게 구원의 역사가 온전히 이루어지는 그날까지 주님께서 함께하신다는 의미이다.

3**장** 13**절** "이 밤에 여기서 머무르라 아침에 그가 **기업** 무를 자의 책임을 네게 이행하려 하면 좋으니 그가 그 **기업** 무를 자의 책임을 행할 것이니라 만일 그가 **기업** 무를 자의 책임을 네게 이행하기를 기뻐하지 아니하면 여호와께서 살아 계심을 두고 맹세하노니 내가 **기업** 무를 자의 책임을 네게 이행하리라 아침까지 누워 있을지니라 하는지라."

'기업' - 4:22=마 1:1-17(ישוע)

3**장** 15-18**절** "보리를 여섯 번 되어 룻에게 지워 주고……"

하나님의 기업인 인간의 6,000년 역사가 온전히 성취될 것을 이르고 있다[14](ציונ, Zionism).

8 히브리인들의 메시아관

예슈아(ישוע)께서 오시기 전 히브리인들은 전통적으로 메시아가

---

14) Theology of Christian ZionismThe actual theology of Christian Zionism, also known as Biblical Zionism, supports the right of the Jewish people to return to their homeland on scriptural grounds. The biblical foundation for Christian Zionism is found in God's Covenant with Abraham. It was in this covenant that God chose Abraham to birth a nation through which He could redeem the world, and to do this He bequeathed them a land on which to exist as this chosen nation.Christian Zionism is confirmed throughout the Hebrew Scriptures. The major and minor prophets consistently confirmed this national calling on Israel, promised her future restoration to the land after a period of exile, and spoke of her spiritual renewal and redemption bringing light to the world.Christian Zionism differs with Replacement Theology which teaches that the special relationship that Israel had with her God in terms of her national destiny and her national homeland has been lost because of her rejection of Jesus as Messiah, and therefore the Church has become the new Israel. The Church has then inherited all the blessings promised to Israel but the judgments and curses still conveniently remain over the Jewish people.Instead, Christian Zionism teaches from the scriptures that God's covenant with Abraham is still valid today. There remains a national destiny over the Jewish people and her national homeland is her everlasting possession in fulfillment of God's plans and purposes for her. The New Testament scriptures not only affirm the Abrahamic covenant, but they confirm the historical mission of Israel and that Israel's gifts and calling are irrevocable.Thus, Christian Zionism is not based on prophecy or end-time events. Most Christian Zionists would agree, however, that Israel's reemergence on the world's scene, in fulfillment of God's promises to her, indicate that other biblically-predicted events will follow. Rev. Malcolm Hedding.

영광 중에 올 것이라는 것을 이중적으로 이해하고 있었다. 요셉의 아들, 다윗의 아들이라는 메시아 모습이다.

이중적 메시아관

① 고통당하는 메시아

요셉을 생각해 보자. 요셉은 메시아의 예표이다. 자신의 형제에게 미움과 증오를 받고 노예로 팔려간 요셉에게 고난당하는 메시아가 나타난다. 창세기 39장 13-15절을 보라. "그 여인이 요셉이 그의 옷을 자기 손에 버려두고 도망하여 나감을 보고 그 여인의 집 사람들을 불러서 그들에게 이르되 보라 주인이 히브리 사람을 우리에게 데려다가 우리를 희롱하게 하는도다 그가 나와 동침하고자 내게로 들어오므로 내가 크게 소리 질렀더니 그가 나의 소리 질러 부름을 듣고 그의 옷을 내게 버려두고 도망하여 나갔느니라"라고 요셉이 거짓 고소를 당한 것처럼 예슈아께서도 거짓 고소를 당하게 된다.

창세기 37장 18절에 "요셉이 그들에게 가까이 오기 전에 그들이 요셉을 멀리서 보고 죽이기를 꾀하여"라고 했다. 이는 자기 형제들이 요셉을 죽이기로 모의하는 모습이다. 마태복음 26장 4절에서는 메시아이신 주님을 죽이기로 모의하는 모습이 나온다. 창세기 37장 26절을 보면 유다가 자기 형제들에게 요셉을 팔자고 말한다. 마태복음 26장 15절에서는 유다가 예슈아를 넘겨주겠다고 말한다. 요셉도 자기 형인 유다에 의해서 팔렸고, 예슈아께서도 유대인이었던 유다에 의해 팔리었다. 하나님의 말씀은 우연이 없다. 모든 역사는 하나님의 계획 속에서 이루어지고 있음을 발견해야 한다.

② 승리하고 정복하여 높임을 받는 메시아

다윗 왕에게 나타난다. 이스라엘의 유일한 통일왕국을 이룬 왕이 다윗 왕이다. 이는 하나님의 왕권 즉 장차 오실 메시아의 왕권이다. 그는 죽을 때까지 토라를 지킨 왕이다.

메시아의 마지막 역할은 다윗의 아들 예슈아에 의해서 나타나게 된다. 그래서 그분은 다윗의 계보를 통해서 오셔야 하는 것이다. 그래서 요한계시록 22장 16절을 보면 예슈아께서 스스로 다윗의 자손이라고 말씀하신 것이다.

다윗의 왕권은 장차 고난당하는 메시아의 초림을 이루신 것처럼 장차 영광스러운 왕으로 나타나실 메시아의 재림의 모습이다. 나팔절 때 나팔을 불면 만왕의 왕이신 예슈아께서 왕의 대관식을 치르실 것이다(시 47:1-9).

나팔절의 모습을 떠올려 보자.[15] 나팔절은 장차 왕이신 예슈아께서 만왕의 왕으로 대관식을 치르게 되는 모습이다(Ha Melech 왕의 대관식).

마리아와 요셉 - 예슈아의 아버지가 되는 요셉은 혈통상 다윗[16]

---

15) יום תלא : ① 투루아 나팔이라는 뜻이다. 투루아를 히브리어로 분석하면,
② ת : 십자가, 사인(지도자가 십자가에 못 박히시다)
③ ל : 지팡이, 권위
④ א : 첫째 되신 강한 권위
⑤ 투루아 나팔의 의미는 첫째로 강한 권위가 되시고 머리가 되신 יהוה 자가의 권위를 부르는 것이다. 즉 십자가를 선포하는 것이다.
⑥ 참고로 히브리어 알파벳은 글자 하나하나에 단어의 뜻이 있다.

16) 다윗(Dvd): D = 히브리어로 ד (숫자 4)
V = 히브리어 ו (숫자 6) 그래서 다 합치면(4+6+4=14) 14대이다.
d = 히브리어 ד (숫자 4)
"그런즉 모든 대수가 ① 아브라함부터 다윗까지 열네 대요(14대) ② 다윗부터 바벨론으로 사로잡혀 갈 때까지 열네 대요(14대) ③ 바벨론으로 사로잡혀 간 후부터 그리스도까지 열네 대더라(14대)"(마 1:17).

의 계보에 속하게 된다. 창세기 30장 5절에 기록된 야곱이 라헬에게서 요셉을 낳은 사건과 비교해 보라. 마태복음 1장 16절을 보면 "야곱은 마리아의 남편 요셉을 낳았으니 마리아에게서 그리스도라 칭하는 예수가 나시니라"고 하였다. 고난 당하는 메시아를 상징하는 요셉을 야곱이 낳은 것처럼 신약에서도 예슈아의 아버지인 요셉을 야곱이 낳았다. 그렇기 때문에 요셉이 예슈아의 아버지가 된 것이다.

이스라엘의 1년 절기

성서력과 이름	절기의 이름
1월 티벳	
2월 슈밧	
3월 아다르	
4월 니산 (일년 중 첫째 달) "봄 절기"	니산 월 14일: 유월절 "보리 수확기" 니산 월 15일: 첫 안식일 니산 월 17일: 초실절(예수님의 부활) 니산 월 15-21일(7일간): 무교절(7일째는 오순절 1일 부족한 날과 연결)
5월 리야르	
6월 시반	초실절에서 50일째(오순절 성령 강림) "밀 수확기"
7월 탐무즈	
8월 아브	
9월 엘림	
10월 티슈레이 (1년 중 일곱째 달) "가을 절기"	티슈레이 1일: 나팔절 티슈레이 10일: 속죄일 "포도 수확기"(수장절) 티슈레이 15-21일(7일간) 초막절(장막절) 8일째는 큰 성회로 모이는 날
11월 헤슈본	
12월 키슬레브	키슬레브 25일: 하누카(수전절) 성전이 회복되는 날

MOED

거룩한 약속

2부

9

이삭(צחק)[17] 이름에서 본 하나님의 메시지

성경의 인물인 이삭에 담겨 있는 하나님의 메시지가 있다. 하나님의 역사는 우연이 없다. 요즘 우리가 살고 있는 이 땅은 경기 불황으로 상당한 취업난에 시달리고 있고, 여기저기서 사회적인 불안감이 양극화되어 가고 있다. 만약 여러분이 취업 준비를 하는 준비생이라고 가정해 보자. 시험 날짜에 맞춰 열심히 취업 준비를 할 것이다. 그리고 필기시험의 관문을 통과한 후 일주일 뒤에 마지막 관문인 면접이 남아 있다. 그런데 면접을 치르기 3일 전에 급한 일이 생겼다고 하자. 회사에 전화를 걸어 급한 사정이 생겼으니 면접 날을 다음 주로 미뤄 달라고 했다고 하자. 어떠한 결과가 벌어지겠는가? 이날은 정해진 시간이다. 내 마음대로 바꿀 수 있는 시간이

---

17) צחק :

① צ = 히브리어 숫자 90

② ח = 히브리어 숫자 8 = 이삭이 유월절에 태어났다[나팔절(10월 1일)에 이삭이 번제단 위에 드려지다).

③ ק = 히브리어 숫자 100

아브라함이 100세에, 사라가 90세에 이삭을 낳았다. ח는 히브리어 숫자는 8이다. 성경에서 8이라는 숫자는 새로운 날, 새로운 시작을 의미하며 생명을 나타낸다. 초막절 절기를 생각해 보자. 초막절 절기는 속죄일로부터 5(은혜의 숫자)일 후에 시작된다. 7일간 보내게 되는데, 남녀노소 모든 자들이 예루살렘으로 모이는 절기로 7일간 기쁨의 날로 안식과 같이 보내는 절기이다. 그리고 마지막 8일째도 안식일처럼 기쁨의 날이다. 이유는 7,000년의 역사가 끝이 나고 새로운 새 하늘과 새 땅이 열리는 날이다. 그래서 8일은 영원한 안식이다. 봄절기의 칠칠절을 생각해 보자. 유월절이 지나고 무교절로 시작하는 날부터 Omer를 세어간다. 일곱 안식일에 부족한 하루를 더하여 오순절로 보낸다. 이 하루가 부족한 날이 초막절 8일이고 오순절과 연결된 생명의 날이다. 봄절기의 마지막 절기가 초막절과 이어지는 것을 나타낸다. 이 얼마나 놀라운 하나님의 역사인가.

아니다. 당신은 취업을 하지 못할 것이다.

그렇다. 하나님의 시간도 정해진 시간이다. 우리가, 아니 이 세대가 마음대로 바꿀 수 있는 시간이 아니다. 그래서 우리는 주께서 원하시는 때를 분별하고 따라야 한다. 지금 우리는 하나님의 시간표를 알아야 한다. 그래서 성경의 가치관이 중요한 것이다.

이삭을 통해서 나타난 하나님의 메시지를 살펴보기로 한다.

창세기 17장 17절을 보면 이삭이 태어날 것을 말씀하신다. 이때 아브라함의 나이가 100세이고 사라의 나이가 90세이다. 이삭이 태어난 때를 말한다.

이삭이 태어난 때는 유월절이었다. 창세기 18장 5절을 보면 아브라함이 이렇게 말을 한다. "당신들이 종에게 오셨음이니이다." 주께서 이스라엘 백성들이 종 되었을 때 이스라엘 백성에게 오셔서 해방시키신 날이 유월절이다. 그리고 아브라함은 떡을 가져오겠다고 말한다. 그리고 6절에 급히 사라에게 가서 곡식 가루를 가지고 떡을 만들라고 말한다. 유월절의 모습이다. 이들이 종 되었던 애굽에서 나올 때의 모습이다. 급히 먹고 급히 나왔다. 고운 가루인 곡식 가루는 가루가 되도록 고난을 당하신 예슈아의 모습이다.

6절의 "고운 가루 세 스아를 가져다가 반죽하여 떡을 만들라"는 말씀은 소제를 의미한다. 소제는 곡식을 가루로 만들어 드리는 제사이다. יהוה께서 바로 소제의 주인이시다. 이토록 가루가 되기까지 고통을 당하시고 제단에 제물이 되시고 희생되신 것이다. 떡은 누룩이 섞이지 않은 떡 예슈아이다. 유월절의 주인은 예슈아이시다.

창세기 18장 10절을 보면, “그가 이르시되 내년 이맘때 내가 반드시 네게로 돌아오리니 네 아내 사라에게 아들이 있으리라 하시니 사라가 그 뒤 장막 문에서 들었더라”고 하였다. 즉 내년 이맘때, 유월절에 이삭이 태어날 것을 말씀하시는 것이다.

14절을 보면, “기한이 이를 때에 내가 네게로 돌아오리니 사라에게 아들이 있으리라”고 하였다. 기한이 이를 때, 절기 모에드[18](מועד)이다. 이 절기는 앞에서 말했듯이 유월절을 가리키고 있는 것이다. 이삭이 유월절에 태어날 것을 말씀하시는 것이다. 유월절에 어떤 일이 있었는가? 첫 유월절은 이들이 홍해를 건너고 해방된 날이다. 유월절은 예슈아께서 고난을 당하시고 죽으신 날이며 우리에게 구원이 이른 날이다. 하나님의 절기인 유월절에 이삭이 태어날 것을 말씀하고 계신다.

왜 유월절에 이삭이 태어나야 하는가? 유월절의 주인은 예슈아이시다. 이삭은 메시아의 예표이다. 그래서 이삭이 유월절에 태어난 것이다. 하나님께서는 이 땅을 창조하실 때부터 모든 계획을 하셨고 어떤 일이 있을 것인지를 절기 속에서 드러내고 계신다.

18) 모에드(מועד) : 모에드 생명의 집에서 구원하심을 보라(정해진 시간, 신성한 약속을 뜻한다). 여기서 ע, ד(아인과 달렛)은 עד(에드)로 변치 않는 증거라는 뜻이다.

10

마태복음 24장 37절 '노아의 때'의 징조

다음은 복음서에 나타난 하나님의 징조이다.

복음서를 보면 예수님께서 초림하신 이유와 동시에 마지막 재림에 대해서 말씀하고 계신다. 즉 초림하신 주님이 재림에 대해서 말씀하시는 것이다. 오신 그 모습으로 다시 오실 것을 말씀하시는데, 따라서 주님의 "회개하라. 천국이 가까이 왔느니라"는 말씀은 마지막 종말을 말씀하고 계신다. 그래서 회개할 것을 말씀하시는 것이다. 그리고 그때에 대해서 징조를 두고 계신다.

> "노아의 때와 같이 인자의 임함도 그러하리라"(마 24:37).

창세기 1장 14절처럼 하나님께서는 때에 따라 징조를 두셨는데, 신약과 구약의 시간적 간극의 차이 때문인지 멀게 느껴지고 그저 문맥적으로만 의제하고 지나가는 경우가 많다. 따라서 이 시간적 간극의 차이가 영적인 의미를 통해서 극복되기를 바란다.

우리 집에는 네 아이가 있다. 이 아이들은 어제나 오늘이나 한결같이 필자를 보고 아빠라고 부른다. 왜냐하면 이 아이들은 아내의 뱃속에서 자라서 태어나면서부터 필자가 아빠였기 때문이다. 세월이 흐르면 이 아이들은 성인이 되고 가정을 이루게 될 것이다. 그러나 세월이 흐른다고 해서 필자가 이 아이들의 아버지라는 사실이 바뀌지는 않는다. 필자는 여전히 이 아이들의 아버지인 것이다.

마찬가지로 하나님께서 구약을 통해서 말씀하신 것이 세월이 흘렀다고 해서 바뀌는 것은 없다. 여전히 그 말씀은 영원히 우리의 말씀이요, 하나님의 뜻이기 때문이다.

1) 노아의 때와 같이

노아의 때의 배경을 살펴보기로 하자. 창세기 6장을 보면 노아 시대의 시대상에 대해서 기록되어 있다. 하나님의 아들들이 사람의 딸들의 아름다움을 보고 자기들이 좋아하는 모든 여자들을 아내로 삼았다고 한다. 여기서 하나님의 아들들은 하나님을 경외하는 하나님의 백성을 말하는 것이고, 사람의 딸들은 하나님을 경외하지 않고 세상을 의지하여 살아가는 자들을 말한다.

즉 하나님의 백성이 하나님의 거룩한 영에 세상의 것을 받아들이기 시작하여 자신의 영을 세상의 영으로 바꾸어 버렸다. 진리의 영에 순종하지 않는다는 것이다. 창세기 6장 3절에 "나의 영이 영원히 사람과 함께하지 아니하리니 이는 그들이 육신이 됨이라" 하였으니, 이는 세상의 영에 젖어 하나님의 거룩한 영을 세상의 것으로 바꾸었기 때문이다.

창세기 6장 8절을 보면 "그러나 노아는 여호와께 은혜를 입었더라"고 하였다. 하나님의 영으로 충만한 사람, 하나님을 경외하는 자가 노아였던 것이다. '노아의 때'란 어떤 때일까? 노아의 때는 타락한 세상에서 방주를 통해 구원받아 회복된 때를 말한다. 성전이 회복된 날이다. 즉 하누카이다. 하누카는 절기상으로 수전절이다. 성전이 회복된 절기를 말한다. 이 절기는 키슬레브인 12월이다.

요한복음 10장 22절에 "예루살렘에 수전절이 이르니 때는 겨울이라" 했다. 헤슈본(11월)부터 키슬레브(12월) 초이다. 하누카에 예슈아께서 솔로몬 행각을 거니신 이유는 성전을 회복하시겠다는 뜻이다.

예슈아께서 말씀하신 노아의 때는 즉 시기, 징조를 말씀하시는 것이다. 모에드(מוער: 절기, 징조)이다. 예슈아께서 말씀하신 노아의 때는 하나님께서 노아에게 방주를 짓도록 하여 구원하신 것처럼 우리에게도 구원을 이루실 때를 말씀하는 것이다.

노아의 때는 모세의 때보다 한참 전의 일이다. 노아 시대의 첫 번째 달은 니산 월(니산 4월)이 아니라 티슈레이 월(일곱째 달인 10월)이다.

창세기 15장 17절의 아브라함 언약 이후 니산 월(4월)이 첫째 달, 그리고 티슈레이 월(10월)이 일곱째 달로 바뀌게 된다.

그 내용을 살펴보기로 한다.

창세기18**장** 5-7**절**

5절 "내가 떡을 조금 가져오리니 당신들의 마음을 상쾌하게 하신 후에 지나가소서 당신들이 종에게 오셨음이니이다."

"당신들이 종에게 오셨음이니이다"는 관용어적 표현으로 이스라엘 백성들이 종 되었을 때 애굽에서 건지셨다. 그리고 6-7절 아브라함이 하나님의 사자를 대접하기 위해 떡을 만들고 송아지를 잡는다. 유월절의 모습이다. 급히 떡을 만들고(유월절의 모습) 송아지를 번제단에 드리는 유월절의 모습이다.

창세기 18**장** 14**절**

"여호와께 능하지 못할 일이 있겠느냐 기한이(모에드, 절기이다) 이를 때에 내가 네게로 돌아오리니 사라에게 아들이 있으리라."

기한이 이를 때에 (1년 후 이 유월절에 이삭이 태어날 것을 알려 주시는 것이다), 그리고 1년 후 이삭이 태어나게 된다(그래서 이삭의 생일이 유월절 이다).

창세기 19**장** 3**절**

"롯이 그들을 위하여 식탁을 베풀고 무교병을 구우니 그들이 먹으니라."

무교병을 굽는날 유월절부터 무교절까지이다. 하나님의 사자가 롯을 만난 날은 무교절이다.

> "이스라엘 자손이 애굽 땅을 떠난 지 삼 개월이 되던 날 그들이 시내 광야에 이르니라"(출 19:1).

이스라엘 백성이 유월절날 유월절을 치르고 출애굽했다(니산 월 14일).

출애굽기 19장 토라를 주신(오순절) 니산 월이 첫 달이 된 것을 보게 된다.

왜 하나님께서 이렇게 바꾸셨는지에 대한 해답은 출애굽에서 찾을 수 있다. 출애굽은 이스라엘 백성에게는 새로운 시작을 의미한다. 그래서 니산 월 14일 유월절 이후 새로운 역사의 서막을 알리는 것이다(토라를 통해서). 그리고 모세 이전의 첫 달이었던 티슈레이 월이 일곱째 달로 바뀌게 되는 것이다.

여기에 성서적 중요한 의미가 있다. 구약과 신약이 하나로 맞물려 있다는 증거를 드러내시기 위함이다. 하나님께서 그저 심심해서 바꾸신 것이 아니라 이미 창조 때부터 계획하신 사건이다. 하나님의 계획은 사람의 계획과 다르다.

사람은 어떤 계획을 세우고 진행을 하다가 여의치 않으면 계획을 수정한다든지 바꾸고 또 다른 계획을 세워 나간다. 그러나 하나님의 계획은 창조 때 모든 것을 계획하셨다.

토라 사건 이후 새로운 시작을 하신 것은 창조의 사건과 연결되어 있다는 의미이다.

"노아가 육백 세 되던 해 '둘째 날' 곧 그딜 열이렛날이리"(창 7:11).

노아 시대의 첫 달이 티슈레이 10월이라는 것을 배웠다. 그러면 둘째 달이니까 헤슈본 11월이다. 둘째 달 열이레니까 헤슈본 11월 17일부터 비가 내리기 시작한 것이다.

즉 말씀으로 창조하시고, 말씀으로 심판하시는 것이다.

12절에 "사십 주야를 비가 땅에 쏟아졌더라"고 하는데, 성경에서 40은 우리를 시험하시며 경고하신다는 뜻이다. 노아 시대에 타락한 세대를 시험하시고 경고하시는 것이다. 그래서 40주야를 비가 내렸다는 것은 속죄를 의미한다. 키슬레브(12월) 27일까지 비가 내린 것이다. 키슬레브는 하누카(수전절)의 절기가 있는 달이다. 이제 이 모든 죄악을 끊고 다시 성전을 회복하시겠다는 것이다. 이제 예수께서 말씀하신 노아의 때가 이해될 것이다.

"물이 땅에서 물러가고 점점 물러가서 백오십 일 후에 줄어들고 '일곱째 달 곧 그 달 열이렛날'(니산 월 17일)에 방주가 아라랏 산에 머물렀으며"(창 8:3-4).

그 당시 일곱째 달은 언제인가? 바로 니산 월(4월)이다. 니산 월

17일에 방주가 안착한 것이다. 이제 연계하여 생각해 보자. 신약의 니산 월이면 유월절이 있는 달이다. 니산 월 14일이 유월절이다. 15일부터 7일 동안 무교절 기간이고, 무교절 기간 안에 니산 월 16-17일이 초실절이다.

이제 이해가 가는가? 예슈아께서 초실절 날 부활하신 것이다.

예슈아께서 부활하시고 안식한 날에 정확히 노아의 방주가 아라랏 산에 안식한 것이다. 그 의미를 성서적으로 찾아보자. 노아의 방주가 안식한 것처럼 예슈아께서 부활하심으로 우리에게 영원한 안식을 주시겠다는 것이다. 그래서 노아의 방주가 초실절에, 주님이 부활하신 그날에 정확히 안식한 것이다. 참으로 놀라운 일이다.

> "육백일 년 첫째 달 곧 그달 초하룻날에 땅 위에서 물이 걷힌 지라"(창 8:13).

첫째 달 초하루면 티슈레이 10월 1일이다. 절기상으로 나팔절이다. 나팔절의 1일은 새로운 천 년의 시작을 의미하며, 또한 '욤테루아'(יום תרועה) 나팔절은 왕의 대관식이 있는 날이다(시 47편). 만왕의 왕이요 만주의 주가 되신 예슈아께서 영광의 왕으로 대관식을 치르시는 날이다. 그리고 이날은 '로쉬 하샤나' 아담이 창조되고 하나님께서 왕이심을 선포하신 날이다.

예슈아께서 마지막 날이 노아의 때에 된 것같이 될 것이라고 말씀하신 때가 성서력으로 하누카의 때이다(눅 17:26-27). 창세기 8장 13절에 첫째 달 곧 그달 초하루에 물이 걷혔다고 한 것처럼 마지막의 심판 때가 이렇게 이를 것이며, 새 하늘과 새 땅이 열릴 것이며, 하누카의 때처럼 성전이 완전히 회복될 것을 말씀하시는 것이다.

이제 다시 한 번 정리해 보자.

노아의 때는 하누카 때이며 절기상으로 지금의 나팔절이다. 이 날은 나팔을 부는 날이다. 심판을 경고하시는 날이며 심판의 날이다. 그래서 예수께서 마지막 때가 노아의 때와 같을 것이라고 말씀하신 것이다.

노아의 방주의 넓이가 50규빗이다(22.8m). 예루살렘의 성전에는 여인들의 뜰이 있다. 초막절이 되면 이 여인들의 뜰에는 하나님과 함께 기쁨의 잔치가 벌어진다. 초막절 7일간 기쁨으로 지내는 것처럼 말이다. 밤이면 여인들의 뜰에 불을 밝히는 기름등불이 있는데 높이가 50규빗이다. 노아의 방주의 넓이와 같이 높이가 50규빗이다. 제사장 훈련생들이 이를 관리하는데 사다리를 놓고 올라가서 기름을 채운다. 그리고 불을 밝힌다. 8일 동안 이 등이 꺼지지 않는다.

이 기름 등불의 심지로는 제사장의 낡은 옷을 사용한다.

생각해 보라. 높이가 22미터가 되는 높은 등에 불을 밝히는 것이니 이 불은 성전뿐만이 아니라 예루살렘을 밝히는 등불이다. 이와 같이 예슈아께서는 이 땅을 밝히러 오신 등불이시다. 예슈아께서 스스로를 빛으로 비유하여 말씀하신 것이 바로 그 이유에서이다. 그분은 예루살렘 즉 이스라엘뿐만이 아니라 온 인류를 밝히러 오신 빛 오르(אור)[19]이시다.

---

19) אור(오르)

① א : 첫째 권위

② ו : 못, 구원하다, 연결하다

③ ר : 머리

첫째가 되시고 머리가 되신 분의 구원

11

누가복음 17장 28-29절 '롯의 때'의 징조

롯의 때의 징조는 지금 이 세대에게 임할 하나님의 진노를 말한다. 징조는 하나님의 사인이다. 그래서 주께서는 무화과 잎이 연하여지면 때가 가까운 줄 알라고 하셨다. 여기서 무화과는 이스라엘을 말한다. 즉 이스라엘이 돌아올 때가 되었다는 것이다. 장막절이 다가오고 있다는 것이다(1948년 5월 이스라엘 나라가 세워짐).

"롯의 때와 같으리니"(눅 17:28).

창세기 19장 2절에 "그들이 이르되 아니라 우리가 거리에서 밤을 새우리라" 하였다.

장막절의 모습이다. 티슈레이 10월 15-21일이다. 장막절이 다가오면 남녀노소 할 것 없이 모든 이들이 예루살렘에 모여 기쁨으로 지내는 절기이다. 이날은 왕이 아들을 위하여 준비한 혼인 잔치가 있는 절기이다. 주님께서도 성경에서 혼인 잔치의 비유를 말씀하셨다.

이날을 준비하라는 것이다. 그런데 하나님의 때를 분별하지 못하고 있다. 그러나 롯은 하나님의 징조를 깨닫고 있는 사람 중의 한 사람이다. 그에게 장차 임할 진노의 날을 피할 수 있는 길을 열어 주시는 것이다(살전 5:1-4). 롯의 때는 주님의 얼굴을 구하지 않는 자에게는 심판의 날이요, 주님의 얼굴을 구하는 자들에게는 구원의 날이 되는 것이다.

창세기 19장 3절에 "롯이 그들을 위하여 식탁을 베풀고 무교병을 구우니 그들이 먹으니라"고 하였다.

무교병을 먹는 절기는 무교절이다. 니산 월 15-21일까지이다. 무교병을 먹는 이유는 여기에 있다. 고린도전서 5장 7절에 "너희는 누룩 없는 자인데 새 덩어리가 되기 위하여 묵은 누룩을 내버리라"고 하였다. 우리는 누룩이 없는 자여야 한다. 우리 안에 있는 누룩을 제거해야 한다. 그래서 무교절 때는 누룩을 제거한 무교병을 먹는다. 누룩을 가지고서는 주님과 함께할 수 없기 때문이다.

이 사건을 기억해 보라. 예슈아께서 예루살렘에 들어오셔서 제일 먼저 하신 일은 성전 안에 있는 비둘기 파는 자와 돈 바꾸는 자들의 상과 의자를 엎으시고 내어쫓으신 것이다. 아버지 집에서 누룩을 제거하시는 모습이다.

마찬가지로 롯의 때에 누룩을 제거하려 하시는 것이다. 그래서 무교병이다. 누룩을 제거하는 것이다. 무교절이 되면 유대인들은 대청소를 한다. 집안에 누룩을 제거하는 것이다. 우리도 영적인 누룩을 제거하지 않는다면 그날에 주의 얼굴을 볼 수가 없을 것이다.

창세기 19장 13절에 "그들에 대한 부르짖음이 여호와 앞에 크므로"라 하였다.

나팔절의 경고의 모습이다(티슈레이 10월 1일). 마지막 나팔을 불면 주께서 오시는 날이다. 이날에 깨어 있는 자들은 들림을 받을 것이고, 깨어 있지 않는 자들은 남겨질 것이다. 마태복음 25장 6절에 "밤중에 소리가 나되"라는 말씀은 나팔절의 모습이다. 나팔이 불려지고 신랑이 오신 것이다. 맞으러 가야 한다. 마태복음 25장 열 처녀에게 닥친 사건이 우리에게 임할 것이다. 그때가 롯의 때와 같을 것이라는 주님의 경고인 것이다. 롯의 때와 같은 일들이 지금 이 세대 가운데 일어나고 있다. 이 세대의 흐름과 징조를 살펴보라.

롯의 때처럼 타락한 이 세대에 유월절을 통하여 이스라엘 백성을 구원하시고 거룩하게 구별하시고(무교절), 예슈아께서 왕으로 오시며 나팔절을 통해서 나타날 주님의 왕권이 이루어지고, 그리고 주님과 함께 장막에서 영원한 안식과 평강을 기쁨으로 누리게 될 것이며(천년왕국), 혼인 잔치가 이루어지며 새 하늘과 새 땅이 열릴 것이다. 토라(תורה)이신 예슈아께서 모든 것을 이루실 것을 경고하시는 것이다.

1) 마태복음 24장 37절 "인자의 임함도 그러하리라"

예슈아(ישוע)께서 오심(초림)이 티슈레이(10월) 일곱째 달 초막절 절기에 오시고, 누가복음 1-2장의 근거를 가지고 필자가 기술한 것처럼 예슈아께서는 니산 월 10일에 예루살렘에 들어오시고, 유월절이 다가오기 4일 전에 제사장들이 양을 끌고 와 거룩하고 흠이 없는 양을 선별했던 것처럼 바리새인과 사두개인과 제사장들에게 흠이 없나 시험을 받으시고 빌라도가 흠이 없음을 확인하고, 예슈아께서 유월절 만찬을 치르시고 니산 월 14일 유월절에 잡히신다. 제물이 될 양을 제단 뿔에 묶었던 것처럼 정확히 그 시간에 나무에 달리시고, 저녁 제사 드리는 그 시간 양을 잡듯이 예슈아께서 죽으시고, 제사장이 양을 잡고 하는 말 "다 끝났다"라고 했던 것처럼 예슈아께서도 "다 이루었다" 하시고 죽으셨다.

니산 월 14일 유월절이 지나 무교절 기간에 무덤에 계시고 그 기간 초실절 17일에 부활하시어 잠자는 자들의 첫 열매가 되셨다(고전 15:20-23).

노아의 방주가 니산 월 17일에 아라랏 산에 안식한 것처럼 주님께서 이날에 부활하셨다. 예슈아께서는 롯의 때처럼 유월절을 이루시고 무교절을 이루시며 나팔절 때 영광의 왕으로 재림하시고 속죄일에 구원하시고 초막절 때 거룩한 신부와 신랑인 예슈아와 혼인잔치를 치르실 것이다(계 19장). 우리는 그 감격스러운 기쁨의 날에 그 자리에 함께하여야 하며, 그날에 함께하기 위해서는 세상에 썩어질 일에 소망을 두지 말고(골 3:1-3) 오직 아버지의 거룩한 때를 기다리며 스스로를 더욱 믿음으로 견고하게 세워야 한다.

"인자의 임함도 그러하리라" 하셨으니 노아의 때처럼(나팔절), 롯의 때처럼(장막절) 그렇게 주께서 다시 오실 사건을 미리 징조를 통해서 두었으니 이 징조들을 보고 깨어 있으라는 것이다(가을 절기에 오실 것을 말씀하시는 것이다).

여호와(יהוה) 주를 경외하는 일들에 대해서

(민 31:21-24)

주를 경외하는 일은 우리가 살아가는 모든 것 중에 가장 축복된 일이다. 그러면 어떻게 주를 경외하여야 하는가? 그 질문에 대해서 하나님께서는 토라로 답을 하셨다. 눈에 보이지 않는 주를 경외하도록 하시기 위해 눈에 보이는 토라를 주신 것이다. 그 보이는 토라가 바로 예슈아이시다. 요한복음 1장을 보면 '보이시는 토라'에 대해서 말하고 있다.

> "태초에 말씀이 계시니라 이 말씀이 하나님과 함께 계셨으니 이 말씀은 곧 하나님이시니라"(요 1:1).

토라가 예슈아시다. 그런데 그 말씀이 하나님이시라고 한다. 그러므로 예슈아께서 하나님이신데 토라가 육신의 옷을 입고 오신 것이다.

그 토라이신 주님 앞에 우리의 모습이 어떤 모습이여야 하는지 살펴보자.

> "불에 견딜 만한 모든 물건은 불을 지나게 하라 그리하면 깨끗하려니와 다만 정결하게 하는 물로 그것을 깨끗하게 할 것이며 불에 견디지 못할 모든 것은 물을 지나게 할 것이니라 너희는 일곱째 날에 옷을 빨아서 깨끗하게 한 후에 진영에 들어올지니라"(민 31:23-24).

"옷을 빨아서 깨끗하게 한 후 진영에 들어올지니"라고 하였다.

주를 경외하는 마음은 두렵고 떨림으로 경외해야 하며, 주 안에서 죄에서 자유함을 누려야 한다. 토라를 지키면 자유로워진다. 토라를 지키지 않으면 자유롭지 못하다. 늘 죄의 그늘을 벗 삼아 살아야 하기 때문이다. 그래서 교회가 자유롭지 못하다. 왜냐하면 교회는 토라를 버렸기 때문이다. 인간의 지식으로 포장하고, 인간의 방법이 무성히 자란 무화과나무와 같다. 교회 안에 문제가 곪아 터지면 인간의 방법으로 덮으려 한다. 도덕적인 면에서 심각한 자초의 위기에 있어도 돈으로, 교권으로 무조건 덮으려 한다. 회개하고 자성하는 모습은 온데간데없고 덮어 놓으려고만 한다. 가짜 학위가 드러나도, 이성 문제가 터져도, 하나님의 헌금을 유용해도 회개는 없고 인간의 방법으로 덮고 인간의 방법으로 지워버리고 싶어 한다.

그러나 언젠가는 우리 예슈아께서 이 잎만 무성한 무화과나무를 마르게 하신 것처럼 더 이상 열매를 내지 못하게 하실 것이다. 그 열매는 나쁜 열매이기 때문이다. 이제 잡초를 제거하듯 제거하시고 곡식이 자라도록 은혜를 베푸시고 수확하실 날에 수확하실 것이다.

사역자들은 복음을 잘 전해야 한다. 복음을 세상 것으로 바꾸어서는 안 된다. 그러나 자신이 세상 복음에 사로잡혀 전하고 있다는 것조차도 모르는 사역자들이 많다. 물론 그들을 판단하고 정죄하고자 하는 것은 아니다. 하루빨리 자신의 옷을 빨고 물욕에서, 명예욕에서, 교권을 앞세워 하나님의 귀한 백성들을 압제하는 자리에서 돌이키기를 바랄 뿐이다.

예슈아를 더 이상 자신의 욕구를 채우는 도구로 전락시키면 안 된다. 우리 주님은 우리가 경외해야 할 분이시지, 자신의 도구처럼 자신의 마음에 따라서 움직일 수 있는 그런 분이 아니라는 것이다.

하나님을 경외하는 방법을 가르쳐야 한다. 하나님은 이스라엘 백성에게 토라를 통하여 어떻게 하나님을 경외해야 하는지 가르치셨다. 그런데 교회는 은혜라는 포장지로만 씌우고 어떠한 죄를 지어도 하나님은 은혜로 덮어 주실 것이라고 생각하도록 가르쳤다. 그리고 내 마음대로 주를 생각하고 살아가도록 부추겼다. 그러나 그렇지 않다. 회개 앞에만 은혜가 있는 것이다.

아가서를 살펴보자.

2장 10-11절에 "나의 사랑하는 자가 내게 말하여 이르기를 나의 사랑, 내 어여쁜 자야 일어나서 함께 가자 겨울도 지나고 비도 그쳤고"라고 하였다. 영적인 숙면 속에 빠져 있다가 하나님의 축복의 때를 놓친 교회의 모습이다. 잠이 들어도 아주 깊이 잠들어 있다. 무엇 때문에 잠이 들었을까? 교만과 자만 때문이다. 자신이 하나님을 마음대로 할 수 있다는 교만과 자만 때문이다.

16절에 "내 사랑하는 자는 내게 속하였고 나는 그에게 속하였도다 그가 백합화 가운데서 양 떼를 먹이는구나"라고 하여 '내 사랑하는 자는 내게 속하였다'고 말한다. 즉 예슈아가 내게 속하였다고 말한다. 내가 주님께 속한 것이 아니라 주께서 내게 속하였다고 말한다. 주님이 내게 속하면 언제든지 나도 주님께 속하겠다는 뜻이다.

17절을 보면, "내 사랑하는 자야 날이 저물고 그림자가 사라지기 전에 돌아와서 베데르 산의 노루와 어린 사슴 같을지라"고 하였는데, 여기서 베데르 산은 '불의하다'는 뜻이다. 즉 '나는 집에서 편안히 잠을 청할 테니 당신은 밖에 나가서 주무시든지 하라'는 뜻이다.

오늘날 교회와 하나님의 백성의 모습이다. 주님께 전혀 관심이 없고 단지 예슈아의 이름으로 포장해서 자신의 욕심과 정욕을 채우려는 이기심과 교만과 자만으로 뭉쳐 있는 교회와 교회를 따르는 하나님의 백성의 모습이다.

3장 1-2절을 보면 "내가 밤에 침상에서 마음으로 사랑하는 자를 찾았노라 찾아도 찾아내지 못하였노라 이에 내가 일어나서 성 안을 돌아다니며 마음에 사랑하는 자를 거리에서나 큰길에서나 찾으리라 하고 찾으나 만나지 못하였노라"고 기록되어 있다.

지금 숙면에 취하여 있는 교회와 교회를 따르는 자들은 봄비와 가을비를 놓치고 있다. 봄비는 봄 절기를 말하는 것이고, 가을비는 가을 절기를 말하는 것이다. 이들은 봄비와 가을비를 놓치고 큰길, 즉 멸망의 길에 서 있다. 이들은 토라(תורה)[20]를 잃어버린 것이다.

하나님을 따르지 않는 자들을 성경에서는 악하다고 한다. 그들은 자신이 얼마나 악하고 하나님을 반대하고 있다는 사실조차 모르고 있다. 그래서 자신들의 길이 안전하다고 생각한다. 그러한 자들은 언제나 사탄의 밥이 되고 만다. 그리고 자신이 얼마나 교만한지를 깨달으려 하지 않는다. 성경은 이러한 자들에게 머리 위에 숯을 쌓는 것과 같다고 한다. 악한 자들을 향해 사탄은 더욱 교만해지도록 더 많은 화살을 쏘아댈 것이다. 그리고 사탄은 이러한 자들이 잘하고 있는 것처럼 착각할 만큼, 그들이 욕심으로 팽창된 것만큼이나 위험하도록 그들에게 부어 줄 것이다. 그리고 이것은 하나님께서 하신 것이라고 그들의 귀에 대고 속삭일 것이다.

그들은 전혀 의심하지 않고 자신들이 경험해 온 교만한 일들을 계속해서 드러내기를 힘쓸 것이고, 사탄은 그럴수록 강하게 그들에게 역사할 것이다. 하나님께서 팔이 짧고 능력이 없어서 그들의 행위를 참으시는 것이 아니다.

신명기 32장 35절에 "그들이 실족할 그때에 내가 보복하리라(갚으리로다)" 하였으니, 그들이 실족할 때가 언제인가? 토라를 의지하지 않고 버려서 봄 절기와 가을 절기를 놓친 그때가 그들에게 갚으실 그때일 것이다. 아직은 하나님께서 그들을 향한 진노를 멈추고 계신다. 그러나 이것이 진노를 그들의 머리 위에서 거두신 것은 아니라는 것이다.

---

20) תורה = 물같이 흐른다. 손가락으로 가리키다. 하늘에서 땅으로 물이 흐르는 모습. 물이 높은 곳에서 낮은 곳으로 흐르는 것처럼 ① 에스겔 34장 26절: 복된 소낙비 ② 시편 72편 6-8절: 초막절에 복된 소낙비가 내리는 모습 ③ 호세아 6장 3절: 복된 소낙비의 모습 ④ 요엘 2장 23절: 복된 소낙비 ⑤ 하박국 2장 14절: 천년왕국의 모습 ⑥ 신명기 32장 2절: 하나님의 복된 소낙비

"이러므로 하나님이 미혹의 역사를 그들에게 보내사 거짓 것을 믿게 하심은 진리를 믿지 않고 불의를 좋아하는 모든 자들로 하여금 심판을 받게 하려 하심이라"는 데살로니가후서 2장 11-12절 말씀과 같다.

아가서 5장이다.

2-3절에 "내가 잘지라도 마음은 깨었는데 나의 사랑하는 자의 소리가 들리는구나 문을 두드려 이르기를 나의 누이, 나의 사랑, 나의 비둘기, 나의 완전한 자야 문을 열어 다오 내 머리에는 이슬이, 내 머리털은 밤이슬이 가득하였다 하는구나 내가 옷을 벗었으니 어찌 다시 입겠으며 내가 발을 씻었으니 어찌 다시 더럽히랴마는"이라고 하였다. 자신의 교만함으로 영적으로 죽어 있는 교회와 교회를 따르는 자들의 모습이다. 이들이 하나님의 절기인 나팔절의 경고를 놓치고 있는 모습이다.

6절에 "내가 내 사랑하는 자를 위하여 문을 열었으나 그는 벌써 물러갔네 그가 말할 때에 내 혼이 나갔구나 내가 그를 찾아도 못 만났고 불러도 응답이 없었노라" 하였다. 마지막 절기인 나팔절의 절기를 놓친 상태를 말한다. 영적으로 죽어 있어 주님이 오시는 소리를 듣지 못한, 마태복음 25장 열 처녀 중 교만함으로 영적으로 죽어 있는 미련한 다섯 처녀의 모습이다. 영적인 죽음은 어디서부터 오는가? 교만으로부터 온다. 결국 이러한 자들은 마지막 절기인 가을 절기를 놓친 자들이다.

그러나 하나님을 따르며 겸손한 자들에게는 그렇지 않다. 이러한 자들에게는 하나님께서 더욱 겸손한 일들을 찾을 수 있도록 눈을 열어 주실 것이며, 더 겸손하고 하나님의 말씀인 토라를 따르고 지키는 것이 얼마나 복된 일인지를 더욱 깨달음에 힘이 있도록 강하시고 의로운 팔로 지키시고 붙드실 것이다. 이들은 실족할 일들을 찾아보기가 힘이 들 것이다. 왜냐하면 이들이 실족하지 않도록 하나님께서 더욱 겸손한 일들을 찾게 하실 것이고, 이들의 눈이 언제나 빛이 날 것이며, 마치 등경 위의 등불처럼 언제나 빛을 비추도록 하나님의 강한 팔이 겸손해지려 하는 자들을 붙드시기 때문이다.

이러한 자들에게는 시편 72편 6-8절 말씀처럼 언제나 복된 소낙비가 내릴 것이며, 봄부터 가을까지 내려지는 복된 소낙비가 언제나 그들의 머리 위에 머물러 있을 것이다. 따라서 그들은 실족의 위기에서 언제나 벗어날 것이다. 데살로니가전서 5장 4절 "형제들아 너희는 어둠에 있지 아니하니 그날이 도둑같이 너희에게 임하지 못하리라"는 말씀과 같다.

북한에 사업가로 위장해서 선교하러 들어간 선교사가 있다. 평양 시내에 있는 한 호텔에 들어서려는 순간 소년 하나가 이 선교사님의 손을 덥석 잡는 것이었다. 너무 놀라서 손을 빼려는데 이 아이의 손이 십자가 모양을 가리키고 있었다. 마치 이 소년은 "아직 북의 교회는 살아 있습니다"라고 외치는 것 같았다. 호텔에 짐을 풀고 이튿날 은밀히 이 소년을 만났다. 그 소년에게 어떤 도움을 주기 위해서였다. 그런데 이 소년은 동전을 한 손 가득 들고 선교사에게 건네면서 하는 말이, 자신의 아버지는 예수님을 믿었는데 예배를 드리다 발각되어 수용소로 끌려갔는데 그 후로 생사를 알 길이 없고 가족은 뿔뿔이 흩어졌다고 한다. 자신은 이 호텔에서 월급을 받고 심부름을 하면서 생활을 하는데 그동안 십일조를 모아 놓은 이 십일조를 가져가 달라는 것이었다.

이 선교사는 놀라움을 감추지 못했다. 어떤 먹을 것에 대한 도움을 요청할 거라고 생각하고 이 소년을 몰래 만났는데, 소년의 이러한 반응에 놀란 것이다.

그리고 소년은 네 가지의 청이 있다고 하였다.

"하나는 그동안 내가 호텔에서 일한 십일조를 가져가 주세요. 두 번째는 세례를 베풀어 주세요. 세 번째는 성만찬을 베풀어 주세요. 넷째는 좀 더 좋은 성경책을 주세요."

이 소년은 원하는 것과 필요한 것이 같은 소년이었다. 우리는 진정 하나님 앞에 원하는 것과 필요한 것이 같은 삶을 살고 있는지 자신에게 질문을 던져야 할 것이다.

구원의 시작은 예슈아(ישוע)이다.

예슈아 이름을 히브리어로 풀어 보자. י(요드, 강한 손), ש(쉰, 강한 권위, 예수 그리스도), ו(바브, 못, 연결하다, 구원하다), ע(아인, 깨달아 알다)이다. 강한 권위를 가지신 분이 손에 못 박히고 구원하시다. 그래서 예슈아의 이름이 구원이시다.

빌라도 법정을 생각해 보라. 빌라도 법정에 함께 선 자가 있었다. 바로 바라바이다. 바라바의 이름의 뜻은 '아버지의 아들'이다.

빌라도 법정에서 죄 없으신 예슈아께서는 사형 판결을 받고 십자가를 지셨고, 죄인인 바라바는 예슈아로 인해 놓임을 받았다. 우연한 사건이 아니다. 바라바가 바로 우리의 모습이다. 예슈아께서 십자가에서 죽으심으로 우리는 놓임을 받았다. 구원을 받은 것이다.

이것이 속죄일의 아사셀의 모습이다. 죄 없는 예슈아께서 죄를 대신 짊어지시고 진 밖에서 죽으셨다. 그래서 주께서 이렇게 외치신 것이다. "아버지여, 왜 나를 버리셨나이까?" 하나님이셨던 주님이 진 밖에서 죽으신 것이다. 마치 이 모습이 염소가 붉은 천을 뿔에 두르고 멀리 진 밖으로 보내진 것처럼 예슈아께서 진 밖에서 죽으셔야 했던 것이다. 그래서 "아버지여, 왜 나를 버리셨나이까?" 하셨던 것이다.

Yom Kippur의 날이다. 속죄와 정결의 뜻이다. 광야로 죄를 덮어쓴 염소를 보냄으로 정결케 되는 것이다. 주께서 죄를 이제 기억하지 않으시겠다는 것이다. 멀리 보내 버리는 것이다. 시편 103편 12절에 "동이 서에서 먼 것같이 우리의 죄과를 우리에게서 멀리 옮기셨으며"라고 하였다. 누구로 인함인가? 바로 예슈아로 인함이다. 그래서 예슈아의 이름이 구원이시다.

13

사사기 6장 기드온에게 나타난 하나님의 징조

하나님의 징조는 절기에 두셨다. 이제껏 필자가 절기에 대해서 계속 강조한 것은 절기 속에 감추어진 하나님의 의도와 징조를 알기 위해서이다. 그런데 현대 신학은 많은 것을 바꾸어 놓았다. 신학의 학문을 통해서 교단의 교권을 위한 교리만을 강조하다 보니 정작 중요한 것을 놓치고 말았다. 그렇다고 신학이 나쁘다고 하는 것은 아니다. 신학의 과정을 통해서 바른 정체성을 만들어 주는 좋은 역할을 하는 것은 부인할 수 없다. 필자가 말하는 것은 하나님 말씀보다 그 어느 것도 우선시될 수는 없다는 것이다.

하나님께서 말씀하시고 지키라고 하시는 것은 그대로 지키면 된다. 필자도 이 절기를 통해서 많은 것을 얻었고 성경을 보는 시각이 새롭게 조명된 것이 사실이기 때문이다. 그런데 현대 신학은 예슈아께서 모든 것을 이루셨으니 이 절기는 예슈아 안에서 완성되었다고 말한다. 그런데 우리는 여기서 히브리적인 관점을 가지고 보는 것이 중요하다. 필자가 앞서 말하였던 것처럼 예슈아께서 다 이루었다고 하신 것은 온전하게 밝히 해석하셨다는 것이다.

유대인들은 회당에서 말씀을 읽는 자가 강론을 해주는데, 듣던 이들이 말씀과 부합하지 않다고 생각하면 "당신은 지금 말씀을 폐하고 있소"라고 소리를 쳤고, 말씀을 읽던 자는 "나는 말씀을 폐하는 것이 아니라 온전히 해석하여 이루는 것이오"라고 답을 한다고 한다. 우리 예슈아께서도 이 표현을 사용하신 것이다. 유대의 관습에 따라서 예슈아께서는 말씀을 폐하려 하신 것이 아니라 토라를 온전히 해석함으로 이루신 것이다.

유대인의 절기라는 오해에 대해서 말하자면, 이 절기는 유대인의 절기가 아니라 하나님의 절기이다. 따라서 하나님께서 이 절기를 두시고 절기를 지키라고 명령하셨다. 그렇기 때문에 우리가 하나님을 사랑하는 백성이라면 이 말씀을 반드시 지켜야 한다. 유대인만 지키라고 주신 절기가 아니다. 유대인의 절기가 아니라 하나님의 절기이기 때문에 반드시 지켜야 한다. 절기 안에 하나님의 거룩하신 뜻이 있음을 속히 발견하기를 바란다. 예슈아께서도 절기에 따라서 일하셨다. 왜 그럴까? 그분은 하나님이시고 그분의 절기의 주인이시기 때문이다. 창세기 15장을 보라. 하나님께서 아브라함과 언약을 맺으시면서 이 언약에 스스로 구속되시겠다고 하시지 않는가. 그래서 예슈아께서도 이 절기를 통해서 뜻을 말씀하시고 행하신 것이다. 절기들 속에서 이루실 아버지의 뜻을 주님이 공생애 동안에 이루셨다. 단순히 절기를 이루신 것이 아니라 토라로 오신 주님이 토라를 완성하신 것이다.

사사기 6장에서 기드온을 통해 본 하나님의 징조를 살펴보자.

> "이스라엘 자손이 또 여호와의 목전에 악을 행하였으므로 여호와께서 '칠 년 동안' 그 들을 미디안의 손에 넘겨주시니"(삿 6:1).

하나님께서는 범죄한 이 백성을 떠나신 것이 아니다. 7년이라는 기간을 두신 것은 다시 7년 만에 돌아오시겠다는 뜻이다. 아무리 세상의 권세가 강해도, 아무리 이방 족속이 강해도 하나님께서 허락하시지 않으면 그들이 강해질 수 없다. 하나님께서 허락하신 곳까지만 강해질 수 있다.

하나님의 주권하에서만 그리할 수 있는 것이다. 바다의 그 많은 물이 육지로 범람하지 않는 이유에 대해서 과학은 이렇게 말한다. 해수면의 높이보다 육지가 높기 때문에 물이 범람하지 못한다고. 틀린 말은 아니다. 그러나 누가 높이셨고, 누가 낮추셨는가? 주께서 높다고 하는 땅에게 명하여 토하라 하시면 땅은 바다를 토해내어 삼킬 것이다. 요한계시록 12장 16절에 "땅이 여자를 도와 그 입을 벌려 용의 입에서 토한 강물을 삼키니"라 하였다. 기억하라. 지금은 잠시 동안 바다의 물이 땅을 삼키지 못하도록 하나님의 주권에 의해 침묵하고 있다는 사실을 말이다.

7년은 7,000년의 역사를 말씀하신다. 이후에 이 땅을 새롭게 하실 것을 말씀하고 계신 것이다. 인간의 6,000년의 역사가 끝이 나고 새로운 주의 날이 이를 것을 말씀하고 계신다.

> "기드온이 미디안 사람에게 알리지 아니하려 하여 밀을 포도주 틀에서 타작하더니"(삿 6:11).

유월절은 보리의 수확기이다. 오순절은 밀의 수확기이다. 첫 번째 오순절에는 어떤 일이 있었는가?

출애굽기 19장에 토라를 받았다. 두 번째 오순절은 어떤 일이 있었는가? 사도행전 2장 3천 명의 추수의 수확이 있었다. 하나님께서 밀 수확기 오순절에 기드온을 통하여 회개한 이스라엘 백성을 수확하려 하시는 것이다.

> "나의 집은 므낫세 중에 극히 약하고 나는 내 아버지 집에서 가장 작은 자니이다"(삿 6:15).

므낫세는 요셉의 아들이다. 즉 요셉의 지파이다. "나는 아버지 집에서 가장 작은 자니이다." '아버지 집에서 작은 자'라고 하면 누가 떠오르는가? 요셉과 다윗이다. 필자가 말하려는 의도가 여기에 있다. 요셉을 통해서는 고난당하는 메시아(봄 절기를 통해서), 다윗을 통해서는 영광의 왕권으로 오시는 메시아(가을 절기를 통해서)를 떠올릴 수가 있다.

사사기 6장에서 펼쳐지는 절기를 통해서 나타나는 하나님의 징조를 살펴보자.

> “기드온이 가서 염소 새끼 하나를 준비하고 가루 한 에바로 무교병을 만들고 고기를 소쿠리에 담고 국을 양푼에 담아 상수리나무 아래 그에게로 가져다가 드리매”(삿 6:19).

출애굽기 12장 1-6절에 유월설을 어떻게 지킬 것을 말씀하고 계신데, 5절을 보면 “너희 어린 양은 흠 없고 일 년 된 수컷으로 하되 양이나 염소 중에서 취하고”라고 말하고 있다.

유월절에 양을 드릴 때는 1년 된 수컷을 드리라고 했다. 1년 된 수컷이 가장 힘이 세고 건강하다. 그래서 1년 된 수컷이다. 다음은 염소를 드리라고 하셨다. 유월절 날에는 양이나 염소이다. 왜 염소일까? 속죄일의 아사셀의 모습이다. 유월절은 어린 양, 속죄일은 염소의 아사셀. 그러므로 완전하게 어린 양과 염소를 통해서 유월절 속죄가 속죄일에 성취되는 것이다.

기드온이 염소를 준비했다. 유월절과 속죄일이 성취되는 모습이다. 모든 절기의 시작은 유월절부터이다. 유월절이 지나야 무교절이 오고, 무교절이 지나야 오순절이 온다. 봄 절기가 끝이 나야 가을 절기가 오는 것이다.

한 에바로 무교병을 만들고 무교병을 먹는 날은 유월절부터 무교절까지이다. 무교절의 모습이다.

6장 1절에 7,000년의 창조의 역사와 무교절 속죄일까지의 성취를 말씀하고 계신다.

기드온에게 하나님께서 국을 부으라 하신다(삿 6:20). 오순절을 준비하는 모습이다.

오순절에 마치 물이 바다를 덮음같이 지혜의 성령, 지식의 성령께서 임재하심으로 회복하셨던 것처럼 회복하시겠다는 것이다.

"여호와의 사자가 손에 잡은 지팡이 끝을 내밀어 고기와 무교병에 대니 불이 바위에서 나와 고기와 무교병을 살랐고"(삿 6:21).

오순절 성령이 임하시는 장면이다.

"여호와께서 기드온에게 이르시되 네 아버지에게 있는 수소 곧 칠 년 된 둘째 수소를 끌어오고"(삿 6:25).

7년 된 둘째 수소를 끌어오라고 하신다. 일곱째 달에 어떤 일이 있는가? 티슈레이 10월이다. 나팔절, 속죄일, 초막절이 있는 달이다. 7년 된 수소, 일곱째 달에 이루실 하나님의 징조와 역사이다. 특히 둘째 수소는 속죄일의 아사셀을 떠올리게 한다.

속죄일 5일이 지나고 백성이 초막절의 절기를 기쁨으로 7일 동안 안식일처럼 보낸다. 시내 버들을 흔들며 실로암 못에서 물을 길어다가 지성소에 제사장이 붓는다. 이날은 기쁨의 날이다. 마치 물이 바다를 덮음같이 이 땅을 덮는 것이다.

속죄일에 어떤 일이 있는가? 똑같은 염소를 성전으로 이끌어 하나는 성전을 위한 속죄, 아사셀 둘째 염소는 이스라엘 백성을 위한 속죄이다.

그리고 바알의 제단을 헐며 그 곁에 아세라 상을 찍으라고 하신다. 이스라엘 백성 안에 있는 가증한 우상을 제거하는 것이다. 그러나 제거만으로 안 된다.

속죄제물로 속죄를 해야 한다. 사람들은 결과만 제거하면 모든 것이 다 해결된 줄로 안다. 그러나 원인이 된 모든 근원을 제거하고 속죄까지 이루어져야 한다. 그래서 26절에 속죄제물로 잡은 둘째 수소를 찍은 아세라 나무를 불에 태워 번제를 드리라는 것이다. 속죄를 의미한다. 아사셀 죄를 떠나보내는 것이다.

24절에 "여호와 살롬이라 하였더라"고 말씀한다. 여기서 '샬롬'이라는 단어를 생각해 보자.

'샬롬'을 히브리어로 보면 שלום(ש : 강한 이, 부서뜨린다, 교회 머리이신 그리스도. ל : 강한 권위, 지팡이. ו : 못, 연결하다, 구원하다. ם : 물, 또는 혼돈을 말함)이다.

즉 강한 혼돈으로 연결된 것이 부서져야 평안이 온다, 이것이 샬롬의 뜻이다. 하나님을 떠나서 우상을 섬김으로 세상의 권세에 눌려 혼돈에 빠져 있는 이스라엘 백성을 위하여 기드온으로 하여금 이 혼돈의 권세를 제거하고 속죄를 하게 함으로 미디안의 강한 권위에서 건져 주심으로 비로소 평안을 주실 것을 말씀하시는데, 그것이 여호와 샬롬이다.

"여호와의 영이 기드온에게 임하시니 기드온이 나팔을 불매" (삿 6:34).

나팔절의 모습이다. 나팔절은 책이 열리는 날이다. Ha Melech, 왕의 대관식이 있는 날이다. 이스라엘 백성의 구원을 말씀하고 계신다.

36-40절을 살펴보자.

36절에 "기드온이 하나님께 여쭈되 주께서 이미 말씀하심같이 내 손으로 이스라엘을 구원하시려거든" 하면서 기드온이 하나님께 확실한 징조를 보여주실 것을 원한다.

"타작마당에 두리니"(37절), 밀 수확기인 유월절의 확실한 증거를 말하는데, "이슬이 양털에만 있고 주변 땅은 마르면"에 대해서 무슨 사건이 연상되는가? 출애굽 과정에서 애굽의 장자의 죽음으로 애굽은 슬픔에 휩싸이지만 이스라엘 백성은 어린 양의 피로 구원의 은혜가 내려진 것이 연상되지 않는가.

38절에 "이튿날 기드온이 일찍이 일어나서 양털을 가져다가 그 양털에서 이슬을 짜니 물이 그릇에 가득하더라"는 말씀은 유월절 구원의 성취를 말한다.

그런데 39절에 "이번만 양털로 시험하게 하소서 원하건대 양털만 마르고 그 주변 땅에는 다 이슬이 있게 하옵소서"라고 한다.

이스라엘로 인하여 이방인에게도 구원이 이를 것을 의미하는 것이다. 로마서 11장 12절에 기록된 "그들의 넘어짐이 세상의 풍성함이 되며 그들의 실패가 이방인의 풍성함이 되거든 하물며 그들의 충만함이리요"라는 말씀과 같이 이스라엘을 통해서 이방인이 구원을 얻게 될 것을 말씀하고 계신다.

이스라엘 백성들은 초막절 기간이 되면 비를 내려 주시기를 기도한다. 초막절 기간에 비가 내려질 것에 대한 상징적인 의미이다. 지금 기드온도 비가 내리기를 기도하고 있다. 비는 즉 토라이다. 하나님의 신령한 은혜의 복된 비가 내리기를 하나님께 기도하고 있다. 마지막 가을 절기인 초막절을 연상케 한다. 토라가 소낙비처럼 내리기를 구하고 이다.

"내 교훈은 비처럼 내리고 내 말은 이슬처럼 맺히나니 연한 풀

위의 가는 비 같고 채소 위의 단비 같도다"(신 32:2; 복된 소낙비).

"그는 벤 풀 위에 내리는 비같이, 땅을 적시는 소낙비같이 내리리니 그의 날에 의인이 흥왕하여 평강의 풍성함이 달이 다할 때까지 이르리로다 그가 바다에서부터 바다까지와 강에서부터 땅 끝까지 다스리리니"(시 72:6-8; 복된 소낙비).

"이는 물이 바다를 덮음같이 여호와의 영광을 인정하는 것이 세상에 가득함이니라"(합 2:14; 복된 소낙비).

바다에서 바다까지, 물이 바다를 덮음같이 여호와의 영광이 가득하리라. 마지막 가을 절기 때 천년왕국이, 초막절의 7일 이후 8일째 천년왕국 새 하늘과 새 땅이 열릴 것을 말씀하신다.

"그러므로 우리가 여호와를 알자 힘써 여호와를 알자 그의 나타나심은 새벽 빛같이 어김없나니 비와 같이, 땅을 적시는 늦은 비와 같이 우리에게 임하시리라 하니라"(호 6:3).

"시온의 자녀들아 너희는 너희 하나님 여호와로 말미암아 기뻐하며 즐거워할지어다 그가 너희를 위하여 비를 내리시되 이른 비를 너희에게 적당하게 주시리니 이른 비와 늦은 비가 예전과 같을 것이라"(욜 2:23).

사사기 7장 18절에 "나와 나를 따르는 자가 다 나팔을 불거든 너희도 모든 진영 주위에서 나팔을 불며 이르기를 여호와를 위하라, 기드온을 위하라 하라 하니라"라는 말씀은 나팔절에 이루어질 일들을 가리킨다. 여호와의 영광이 이를 것이며, 기드온의 예표가 예슈아이시다. 그분이 만왕의 왕으로서 나팔절에 이룰 것을 말하고 있다.

20절에 "횃불을 들고 오른손에 나팔을 들어 불며 외쳐 이르되 여호와와 기드온의 칼이다 하고"라는 말씀은 나팔절의 심판이 이를 것을 말하고 있다.

사사기 8장 4-17절의 사건은 마태복음 25장 32-46절까지의 양의 나라와 염소의 나라의 구분하시는 사건이다.

> "모든 민족을 그 앞에서 모으고 각각 구분하기를 목자가 양과 염소를 구분하는 것같이 하여"(마 25:32).

필자가 말했듯이 '모든 민족을'은 '모든 나라'로 표현하는 것이 맞다. 출애굽기 1장 5절, 창세기 10장 1-32절, 신명기 32장 8절은 70족속의 나라가 세워지는 장면이다. 그리고 초막절 때 70마리의 염소를 잡는 것은 이방 나라였던 70민족의 나라가 하나님께 돌아올 것을 말씀하는 것이다. 따라서 양의 나라는 이스라엘 나라이다.

염소의 나라는 이방 족속의 나라이다. 따라서 이스라엘 나라에 어떻게 하였느냐에 따라서 양의 나라, 염소의 나라로 구분하시겠다는 것이다. 우리가 잘못 알고 있는 바울 신학은 구원이 이스라엘에게서 떠난 것이라고 말한다. 그러나 하나님은 이스라엘을 떠나신 것이 아니다. 아직도 하나님은 이스라엘 나라가 돌아오기를 원하고 계신다. 그래서 우리는 이스라엘을 위해서 기도해야 한다.

사사기 8장 18절을 보면, "이에 그가 세바와 살문나에게 말하되 너희가 다볼에서 죽인 자들은 어떠한 사람들이더냐 하니 대답하되 그들이 너와 같아서 하나같이 왕자들의 모습과 같더라 하니라"는 말씀이 있다.

신약의(막 9장) 다볼 산에서 어떠한 일이 있었는가? 예슈아께서 제자들의 데리고 다볼 산에 오르사 변화되신 사건이 있다. 그래서 베드로가 '여기가 좋사오니 초막 셋을 짓겠다'고 했다. 초막절 때에 주님의 영광의 모습으로 오신 모습을 베드로가 본 것이다. '다볼에서 죽인 이들의 모습이 하나같이 너와 같아서 왕자들의 모습과 같더라'고 했다. 사사기 6장 34절 기드온에게 임하신 하나님의 영이 기드온을 변화시키신 것이다. 다볼 산에서 변화되신 주님의 모습이 영상되는 장면이다. 초막절에 나타날 징조를 본 것이다.

사사기 6장을 통해서 창조의 섭리, 봄 절기부터 마지막 가을 절기까지 모든 절기가 성취되므로 우리는 계시록에서의 종말의 역사가 이루어지고 성취됨을 이 한 사건을 통해서 볼 수 있다. 이 절기를 빼놓고서는 하나님의 말씀과 징조를 알 수가 없다. 그래서 절기[21](feasts)가 중요하다.

* 1년 중의 절기(절기의 이해를 위해)

(1) Passover(무교절)

(2) Pentecost(오순절)

---

21) The three fall feasts ① 나팔절 = Repentance(회개), The day of blowing the shofar(긴 하루, 이틀간 보낸다 = one long day) 느헤미야 8장 1절 ② 속죄일 = Redemption(구속) ③ 장막절 = Rejoicing(기쁨), 천년왕국의 시작 ④ 야곱의 환난(Jacobs Trouble) = 대환란을 의미. 잠언 7장 4-7절, 예레미야 30장 6-7절, 이사야 26장 17절, 이사야 13장 6-8절, 다니엘 12장 1절, 아모스 3장 3절 ⑤ 레위기 23장 공포하다(사람을 부르다) You shall Proclaim ⑥ 시편 47편 5절 '함성' 히브리어 אלת.

(3) Tabernacles(초막절, 나라가 회개하는 절기)

스가랴 14**장** 16-18**절**

"예루살렘을 치러 왔던 이방 나라들 중에 남은 자가 해마다 올라와서 그 왕 만군의 여호와께 경배하며 초막절을 지킬 것이라 땅에 있는 족속들 중에 그 왕 만군의 여호와께 경배하러 예루살렘에 올라오지 아니한 자들에게 비를 내리지 아니하실 것인즉 만일 애굽 족속이 올라오지 아니할 때에는 비 내림이 있지 아니하리니 여호와께서 초막절을 지키러 올라오지 아니하는 이방 나라들의 사람을 치시는 재앙을 그에게 내리실 것이라."

요한계시록 21**장** 3**절**, 16**절**

"내가 들으니 보좌에서 큰 음성이 나서 이르되 보라 하나님의 장막이 사람들과 함께 있으매 하나님이 그들과 함께 계시리니 그들은 하나님의 백성이 되고 하나님은 친히 그들과 함께 계셔서, 그 성은 네모가 반듯하여 길이와 너비가 같은지라 그 갈대 자로 그 성을 측량하니 만 이천 스타디온이요 길이와 너비와 높기가 같더라."

레위기 23**장** 39**절**(**초막절**)

"일곱째 달 열닷샛날부터 이레 동안 여호와의 절기를 지키되 첫날에도 안식하고 여덟째 날에도 안식할 것이요."

Shemini Atzeret(새로운 날, 새천년 8일째의 성회, 유대인들이 이때 할례를 한다) 씽카 토라 안에서 즐거워하다. 7일의 무교절이 오순절 하루와 연결되어 토라를 받은 것과 7일간의 초막절과 8일째의 날로 연결되어 토라 안에서 기뻐하는 것이다(신 33:1-4). "주의 발 아래에 앉아서 주의 말씀을 받는도다"(신 33:3; 복음서의 한 사건 마르다와 마리아, 눅 10:40-42).

초막절은 물이 바다를 덮음같이 이 땅을 덮을 것을 가르친다. 즉 지식과 성령이 이 땅을 덮을 것을 가르치고 있다.

레위기 23장 40절

"첫날에는 너희가 아름다운 나무 실과와 종려나무 가지와 무성한 나뭇가지와 시내 버들을 취하여 너희의 하나님 여호와 앞에서 이레 동안 즐거워할 것이라."

① "첫날에는": 티슈레이 10월 10일에서 5일이 지난 15일 초막절의 시작이다.

모든 절기는 독립적인 것이 아니라 연결되어 있다(봄 절기부터 가을 절기까지).

② "아름다운 실과": 예슈아(ישוע)의 아름다운 열매를 의미한다.

③ "종려나뭇가지": 의인을 의미한다. 시편 92편 12절 - "의인은 종려나무같이 번성하며 레바논의 백향목같이 성장하리로다."

④ "무성한 나뭇가지": 기쁨과 즐거움을 의미한다.

⑤ "시내 버들": 고난당한 종으로서의 겸손을 의미한다.

> "여호와께서 백성을 사랑하시나니 모든 성도가 그의 수중에 있으며 주의 발 아래에 앉아서 주의 말씀을 받는도다"(신 33:3).

말씀은 신령한 비처럼 위에서 아래로 내리는 것이다. 마치 토라처럼 말이다. 따라서 하나님의 백성은 하나님의 복된 소낙비가 내리기를 기도해야 한다. 이스라엘 백성이 하나님의 얼굴을 구했더니 토라를 주셨던 것처럼 하나님의 백성은 토라 안에서 즐거워야 하며 토라를 기쁨으로 받아야 한다. 그래서 하나님께서는 말씀으로 이들과 함께하시기를 원하셨다. 들어가는 문설주에도, 미간에도, 손목 고리에도 늘 토라가 있음으로 기뻐해야 한다. 바울은 주 안에서 기뻐하라고 한다. 토라 안에서 기쁨을 누리라는 것이다. 그래서 하나님의 백성은 살아가면서 토라와 함께 사는 것이다. 필자가 토라라고 하니까 어색할 수도 있다 그러나 상기해야 한다. 토라를 이루시기 위해 오신 예슈아를 기억해야 한다. 예슈아는 토라이시다. 토라이신 예슈아께서 육신으로 오신 것이다.

신약의 한 사건을 기억하는가? 누가복음 10장 40-42절, 예슈아와 마리아와 마르다 사건을 기억해 보라. 예슈아께서 길 가시다가 마르다의 영접을 받고 마르다의 집으로 향하셨다. 예슈아를 영접한 마르다는 너무도 기뻤을 것이다. 그래서 마르다는 이것저것을 마련하여 예슈아를 대접하기 위해서 분주하다. 마치 마르다를 통해서 지금의 우리 교회의 모습을 보는 듯하다. 여러 가지 일을 만들어서 벌여서 교회 사업을 하면 하나님이 기뻐하실 것이라고 착각하고 있다. 그래서 교회 사역자들은 너무도 바쁘다. 어떤 사역자들은 너무 바빠서 기도 시간조차 없다고 하소연한다. 본질을 놓치고 있는 것이다.

우리 주님은 많은 일을 한다고 기뻐하시는 분이 아니다. 정작 중요한 것은 사역자 자신이 주님의 얼굴을 구하는 것이다. 주님은 이것을 원하신다. 회개하고 돌아오기를 원하신다. 자신의 방법, 자신의 지식대로 살아가고, 자신의 욕심으로 충만한 사역을 하기를 원하시는 것이 아니라 모든 일에 주님의 얼굴을 구하기를 원하신다.

마르다와 마리아 사건 속으로 들어가 보자. 마르다는 주님을 만난 후에 너무 분주했다. 이것저것 주님을 섬기는 일이라면 닥치는 대로 일을 벌이고 분주히 일을 한다. 이것이 주님을 기쁘게 하시는 일이라 생각한 것이다. 그러나 주님은 여전히 마르다의 영혼의 문제에 관심을 갖고 계셨다. 마르다는 분주함으로 위로부터 내려오는 은혜의 복된 소낙비를 놓치고 있는 것이다.

분주함 속에 마르다 자신의 영혼은 물이 없어 말라가는 식물과 같은 모습으로 퇴색하는 줄을 모르고 있는 것과 같다. 우리 교회의 현실도 그렇다. 바쁜 교회일수록 하나님의 일을 많이 하고 있다고 착각하는 경우가 그렇다. 바쁜 사역자를 하나님이 기뻐하실 것이라는 착각이 그렇다. 그것은 사람의 논리요 생각이나. 성경은 그렇게 말씀하고 있지 않다. 우리가 알고 있는 엘리야를 보라. 그 엄청난 하나님의 큰일을 감당하고 난 뒤 하나님은 마치 침묵하는 것처럼 엘리야를 그리심 시냇가로 인도하신다. 그리고 자신의 영혼의 문제를 되돌아볼 시간을 주신다. 하지만 여전히 엘리야는 자신의 방법으로 하나님을 구한다.

그러나 여전히 하나님은 엘리아를 기다리며 하나님의 얼굴 구하기를 원하신다. 그리심 시냇물도 말랐다. 하나님이 인도하셨는데 말이다. 그때가 하나님이 일하시는 때이다. 따라서 하나님의 백성 또는 사역자는 하나님의 얼굴을 구하며 기다리는 일을 잘해야 한다. 하나님이 인도하셨다고 아무 생각 없이 기다리는 것이 아니라 주님의 얼굴을 구하며 기다리는 것이다. 그리심 시냇가에선 사역자나 성도는 두 가지 모습으로 나타난다. 물이 말라가는 것을 보고 자포자기하여 하나님을 원망하는 모습, 또는 물이 말라가는 모습을 보며 자신에게 가려진 수건을 벗고 하나님의 얼굴을 구하는 모습이다. 당신은 어느 쪽 길을 가고 있는가?

마리아를 보자. 39절에 "그에게 마리아라 하는 동생이 있어 주의 발치에 앉아 그의 말씀을 듣더니"라고 했다. 마리아는 주의 발 아래에서 내리는 복된 소낙비를 기다리고 있었다. 자신의 분주함을 버리고 주님의 발치에 앉아서 주님의 때를 기다리며 주님의 얼굴을 구하고 있는 것이다. 이 세상 그 무엇이 영혼의 문제보다 중요한가? 주님 앞에 많은 이들의 영혼을 변화시키는 것도 중요하다. 그러나 정작 자신의 영혼의 문제에는 무장 해제된 상태이다.

이렇게 분주하면 하나님께서 기뻐하시리라는 착각에 빠져 있다. 제발 이 신기루에서 벗어나길 바란다. 이것은 하나는 알고 둘은 모르는 것이다. 지금 자신 앞에 많은 하나님의 역사가 주어지고 있는가? 또는 많은 일을 하고 있는가? 그 나타나는 기적과 현상에 가치를 두지 않기를 바란다. 이렇게 말하면 혹자들은 마음이 불편할 수도 있다. 그러나 하나님의 의도에서 보자는 것이다. 그곳에 하나님의 백성이 있기에 자신을 사용하고 계신 것이지, 그 가치로 자신을 평가하지 말라는 것이다. 이 말이 들리지 않고 이해되지 않는다면 신명기 9장 4-6절을 기억해 보았으면 좋겠다.

따라서 우리는 수건을 벗은 얼굴로 주님의 얼굴을 구해야 한다. 마리아는 지금 주님의 발치에 앉아서 주님의 얼굴을 구하고 있다. 주님의 발치에서 내리는 복된 소낙비에 흠뻑 적셔지고 있는 것이다. 지금 이 땅의 교회가, 사역자들이, 지체들이 이 복된 소낙비로 마리아처럼 흠뻑 적셔지기를 간절히 소망한다.

> "마르다는 준비하는 일이 많아 마음이 분주한지라 예수께 나아가 이르되 주여 내 동생이 나 혼자 일하게 두는 것을 생각하지 아니하시나이까 그를 명하사 나를 도와주라 하소서 주께서 대답하여 이르시되 마르다야 마르다야 네가 많은 일로 염

려하고 근심하나 몇 가지만 하든지 혹은 한 가지만이라도 족하니라 마리아는 이 좋은 편을 택하였으니 빼앗기지 아니하리라 하시니라"(눅 10:40-42).

14

잠자는 자들의 첫 열매가 되신 예슈아(ישוע)

(고전 15:20-23)

초실절의 의미를 생각해 보자(무교절과 무교절 속에 있는 초실절이 사순절이라는 절기로 묻혔다).

그러면 초실절은 언제인가? 무교절 기간이다. 무교절은 유월절이 지난 니산 월 15일부터 7일의 기간 21일까지이다. 무교절 기간 사이에 초실절이 있다. 유월절 하면 무엇이 떠오르는가? 보리 수확기이다. 초실절은 수확의 첫 이삭을 하나님께 드리는 것이 아니라 1년 중 첫 수확의 곡식을 하나님께 드리는 절기이다. 1년 중 첫 수확의 곡식은 보리이다. 그래서 맥추절이라고도 부른다. 초실절은 무교절 기간 안에 있다. 이 초실절을 예슈아께서 이루셨다. 유월절 날 죽으시고 초실절 니산 월 17일에 부활하신 것이다.

잠들어 있는 우리들의 첫 열매로 부활하신 것이다. 초실절 날에 구약에서는 어떤 일이 있었는가? 이날은 노아의 방주가 아라랏 산에 걸려 안식한 날이기도 하다.

필자가 마태복음 28장 1절을 설명했듯이 "안식일이 다 지나고 안식 후 첫날"은 유월절이 니산 월 14일이니까 15일이 안식일이다. 15일 저녁부터 16일 저녁까지가 안식일 다 지나고 안식 후 첫날이므로, 16일 저녁부터 17일 저녁까지이다. 예슈아께서 새벽에 부활하셨으니 17일 초실절 날 부활하신 것이다. 그래서 '잠자는 자들의 첫 열매'가 되신 것이다.

민수기 16장을 통해서 초실절의 의미를 생각해 보기로 하자.

민수기 16장에 고라와 나단과 아비람이 원망과 불만을 품고 반역하는 사건을 만나게 된다. 이들의 반역 후 하나님께 큰 심판을 당하였다. 민수기 16장 31-35절을 보면, 하나님의 큰 불이 그들을 삼키고 땅이 그들을 삼켰다고 했다. 이 일로 인해 민수기 16장 41절을 보면, 백성이 모세와 아론을 원망하게 된다. 이는 모세와 아론을 원망한 것이 아니라 하나님을 원망한 것이다(삼상 8:7). 이때 염병이 그들을 덮치고 모세와 아론의 속죄 후에 염병이 그쳤다(민 16:47).

> "여호와께서 모세에게 말씀하여 이르시되 너는 이스라엘 자손에게 말하여 그들 중에서 각 조상의 가문을 따라 지팡이 하나씩을 취하되 곧 그들의 조상의 가문대로 그 모든 지휘관에게서 지팡이 열둘을 취하고 그 사람들의 이름을 각각 그 지팡이에 쓰되 레위의 지팡이에는 아론의 이름을 쓰라 이는 그들의 조상의 가문의 각 수령이 지팡이 하나씩 있어야 할 것임이니라"(민 17:1–3).

아론의 싹 난 지팡이

> "모세가 그 지팡이들을 증거의 장막 안 여호와 앞에 두었더라 이튿날 모세가 증거의 장막에 들어가 본즉 레위 집을 위하여 낸 아론의 지팡이에 움이 돋고 순이 나고 꽃이 피어서 살구 열매가 열렸더라"(민 17:7–8).

여기서 살구 열매가 아니라 아몬드 열매로 번역되어야 맞다.

겨울잠에서 제일 먼저 깨어나는 나무는 아몬드 나무이다. 우리말로 번역된 살구나무는 학명 자체가 다르다. '깨어나다, 파수꾼' 뜻의 이 샤케드 나무는 1월 초에 이미 꽃을 피운다고 한다. 그러므로 이 나무는 졸지도 주무시지도 않는 여호와(יהוה) 하나님(시 121:4), 곧 잠자는 자들의 첫 열매(고전 15:20, 23)인 예슈아(ישוע) 또한 그에 속한 영적 파수꾼을 상징한다.

모세에게 성막의 메노라 제작을 명하실 때 바로 아몬드 나무를 그 모델로 삼으셨다. 열매를 최초로 맺는 아몬드 나무와 최후로 맺는 올리브(감람나무)는 영적으로 깊은 연관이 있다. 아몬드 나무와 올리브 나무는 성소에서 하나가 되어 빛나는, 영원히 타지 않는 나무 메노라(금 등잔대)가 되는 것이다. 영적으로 흔들어 깨우는 대제사장 아론의 지팡이에 아몬드 꽃이 피게 한 것은 이러한 영적인 의미가 있다(민 17:8-10).

'이튿날', 아담 이후 2,000년 후에 한 싹이 나고 열매를 맺게 되는데 그분이 예슈아이시다. 또한 '살구 열매가 열렸더라', 고린도전서 15장 20절 말씀처럼 예슈아께서 초실절에 잠자는 자들의 첫 열매가 되셨다.

이제 그 열매가 되시고 목자(선한 목자)장의 지팡이가(ל 권위) 되심을 나타내실 것이다. 그 목자장이 되신 예슈아(ישוע)께서 막대기로 때려서(심판) 가르치실 것이다.

"순이 나고 꽃이 피어 아몬드 나무 열매가 열리다."

각각 지파에게 아론의 싹 난 지팡이를 통해서 표징이 되고 증거가 되신 것처럼 예슈아를 버리고 반역한 이스라엘의 표징이 되실 것을 말씀하고 계신다.

예슈아를 버리고 반역한 모든 나라와 족속에게 표징이 되고 증거가 되실 것을 말씀하고 계신다.

민수기 17장의 지팡이는 권위를 상징하는 אל 라메드는 첫째 되는 권위를 상징한다.

ישוע는 יהוה이시다.

HaYehudim	V Melech	HaNazare	Yeshua
היהודים	ומלך	הנצר	ישוע
ה	ו	ה	י
H	W	H	Y

나사렛 예슈아(YHWH) 유대인의 왕, 여호와 하나님이라는 뜻이다.

주께서 나무 위에 달리실 때에 예슈아의 머리 위에 "유대의 왕

나사렛 예슈아"라고 쓰여졌다. 그 뜻은 여호와(יהוה), 다시 영어로 YHWH(예슈아)의 뜻이고 이름이다.

그래서 제사장들은 예슈아의 나무 위에 쓰여진 죄패를 바꿔 달라고 요구한다. 왜일까? 그들이 여호와 하나님 되시는 예슈아를 나무에 다는 것이 되기 때문이다. 그러나 빌라도는 자신이 쓸 것을 썼다고 한다.

> "빌라도가 패를 써서 십자가 위에 붙이니 나사렛 예수 유대인의 왕이라 기록되었더라, 유대인의 대제사장들이 빌라도에게 이르되 유대인의 왕이라 쓰지 말고 자칭 유대인의 왕이라 쓰라 하니 빌라도가 대답하되 내가 쓸 것을 썼다 하니라" (요 19:19, 21-22).

15

민수기 19장 '붉은 송아지'의 의미

애굽에서 홍해를 지나 나온 이스라엘 백성이 모세가 시내 산에서 토라를 받은 그날, 그들은 금송아지를 우상으로 만들어 놓아 그 금송아지가 하나님이 되었다. 그들은 모세가 돌판을 깨뜨린 것처럼 하나님께서 아브라함에게 약속하신 그 언약을 깨뜨린 것이다. 하나님의 심판이 그들에게 있었고 그들은 속죄를 해야 했다. 모세는 금송아지를 부수고 불태워 가루로 만들고 그 가루를 불에 뿌리고 이들로 하여금 그 물을 마시게 했다. 속죄를 의미한다. 자신들의 범죄인 송아지를 태워 드리고 그 가루를 마심은 정결케 하는 속죄를 의미한다.

마치 이 땅의 교회들이, 자칭 믿음의 사람들이라고 하는 이들이 보이지 않는 금송아지를 교회에, 자신에게 세우고 마치 하나님처럼 섬기고 있음을 보게 된다.

어느 믿음의 형제가 하나님에게 이끌리어 말할 수 없는 큰일을 경험하게 되었는데, 잘 지어진 큰 교회가 있었다고 한다. 안으로 들어가 보니 예배당 강단 위에 커다란 금송아지가 놓여 있고, 설교자가 그 금송아지를 가리키며 우리를 이끄시는 하나님이라고 열심히 설교를 하더란다. 그리고 그 주위에는 수많은 찬양대가 보이고 아주 고급스러운 악기로 연주가 이루어지고 찬양대는 열심히 찬양을 하는데 하나도 들리지 않더란다. 그래서 주님께 물었더니 이렇게 말씀하시더란다. "저들은 나를 찬양하고 있지 않다. 그래서 들을 수가 없다." 그리고 회중들 쪽을 바라보는데 의자에 사람이 없어서 또 물으니 "나를 경외하는 자들이 없다"라고 말씀하시더란다.

> "자신을 정결하게 하지 아니하면 여호와의 성소를 더럽힘이니"(민 19:20).

정결케 하는 제사를 드릴 때 붉은 암송아지를 잡는다. 왜 암송아지일까? 수소는 힘을 상징하고, 암송아지는 순종을 의미한다. 그래서 붉은 암송아지여야 한다. 여호와(יהוה)께서 머무시는 곳은 거룩한 곳이므로 야곱이 벧엘을 기억했을 때에도 창세기 35장 1-7절을 보면, 의복을 바꾸고, 이방 신을 버리고 벧엘로 향한다. 왜 그럴까? 벧엘은 하나님이 머무시는 곳이기 때문이다. 자신을 정결케 하고,

보이지 않는 우상을 버리고 돌이켜 주께로 돌아와야 하는 것이다.

그래서 이스라엘 백성은 붉은 암송아지를 잡아 불사르고 그 재를 항아리에 담아 항상 성전 입구에 두었다. 성전에 들어가기 전 자신의 부정함과 죄를 붉은 암송아지 재로 씻는 것이다.

> "너희가 내 안에 거하고 내 말이 너희 안에 거하면 무엇이든지 원하는 대로 구하라 그리하면 이루리라 너희가 열매를 많이 맺으면 내 아버지께서 영광을 받으실 것이요 너희는 내 제자가 되리라"(요 15:7-8).

> "너희는 너희가 하나님의 성전인 것과 하나님의 성령이 너희 안에 계시는 것을 알지 못하느냐 누구든지 하나님의 성전을 더럽히면 하나님이 그 사람을 멸하시리라 하나님의 성전은 거룩하니 너희도 그러하니라"(고전 3:16-17).

> "하나님께서 이르시되 이리로 가까이 오지 말라 네가 선 곳은 거룩한 땅이니 네 발에서 신을 벗으라"(출 3:5).

민수기 19장 5-6절을 보면 "그 암소를 자기 목전에서 불사르게 하되 그 가죽과 고기와 피와 똥을 불사르게 하고 동시에 제사장은 백향목과 우슬초와 홍색 실을 가져다가 암송아지를 사르는 불 가운데 던질 것이며"라고 하였다.

여기서 '백향목'이라는 단어를 히브리어로 살펴보자.

ארז(에레츠) = **א** 첫째 되는 강한 권위

ר 머리인데, 교회의 머리이신 예슈아
ז 날선 검, 생명의 도구

백향목의 의미가 첫째로 강한 권위가 되시는 예슈아를 통해서 생명을 건지신다, 즉 나무 중에 으뜸인 나무 백향목 예슈아를 통해서 구원하시겠다는 것이다.

침향나무 אהלים
왕의 침향 אהלות
시편 45편 8절 - "왕의 모든 옷은 몰약과 침향과 육계의 향기가 있으며 상아궁에서 나오는 현악은 왕을 즐겁게 하도다."

- 왕의 침향 א 으뜸이 되시고 강한 힘을 가지신
  ה 보라, 말씀으로 삶의 숨구멍을 채우다
  ל 첫째 되는 권위
  ו 못, 연결하다, 구원하다
  ת 십자가, 사인(뜻: 머리 되신 지도자가 십자가에 못 박히시다)

אהלות(왕의 침향)
① אל = 첫째 되는 권위
② אלת = 왕의 십자가
③ אלו = 전능자의 못
④ אהלות = 첫째 권위를 가지신 이가 십자가에 못 박히신 향기가 드러나야 한다.
ישוע의 향기는 못 박히신 향기이다.

따라서 첫째 되시고 강한 힘을 가지고 계시는 주님이 십자가에 못 박히시고 구원하신다는 뜻이다. 다윗 궁과 솔로몬 성전에 백향목을 사용한 의미는 다윗 왕궁의 백향목은 영광의 왕으로서의 다시 오실 메시아, 그리고 솔로몬 성전의 백향목은 그 왕이신 예슈아께서 구원하신다는 의미를 담고 있다. 나무 중에 가장 으뜸이 되는 나무 예슈아, 그 예슈아께서 나무에 달리신 이유를 알겠는가. 나무 중에 으뜸이 되신 예슈아께서 나무 위에 달리심으로 구원하시는 그리스도를 보라. 그래서 백향목은 나무 중에 으뜸이요, 나무 중에 으뜸이 되는 백향목은 예슈아이시다.

16

민수기 11장 11절에서 보여지는 속죄일(יום כפור)

이스라엘 백성들이 범죄하면 하나님께서는 심판을 내리시고 다시 속죄를 하면 죄를 덮어 주셨다. 죄를 덮는다는 것은 보이지 않게, 드러나지 않게 덮어 놓으시는 것이다. 한번 생각해 보자. 가구 밑에는 언제나 먼지가 쌓여 있다. 우리 눈으로 보이지 않을 뿐이다. 그러나 이 먼지를 보는 날이 있다. 대청소를 하기 위해서 가구를 옮길 때와 이사를 갈 때이다. 그전에는 덮여 있다. 대청소는 무교절처럼 누룩을 제거하는 것이다. 우리 주님께서도 예루살렘에 오셔서 제일 먼저 하신 일이 아버지의 집에 누룩을 제거하시는 것이었다. 유대인을 변질시키는 이 누룩을 제거하셔야 했다. 왜냐하면 예슈아께서는 누룩이 없는, 흠이 없는 무교병이시기 때문이다.

"너희는 누룩 없는 자인데"라고 한 고린도전서 5장 7절 말씀을 기억하자. 이 누룩을 제거해야 하나님의 나라에 속하게 되며 주님과 함께할 수 있는 것이다. 이사를 가는 것은 옮겨 가는 것이다. 누룩을 제거하고 죄인의 자리에서 의인의 자리로 옮겨 가는 것이다. 그래서 바리새인과 사두개인의 누룩을 조심하라고 했다. 그러면 이 세대의 누룩은 무엇일까? 지금 이 누룩을 제거했는가, 아니면 제거하고 있는가?

이 세대의 누룩은 맘모니즘이다. 돈이 우상이 되어 있다. 맘모니즘은 그럴듯하게 예슈아의 이름으로 포장을 했다. 자신만을 포장하는 것이 아니라 설교자들이 하나님의 거룩한 백성을 맘모니즘에 빠지도록 부추기고 있다.

아주 은밀하고 교묘하게 서서히 빠져들도록 부추기고 있다. 하나님의 거룩한 말씀을 이용하여 자신은 정당방위를 하는 것처럼 말하고 있다. 그러나 이들이 섬기는 것은 자신의 배요 욕심으로 전락한 맘모니즘이다. 이 글을 읽는 모든 이들이 절대로 속지 않기를 바란다. 그리고 설교자들은 속이지 않기를 바란다.

하나님은 하나님의 백성을 속이고 타락시키는 것을 심판하실 것이다. 이 진노의 심판이 머리 위에 머무르고 있음을 깨닫기를 바랄 뿐이다.

요즘 교회의 예배의 현장과 집회의 현장은 거룩하지가 않다.

물질이 얼마나 걷혔고 누가 얼마를 헌신하였느냐로 그 집회와 성공 여부를 따지고 있다. 누군가가 머뭇거리다가 그 집회 현장을 통해서 헌신을 하면 그 사람이 마치 회개하고 돌아온 것처럼 착각하게 만든다.

그러나 그렇지가 않다. 집회에서 그렇게 하지 않으면 안 될 것

같은 분위기를 조성하기 시작한다. 하지 않으면 안 될 것같이 말을 한다. 이것은 하나님 앞에 크나큰 범죄 행위이다. 하나님은 누구누구에게 얼마의 헌금을 헌신할 것을 말씀하지 않으신다. 하나님은 그런 분이 아니시다.

이스라엘 백성을 보라. 출애굽하고 광야에서 장막절에 장막을 지을 때 이들은 자발적으로 헌물을 드렸다. 강요나 분위기에 의해서 하도록 요구한 것이 아니다. 그런데 오늘날 설교자들은 스스로가 하나님이 되어 있다. 그래서 잘못된 교권을 가지고 하나님의 백성들을 조종한다. 그러나 하나님은 이 모든 악행을 버리고 주께로 돌아오기를 원하신다. 설교자들도 성도들도 눈을 뜨기를 바란다.

진실로 하나님 앞에 회개한 이들은 아무 말 없이 자신의 감사의 물질 예배를 하나님 앞에 드리게 되어 있다. 본질은 하나님의 백성이 죄악을 돌이켜 주께로 돌아오도록 하나님의 거룩한 말씀을 전하는 것이다. 혹자들은 필자의 이러한 목소리를 비웃을 수도 있다. 자신의 견해와 다르다는 이유로 말이다. 그러나 이것은 견해 차이의 문제가 아니다. 생명에 관한 문제이다. 말씀을 들여다보라. 말씀이 그렇게 요구하고 있는지를 살피라는 것이다. 중요한 것은 맘모니즘이 아니라 복음을 듣고 자신의 누룩을 제거하고 하나님의 백성이 주께로 돌아오도록 각성케 하는 것이다. 이제 우리는 말씀 운동으로 다시 돌아가야 한다. 이 땅의 편안함과 안일함을 구하는 것이 아니라 토라가 기준이 되고 토라이신 예슈아께서 주인이 되셔야 하는 것이다.

> "어찌하여 내게 주의 목전에서 은혜를 입게 아니하시고 이 모든 백성을 내게 맡기사 내가 그 짐을 지게 하시나이까"(민 11:11).

이스라엘 백성의 하나님 앞에서의 원망과 타락을 본 모세가 하나님 앞에 절규의 기도를 드리고 있는다. 홍해를 가르고 그들을 건지신 하나님, 애굽의 노역에서 그들을 건지신 하나님을 기억하지 않는다. 눈앞에 있는 현실을 보고 그들은 하나님 앞에서 얼굴을 돌리고 있는 것이다.

이 또한 마태복음 27장 46절의 주님의 기도가 들리지 않는가.

> "제구시쯤에 예수께서 크게 소리질러 이르시되 엘리 엘리 라마 사박다니 하시니 이는 곧 나의 하나님, 나의 하나님, 어찌하여 나를 버리셨나이까 하는 뜻이라"(마 27:46).

아사셀을 기억하는가? 속죄일 때 똑같은 염소 두 마리를 성전으로 이끌어 한 마리는 성전에서 제물로 삼는다. 성전의 부정함을 씻기 위해서이다. 한 마리는 머리에 붉은 리본을 달아 멀리 보내어 죽게 한다. 죄의 전가를 받은 염소가 진 밖에서 죽임을 당하므로 우리의 죄를 멀리 떠나보내는 것이다. 그래서 예슈아께서 진 밖에서 죽으신 것이다. 아사셀처럼 말이다.

주께서 진 밖에서의 죽으심을 외치고 계신다. 그로 말미암아 우리의 죄를 기억하지 않으시겠다는 것이다.

모세의 절규도 그렇다. 모세가 이스라엘 백성의 모든 무거운 짐을 짊어진 것처럼 예슈아께서도 우리의 모든 무거운 짐을 짊어지신 것이다. 그리고 Yom Kippur 주님의 피로 우리의 죄를 덮으셨다. 염소의 피는 불완전하게 덮었지만 우리 주님의 보혈은 완전히 덮어 기억하지 않으시겠다는 것이다.

성경의 흐름과 역사를 기억하라. 하나님의 때와 징조는 하나님께서 말씀과 절기를 통해서 이루시고 드러내고 계신다. 모세가 떨기나무 아래서 하나님을 만났을 때를 기억해 보자.

אהיה　　אשר　　אהיה

I AM　　THAT　　I AM

“나는 스스로 있는 자라” 하실 때 모든 단어가 א(알렙)으로 시작한다. ‘하나님이 처음’이시라는 것이다.

엘로힘(אלהים), 하나님의 이름인 엘로힘이라는 단어를 보더라도 첫 글자가 알렙으로 시작한다. 알렙은 히브리어 알파벳의 처음 시작이다. 영어로 A도 א에서 왔다. 그리고 히브리어는 알파벳마다 번호가 주어졌는데 알렙은 1번이다. 즉 하나님께서 처음 시작하셨다는 뜻이다. 우리가 잘 알고 있는 하나님의 이름 ‘아도나이’(אדני) 역시 첫 글자가 알렙이다. 하나님이 시작이라는 뜻이다.

요한일서 4장 8절 “하나님은 사랑이심이라”에서 하나님의 사랑을 살펴보자.

아가페(אהבה)도 첫 글자가 알렙으로 시작을 한다. 사랑은 하나님으로부터 나온다. 그 사랑이 온 인류를 덮으신 예슈아의 사랑이다.

요한일서 1장 5절 “하나님은 빛이시라”에서 빛인 오르(אור) 첫 글자가 알렙으로 시작한다. 모든 빛의 시작은 하나님이시다. 창세기 1장 26절 “우리의 형상을 따라 우리의 모양대로 우리가 사람을 만들고” 첫 사람인 아담을 지으셨다. 그 아담(אדם)의 이름을 살펴보면 알렙은 하나님, 달레트는 성전의 문, 멤은 물로서 생명, 뜻을 이어보면 ‘생명의 머리는 하나님이시다’라는 것이다. 레쉬는 머리 되신 예슈아 즉 생명의 머리는 하나님 되시는 예슈아, 이 땅을 창조하신 하나님이라는 것이다(히브리어는 글자 하나하나에 단어의 뜻이 있다).

참고로 히브리어 יה(야) 는 יהוה 여호와의 줄인 말이다.

즉 여호와는 YHWH 예슈아의 뜻이다.

'엘로힘'(אלהים)의 하나님은 이사야 53장처럼 침묵하시는 하나님이시다.

אלם 즉 슬픔 가운데서도 침묵하시는 하나님. 우리 예슈아께서도 침묵하셨다.

빌라도 법정에서 슬픔 가운데서 우리 주님은 침묵하셨다. 아버지의 뜻을 이루시기 위해서이다.

베레쉬트(בראשית) 우리 한글번역 성경의 '태초에'의 번역에서는 아무런 뜻을 발견할 수가 없다. '태초에'의 뜻은 로쉬트(ראשית)이다.

그러나 앞 글자에 ב라는 글자가 와서 베레쉬트(בראשית)이다. 왜 베트(ב)라는 단어가 맨 앞에 올까? 베트는 '집'이라는 뜻이다. 그래서 집을 들어가려면 대문이나 현관문을 지나서 들어가야 한다. 그런데 도둑이 들지 못하도록 대문이나 현관문을 잠가 놓는데 집안을 들어가려면 열쇠가 필요하다. 그 열쇠는 가까운 데에 있다. 즉 말씀에 열쇠가 있다는 것이다. 태초에 이 말씀의 문이 열려야 하나님의 뜻을 알 수 있는 것이다. 베트, 집이 열려야 한다.

> "내가 성실한 길을 택하고 주의 규례들을 내 앞에 두었나이다"
> (시 119:30).

태초에 담겨 있는 하나님의 뜻을 살펴보자.

בר, 아들이라는 뜻이다(아들을 통해서),

창세기 41장 49절에 "쌓아 둔 곡식이 바다 모래같이 심히 많아 세기를 그쳤으니 그 수가 한이 없음이었더라"고 했는데, 여기서 **בר** 는 곡식의 뜻으로, 요한복음 12장 24절에서 "내가 진실로 진실로 너희에게 이르노니 한 알의 밀이 땅에 떨어져 죽지 아니하면 한 알 그대로 있고 죽으면 많은 열매를 맺느니라" 하신 말씀에서와 같다.

다니엘 3장 25절이다. "왕이 또 말하여 이르되 내가 보니 결박되지 아니한 네 사람이 불 가운데로 다니는데 상하지도 아니하였고 그 넷째의 모양은 신들의 아들과 같도다 하고." 여기서는 **בר**가 아들로 나타난다.

로시(ראש)는 '머리'라는 뜻이다. 창세기 49장 26절에 "네 아버지의 축복이 내 선조의 축복보다 나아서 영원한 산이 한없음같이 이 축복이 요셉의 **머리**로 돌아오며 그 형제 중 뛰어난 자의 정수리로 돌아오리로다"라고 하였다.

여기서 로시(ראש)는 머리로 나타난다. 에베소서 1장 22절에도 "또 만물을 그의 발 아래에 복종하게 하시고 그를 만물 위에 **교회의 머리**로 삼으셨느니라"고 말씀하고 있다.

하나님의 아들인 예슈아께서 모든 것을 만드셨다. 따라서 예슈아를 알지 못하면 하나님을 알지 못하는 것이다. 그러므로 요한복음 14장 6절을 보면 "내가 곧 길이요 진리요 생명이니 나로 말미암지 않고는 아버지께로 올 자가 없느니라" 하고 말씀하셨다.

나의 머리(ראשי). 바이트(בית)는 성전 교회의 머리가 되시는 예슈아께서는 우리를 성전 삼으시기 원하신다. 그 예슈아께서는 오늘도 문을 두드리고 계시는데 똑똑똑 두드리는 것이 아니라 꽝꽝꽝 두드리고 계신다. 이제 돌이켜 문을 열고 주님을 맞이해야 한다.

나무(ברש). 열왕기하 19장 23절에 "네가 사자들을 통하여 주를 비방하여 이르기를 내가 많은 병거를 거느리고 여러 산꼭대기에 올라가며 레바논 깊은 곳에 이르러 높은 백향목과 아름다운 잣나무를 베고 내가 그 가장 먼 곳에 들어가며 그의 동산의 무성한 수풀에 이르리라" 하였다.

나의 나무(ברשי). 예슈아께서 장차 나무에 달리시고 죽으시고 장사되실 것을 말한다. 그 나무에 달리실 아들을 아버지께서 선물로 주셨다.

שי(선물, 샤이). 시편 68편 29절에 "예루살렘에 있는 주의 전을 위하여 왕들이 주께 예물을 드리리이다" 하였다. **בראשי** 왕의 아들을 아버지께서 자기 백성을 위하여 선물로 주시는데, 그 선물은 아들이신 예슈아시다.

베레트(ברתי) "나의 아들의 십자가", 아버지께서 아들을 선물로 주시는데, 나무에 달리신 아들을 선물로 주시는 것이다.

베리트(ברית) "언약 가운데 두시고", 창세기 17장을 통해서 하나님께서는 언약을 주시는데 그 언약이 아브라함에게 아들을 주시겠다는 약속을 하고 계시는 것이다. 하나님께서 이스마엘 사건 이후 오랫동안 침묵하시다가 13년 만에 아브라함에게 나타나시고 아들을 낳을 것을 약속하신다. 이때 아브라함의 99세 때 나타나셔서 아브라함이 100세, 사라가 90세에 출산할 것을 말씀하신다.

> "아브라함이 엎드려 웃으며 마음속으로 이르되 백 세 된 사람이 어찌 자식을 낳을까 사라는 구십 세니 어찌 출산하리요" (창 17:17).

아브라함이 이삭을 낳을 것에 대해 약속을 받는 때를 한번 살펴보자.

창세기 18장 5절을 보면 "내가 떡을 조금 가져오리니 당신들의 마음을 상쾌하게 하신 후에 지나가소서 당신들이 종에게 오셨음이니이다"라고 하였다.

떡을 떼는 시기는 유월절부터 무교절까지이다. 이 떡은 무교병이다. 아브라함이 떡을 준비했나는 것을 보아서 유월절이다. 그리고 "당신들이 종에게 오셨음이니이다"라고 하였는데, 하나님은 아브라함에게 장차 이 백성이 애굽에서 객이 되고 400년 동안 그들을 섬기겠다고 말씀하셨다(창 15:13). 어떤 사건인가? 장차 애굽의 종으로 섬기는 이스라엘 백성에게 하나님께서 오셔서 그들을 해방시키시는 날이 보여지지 않는가? 그때가 언제인가? 유월절이다.

> "아브라함이 급히 장막으로 가서 사라에게 이르되 속히 고운 가루 세 스아를 가져다가 반죽하여 떡을 만들라 하고 아브라함이 또 가축 떼 있는 곳으로 달려가서 기름지고 좋은 송아지를 잡아 하인에게 주니 그가 급히 요리한지라"(창 18:6-7).

지금 아브라함은 유월절을 치르고 있는 것이다. 급히 떡을 만들고, 급히 송아지를 잡아 유월절을 치르고 있는 것이다. 이스라엘 백성도 급히 어린 양을 잡아 문설주에 피를 바르고 문을 닫고 급히 고기를 구워서 먹었다. 물에 삶지 않고 구워 먹은 것이다. 예슈아께서 당할 고난을 의미한다.

물에 삶지 않은 또 하나는 하나님의 말씀을 물에 삶듯이 흥건히 풀어헤치지 말라는 것이다. 복음은 있는 그대로 복음만을 전해야 한다. 인간의 지식을 섞어서 세상의 방법으로 풀어헤쳐서는 안 된다는 것이다. 오늘날 교회는 복음보다도 세상의 지식으로 넘쳐난다. 잘사는 방법, 어떻게 하면 성공하는 인생을 살 수 있는지에 대한 방법론이 넘쳐나고, 자신의 인생을 살아가는 데 단지 하나님의 말씀이 필요하도록만 가르치고 있다. 그래서 교회는 세미나로 넘쳐난다. 하나님의 얼굴을 구하기보다는 인간적인 방법으로 찾아가 살아도 괜찮다고 가르치고 있다. 기독 서점가에도 하나님의 복음의 서적이 아니라 세상적인 방법을 찾아가는 방법론에 대한 서적들로 넘쳐나고 있다. 이것이 바로 우리의 현실이다. 깨어 있기를 바란다.

> “기한이 이를 때에 내가 네게로 돌아오리니 사라에게 아들이 있으리라”(창 18:14).

여기서 기한은 절기(MOED: 신성한 약속, 정해진 시간)이다. 지금 아브라함은 유월절 절기를 보내고 있음을 상기하라. 기한은 언제를 말하는가? 다음해에 사라가 이삭을 낳게 된다는 것이다. 그래서 이삭은 유월절 날 태어난다. 하나님의 때는 정확하게 이루어지는 것이다. 왜 하나님께서 절기를 지키라고 하셨을까? 절기 속에 두신 하나님의 약속을 이루시기 위함이다. 우리 예슈아께서도 절기를 철저히 지키신 분이다. 우리들의 교회의 유전이 하나님 말씀보다 클 수는 없다. 교회의 전통이 하나님의 말씀을 폐할 수 없는 것이다. 이 절기들을 가볍게 여기지 않기를 바란다. 폐해진 것이 결코 아니라는 것이다.

아내(שית), 아들(רב).

아들의 신부, 따라서 하나님께서는 아들을 위해서 혼인 잔치를 베푸시는데, 그 혼인 잔치의 주인공은 예슈아이시다. 신부는 누구인가? 깨어 있는 하나님의 백성을 말한다. 마태복음 25장 열 처녀 비유를 생각해 보라. 깨어 있던 지혜로운 다섯 처녀는 혼인 잔치에 들어가게 되었고, 깨어 있지 못한 미련한 다섯 처녀는 혼인 잔치에 들어가지 못한 결과를 보게 된다.

그러면 이 혼인 잔치는 언제 베풀어지는가? 가을 절기이다. 가을 절기에서도 초막절에 혼인 잔치가 치러질 것이다. 이날은 아들이신 예슈아의 생일이기도 하다. 아들의 생일날 아버지는 혼인 잔치를 베푸는 것이다.

17

마태복음 24장 무화과나무에 나타난 징조

주님께서 왜 이런 비유로 말씀하고 계신지 주님의 뜻을 발견하는 것은 매우 중요하다. 예슈아께서는 이유 없이 말씀하고 계시는 것이 아니다. 말씀하시는 그 속에 하나님의 징조가 있음을 엿볼 수 있다. 그래서 예슈아께서는 때에 대해서 자주 말씀하고 계시는 것을 발견할 수 있다.

학창 시절로 돌아가 보자. 수업 시간이 되면 선생님은 중요하다고 생각하는 것을 빨간색 펜으로 표시하기를 원한다. 중요하다고 여러 번 강조한 것은 여지없이 시험에 출제되곤 하였다. 만약에 중요하다고 하는 때를 놓친다면 시험을 잘 치를 수가 없다. 마찬가지로 주님의 징조에 대해서 말씀하시는 것을 놓친다면 주님의 때를 알 수 없는 것이다.

그러면 무화과나무의 징조에 대해서 살펴보자.

여기서 무화과나무는 이스라엘 백성을 의미한다. 이스라엘은 나라 없이 1,900년을 지냈다. 시오니즘에 의해서 이들은 다시 예루살렘으로 돌아오기를 원했다. 그러나 유럽 각지에 뿌리를 내리고 살던 이들이 메마른 사막의 땅인 팔레스타인 지역으로 돌아오는 것은 쉬운 일은 아니었다. 새로운 도시와 나라를 건설한다는 것은 국제사회의 이해와 협조가 없으면 힘들었다. 그래서 그들은 영국의 협조를 얻어 돌아오기를 원했다. 그러나 주변국들이 그들을 반갑게 맞아 주기도 어려운 일이다.

그들은 혹독한 경험과 큰 시련을 겪어야 했는데, 유럽 사회에 대한 유대인들의 인식 때문이다. 유대인들은 자신들만이 하나님 백성이라는 인식이 팽배해 있었기 때문에 유럽 사회로부터 반감을 사기 시작했는데, 반감은 시간이 갈수록 유대인들에 대한 혐오주의로 바뀌기 시작하였고, 제2차 세계대전을 겪으면서 그들은 엄청난 시련 홀로코스트를 겪어야 했다. 종전 후 그들은 나라가 없는 민족의 설움을 뼈저리게 느꼈고, 이들은 나라에 대한 절실함에 빠졌다. 그래서 유럽 각지에 흩어져 살던 유대인들은 시오니즘에 의하여 팔레스타인 지역으로 돌아오기를 간절히 소망한다.

그러나 우호적이었던 영국마저 주변 산유국들의 압박에 회의적으로 돌아서버렸다.우여곡절 끝에 유엔에 안건으로 상정되어 표결에 부치게 되는데 반대 13표, 기권 10표, 찬성 33표 압도적인 표차로 결국 그들은 지금의 이스라엘 땅으로 돌아오게 되었다. 1948년 아브 월 9일에 돌아오게 된 것이다.

결국 성경의 예언이 이루어진 것이다.

> "내가 너희에게 이르노니 이제부터 너희는 찬송하리로다 주의 이름으로 오시는 이여 할 때까지 나를 보지 못하리라 하시니라"(마 23:39).

이스라엘 백성이 회개하고 돌아오기까지 주님의 얼굴을 보지 못한다고 말씀하신다. 지금 이스라엘 땅에 유대인들이 주님께 회개하고 돌아오고 있다. 이제 그 하누카의 때가 다가오는 것이다.

마태복음 24장은 하누카의 징조에 대해서 말한다. 하누카는 11월 말에서 12월 중순의 시기이다. 요한복음 10장 22절을 보면 "예루살렘에 수전절이 이르니 때는 겨울이라" 하였다. 이는 하누카의 때를 말한다. 성전이 회복되는 때를 말한다.

> "너희가 이 모든 것을 보지 못하느냐 내가 진실로 너희에게 이르노니 돌 하나도 돌 위에 남지 않고 다 무너뜨려지리라"(마 24:2).

로마에 의해서 이스라엘 나라가 멸망할 것을 말하는 것이다. 실제로 로마의 침략에 의해 성전이 돌 하나도 돌 위에 남지 않고 무너져 내렸다. "기름 부음을 받은 자가 끊어져 없어질 것이며 장차 한 왕의 백성이 와서 그 성읍과 성소를 무너뜨리려니와 그의 마지막은 홍수에 휩쓸림 같을 것이며 또 끝까지 전쟁이 있으리니 황폐할 것이 작정되었느니라" 한 다니엘 9장 26절 말씀과 같다.

마지막 기름 부음 받은 왕은 예슈아이다. 백성의 한 왕은 로마를 가리킨다. 하나님의 백성과 나라와 민족이 함께하고 모여야 할 성전을 사탄이 무너뜨린 것이다.

> "그러므로 너희가 선지자 다니엘이 말한 바 멸망의 가증한 것이 거룩한 곳에 선 것을 보거든 그때에 유대에 있는 자들은 산으로 도망할지어다"(마 24:15-16).

로마의 황제가 성전 안에 우상을 세우고 섬기게 할 것을 말씀하신다.

다니엘서 3장을 보라. 느부갓네살 왕은 금신상을 세워 놓고 조서까지 내린다. 그리고 이 우상을 섬길 것을 선포한다. 멸망의 가증한 것이 세워진 것이다. 다니엘과 세 친구는 이 조서에 굴복하지 않고 믿음을 지킨다. 그러자 그들은 풀무불과 사자 굴에 던져진다.

그러나 깨어 있는 이들을 하나님은 머리털 하나 상하지 않게 하셨다. 마지막 때도 이와 같을 것이다. 로마 황제는 성전에 우상을 세워 놓고 섬길 것을 강조하며 굴복을 요구하였다. 실제로 유대인들이 산으로 도망하였다고 한다. 이 징조는 미래의 적그리스도들이 성전에 우상을 세울 것을 보여준다. 그리고 굴종을 요구할 것이다. 에스더서에서 하만이 유대인들을 몰살하려는 계획을 세운 것처럼 말이다. 하누카는 로마의 황제 안티오쿠스에 의한 굴종이었다. 마지막 때의 큰 징조의 하나가 굴종이 될 것이다.

18

한국 교회의 하누카

한국 교회와 신사참배의 문제는 한국 교회의 거룩함이 짓밟히고 권력 앞에 휘둘리는 나약한 교회상을 보이는 계기가 되었고, 교회 지도자들이 하나님과 교회 앞에서 회개하지 않고도 아무렇지 않게 목회할 수 있다는 가능성을 제시해 주었으며, 교인들에게는 허물을 용납하는 '관용성'의 폭이 어디까지 가능한가를 보여주었고, 기독교 학교가 문을 닫아야 할 즈음에는 선교사들과 한국인들 사이에 갈등마저 유발했다.

일제하의 신사참배는 권력과 종교 사이의 긴장관계라는 큰 문제를 제기했고, 또 유일신 신앙과 우상숭배라는 과제도 남겼는데, 이런 관점은 오늘날 더 큰 과제로 우리 앞에 다가오고 있다.[22] 일제라는 권력이 한국 그리스도인에게 시련을 안겨 주었다면 오늘날의 권력은 당근과 채찍, 유혹과 위화감을 동시에 주면서 신앙과 교회를 조롱, 조종하고 있다. 일제하의 신사 못지않게 오늘날에도 현대판 우상이 곳곳에서 신앙양심을 어지럽히고 있지만, 일제하 신사를 통해 드러난 가시적 우상만을 체험했음인지, 오늘날 그리스도인은 자신과 교회 속에 내재하고 있는 우상을 외면하고, 판별하려는 영안을 잃어버렸다.

22) 박용규, 《한국기독교회사》, (생명의 말씀사, 2004)

이런 관점에서 본다면, 신사참배에서 부각된 우상숭배의 문제는 일제 강점하에서 진행된 것이었지만, 결코 지나간 사건이 아니다. 오히려 지금도 교회 안에서 재연되고 있는 문제다. 더구나 신사참배 뒤치다꺼리를 계기로 한국 교회가 분열의 아픈 상처를 남겼었다면, 그 상처가 있는 곳에 신사참배 문제는 깊숙이 잔존해 있다고 할 것이다.

일제의 한국 강점화 과정에서 집회와 결사의 자유를 없앴다는 것은 잘 알려진 사실이지만, 종교적인 집회마저 명분 없이 억압할 수는 없었다. 이런 이유 때문에라도 처음부터 종교 문제는 그들의 고심의 대상이 되지 않을 수 없었다. 제대로 파악하기 힘든 불교, 유교, 천도교, 대종교 등과 함께 이미 조선 후기와 한말부터 활발한 활동을 펴고 있던 천주교와 개신교도 교회의 성장 못지않게 서구 선교사들과 줄을 대고 있다는 점에서, 쉽사리 대할 상대가 아니었다.

때문에 통감부 때에도 서구 선교사들에 대해 회유, 감시하면서 그들이 한국인의 민족운동에 관여하는 것을 적극 저지하려고 했다. 아마도 초대 총독으로 취임한 데라우치가 '한일합병'을 공표하던 날에 발표한 유고에 종교에 대해 언급한 것은 바로 이 때문일 것이다. 종교 활동이 '치안 유지'나 '시정 목적'에 어긋날 때는 가차 없이 탄압하겠다는 종교에 대한 통제 의도는 이듬해에 나타난 시정보고서에서도 분명하게 나타나고 있다. 조선총독부가 사찰령과 경학원규칙을 제정, 불교와 유교에 대해 직접 통제를 꾀하는 한편 '안명근 사건' 및 '105인 사건'을 날조, 기독교계 지도자들을 대거 검거한 것은 강점 초기부터 종교에 위협을 가하려는 그들의 의중을 드러낸 것이었다.

국가 신도란 일본이 근대국가로 발돋움하려고 하던 19세기 후반, 일본 고유의 신사 신도와 황실 신도를 결합하여 인위적으로 만든 일종의 국가 종교다. 일본이 이런 국가 종교를 만들어낸 것은 천황제 국가를 뒷받침하기 위해 필요했기 때문이다. 1868년 메이지유신에 의해 성립된 일본의 근대 천황제 국가는 절대군주인 천황을 정점으로 종교적 권위와 세속적 권력을 결합시키는 데서 성립하게 되는데, 이는 서구의 절대군주제가 중세의 종교적 권위로부터 세속적 권력의 독립을 추구하는 데서 성립했던 것과는 대조를 이룬다고 지적된다.

신사참배 강요가 본격화된 것은 1930년대 기독교 학교를 통해서 나타났다. 그러다가 기독교 학교를 운영하던 선교사들과의 갈등으로 비화하여 신사참배를 거부하는 선교사들의 강제 귀환이 이뤄졌다. 신사참배를 우상숭배로 규정하면서 갈등을 빚은 것은 캐나다 선교회를 제외한 대부분 장로교 계통의 선교사들이었고, 장로교 외의 다른 교파의 선교학교에서는 갈등이 거의 없었다. 그렇다고 신사참배 거부운동이 기독교 학교에서 먼저 일어난 것은 아니었다. 1920년대 신사와 신사참배에 대한 거부 움직임은 기독교 학교와 관련 없이 일어났다.

앞서 언급한 바와 같이, 조선신궁이 세워진 서울에서는 일본인 관료들도 신사참배에 적극적이지 않았다. 때문에 조선신궁 건립 전후한 시기에 서울에서는 한국인에게 참배를 강요하지 않았다. 그러나 서울과는 달리 지방에서는 곳곳에 세운 신사를 중심으로 한국인의 저항과 관련된 '신사 문제'가 끊이지 않았다. 신사 문제는 총독부 당국이 신사참배를 강요하거나 강제 기부금을 징수하는 것, 신사 설립을 위해 토지를 강제 수용하는 데서 오는 갈등으로 말미암아 나타났다.

이 무렵 만주와 중국을 침략하려는 일본으로서는 식민지 조선에 대한 통제를 강화하여 한반도의 안정을 기하는 것이 필요했다. 이런 상황에서 한국인에 대한 민족말살정책이라 할 황국신민화운동이 강요되었다. 민족말살정책은 조선의 언어, 문자, 역사를 없애고, 동방요배, 창씨개명 및 신사참배를 강요하는 것으로 나타났다.

1932년 1월 전남 광주에서 신사참배 사건이 일어났다. 남장로회에서 경영하던 숭일학교와 수피아여학교가 만주사변에 대한 기원제에 참가하지 않거나 참가하더라도 신사참배를 하지 않아 도 당국의 엄중 문책을 받았다. 그다음 해 9월에는 평양숭실전문학교를 비롯한 10여 개의 기독교 학교가 평남 지사의 통첩을 무시하고 '만주사변 1주년 기념 전몰자 위령제'에 참석하지 않아 해당 학교가 시말서를 썼다. 1933년 9월 18일 원산에서도 캐나다 장로회 소속 진성여자보통학교가 만주사변 2주년 기념일에 거행된 순난자 위령제에 참석을 거부하여 문제가 되었다. 이렇게 기독교계 학교에 신사참배가 문제가 된 것은 대륙 침략을 계기로 조선총독부가 정신교화운동에 박차를 가하고 있었기 때문이다.

이러한 가운데 신사참배 문제가 크게 확대되는 분수령이 되는 사건이 일어났다. 이는 1935년 11월 14일 평양 기독교계 학교의 교장들이 평안남도 지사의 지시에 불복하고 평양신사에 참배하지 않은 사건이다. 식민지 관료로 대만 총독부 문교국장을 역임한 바 있는 평남지사 야스다케는 기독교계 학교가 신사참배를 거부하는 것을 그대로 볼 수 없었다. 그는 먼저 기독교계 학교 교장들을 굴복시키려 했다. 그해 11월에 들어서서 그는 그 지역 공사립 초등학교장 및 중등학교장 회의를 잇달아 소집하여 회의가 끝나는 날 평양신사에 참배토록 했다.

그러나 기독교인 학교장들은 신사에 참배하지 않았다. 그러자 14일에 개최한 중등학교장 회의에서는 야스다케 지사가 회의 전에 평양신사에 참배한 후 회의를 하자는 제안을 했다. 숭실학교장 매큔(G.S. McCune)과 숭의여학교장 대리 정익성, 순안 의명학교 교장 리(H.M. Lee)는 기독교의 교리상 따를 수 없다고 거부했다. 그러자 평남도 당국과 총독부는 기독교계 학교에 대해 설득, 경고하면서 금후 교장 자신의 신사참배 의향 여부와 학생들의 신사참배 의향 여부를 서면으로 회답하도록 요구했다. 이런 요구의 배후에는 교장의 파면과 강제 폐교의 강경 방침이 있었다.

당국의 서면 요구에 숭실학교장 매큔과 숭의학교장 대리 스눅(V.L. Snook)은 기독교인의 양심상 본인이 신사참배를 할 수 없을 뿐 아니라 학생들도 신사참배에 참여시킬 수 없다고 답했다.

그 결과 매큔에게는 1936년 1월 숭실학교장 및 숭실전문학교장직 인가가 취소되고, 스눅도 1월 22일 숭의여학교장 대리 인가를 취소당했다. 그 후 총독부는 2월 21일자로 학무국장이 각 도지사를 통해 기독교 각 교파 포교 관리자 및 대표자에게 "신사와 종교에 관한 건"이라는 통첩을 보내, 신사의 봉사는 종교가 아니며 신사참배는 국민 교육상 필요에서 나온 것이라고 주장했다.

선교학교 교장을 파면한 사건의 파장은 곧장 선교부 및 선교학교에 미쳐 학교의 존폐 여부를 두고 심각한 고민을 안게 되었다. 이에 앞서 미 북장로회 선교사들이 신사참배 문제로 공식 논의를 한 것은 1933년 9월 21일 한국 선교부 실행위원회에서였다. 1935년 11월 앞에서 본 '평양 기독교계 사립학교장 신사참배 거부 사건'으로 총독부가 강경책을 쓰기 시작하자, 북장로회 선교부는 신사의식의 종교적 요소와 선교학교의 장래 등에 대해 더욱 심도 있게 논의하게 되었다. 그 결과 1936년 정기 연회에서 실행위원장 홀드크로프트(J.G. Holdcroft) 등이 제출한 '교육 철수 권고안'을 표결에 붙여 69:16으로 가결했다.

압도적인 가결이긴 하지만, 뒤에서 보이는 바와 같이, 선교사들 중에는 신사참배에 타협하더라도 학교를 유지해야 한다는 주장이 없지 않았다. 뉴욕 선교본부는 현지 선교사들의 결의를 받아들여 1936년 9월 21일 승인하였다. 이때 폐교하기로 결의한 북장로회 소속 학교들은 평양의 삼숭(숭실, 숭실전문, 숭의)을 비롯하여 서울의 경신과 정신, 대구의 계성과 신명, 선천의 신성과 보성 등 9개 학교였다. 북장로회 선교본부는 그해 9월 21일 개최된 회의에서 한국에서 보낸 이 결의안을 승인했다. 결국 신사참배 문제는 재한 선교사들 사이에서는 학교의 존폐 문제를 두고 의견 대립을 가져오게 되었고, 한국인들 사이에서는 폐교하는 학교를 어떤 방식으로 인수하느냐의 문제로 의견이 대립되었다. 북장로회에서는 1937년 9월 학교를 폐교하기로 방침을 정했지만 우여곡절 끝에 평양의 삼숭만 1937년 10월 29일과 11월 1일에 각각 폐교원을 제출했다.

미 남장로회 선교부는 1936년 11월 전주에서 개최된 남장로회 선교사 연례회의에서 신사참배를 강요한다면 교육사업에서 철수할 수 밖에 없음을 결의했다. 그들은 선교본부에 연락, 해외선교부 총무 풀턴(C.D. Fulton)의 내한을 요청했다. 풀턴은 일본에서 출생한 2세 선교사로서 신도가 종교적 성격을 갖고 있다는 것을 잘 알고 있었다.

그는 1937년 2월에 내한하여, 신사참배를 시키기보다는 학교를 폐쇄할 것을 허락하는 13개항의 소위 '풀턴 성명'을 발표했다. 이를 계기로 그해 9월에 남장로회 학교들의 폐교 신청이 잇달았는데 광주 수피아와 숭일학교, 목포의 정명학교와 영흥학교가 1937년 9월 6일에, 전주의 신흥학교와 기전여학교, 군산의 영명학교와 멜볼딘 여학교가 각각 9월 8일에, 순천의 매산학교와 매산여학교는 9월 21일에 각각 폐교를 신청했다.

호주 장로교 선교부는 1936년 2월 7일 총무 맥라렌(Ch.I. McLaren)의 주재 아래 회의를 열고, 산하의 기독교 학교가 신사참배를 할 수 없다고 결의했다. 그 뒤 선교본부는 교육사업의 중요성을 인식하면서 학교를 계속 경영하기를 원했고 또 일본 당국과의 관계 개선을 원하여 "신사참배는 종교적 행위가 아니라"는 일본 정부의 주장을 받아들이기까지 했다. 또 1938년 9월 장로회 총회가 신사참배를 결의한 후, 그들은 그 이듬해 1월 특별위원회를 소집, 신사참배와는 관계를 끊되 학교를 유지하려는 모든 노력은 그래도 경주하겠다고 했다. 그러나 이런 절충적인 노력은 한계를 드러내 그해 대부분의 선교부 소속 학교를 폐쇄시켰고, 동래 일신여학교만 1940년에 폐교되었다.

캐나다 선교부는 1930년대 초에는 학교의 문을 닫더라도 신사참배를 거부하겠다고 주장했다. 그러나 1938년에 이르러, 신사에서의 행사는 애국적인 것이요 종교와 관련이 없는 것이라는 총독부 당국의 주장을 그대로 받아들여 그 의식들에 참가하고 학교를 계속 경영하기로 했다. 캐나다 선교부 산하의 기독교 학교는 신사참배 문제로 문을 닫는 일은 없었다. 1898년 한국에 선교사를 파송한 캐나다 장로교회는 다른 세 교단보다는 신학적 입장이 자유로웠던 데다 1925년 감리교회 회중교회와 연합하여 캐나다 연합교회로 개편된 후 한국에 들어온 다른 세 장로교단과는 달리 신사참배 문제를 타협적으로 처리했다. 선교학교 문제의 타협적 처리는 감리교 선교부도 마찬가지다.

신사참배 문제와 관련, 앞에서 본 바와 같이 선교사들이 일치된 견해를 가진 것은 아니었고, 그 처리 결과도 일치된 것이 아니었다. 다만 신사참배의 여부가 선교학교의 존폐와 관련되었고, 거기에 따라 강경한 반대 자세와 타협적인 유화 자세가 있었다.

선교사들은 신사참배에 대한 요구가 이 의식을 통하여 젊은 세대들의 과도한 애국심을 증진시켜 젊은이들로 하여금 군인이 되도록 하고, 일본의 더 큰 영광을 위해 그들의 생명을 바치도록 하려는 군국주의자들의 결정에 의한 것임을 알고 있었다. 그리고 일본 정부가 반복해서 신사 의식은 종교적인 것이 아니고 애국적인 것임을 발표하고 있다고 했다.

신사(신도)의 성격에 대한 신학적인 논의가 선교사들 사이에서 시작되었을 때, 일본 정부는 거기에 대한 논의를 허락하지 않았다. 1936년 북장로회 선교부 실행위원회 총무 홀드크로프트가 신사의 성격 문제를 논의하기 위해 선교사 회의를 착수하려고 했을 때 경찰은 그를 불러 신사에 관해 정부가 규정한 이외의 어떤 논의도 할 수 없다고 통고했다.

다른 선교지와 마찬가지로, 한국에 온 선교사는 두 가지 유형이 있다. 복음 전파에 주력하는 선교사와 교육이나 의료 등 봉사를 중시하는 선교사다. 전자는 선교비를 복음 전파 이외에 들여서는 안 된다는 주장을 펴는 선교사들로서 마펫과 평양 중심의 선교사들이다. 봉사를 중시하는 선교사들은 서울을 중심으로 한 선교사들이다. 신사참배에 대한 견해 차이도 이런 선교 방식이나 분위기에 따라 달라졌다. 전자를 대표하는 선교사가 평안도에서 활동한 매큔이었다. 그의 신사참배 거부에 대한 명확한 신앙노선은 홀드크로프트에게 결정적인 영향을 미쳤고, 홀드크로프트의 노선은 실행위원장으로서 그 뒤를 이은 솔타우(David L. Soltau)에게 받아들여졌다. 거기에 비해 서울 지역에 거주하는 북장로회 소속 선교사 중에는 학교 존속을 주장하며 신사참배에 타협적인 자세를 갖는 이들이 있었다. 연희전문학교 교장 언더우드(H.H. Underwood)와 쿤스(E.W. Koons) 등이었다. 서울 측 주장은 캐나다 선교부 관하의 함경도와 마찬가지로 '비교적 자유로운 신학적 입장'을 취했다. 그 때문인지 쿤스가 한때 학교장으로 관여하고 있던 북장로회 산하 경신학교와 정신여학교의 생도들이 1935년에 신사참배를 했다고 전한다.

평양 측 선교사들이 신사참배에 대한 비타협적 자세를 취한 데는 한국인 목회자들과의 교감이 큰 영향을 미쳤던 것으로 보인다. 1936년 1월 16일, 원로 교장 마펫과 함께 도지사에게 불려가 참배 실시 여부를 독촉 받은 매큔이 18일 이사회의 양해에 따라 교장이 학교 대표자로서 신사에 참배하는 것으로 잠정 결정하고 이를 당국에 통보하기 전에 박형룡과 주기철 등에게 자문을 구한 바가 있다. 결국 그들의 권고를 받아 그는 신사참배를 완전히 거부키로 마음을 굳히게 되었다. 경찰에 불려가서 신사참배를 할 수 없다고 주장한 평양의 목사들은 결속하여 선교사들에게 신사참배를 하지 말 것을 관철하도록 요구했다.

매큔 선교사의 주장:

> “신자에게 신격화되는 여러 영을 예배하는 것은 신의 계명에 위반된다는 것을 우리들은 알고 있습니다. 또한 무서운 압력이 교회에 가해질 것이라는 것도, 또 우리들 대부분은 그것에 견뎌내지 못할지도 모른다는 것도 알고 있습니다. 그렇기 때문에 어떤 일이 일어나더라도 교회의 신앙을 지킬 수 있도록 오늘날 선교사 여러분에게 잘 부탁드립니다.”
>
> “신사에 찬성하는 선교사는 조선에서 정상적인 지도력을 잃을 것입니다.”
>
> “한국 교회는 50년 동안 조상 숭배를 엄히 금지해 왔다. 만약 이것을 범하면 파문시켰다. 선교사는 한국 교회에 반대되는 결단을 하지 않기를 바란다.”

선교사에 대한 이 같은 요구 속에는, 선교사들이 외국인이기 때문에 일본의 통치를 피하기 어려운 한국인들보다는 기독교의 교리를 내세워 일본 정부를 설득하고 때로는 투쟁하는 것이 더 용이할 것이라는 한국인의 기대가 숨겨져 있다. 한국인 목사들은 선교사들을 권고하여 그 태도에 의연한 자세를 취하게 했던 것이다. 한국인 목사들의 이 같은 권고가 주효했다고 블레어는 이렇게 썼다:

> “이 말이 우리들의 신사에 대한 태도도 결정하게 되었다. 우리는 그날 자유롭게 명확히 말해 준 조선의 형제들의 판단을 엄숙하고 성스러운 위탁으로 받아들였다. 확실히 한국인 지도자의 대부분은 뒤에 압력에 의해 약해지고 마음을 바꾸었지만 우리는 그 기억해야 할 모임에서 나온 입장의 정당성과 진실성

을 의심할 수 없다."

신사참배 문제가 일어나고 있을 때 선교사들은 그것이 단순한 반국가감정이나 조선인의 민족의식에 편승한다는 오해를 받지 않으려고 노력했다. 그러기 위해서는 선교사들이 한국에서 국가의 시책을 존중해야 하고 그 명령에 따라야 하며 시민의 기본적인 의무에 충실해야 한다는 것을 알고 있다고 강조하면서, 이 같은 그들의 의도를 당국에 납득시키려고 했다. 때문에 그들은 그때까지 총독부 당국과 선교사들이 누렸던 우호적 관계가 오래 지속되기를 바라고 있었다. 그들은 또 기독교인이 양심을 범하는 일이 없이 한국인의 교육에 정부와 협력할 수 있는 길이 발견되기를 바라고 있었다.

이 같은 자세는 매큔이 신사 문제로 교장직을 물러나야 할 즈음에 뉴욕 선교본부에 보낸 그의 서한에서도 잘 나타나고 있다. 이에 앞서 그가 평남도지사 야스다케에게 보낸 편지에서도, 신사의식을 단순한 교육적 애국적인 것으로 여기게 하려는 정부의 명백한 의도를 이해하려 한다고 지적한 바가 있다.

그러나 어떤 경위를 통해 확신에 이르게 되었든, 선교사들은 일본 정부에 대한 존경과 우호적 관계가 신사참배를 수용해야 하는 이유가 될 수 없다고 판단했다. 우선 신사는 당국이 주장하는 바와 같이 국가의식이기 때문에 종교가 아니라고 하는 데에 그들은 동의할 수 없었다. 신사참배 문제를 처음으로 쟁점화한 매큔은 신사의식이 종교적 의미를 갖고 있다고 분명히 지적했다. 이 점은 선교사의 아들로 일본 사정에 익숙한 남장로회의 풀턴(C. Darby Fulton)도 "정부가 말하는 신사 비종교성은 기만이며, 신사의식은 조상 숭배를 포함하고 있고, 기독교도는 일치하여 그것을 금해 왔다"면서 신사가 종교적 성격을 분명히 하고 있다는 점을 지적했다.

신사에 참배하는 것이 제1, 2계명에 반하는 우상숭배로 규정해 온 한국의 기독교인들은 이 점에서 더욱 진지했다. 그들은 과거 50여 년 동안 조상 숭배인 제사를 거부함으로 믿지 않는 가족과 친구들로부터 숱한 박해를 받아 왔는데, 이제 완전히 같은 의식으로 일본의 황실의 조상을 숭배하는 것에 동의한다면 그것은 모순이요 자가당착이라고 하지 않을 수 없었던 것이다.

매큔의 신사참배 반대논리에는 또 다른 것도 보인다. 그것은 '양심의 자유' 문제였다. 그는 종교적 행위는 그것을 행하기 전에 각 개인의 양심이 확신하여 결정해야 할 문제라고 주장했다. 그러나 당국이 신사참배를 강요하는 것은 양심의 자유에 반하는 것이라는 사실이다. 오히려 양심의 자유를 억압하는 것이라고 규정했다. 더 나아가 매큔은 양심 자유의 문제를 언급하면서, 이는 일본 관리들도 기독교인들에게 양심에 거슬러가면서 신사참배를 행하도록 강요할 의사가 없다고 누차 지적한 바 있다고 상기시켰다.

때문에 선교사들이나 한국의 기독교인들은 기독교 진리와 양심의 자유에 반하여 신사에 참배하거나 학생들을 신사참배에 참여시켜 우상숭배를 여행(勵行)한다는 것은 있을 수 없다고 판단했던 것이다.

이와는 달리 기독교 학교를 유지하기 위하여 신사참배 문제에 타협적 입장을 취했던 선교사들도 있었다.

언더우드는 1936년에 들어서서, "나 자신은 국가적 의식으로서의 신사를 받아들인다. 이것에 의하여 하나님의 명령을 범하는 것이라고 생각하지 않는다. 한국의 기독교는 일시적인 흥분 때문에 거짓된 민족주의에 빠져서는 안 된다. 선교사는 1895년, 1910년, 1919년에도 기독교 기관이 다른 목적으로 잘못 사용되지 않도록 주의해 왔다. 이번의 경우도 마찬가지다. 나는 정부의 언명을 무조건 받아들이는 것이 아니라 현재는 의식적 존경을 표하는 것뿐이요 만약 정부가 우리들에게 스스로 진상품을 바칠 것을 요구한다든가 또 학교 내에 신사와 같은 것을 세우도록 한다면 반대한다. 나로서는 지금이 결정적 대결의 때라고 생각지 않는다"고 하면서, "우리들은 일본 정부의 손님으로 온 것이기 때문에 일본 정부가 이 땅에서 시행하고 있는 정치에 반대하는 형식으로는 아무것도 할 수 없다. 우리는 성의를 가지고 정부에 충실하고자 생각한다"고 입장을 밝혔다. 그는 점차 한국에서 신사참배 거부를 결정한다면 일본 정부는 반항적 혹은 파괴적으로 보고 이로부터 오는 복음 전도나 의료사업에도 지장을 가할 것이라고 인식하게 되었다.

언더우드는 그 뒤 맥아피(McAfee) 및 쿤스 린튼(W.A. Linton) 스왈른(W.L. Swallen) 등에게 동시에 보낸 편지에서, 신사 문제와 관련하여 자신이 다수 선교사들의 견해에 반대하는 거의 유일한 존재라고 하면서 신사의식의 본질, 신사를 대하는 두 개의 입장과 연희전문학교의 입장 등에 대해서 언급한 바 있다. 총독부가 반복적으로 모든 학생들의 참배를 강요하는 상황에서 유억겸 부학장과 백낙준 등 세 학부장 및 감리교 파송 대표 벡커(A.l. Becker)와 의논한 결과 참배하도록 권고를 받았는데, 이런 상황에서 어느 길을 택하든 큰 위험은 상존하고 있다고 실토하면서 타협적 입장을 취하게 된 것이다.

언더우드와 같은 입장은 캐나다 연합교회 선교부에서도 보인다. 1925년 세 교파가 연합하여 성립된 캐나다 연합교회 해외선교부의 암스트롱(A.E. Amstrong)은 미 북장로회 해외선교부 맥아피에게 다음과 같이 말하였다:

> "우리들은 정부의 말을 그대로 받아들이는 정도가 좋다고 생각한다. 그렇게 하면 죽은 영령에게 신관이 봉헌물을 바친다든가 여러 영의 존재를 전제로 하여 우리의 출석을 요구할 때는 도리어 신사의 존재 방식을 정부의 말로 체크할 수 있기 때문이다."

이 말은 일본 정부가 신사는 종교가 아니고 국가의식이라고 주장하고 있기 때문에 그들의 말대로 그들의 의식에서 종교적 제의를 하지 않는지, 또 신관이 죽은 영령에게 봉헌물을 갖다 바치는 행위 등에서 종교적인 것이 나타나고 있지 않은지, 그들의 행위를 통해서 일본 정부의 주장을 시험해 보는 것이 좋겠다고 언명한 것이다. 그러나 일본 정부의 주장을 체크하기 위해서 일본 정부의 말을 받아들인다는 것은 신사에 대한 참배를 전제로 한다고밖에 볼 수 없다.

캐나다 연합교회 해외선교부의 이 같은 생각은 이미 한국에 있는 캐나다 선교사들에게 교감된 것으로 보인다. 1914년 캐나다 장로교 선교사로 내한했던 스코트(W. Scott)는 해방 후 남긴 회고록에서 당시 그들은 도 당국과 타협하여 학교 운영을 계속하기로 결정했다고 하면서, 신사참배 문제로 학교 문을 닫고 증거하는 것이나 닫지 않고 봉사를 계속하는 것이나 하나님께서는 둘 다 그의 영광을 위해서 써 주실 것이라고 믿고 기도한다고 했다.

이같이 다소 여유를 갖는 듯한 캐나다 선교부 선교사들의 입장

은 1938년에 이르게 되면 신사참배를 수용하고 있음이 보인다:

> "매월 6일과 휴일에는 신도 신사들에서 의식이 거행된다. 모든 학교들은 참가해야 한다. 신사에서 거행되지만 우리를 참가하도록 요구하는 행사는 단지 애국적인 것이요, 종교와 관련이 없는 것이라고 당국은 문서와 구두로 설명해 왔다. 우리 선교부의 학교들은 당국의 해석을 받아들이고, 공식적인 존경과 충성과 애국심을 나타내는 기회를 주기 위한 애국적 행사로서 그 의식들에 참가하고 있다. 우리는 이 이상 더 나갈 수 없다."

아직도 외국 선교사들의 신학적인 영향을 벗어나지 못한 상황에 있던 한국 교회가 신사참배 문제에서도 그들의 영향을 받지 않았을 것으로는 보지 않는다. 주의해 볼 것은 평양을 중심으로 한 북장로회 선교사들이 신사참배를 반대하는 쪽으로 입장을 굳힌 것은 한국인들의 영향이 없지 않았다는 점이다. 그 반대로 한국 교회가 신사참배에서 타협의 길을 걷게 되는 데는 선교사들의 영향이 없지 않았던 것이다.

신사참배 거부 운동

신사참배가 강요되면서 신사참배에 대한 한국 교회의 입장도 일정하지 않았다. 선교사들과 마찬가지로 한국 교회에서도 거부와 타협의 행태를 보였다. 일제의 눈치를 보며 지레짐작하고 순응의 길을 수용하는가 하면, 위협에 굴복하는 교단도 있었다.

그러나 교단적 차원에서 끝까지 항거, 투쟁한 교단은 없었다. 이는 한국 교회가 세속 권력과의 투쟁에서 가장 선명한 기치를 내세우며 승리할 수 있는 절호의 기회를 놓친, 부끄러운 역사로 전락한 것을 의미한다.

먼저 천주교는 1925년 조선신궁을 건립할 때까지만 해도 신사를 우상숭배로 간주하고 있었다. 조상 제사 문제로 극심한 탄압을 받았던 천주교회로서는 신사 문제는 심각한 도전이 아닐 수 없었다. 그러나 1930년대 초에 나온 그들의 요리문답에서는 신사가 국가의식으로 둔갑하고 있었다. 일본 천주교는 로마 교황청으로부터 1932년 5월 26일자로 신사는 국가의식으로 충성과 애국심을 표명하는 것이기 때문에 참배하라는 통첩을 받게 되었고, 조선 천주교회는 1936년 5월 25일자로 같은 내용의 통첩을 내어 참배에 아무런 문제가 없게 되었다.

감리교회도 신사참배에 순응하였다. 미 감리회 선교부가, 이 참배는 애국적인 것이요, 종교적인 것이 아니라 정부의 행사라는 일본 정부의 선언을 액면 그대로 받아들이자 거의 때를 같이하여 한국 감리교 또한 신사참배를 수용하였다. 1936년 양주삼 총리사는 4월 10일자 〈감리회보〉에 "신사 문제에 대한 통첩"을 게재하여 감리교회가 신사참배를 문제 삼지 않도록 만들어 주었다. 그 뒤 1938년 9월 3일에도 양주삼 총리사는 통고문을 내어 교단 안의 여론을 잠재우는 데에 부심했다.

> "신사참배는 국민이 당연히 통행할 국가의식이요, 종교가 아니라고 한 것을 인식하셨을 줄 압니다. 그런고로 어떤 종교를 신봉하든지 신사참배가 교리에 위반이나 신앙에 구애됨이 없는 것을 확실히 알 수 있습니다."

신사참배 문제와 관련, 그래도 일제와 가장 끈질긴 대결을 벌였던 교단은 장로교였다. 선교학교 문제에서도 일제에 골칫거리를 안겨 준 것은 장로교 계통의 학교들이었다. 그러나 장로교단에 대한 일제 당국의 집요한 위협과 강제력은 교단 외곽에서부터 서서히 조여가면서 결국 장로교단의 신사참배 결의를 끌어내게 되었다.

한편 1937년 6월부터 1938년 3월에 걸쳐 일제가 안창호 계열에 대한 탄압을 가하여 수양동우회 사건을 일으켜 180여 명의 지식인들을 검거했다. 기독교회 외곽에 대한 이 같은 강압책으로 장로교회를 집중 공격하던 일제는 1938년에 들어 각 노회별로 신사참배를 유도, 강제하기 시작했다. 이 무렵 친일목사로 돌변한 이승길, 김일선 등을 내세워 개별적으로 신사참배에 찬성하도록 설득했다. 2월 9일 조선에서 가장 교세가 강한 평북노회가 일제에 굴복, 신사는 국가의식이라 하여 신사참배를 사실상 결의했다. 뒤이어 2-3월 중에 총회 산하 전국 23개 노회 중 17개 노회가 신사참배를 결의하였다.

이런 분위기에서 1938년 9월 9일 평양 서문밖예배당에서 제27회 조선예수교장로회 총회가 개최되었다. 총회 전에 경찰은 주기철, 이기선, 김선두 등 신사참배 반대 지도자들을 사전 구금했을 뿐 아니라 선교사들과 총대들에게는 사전에 신사참배 결의를 방해하지 않도록 엄중히 경고했다. 이런 상황에서 그 이튿날 속회, 신사참배를 불법적으로 가결시켰다. 김양선은 그 광경을 직접 목격한 듯이 다음과 같이 서술하였다.

> “다음날 오전 9시 30분 총회가 재개되었을 때에 교회당 내외에는 수백 명의 사복경관으로 완전 포위되었고 강대 아래 전면에

는 평남 경찰부장을 위시하여 고위 경관 수십 명이 긴 검을 번쩍이면서 기라성같이 자리를 잡고 앉았고, 총대들의 좌우에는 그 지방 경찰관 2명씩이 끼어 앉았고, 실내 후면과 좌우에는 무술경관 100여 명이 눈을 부라리고 서 있었다. 그 살벌한 분위기는 마치 전쟁터를 방불케 하였다. 주기철 목사, 이기선 목사, 김선두 목사 등 신사참배를 적극 반대하는 유력한 교회 지도자들은 사전에 모두 구금되었고 저들의 압력에 어쩔 수 없이 끌려온 27노회(만주 4노회 포함) 대표 목사 88명, 장로 88명, 선교사 30명 합계 206명이 넋을 잃고 앉아 있을 때에 10시 50분 이미 조작된 각본대로 평양, 평서, 안주 3노회 연합대표 평양노회장 박응률 목사의 신사참배의 결의 및 성명서 발표의 긴급 제안이 있었고 박임현 목사와 길인섭 목사의 동의와 재청이 있었다.

총회장 홍택기 목사는 전신을 떨면서 '이 안건이 가하면 예라고 대답하십시오'라고 물었다. 이때에 제안자와 동의, 재청자의 10명 미만이 떨리는 목소리로 '예'라고 대답했고 그들 외의 전원은 침묵을 지켰다. 그 침묵은 신사참배의 부당성을 표시하는 것으로밖에 보여지지 않았으므로 수백 경관들은 일제히 일어서서 일대 위협을 표시했다. 당황한 총회장은 '부'를 묻지 않고 그냥 만장일치의 가결을 선언하였다. 이때에 이런 사태가 있을 것을 예상한 선교회는 약속해 두었던 대로 방위량 선교사를 선두로 2, 3명의 선교사들이 회장의 불법 선포에 항의하는 한편 신사참배의 부당성을 주장하려고 했으나 경찰관의 강력한 제지로 발언이 막히자 선교사 30명 전원은 차례로 기립하여 '불법이오', '항의합니다'라고 외쳤다.

봉천노회 소속 헌트(B.F. Hunt) 선교사는 무술경관의 제지를 뿌리치고 불법에 대한 항의를 외치다가 그들에게 붙들려 옥외로 축

> 출당하기까지 하였다. 이러한 소란 속에 총회 서기는 성명서를 낭독하였고 평양기독교친목회 회원 심익현 목사는 총회원 신사참배 즉시 실행을 특청하였다. 동일 12시에 부회장 김길창 목사의 안내로 전국노회장 23명이 총회를 대표하여 평양신사에 참배함으로써 장로교회마저 그들의 불법 강요에 굴복하고 말았다."

이날 선교사들은 따로 모여 총회에 항의서를 제출하는 등 몇 차례에 걸쳐 항의했으나 경찰의 제지로 뜻을 이루지 못했다. 그러나 일부 선교사들 중에는 그날 신사참배를 결의한 것이 정당한 것이었다고 주장하는 이도 있었다. 결국 장로교회도 신사참배 강요에 굴복하고 만 셈이다. 이제 한반도에서 신사참배에 저항할 수 있는 교단은 더 이상 존재하지 않았다.

장로교단마저 강제로 신사참배를 결의하게 되자, 일제 당국은 더 집요하게 참배를 요청해 왔다. 교회 지도자와 교인들은 총회 결의에 힘입어 떳떳하게 신사참배를 점차 일상화해 갔다. 장로교단의 신사참배 결의는 그 후 한국 교회의 부패와 타락을 체질화시켜 갔다. 이 점에 대해서는 더 언급할 필요가 없다.

이런 상황에서 신사참배에 반대하는 그리스도인들이 나타나게 된다. 신사참배가 '가결'되고 난 뒤에 장로교단 안에서는 개인적인 혹은 합법적인 차원에서 이에 저항하면서 일제의 신사참배 강요를 막아 보려는 시도들이 없지 않았다.

평양신학교 학생 장홍련이 평양노회장 김일선의 기념식수를 벌목한 사건이 있었다. 이를 계기로 신학생들이 신사 불참배운동을 확산시키려다가 결국 학생 다수와 박형룡, 김인준 교수가 검속되기도 했다.

김선두 목사와 박관준 장로는 조선총독부가 신사참배를 강요하지 못하도록 일본 정계의 그리스도인들을 움직이려고 노력했다. 김선두 목사는 김두영, 윤필성, 박형룡 등을 대동, 1938년 8월 24일 동경에 도착, 박영출의 안내로 일본 정우회 부회장 외무부장 중의원 의원 마츠야마 장로와 군부의 원로 히비키 장군(장로) 등을 방문, 한국교회의 수난상을 진정했다. 그 결과 이를 들은 이들이 동 9월에 조선에 와서 미나미 총독을 만나게 되었다. 박관준 장로는 1939년 1월 안이숙, 박영창을 대동하고 도일하여, 일본제국의회 회의장에 들어가 진정서를 투척했다. 그러나 그들의 노력은 경찰의 집요한 방해와 일제 신사참배 강요정책의 도도한 흐름 속에서 뜻대로 되지는 않았다.

이들 개인적인 차원의 합법적 저항과는 달리 반대 투쟁을 조직화하여 '거부 항쟁'의 단계로 이끈 이들도 있었다. 개인적이든 조직적이든, 저항자들 중에는 수감·투옥되는 것은 물론이고 순교에까지 이른 이도 있었다. 신사참배 거부를 권유하고 거부자들의 결속을 강화하는 중심 인물로 국내에서는 평안남도의 주기철, 평안북도의 이기선, 경상남도의 한상동, 전라남도의 손양원 등이 있었고, 만주지역에서는 박의흠, 김윤섭, 헌트(B.F. Hunt) 등이 있었다.

1938년 장로회 총회를 앞두고 주기철, 이기선, 김선두 목사 등을 예비 구금 형태로 검속한 것도 그 일례다. 당국은 이렇게 위협과 고문을 가해도 굴하지 않는 주동자들을 사회로부터 격리시켜 영향력이 확산되지 않도록 했다. 이런 경우, 예비 검속 형태로 구금하여 정식 재판에 넘기지 않고 고문하고 장기 구금했다. 때문에 장기적인 구금으로 순교한 이들도 있었다. 그 가운데 가장 규모가 큰 사건이 평양지방법원에서 취급했던 이른바 '예수교도의 신사 불참배 교회 재건운동 사건'이다.

이 사건의 관련자들은 "모두가 조선예수교 장로파 교역자 혹은 독실한 신자들로서 1939년 8월 이래 성서의 이른바 말세론에 기초하여 머지않아 그리스도가 재림하여 지상에 하나님의 나라가 실현된다고 하여 궁극적으로 우리(일본) 국체를 변혁하여 천년왕국을 건설할 것을 목적으로 '신사 불참배 재건총회조직준비회'라는 비밀결사를 조직하여 전국적으로 이를 확대 강화하기 위해 활동하고 또한 여러 가지 불온언사를 함부로 한다"고 했다. 일제는 이를 근거로 1940년 9월 20일 새벽을 기하여 전국적으로 신사참배 거부 항쟁자 193명을 검거했다.

평양지방 검사국은 1941년 5월 15일에 이기선 목사 등 68명을 송치하고 그 1년 후인 1942년 5월 12일에 그중 35명을 기소, 예심을 청구하고, 8명은 기소 유예, 나머지 25명은 불기소 처분했다. 예심 심리는 3년간이나 계속되어 그동안 최봉석 목사, 주기철 목사, 최상림 목사, 박관준 장로 등 4명이 순교하여 평양지법 예심 종결 결정에서 제외되었고, 이기선 목사 등 21명에 대해서는 1945년 5월 18일에야 예심 종결 결정이 났다.

이들 중 주기철은 평양신학교 부흥회에서 "일사각오"(一死覺悟)라는 제목으로 설교함으로 신사참배 반대운동의 도화선을 당겼고, 이 때문에 참배 반대를 교사했다고 하여 검거되었다. 1938년 2월 초에

1차로 검속 투옥된 후 그해 가을에 제2차, 1939년 8월에 제3차, 1940년 5월에 최후로 검속 투옥되어 1944년 4월 21일 평양 감옥에서 순교할 때까지 전후 7년간 옥중에 있었다. 그의 신사참배 반대 투쟁은 전국에 산재한 반대 투쟁자들을 격려했고 반대운동을 전국적으로 확산시키는 데에 크게 기여했다. 주기철이 시무하는 평양 산정현 교회는 신사참배 운동의 본거지와 같았는데, 갖은 협박에도 굴하지 않고 최후에 폐문당하면서도 끝까지 신사참배를 거부했다.

이기선은 1938년 7월, 8년간 시무하던 의주 북하동교회를 사면하고 신사참배 반대를 권유하기 위해 각지를 순회하였다. 그 후 1939년 4월 하순경에는 평양 채정민 목사와 더불어 신사참배 결사 반대 동지를 규합하여 신사 불참배 신교회를 설립할 것을 다짐했고, 그 뒤 김의창 목사와 함께 황해도와 평안남북도 일대를 순방하면서 많은 동지를 얻었다. 1940년 3월 중순경 이기선, 김형락, 박의흠, 계성수, 김창인, 김화준 등과 신사 불참배운동의 기본 방향을 결정했다.

이 같은 결정으로 신사 불참배운동은 더 구체성을 가지고 조직적 운동을 전개할 수 있었고, 만주와 평남 경남에 신사 불참배 신도들의 교회 이탈과 그룹 예배를 이끌게 되었다. 이기선은 그 뒤 계성수, 채정민, 김의창 등과 함께 여러 곳을 돌며 활동하다가 1940년 6월경 일경에게 체포되었다.

마산 문창교회 목사로 시무하다가 1938년 사임한 한상동은 신사참배 반대를 개인적인 차원에서 추진하지 않고 동지적 결합을 유도하여 조직적인 신사참배 거부운동으로 전개했다. 그는 경남 거주 호주 선교사들(D. Hoking M. Trudinger 등)의 협력을 구하고 주남선, 최상림, 이인재, 이현속 최덕지, 조수옥, 박경애 등을 자주 방문, 격려했으며, 운동의 전국화를 위해 몇 차례 평양을 방문하기도 했다. 1940년 4월 20일경 주기철이 석방되었다는 소식을 듣고 평양을 방문해서는 신사 불참배 노회 결성 가능성을 언급하기도 했으나 그 의견이 주기철과 일치된 것은 아니었다.

그의 이 같은 신사참배 거부운동의 조직화는 이주원을 통해 평안도 지역에 전달, 영향을 미치기도 했고, 평북의 불참배운동 정보를 접하고 그가 종래 취하던 신사 불참배운동을 '종교운동에서 정치운동으로 전회'시키기도 했다. 신사 불참배운동 조직화에 혼신의 힘을 기울이던 한상동은 신사참배에 굴복하는 목사·교회·노회에 대한 차별화정책을 다음과 같이 추구해 갔다. 즉, '1. 신사참배를 긍정하는 노회원을 노회에 있는 각종 집회에 출석 못하도록 조치하고 또 각 교회로 하여금 노회 부담금을 못 바치게 하여 노회를 파괴하도록 할 것. 2. 신사 불참배주의 신도들로 신 노회를 조직할 것. 3. 신사참배를 긍정하는 목사에게 세례를 받지 못하게 할 것. 4. 신사 불참배 동지의 상호 원조를 도모할 것. 5. 가정예배 및 가정기도회 개최를 여행하여 일면 개인 전도 등의 수단으로 신사 불참배주의 신도, 기회주의적 신도, 신사참배주의 신도 등 순서로 동지를 획득할 것' 등을 협의 결정하였다.

예심 종결 조서에 나타난 것만 가지고 본다면 당시 신사참배 반대운동에서 동분서주하며 가장 활발하게 움직인 이는 한상동이다. 그는 신사 불참배운동을 전국적으로 확산시키기 위해 동분서주하다가 1940년 7월 3일 경남도경에 검속되었고, 만 1년 만인 1941년 7월 10일 평양으로 이감되었다.

손양원은 함안 칠원에서 3·1운동을 주도한 아버지 손종일의 감화를 받아 일본 유학 후 귀국하여 경남에서 전도활동을 하다가 1935년에 평양신학에 입학, 1938년 3월에 졸업하고 그 이듬해 7월 애양원교회에 부임했다. 신사참배 강요의 광풍이 불어오자 설교를 통해 신사참배 거부 태도를 분명히 했다. 이로 인해 1940년 9월 25일 여수경찰서에 구금되고 1941년 7월에 광주구치소로 이감되어 광주지방법원에서 1년 6개월의 형을 언도받았다.

그러나 그가 출감하기에 앞서 '전향서'를 쓰지 않음으로 다시 청주교도소로 이감되어 복역하다가 해방을 맞아 1945년 8월 17일 석방되었다. 그는 신사참배에 반대하는 이유로 창조자·주재자·심판자 되시는 하나님을 믿는 신앙 위에서 천황의 피조(인간) 됨을 강조하고, "여호와 하나님 이외의 신은 모두가 우상이므로 우리나라에서 신사참배하는 것은 우상 예배를 금지한 성서 교리에 배반되고 영원한 구원을 받을 수 없다"고 주장했다.

손양원이 피검되어 조사를 받으면서, 만주에서 독립운동과 선교에 앞장섰던 한경희(韓敬禧, 1881-1935) 목사와 같이 순교정신을 강조하고 있었던 것은 주목해야 할 것이다.

여기서 다시 주기철과 이기선, 그리고 한상동이 신사 불참배운동을 계속하면서 어느 정도 동지적 결속을 꾀한 점을 주목해 보자. 그들은 서로 격려하기도 하고 격려를 받기도 했을 것이다. 이것은 요즘 말로 평안도와 경상도의 신사 불참배운동에 관한 정보를 주고받는 데서 가능했을 것이다. 여기에 그 연결고리 역할을 한 사람이 이인재(주원)였다. 그는 경남 밀양 출신으로서 1938년 평양신학교에 입학했으나 그해 폐교되자 고향에 와 있다가 성경공부를 위해 평양으로 이거했다. 그의 조서에 의하면, 신사참배 문제가 심화되면서 그는 평안도와 경남을 적어도 네 번 이상 오가면서 반대 투쟁의 정보를 전달했고, 반대 투쟁의 조직화를 꾀하는 데에 노력했다.

경남에서 한상동이 신사참배 반대 투쟁을 활발하게 전개할 수 있었던 것은 이인재의 정보 전달과 동행이 있었기 때문인 것으로 보인다. 김양선이 평북의 이기선과 경남의 한상동을 연결시켜 주는 고리로서 이인재를 주목하면서 '신사 불참배운동의 기본 방안과 남북의 불참배운동의 실황 전달'을 담당했고, '가장 열렬한 불참배주의자로서 평남의 불참배운동에 있어서도 한상동 목사에 안행하는 활동을 했다'고 지적했다. 때문에 '남북한을 쉴새없이 내왕하면서 북의 실황을 남에 전하고, 남의 실황을 북에 전하여 신도들의 신앙을 격려하였고 운동을 활발케 한' 사람이 이인재(주원)였다는 김양선의 지적은 조금도 과장되었다고 할 수 없다.

앞에서 1940년 9월 20일 새벽을 기하여 전국적으로 신사참배 거부 항쟁자 193명을 검거한 사건이 있었다. 이 사건에서 기소유예 또는 불기소된 사람들이 있었는데, 이들과 새로운 인사들 몇 사람이 다시 경남지역에서 후속 운동을 벌이다가 다시 당국에 체포된 사건이 있었다. 즉, 최성봉을 포함한 29명이 1942년 11월 19일 부산지방법원 검사국에 의해 구속되었고 1년 후 1943년 11월 18일 이 중 7명(김두석, 이술연, 김야모, 김묘년, 김수영, 최달석, 염애나)은 기소되어 공판에 붙여지고, 3명은 기소유예, 19명은 불기소처분을 받은 사건이 벌어졌다. 기소된 김두석 등 7명은 그 뒤 1944년 9월 12일에야 부산지방법원에서 1심 판결을 받았다.

이 사건은 경남지역의 김두석 등 여성들이 신사참배 거부 구속 동지들을 위해 기도했는데 당국은 이를 신사참배 거부 후속운동으로 뒤집어씌워 탄압한 것이다. 사건 관련자들은 1944년 9월 12일 부산지방법원에서 확정 판결을 받았고, 다음달 10월 7일 대구형무소로 옮겨져 옥고를 치르다가 해방 직후인 1945년 8월 17일에 형 집행 정지로 풀려났다.

동북 삼성(만주)에서도 신사참배가 강요되었고, 신사참배 반대 투쟁이 있었다. 이에 앞서 만주에서는 한말에 도강한 이들이 한인 공동체를 형성했고, 1880년대부터 번역 배포된 로스역 성경으로 결신자들이 나타났다. 장로교에서는 1910년대부터 남만주와 북만주에 선교를 시작하여 1930년대 말에는 선교사 3명, 목사 13명, 전도사 42명, 조직 교회 50개 처, 기도 처소 41개 소, 교인 수 6,500여 명에 이르게 되었다. 감리교도 1920년대부터 선교를 시작한 이래 1930년대 말에는 동만 북만지역에서 19개 구역, 48개의 교회와 기도처, 4,500여 명의 교인을 갖게 되었다.

성결교회도 1924년에 선교를 시작한 이래 1930년대 말에는 포교자 37명에 1,290명의 교인을 갖게 되었다. 1937년 중일전쟁이 일어나자 만주에서도 신사참배를 강요하게 되었다. 1938년 3월, 안동에 있는 목사 4명과 장로, 집사 등 60명이 신사 불참배 문제로 엄중한 설유를 받게 되었고, 김상철 목사와 김석항 목사는 퇴거 명령까지 받았다. 1936년 10월부터 만주 하얼빈을 중심으로 선교 활동을 하던 헌트는 1939년 봉천노회에서 제명된 후 계속 한국인들을 격려하며 항쟁하다가 1941년 10월 하얼빈 경찰서에 수감되었고 1942년 6월 강제 추방되었다. 한편 하얼빈 경찰은 헌트를 중심으로 한 이들의 활동에 주목하다가 1940년 3월 19일 약 70여 명을 체포, 1942년 2월 3일 재판에 넘겼고, 김윤섭, 박의흠, 안영애, 김신복 등은 수감 중 혹은 풀려난 지 얼마 안 되어 순교했다.

중일전쟁 이후에 본격화된 일제의 신사참배 강요로 많은 한국 그리스도인들이 투옥되었다. 그들은 치안유지법, 보안법 혹은 불경죄에 적용되어 중형 처벌을 받았다. 주기철을 비롯하여 이영한(감리), 최태현(안식), 전치규(침례), 박봉진(성결), 손갑전 등은 옥사했고, 남은 이들은 8·15 해방과 더불어 석방되었다. 오랫동안 옥에서 시달린 결과 출옥 후에 곧 목숨을 거둔 이도 있었다. 그래도 다행인 것은, 그것이 얼마나 진실한 것인지는 알 수 없지만, 일제가 해방 전후에 조선 내의 기독교인들을 살해할 목적으로 명단을 작성하는 단계였는데, 실행되기 전에 해방되었다는 것이다.

신사참배에 반대운동을 한 그리스도인들은 이 밖에도 많았다. 히브리서 11장의 말씀대로, 그들은 '더 좋은 부활을 얻고자 하여' '악형과 결박, 옥에 갇힘, 돌로 치는 것, 톱으로 켜는 것, 칼에 죽는 것을 당하고 유리하여 궁핍과 환난과 학대를 받았으며' '광야와 산중과 암혈과 토굴에 유리'했지만, '이런 사람은 세상이 감당치 못하게' 되었다. 일제 강점하에서 신사참배 거부로 인해 투옥된 이는 대략 2천여 명에 달하고, 200여 교회가 폐쇄되었으며, 50여 명이 순교했다고 전해지고 있다.

우리는 기독교 역사를 통해서 한국 교회의 하누카를 보게 된 것이다.

신사참배를 통해서 성전의 무너짐의 역사를 보았고, 신사참배의 치부를 감추기 위해서 신사참배 거부운동을 했던 이들을 면직시켰다. 세상의 임금들에게 굴종한 굴종의 역사가 우리 한국 기독교 역사이다. 물론 그렇지 않은 경우도 있다.

그러나 신사참배의 굴종의 역사가 아직도 한국 기독교 교회사에 적지 않은 궤를 같이하고 있다는 것을 부인할 수가 없다. 필자가 신학을 공부할 때 기독교 교회사에 한참 심취한 적이 있다. 그것을 계기로 청교도 신앙과 신학의 거장이었던 조나단 에드워즈를 만나게 되었고, 강의가 끝나면 학교 도서관 서고에 앉아서 닥치는 대로 에드워즈의 책을 읽었던 기억이 있다. 에드워즈의 책은 거의 다 읽을 정도로 심취해 있었고 그에 대한 논문까지도 읽을 정도로 그의 신앙과 신학에 빠져 있었다. 특히 그의 설교 중에 하나님의 진노의 손에 놓여 있는 죄인들에 관한 설교는 읽는 내내 에드워즈의 설교의 현장에 있는 것처럼 깊은 감동을 받았다.

역사 신학을 공부하면서 한국 교회의 신사참배운동을 반대했던 주기철 목사에 대한 뒷이야기를 알게 되었는데, 주 목사님이 아직 목사직이 복권이 안 되었다는 것이다. 필자는 적지 않은 충격에 빠졌다. '지금 세월이 흘러도 한참을 흘렀는데도 아직도 우리 한국 교회는 신사참배의 영향력 아래 놓여 있구나'라는 허탈감이 밀려왔다.

그의 막내아들이면서 아버지의 옥살이와 어머니의 고문당하는 현장을 목격한 주광조 장로님의 증언이다.

> "우리 한국 교회에서 순교자의 아들로 살아가는 것은 매우 어렵다. 순교자의 자식인 것이 드러나면 교회는 나가 줄 것을 은근히 강요하기도 했다."

그들을 위로해 주고 격려를 해주어도 부족할 것인데 냉소와 냉대라니, 필자는 신학도로서 심한 자괴감을 느낀 적이 있다. 그러나 주 목사님이 실질적으로 목사직이 복권된 것은 2007년 총회에서였다. 그것도 무슨 대단한 일이라도 한 것처럼 방송사와 인터뷰를 하는 것을 보았다. 벌써 복권되었어야 될 분을 이제서라니, 그리고 자신들의 명예를 위한 언론 플레이를 하는 모습을 보고 참으로 안타까웠다.

하누카 때 예루살렘 성전이 무너진 것을 나시 복원하신다는 주님의 말씀처럼 한국 교회의 하누카를 보면서 주님이 이 땅을 다시 긍휼이 여기실 때가 있을 것이라 필자는 굳게 믿는다.

그러면 하누카 때의 무화과나무의 비유는 무엇을 말하는가?

> "여호와께서 이와 같이 말씀하시니라 내가 유다의 왕 시드기야와 그 고관들과 예루살렘의 남은 자로서 이 땅에 남아 있는 자와 애굽 땅에 사는 자들을 나빠서 먹을 수 없는 이 나쁜 무화과같이 버리되"(렘 24:8).

> "슬프다 그날이여 그와 같이 엄청난 날이 없으리라 그날은 야곱의 환난의 때가 됨이로다 그러나 그가 환난에서 구하여 냄을 얻으리로다"(렘 30:7).

여기서 야곱의 환난의 때(Jacobs Trouble)는 대환란의 때를 의미한다. 이스라엘에게 임할 대환란은 이 땅의 대환란을 상징적으로 의미한다. 이것이 이스라엘 백성의 하누카이다(잠 7:4-7; 렘 30:6-7; 사 26:17, 13:6-8; 단 12:1).

"이에 비유로 말씀하시되 한 사람이 포도원에 무화과나무를 심은 것이 있더니 와서 그 열매를 구하였으나 얻지 못한지라" (눅 13:6).

무화과나무의 비유는 이스라엘 백성을 상징적으로 나타낸 것이다. 또한 이스라엘 백성이 회개하고 돌아오면 주께서도 돌아오시겠다는 성서적인 의미가 있다. 근거로 창세기를 살펴보자! 창세기 44장 33-34절에서 유다가 회개하는 장면을 볼 수 있다. 그리고 창세기 45장 3절을 보면 요셉의 반응을 볼 수 있다. "요셉이 그 형들에게 이르되 나는 요셉이라." 요셉이 자신을 형제들과 유다에게 드러내고 있다. 이처럼 우리 주 예슈아께서도 이스라엘이 회개하면 요셉이 형제들에게 자신을 드러낸 것처럼 다시 돌아오겠다고 말씀하고 계신 것이다(겔 36:24; 렘 30:7).

19

요한복음 12장을 중심으로 살펴본 예슈아(ישוע)

예슈아께서는 철저하게 아버지의 뜻에 따라 행하셨다. 하나님 아버지의 뜻을 이루기 위해서이다. 하나님의 백성인 우리는 그분의 뜻을 알아야 한다. 주님의 뜻을 간과하면 자기 뜻이 되고 만다. 우리는 교만이 멀리 있다고 생각을 한다. 그러나 교만은 아주 가까운 곳에 이웃처럼 서 있다. 이웃이 언제든지 필요하면 문을 두드리고 방문을 하는 것처럼 교만은 아주 가까운 곳에서 진을 치고 있다.

교만은 하나님의 뜻을 거스르고 자기의 방식대로 하는 것을 말한다. 성경은 하나님의 자녀를 청지기로 비유한다. 청지기는 자신의 일을 하는 것이 아니라 주인의 일을 하는 것이다. 청지기는 주인의 뜻을 반하여 일을 할 수 없다. 만약 주인의 뜻을 반하여 일한다면 단번에 주인의 진노를 사게 될 것이다.

만약에 회사에서 일을 하는데 회사의 유익을 위해서 일하는 것이 아니라 자신만의 유익을 위해서만 일을 한다고 하자. 회사는 당장에 당신을 해고할 것이고, 더 나아가 손해배상까지 청구할 것이다. 왜냐하면 회사와 일정 기간의 약정을 두고 근로 계약을 했으므로 회사에 근무하는 동안에는 회사의 유익을 위하여 최선을 다하여야 하기 때문이다.

사탄은 이러한 정서를 바꾸어 놓았다. 예슈아 이후에 헬라이즘을 통해서 하나님 중심의 세계관을 세상 중심의 세계관으로 바꾸어 놓기 시작했다. 18세기에는 계몽주의를 통해서 이성을 중심으로 그럴듯하게 이성과 자유주의로 포장지를 씌워서 하나님 중심의 생각들을 인간 중심의 사상으로 바꾸어 놓았다.

그리고 20세기에는 포스트모더니즘을 통해서 모든 것을 바꾸어 놓았다. 포스트모더니즘은 규범을 파괴하여 극도의 개인주의로 전락시켰고, 그로 인해서 사탄은 인간의 마음에 하나님의 자리를 무너뜨리고 자기 자신을 그 자리에 세우도록 만들고 자신이 우상이 되도록 하였다.

필자는 세상의 철학을 말하려 하는 것이 아니다. 철학적인 논쟁의 장을 열자는 것이 아니라 시대의 흐름 속에서 바뀌어 버린 모든 가치관을 하나님 중심의 가치관으로 다시 돌이키자는 것이다.

그러면 진부한 인간의 감성적인 논거에서 성경으로 돌아가 보자.

> "하나님이 이르시되 하늘의 궁창에 광명체들이 있어 낮과 밤을 나뉘게 하고 그것들로 징조와 계절과 날과 해를 이루게 하라"(창 1:14).

여기서 징조는 히브리어로 오트(אות)이다. 필자가 말했듯이 히브리어는 글자 하나하나에 단어의 뜻이 있다. 징조를 히브리어로 '오트'라고 하는데, 첫 번째로 나오는 알렙(א)은 첫째로 강한 권위를 가지신 분, 두 번째의 바브(ו)는 못, 연결하다, 구원하다, 세 번째 타브(ת)는 십자가의 뜻이 있어서, 이 의미를 생각해 보면 머리 되신 분이 십자가에 못 박히시다, 즉 사인을 나타낸다.

그리고 '계절'이라고 번역된 표현은 극히 잘못된 표현이다. '절기(Moed)로 표현해야 맞다.

이사야 14장 13절에 "네가 네 마음에 이르기를 내가 하늘에 올라 하나님의 뭇별 위에 내 자리를 높이리라 내가 북극 집회의 산 위에 앉으리라"고 하였는데, 여기서 '집회의 산'은 '절기의 산을 의미'한다. 절기의 신성한 권위를 상징하는 산이다.

다시 말하면 창세기 1장 14절 '계절'이라고 번역한 표현이 절기로 표현되어야 한다는 것이다. 왜 이런 일들이 벌어졌을까? 사탄은 교묘하게 하나님의 말씀의 의미를 바꾸어 놓았다. 하나님의 귀한 절기의 의미를 보지 못하도록 하기 위해서이다.

하나님이 하나님의 말씀 안에서 섬기는 일을 하라고 우리를 지으셨다. 하나님의 영광을 훼손하라고 지으신 것이 아니다. 우리에게 이 땅을 돌보느라 맡기신 것이지 우리 마음대로 사용하라고 맡기신 것이 아니라는 것이다.

창세기 2장 5절을 보면 "여호와 하나님이 땅에 비를 내리지 아니하셨고 땅을 갈 사람도 없었으므로 들에는 초목이 아직 없었고 밭에는 채소가 나지 아니하였으며"라고 했는데, 여기서 땅을 '갈', '간다'는 표현은 잘못된 표현이다. 인간이 중심이 되는 인본주의 사상이다. '간다' 또는 '경작한다'라고 표현을 하고 있는데, 히브리어로는 아바드(עבד)이다. 뜻은 '섬김'의 뜻을 나타내고 있다. '돌보다, 가꾸다'라는 뜻이다. 하나님께서 맡겨 주신 이 땅의 모든 창조물은 우리가 돌보고 가꾸는 것이지 우리 마음대로 함부로 하는 것이 아니라는 뜻이다. 즉 'serve'이다.

창세기 2장 15절에 "여호와 하나님이 그 사람을 이끌어 에덴 동산에 두어 그것을 경작하며 지키게 하시고"라고 했는데 여기서도 '아바드'(עבד)를 '경작'이라고 했다. 경작은 경작하는 사람들이 마음대로 하면 되는 것이다. 그러나 아바드(섬김, 돌봄)는 사람 마음대로 해서는 안 된다. 땅을 바르게 하려면 창세기 1장 14절을 따라서 해야 한다.

참고로 우리가 사용하고 있는 그레고리안력은 태양력이라 절기와 시기가 맞지 않는다. 성서력을 따라야 하는데 그렇지가 못하다. 2016년 유월절이 4월 22일이다. 그리고 유월절이 지나 니산 월 17일인 초실절에 부활하셨다. 4월 24일에 부활하셨는데 죽으시지도 아니한 주님의 부활을 앞당겨 3월 27일에 부활절을 지낸 것이다.

그렇다고 현대인의 삶의 표준이 된 태양력을 무시하고서는 살아가기 어렵다. 왜냐하면 태양력의 기준에 의해서 모든 것이 사용되기 때문이다. 그러나 중요한 것은 하나님의 달력인 성서력을 잃어버리면 안 된다는 것이다.

이렇게 사탄은 하나님의 절기를 통해서 이루고자 하시는 중요한 메시지를 변질시키고 깨닫지 못하게 하여 하나님의 거룩한 백성들이 주님의 때를 알지 못하도록 한다.

창세기 3장 23절을 보면 "여호와 하나님이 에덴 동산에서 그를 내보내어 그의 근원이 된 땅을 갈게 하시니라"라고 하였다. 여기서도 땅을 '돌보게', '가꾸게'라고 해야 한다.

창세기 4장으로 가면 우리가 잘 아는 가인과 아벨의 사건을 만나게 된다. 어떤 사건인가? 우리가 잘 알고 있는 인류의 최초의 살인 사건이다. 가인의 질투심이 동생을 죽이는 결과를 초래한 사건이다.

그런데 왜 가인이 아벨을 질투하게 되었느냐는 것이다. 제사의 문제이다. 하나님께서 아벨의 제사는 받으시고 가인의 제사는 받지 않으셨기 때문이다. 문제는 가인도 아벨도 하나님을 경외하는데 둘 다 특심이 있는 자들이었다. 그런데 하나님께서 왜 가인의 제사를 받지 않으셨는가 하는 것이다.

교회에서 우리는 수없이 가인의 제사와 아벨에 제사에 대해서 설교를 들어 왔다. 의견이 분분하다. 혹자들은 아벨은 첫 소산을 드렸기 때문이고, 가인은 땅에 있는 소산을 드렸기 때문이라고 생각한다.

창세기 4장 3절을 보면 "세월이 지난 후에 가인은 땅의 소산으로 재물을 삼아 여호와께 드렸고"라고 하였다.

또 혹자들은 가인은 농사하는 자이고 아벨은 목축을 하는 자라,

하나님은 목축의 짐승을 통해서 제사를 받으셨기 때문에 가인의 제사는 받을 수 없고 아벨의 제사만 받으셨다고 말을 한다.

그러나 근거 없는 이야기다. 그러면 왜 하나님께서 가인에게 땅의 것을 맡기시고, 아벨에게는 목축을 맡기셨을까? 하나님이 가인을 사랑하시지 않고 아벨만 사랑하셨기 때문이라고 말할지 모른다. 그러나 그렇지가 않다.

창세기 4장 15절을 보라. "여호와께서 그에게 이르시되 그렇지 아니하다 가인을 죽이는 자는 벌을 칠 배나 받으리라 하시고 가인에게 표를 주사 그를 만나는 모든 사람에게서 죽임을 면하게 하시니라." 하나님께서는 가인도 사랑하셨다. 그러면 왜 이런 일이 벌어졌을까? 창세기 4장 2절에 그 이유가 있다.

"그가 또 가인의 아우 아벨을 낳았는데 아벨은 양 치는 자였고 가인은 농사하는 자였더라"고 했다. 여기서도 '아바드'(עבד)를 '농사하는 자'로 의역하였다. '땅을 아바드하는 자'로 표현해야 맞다. 가꾸고 돌보는 자이다. 땅을 가꾸고 돌보고 섬기는 그러한 일을 하는 자이다.

그러면 왜 가인의 제물을 기뻐하지 않으셨을까? 당연히 기뻐하지 않는 제물이다. 하나님께서 명하신 대로 가인은 땅을 아바드하지 않았기 때문이다.

땅을 가꾸고 돌봄으로 하나님을 섬겨야 하는데 가인은 자기 뜻대로 땅을 사용한 것이다. 자기가 중심이 된 사역이 바로 가인의 사역이다. 그래서 가인의 제사를 하나님께서는 받으실 수가 없었다. 그러나 아벨은 철저히 하나님이 중심이 된 사역을 하였다. 그렇기 때문에 하나님께서 아벨의 제사를 기쁨으로 받으신 것이다.

> "여호와께서 말씀하시되 너희의 무수한 제물이 내게 무엇이 유익하뇨 나는 숫양의 번제와 살진 짐승의 기름에 배불렀고 나는 수송아지나 어린 양이나 숫염소의 피를 기뻐하지 아니하노라 너희가 내 앞에 보이러 오니 이것을 누가 너희에게 요구하였느냐 내 마당만 밟을 뿐이니라"(사 1:11-12).

말라기 1장 6절부터 14절까지를 살펴보라. 하나님이 무엇이라고 말씀하시는지 살피라는 것이다. 진정으로 아바드하고 있는가? 하나님께서 맡겨 주신 모든 것을 아바드하고 있는가? 지금 교회가 문제가 된 것은 아바드를 왜곡했기 때문이다. 사역자가 자신의 물욕과 명예를 채우기 위해서 하나님의 백성에게 아바드를[23] 강요하고 이용하고 있기 때문이다.

요한복음 12장을 보면, 우리의 주가 되시는 예슈아께서는 하나님 아버지의 뜻을 이루시기 위하여 살아 계신 토라이신데, 그분도 아바드하셨다.

> "유월절 엿새 전에 예수께서 베다니에 이르시니 이곳은 예수께서 죽은 자 가운데서 살리신 나사로가 있는 곳이라"(요 12:1).

유월절 엿새 전이면 니산 월 8일이다. 니산 월 8일에 나사로가 살아났다. 니산 월 8일에 예슈아께서는 베다니에 계셨던 것이다. 유월절은 매년 첫째 달 14일이다(니산 월 14일).

---

23) 레 18:28, 20:22, 25:2, 4.

요한복음 12장 12절에 "그 이튿날에는 명절에 온 큰 무리가 예수께서 예루살렘으로 오신다는 것을 듣고"라고 했는데, '이튿날'이란 베다니에 계신 후의 다음날이니까(참고로 하나님의 시간은 저녁부터 하루가 시작된다) 니산 월 10일이다. 니산 월 10일에 주께서 예루살렘에 들어오신 것이다.

유대인들은 1년에 세 번 무교절, 오순절, 초막절에 명절을 지키기 위해 예루살렘으로 모인다. 하나님의 명령이기 때문이다. '명절에 온 큰 무리'란 이 유대인들을 가리킨다.

12장 13-19절 모습을 보라. "종려나무 가지를 가지고 맞으러 나가 외치되 호산나 찬송하리로다 주의 이름으로 오시는 이 곧 이스라엘의 왕이시여" 하였다. 시편 113-118편을 부르며 메시아시고 유대인의 왕으로 오시는 예슈아를 찬양하는 것이다.

> "내가 진실로 진실로 너희에게 이르노니 한 알의 밀이 땅에 떨어져 죽지 아니하면 한 알 그대로 있고 죽으면 많은 열매를 맺느니라"(요 12:24).

소제의 모습이다. 소제의 주인은 예슈아이시다. 소제를 드릴 때 어떻게 드리는가? 소제는 곡식의 가루로 드리는 것이다. 곡식이 부서질 때 얼마나 힘이 들겠는가? 이렇게 예슈아께서는 자신의 몸을 깨뜨려서 생명을 주신 것이다. 소제의 특징은 식물성 기름을 섞어서 제사를 드리는 것이다. 동물성 기름을 섞지 않는 것은 동물성 기름에는 혈기가 있기 때문이다. 그래서 순수한 식물성 기름이여야 한다.

이제 겟세마네 동산으로 가보자. 예슈아께서 잡히시기 전에 어떤 기도를 드리셨는가?

"예수께서 힘쓰고 애써 더욱 간절히 기도하시니 땀이 땅에 떨어지는 핏방울같이 되더라"(눅 22:44).

예슈아께서 마지막 소제를 드리고 계신다. 곡식이 고운 가루가 되는 것은 고통과 진통이 따른다. 이 쥐어짜는 모습은 고운 가루의 모습이다. 십자가에서의 주님의 고통의 결정체이다. 예수님의 인성이 완전히 가루가 되어서 성육신하시는 모습이다. 이 마지막 소제를 드리고 육신의 녹아진 모습을 가지고 잡히시어 고난을 당하시고 그 몸으로 십자가를 지셨다. 여기에 인간의 구원의 역사가 있는 것이다.

요한복음 12장 32절을 보면, "내가 땅에서 들리면 모든 사람을 내게로 이끌겠노라 하시니"(요 12:32)[24] 하였다.

= 시온의 백성을 의미한다.

여기서 ציון(시온)의 의미를[25] 그림언어로 살펴보기로 한다.

= צ ([26]히브리어의 그림언어로는 낚싯바늘)

= י (요드. 손, 강한 손을 의미한다)

= ו (바브. 연결하다, 구원하다)

= נ ('눈'. 그림어로 물고기, 생명)

뜻은 예슈아의 못 박힌 손이 물고기를 잡는(생명을 살리는) 갈고리 역할을 한다.

이것이 시온의 뜻이다.

그래서 예슈아께서 "내가 너희로 사람을 낚는 어부가 되게 하리

---

24) 히브리어 그림언어 자료 중에서.

25) 그림언어 참조.

24) 그림언어 참조.

라”(막 1:17) 하셨다.

예루살렘에 들어가신 예슈아께서 처음으로 하신 일을 생각해 보라. 어떤 일이었는가? 성전에서 누룩을 제거하셨다. 마태복음 21장 12-17절의 내용과 같이 유월절 날에 앞서 아버지 집에 누룩을 제거하신 것이다(고전 5:7-8).

예슈아(ישוע)를 흠이 없나 시험하다

예슈아께서 니산 월 10일에 예루살렘 성에 들어오셨다. 유월절 4일 전이다. 이날 어떤 일이 있었는가? 제사장들이 유월절 양을 잡기 위해서 양들을 성전 동편으로 몰아온다. 그리고 제사장이 양들을 4일 동안 머무르게 한다. 그리고 제사장이 양의 선별 작업을

Name	Pictograph	Meaning	Name	Pictograph	Meaning
Aleph	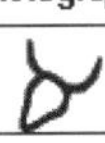	Ox / strength / leader	Lamed		Staff / goad / control / “toward”
Bet		House / “In”	Mem		Water / chaos
Gimmel		Foot / camel / pride	Nun		Seed / fish / activity / life
Dalet		Tent door / pathway	Samekh		Hand on staff / support / prop
Hey		Lo! Behold! “The”	Ayin		Eye / to see / experience
Vav		Nail / peg / add / “And”	Pey		Mouth / word / speak
Zayin		Plow / weapon / cut off	Tsade		Man on side / desire / need
Chet		Tent wall / fence / separation	Qof		Sun on horizon / behind
Tet		Basket / snake / surround	Resh		Head / person / first
Yod		Arm and hand / work / deed	Shin		Eat / consume / destroy
Kaf		Palm of hand / to open	Tav		Mark / sign / covenant

한다. 거룩하고 흠이 없는 어린 양을 선별한다. 이때 예슈아께 무슨 일이 있었나? 4일 동안 예슈아께서도 흠이 없는지 시험을 당하셨다.

4일 동안 제사장들이 바리새인과 헤롯당을 보내어 예슈아의 흠을 잡으려 했지만 흠을 찾지 못하였다. 마가복음 12장 13절, "그들이 예수의 말씀을 책잡으려 하여 바리새인과 헤롯당 중에서 사람을 보내매"라는 말씀이 그것이다.

이 일에 대하여 빌라도가 흠이 없음을 확인시켜 주었다. "보라 내가 너희 앞에서 심문하였으되 너희가 고발하는 일에 대하여 이 사람에게서 죄를 찾지 못하였고"(눅 23:14) 하였으니 유월절 어린 양이 흠이 없음을 확인하는 것이다.

빌라도 법정에서의 예슈아(ישוע)와 바라바(눅 23:18)

빌라도 법정에서 빌라도는 예슈아를 때려 놓아주기를 원했다. 형제인 유대인이 이방인에게 주님을 넘겨준 것이다. 창세기 37장 26절에서 형인 유다가 요셉을 판 것처럼 지금 형제인 유대인이 주님을 이방인에게 넘겨주는 것이다.

> "무리가 일제히 소리 질러 이르되 이 사람을 없이하고 바라바를 우리에게 놓아주소서"(눅 23:18)(바라바의 이름의 뜻은 '아버지의 아들'이라는 뜻이다).

공교롭게도 죄 없는 주님은 십자가에 못 박히시고 죄를 짊어진 아버지의 아들인 바라바와 같은 우리가 놓임을 받는 것이다.

제사장은 흠이 없는 양을 선별하고 제물이 된 양을 제단의 뿔에 달아맨다. 이와 같이 우리 예슈아께서도 제사장이 어린 양을 제단 뿔에 달아맨 시간에 나무에 달리셨다. 그리고 제사장은 어린 양을 잡는다. 제사장이 어린 양을 잡은 것처럼 정확히 저녁 제사 드리는 시간에 우리 주님이 나무에서 죽으신 것이다.

제사장이 유월절 양을 잡고 이렇게 말한다. **"다 끝났다."**

주님도 나무 달리시고 무엇이라고 말씀하셨는가? **"다 이루었다"**라고 하셨다.

이처럼 하나님의 말씀은 정확하며 일점일획도 땅에 떨어짐이 없이 다 이루어지는 것이다. 그래서 우리는 진리에 순종해야 한다. 절기를 알지 못하면 이 귀한 하나님의 징조와 시간을 놓치게 된다. 우리 주님은 올바로 세우시기 위해서 해석하신 것을 이루셨다고 말씀하셨다. 유대인들의 언어적 습관을 알아야 한다. 그렇지 않다면 성경을 우리의 습관대로 자의적으로 해석하고 성경 이해에 있어서 오류를 범하게 될 것이다. 어쩌면 오랜 시간 동안 성경을 오석(誤釋)해 오고 있었는지 모른다. 자신의 지식적 가치로 하나님의 말씀을 보는 것이 아니라 하나님께서 뜻하시고 의도하시는 대로 성경을 보아야 한다.

20

제사제도

다음은 제사 제도에 대해서 살펴보기로 한다.

1) 번제(The Burnt Offering) - 레위기 1장 1-17절

번제는 '불이 올라간다, 연기가 올라간다, 향기가 올라간다'의 뜻이다. 이는 예수 그리스도의 희생적 죽음과 부활과 승천을 의미한다.

번제에는 소, 양(염소), 비둘기를 드리는 세 가지 경우가 있다. 어떤 것을 드리느냐는 형편에 따라 다르다.

① 소를 드릴 경우(레 1:1-9)

소를 드리는 것은 무엇을 의미하는 것일까? 소는 인내와 봉사를 의미한다. 그리고 희생의 상징이다. 수소를 드려야 한다. 흠이 없는 것을 하나님께 선택하여야 한다. 수소를 선택한 후에는 성막 문 앞으로 끌고 가서 하나님께 드린다. 제사장은 하나밖에 없는 성막 문에서 예물을 받는다. 그리고 수소의 머리 위에 안수를 하는데, 이는 죄가 없는 수소에게 죄를 전가시키는 방법이다. 자기가 죽을 것을 소가 대신하여 죽는 것이다.

그리고 수송아지를 잡고 그 피를 받는다. 그 피를 제사장에게 준다. 제사장은 그 피를 번제단 사면 여기저기에 뿌린다. 피를 뿌리는 것은 피 흘림이 없이는 죄 사함이 없음을 의미한다.

번제단 사면에 뿌리는 것은 속죄의 완벽성을 상징한다.

그리고 가죽을 벗긴다. 가죽을 벗긴다는 것은 겉사람의 거짓과 위선, 외식의 가죽을 벗기는 것이다. 그리고 각을 뜨기 전에 먼저 뿔을 자른다. 뿔을 자른다는 것은 교만을 자른다는 것이다. 그다음 다리를 자른다. 세상으로 향하던 발을 잘라야 하나님이 받으신다는 것이다.

내상과 정강이를 물로 씻어 태운다.

내장과 정강이를 물로 씻는다는 것은 속에 있는 미움, 시기, 질투, 혈기, 불평, 모함 등을 씻으며 회개하라는 말이다. 그래야 하나님이 받으신다는 것이다.

산 짐승은 완전히 불에 타서 재가 되어 밑으로 쏟아지고 향기가 되어 올라가야 하나님이 받으시는 제물이 된다. 산 제물이지만 완전히 죽어야 받으신다는 것이다. 살아서 혈기가 있고 자기 힘으로 움직이는 사람은 하나님이 쓰지 않으신다는 것이다.

② 양이나 염소를 드리는 경우

양은 순종의 특징이다. 양이 번제에서 가장 많이 쓰이는 것은 예슈아께서 하나님의 뜻에 순종한 순종의 상징이기 때문이다. 그래서 인간이 하나님께 가장 먼저 드린 제물은 유월절 날 어린 양이었다. 아벨이 드린 것도, 모리아 산에서 아브라함이 드린 것도, 출애굽 때 잡아 문설주에 피를 바른 것도 어린 양이었다(사 53:7).

염소도 희생의 표본이다. 예슈아는 천국을 버리고 이 땅에 오셔서 나무에 달리신 희생의 표본이시다.

2) 소제(Meal Offering) - **레위기 2장 1-16절**

소제는 히브리어로 '민하'(מנחה)인데 하나님께 드리는 선물이다.

소제는 번제와는 달리 '피 없는 제사'이다. 단독으로 드리는 제사가 아니고 또 다른 제사와 함께 드리는 부속 제사이다.

① 소제의 방법

소제는 제사를 드리러 오는 사람이 정성껏 준비한다. 고운 가루, 기름(식물성 기름), 유향 등이 제단에 드려지기 위해서는 많은 정성이 필요하다.

농사를 지어 곡식을 거두어 고운 가루로 만들기까지는 많은 수고가 필요하다. 기름을 만들기까지도 많은 수고가 필요하다. 기름을 만들기까지는 많은 땀방울이 요구된다. 유향도 아주 귀한 것이다.

제물을 정성껏 준비하여 가지고 가서 자기가 직접 하나님께 드리는 것이 아니다. 제사장에게 드려 제사장이 하나님께 드려야 한다. 중보의 원칙이다.

사울은 자기가 직접 드리다가 하나님으로부터 버림을 받았다. 질서가 있다. 법이 있다. 중보자가 있다. 하나님의 종은 그래서 중요하다. 그래서 하나님의 종을 무시하고는 하나님과의 관계가 이루어지지 않는다(그러나 종은 종으로서 일을 해야 한다. 하나님의 대리자가 아니라 종이다. 전달자이다).

소제의 주된 재료는 고운 가루이다. 땅의 소산인 밀을 곱게 빻아서 만든 것이다. 하나님은 사람을 창조하시고 땅의 소산을 다 사람에게 섬기도록 주셨다.

그러므로 소제는 자기 것을 하나님께 드리는 것이 아니라 하나님의 것을 하나님께 드리는 것이다. 따라서 우리는 언제나 이 땅에 살아가면서 감사하는 마음을 가져야 한다.

한 줌의 소제를 하나님께 드리고 난 나머지는 제사장들의 것이다. 제사장은 성막에서 봉사하는 자들이라 성막에서 나오는 것을 가지고 먹어야 한다. 번제는 몽땅 태우지만 소제는 한 줌만 태우고 나머지는 제사장의 몫이다. 그래서 제사장과 제사장의 가족은 이 소제의 제물을 먹고 살았다. 누가복음 10장 1-7절에 '복음을 전하는 사람은 복음을 위하여 살라'고 주님은 말씀하셨다.

② 고운 가루의 의미

고운 가루를 만들기 위해서는 낟알들을 으깨고 부수고 빻고 찧어야 한다. 곡식이 고운 가루가 되는 것은 고통과 진통의 모습이다. 겟세마네 동산에서의 쥐어짜는 기도는 고운 가루의 모습이다. 십자가에서의 고통은 고운 가루의 집합체요, 고운 가루의 부서짐의 결정적인 시간이다. 예슈아의 인성이 완전히 가루가 되는 순간이다. 소제를 드리며 사람들은 혈기가 죽어야 하며, 어느 구석에선가 꿈틀거리고 있는 자존심이 부서져야 한다.

③ 기름의 의미

소제 드릴 때 쓰는 기름은 동물성 기름이 아니다. 식물성 기름이다. 소제는 피 없는 제사이기 때문이다. 고운 가루에 기름을 부었다. 성령의 기름 부음을 뜻한다. 성령의 기름 부음은 예슈아를 의미한다.

> "백성이 다 세례를 받을새 예수도 세례를 받으시고 기도하실 때에 하늘이 열리며 성령이 비둘기 같은 형체로 그의 위에 강림하시더니 하늘로부터 소리가 나기를 너는 내 사랑하는 아들이라 내가 너를 기뻐하노라 하시니라"(눅 3:21-22).

"하나님이 나사렛 예수에게 성령과 능력을 기름 붓듯 하셨으매"(행 10:38).

"주 여호와의 영이 내게 내리셨으니 이는 여호와께서 내게 기름을 부으사 가난한 자에게 아름다운 소식을 전하게 하려 하심이라"(사 61:1).

성령이 없이는 능력이 없다. 성령 없이는 기적이 없다. 성령이 없는 사명도 없다. 우리는 성령의 기름 부음을 받아야 한다. 여기에 소제의 의미가 있다.

④ 유향의 의미

향기는 우리 주님의 가장 적절한 표현이다. 주님은 어느 곳에 가시든지 향기를 발하셨다. 그래서 주님을 닮아 향기를 발하여야 한다.

"네 기름이 향기로워 아름답고 네 이름이 쏟은 향기름 같으므로"(아 1:3).

⑤ 소금의 의미

소제에 소금을 넣는 이유는 맛을 내라는 의미이다.

"만일 소금이 그 맛을 잃으면 무엇으로 이를 짜게 하리요"(막 9:50).

언약을 지키라는 의미이다. 소금은 이스라엘 백성에게 언약이다. 언약을 할 때에 소금을 뿌린다. 소제를 드릴 때 언약한 것을 그대로 지키라는 것이다. 소제를 드릴 때의 마음을 그대로 간직하라는 의미이다. 그래서 '네 모든 소제물에 소금을 치라' 하신 것이다. 소제에 금지된 법칙이 두 가지가 있다. 하나는 누룩이고, 나머지는 꿀이다. 누룩은 변질되는 습성이 있고, 꿀은 달콤한 유혹의 속성이 있다. 즉 죄로부터의 유혹이다. 그래서 금지하는 것이다.

소제에는 고운 가루 자체를 드리는 경우가 있고, 무교병을 만들어 드리는 경우가 있다.

3) 화목제(The Peace Offering) - **레위기 3장 1-17절**

예슈아는 화목하게 하는 제물이시다.

"그러므로 우리가 믿음으로 의롭다 하심을 받았으니 우리 주 예수 그리스도로 말미암아 하나님과 화평을 누리자"(롬 5:1).

"그는 우리의 화평이신지라"(엡 2:14).

"너희로 내 안에서 평안을 누리게 하려 함이라"(요 16:33).

"이 사람은 평강이 될 것이라"(미 5:5).

화목제는 제물을 하나님께 드리고, 또 제사장에게도 드리고, 또 제물을 드리는 자도 같이 먹으라 하였다. 이는 하나님과 화목하고, 제사장과 화목하고, 사람들과도 화목하라는 의미이다.

화목제는 하나님께 피를 드렸다. 이는 하나님께 내장, 즉 우리의 마음과 중심을 드려야 함을 의미한다. 하나님은 먼저 우리의 심령을 온전히 기쁘게 받으시기를 원하신다. 우리는 하나님께 먼저 중심을 드려야 한다(레 3:1-4).

가슴은 사랑을 의미한다. 오른편 뒷다리는 강한 힘을 의미한다. 짐승에게 가장 강한 부분은 오른편 뒷다리이다. 이는 제사장은 하나님의 대리자로서 따듯한 사랑과 강한 힘으로 제물을 드리는 사람과 화목하라는 의미이다. 제사장과의 화목은 하나님과의 화목 다음으로 중요하다(레 7:32-34).

자신이 하나님께 화목제를 드리며 하나님도, 제사장도, 자신도 먹으며 지내는 것은 화목의 본질이다. 이같이 화목제가 끝나고 나면 다 같이 모여서 잔치를 벌였다. 즐거움의 제사이기 때문이다. 그러므로 화목제는 소, 양, 염소만 사용한다(레 7:15). 제물을 드리는 자가 직접 잡아서 제사장에게로 가지고 왔다(레 7:30).이는 예배드리는 자가 하나님 앞에 직접 죽어야 한다는 의미이다.

화목은 스스로 행하여야 하고, 스스로 원해야 한다.

그러므로 우리 주 예슈아는 화평을 이루셨다(골 1:20).

번제는 수컷만을 사용한다. 그러나 화목제는 암수 구별이 없다(레 3:1). 왜냐하면 남녀가 다 같이 예수 그리스도 보혈로 화목해야 하기 때문이다.

4) 속죄제(The Sin Offering) - 레위기 4장 1-35절

속죄제는 하나님을 위하여 드리는 제사가 아니라 자신의 죄를 사함 받기 위하여 드리는 제사이다. 속죄제의 특징은 번제단에서 태우지 않는 것이다. 번제, 소제, 화목제는 번제단에서 태우지만 속죄제는 그렇지 않다.

"그 수송아지의 가죽과 그 모든 고기와 그것의 머리와 정강이와 내장과 똥 곧 그 송아지의 전체를 진영 바깥 재 버리는 곳인 정결한 곳으로 가져다가 불로 나무 위에서 사르되 곧 재 버리는 곳에서 불사를지니라"(레 4:11-12).

이는 예슈아의 진 밖에서의 죽음을 의미한다.

"나의 하나님, 나의 하나님, 어찌하여 나를 버리셨나이까"(마 27:46).

번제, 소제, 화목제는 모두 향기로운 냄새를 하나님께 드리는 제사이다. 그러나 속죄제는 하나님께 향기로운 냄새를 드리는 제사가 아니다. 진 밖 재 버리는 곳에서 태우는 제사이다. 다른 제사는 하나님을 만족하게 해드리려고 하나님께 향연을 드렸다. 그러나 속죄제는 자신의 죄를 진 밖에 내다버리는 것을 의미한다.

속죄제의 특징은 피를 뿌리는 것이다. 성막 문에서 짐승을 잡고 그리고 피부터 받는다. 제사장은 그 피를 받아서 성소 앞 휘장 앞에 일곱 번 뿌린다.

제사장은 일곱 번 피를 뿌린 후에 나머지 피를 받아서 번제단 뿔에 또는 분향단 뿔에 발랐다. 제사장의 손가락으로 찍어서 발랐다. 그리고 나머지는 번제단 밑에 쏟았다(레 16:7, 18, 30). 속죄제를 드리는 동안 번제단 밑은 피로 홍수를 이루었을 것이다. 이는 우리 주 예수 그리스도의 갈보리에서 쏟아진 피를 말하고 있다. 그 피가 바로 우리의 죄를 씻는 속죄의 피이다. 이같이 속죄제는 자기의 죄를 진 밖에 버리고 정결케 되는 것을 말한다.

5) 속건제(The Trespass Offering) - **레위기 5장 1-19절**(맞아요)

속죄제와 속건제는 구별이 된다. 속죄제는 죄를 위해 제물을 하나님께 드리는 것이고, 속건제는 범과를 위하여 하나님께 예물을 드리는 것이다. 속죄제는 하나님께 대한 죄의 근원에 대하여 드리는 예물이고, 속건제는 죄의 열매에 대하여 드리는 제사이다. 속죄제는 자연적인 죄에 대하여, 속건제는 고의적으로 또는 무지로 인하여 지은 죄에 대하여 드리는 제사이다.

속건제는 여호와의 성물에 대하여 그릇 범과하였거나(레 5:15) 여호와의 금령 중 하나를 부지중에 범하였을 때(레 5:17), 남의 물건을 맡거나 전당 잡히거나 강도질하거나 봉하거나 사실을 부인하고 거짓 맹세를 할 때(레 6:1-7), 또 나실인으로 서원할 때도 속건제를 드렸다(레 14:10-12). 행음하였을 때에도, 육축을 다른 육축과 교합시켰을 때에도 속건제를 드렸다(레 19:19-22).

속건제는 속제제와는 달리 배상이 따라야 한다. 남의 물건을 훔쳐 쓰고 나중에 말로만 "잘못했습니다"라고 말하면 참 회개가 아니다. 반드시 배상이 따라야 참 회개가 되는 것이다(레 5:15).

하나님께 범죄한 것이라면 제사장에게 5분의 1을 드렸고(레 5:16), 사람에게 범죄한 것은 사람에게 주었다(레 6:5).

자복에서 끝내는 것이 아니라 물질적인 보상이 따라야 속건제이다. 이는 인간관계가 바르지 않고는 하나님과의 관계도 바를 수 없음을 알려 주는 것이다.

"그러므로 예물을 제단에 드리다가 거기서 네 형제에게 원망들을 만한 일이 있는 것이 생각나거든 예물을 제단 앞에 두고 먼저

> 가서 형제와 화목하고 그 후에 와서 예물을 드리라"(마 5:23-24).

속건제는 숫양으로만 드린다.

> "그는 또 그 속건제물을 여호와께 가져갈지니 곧 네가 지정한 가치대로 양 떼 중 흠 없는 숫양을 속건제물을 위하여 제사장에게로 끌고 갈 것이요"(레 6:6).

이 제물은 사람의 죄를 위하여 대신 죽은 예슈아를 의미한다. 주님께서는 사람이 지은 모든 죄를 대신 보상하시고 죽으신 숫양이시다.

그러므로 숫양을 문에서 잡는다. 그리고 피를 단 사면에 뿌린다(레 7:2). 기름과 콩팥은 단 위에서 불사르고, 고기는 제사장이 취하였다(레 7:7). 하나님께 드리고 나머지 고기는 거룩한 곳에서 제사장이 먹는다. 그리고 나서 배상이 뒤따른다. 배상이 죄를 없애는 것은 아니다. 숫양의 피가 죄를 없애는 것이다.

사실 짐승의 피는 일시적으로 덮는 것이고 예슈아의 피만이 영원히 죄를 도말한다. 이같이 속건제는 구체적인 죄에 대하여 숫양을 드려 하나님께 속죄하고 반드시 자복하고 배상하여야 한다.

6) 월삭(매월 초하루)

우리에게 잘 알려지지 않은 예배가 있는데 월삭일이다. 매월 초하루가 그날이다. 매월 초하루는 하나님 앞에 거룩히 드려지는 날이다. 그렇지만 월삭이 안식일은 아니다. 하나님께서 이스라엘 백성에게 약속을 특정화시키신 일들이 많이 있다. 그중에 하나가 월삭일이다.

> "여호와께서 모세에게 말씀하여 이르시되, 너는 첫째 달 초하

루에 성막 곧 회막을 세우고"(출 40:1-2).

월삭일에 성막이 세워지고 회막이 세워졌다. 월삭일은 중요한 날이다.

"여호와가 말하노라 '매월 초하루와 매 안식일에' 모든 혈육이 내 앞에 나아와 예배하리라"(사 66:23).

"주 여호와께서 이같이 말씀하셨느니라 안뜰 동쪽을 향한 문은 일하는 엿새 동안에는 닫되 안식일에는 열며 초하루에도 열고" (겔 46:1).

민수기 28장과 29장은 어떻게 희생 제사를 드렸는지 기록하고 있다.

시편 104편 19절에는 "여호와께서 달로 절기를 정하심이여 해는 그 지는 때를 알도다"라고 했는데, '달로 절기'는 예배드리는 때를 말한다.

월삭일에 하나님의 역사하심이 너무도 정확하시다.

이스라엘 백성이 포로 70년 만에 예루살렘으로 돌아올 때가 월삭일에 출발해서 월삭일에 돌아왔다.

"첫째 달 초하루에 바벨론에서 길을 떠났고 하나님의 선한 손의 도우심을 입어 다섯째 달 초하루에 예루살렘에 이르니라" (스 7:9).

MOED

거룩한 약속

3부

21

유대인들이 매일 드리는 기도(Daily Prayers)

유대교에서는 하루에 드리는 기도를 세 차례로 규정하고 있다. ① 아침 기도(샤하리트) ② 오후 기도(민하) ③ 저녁 혹은 밤 기도(마아리브)이다. 이렇게 세 번의 기도 시간을 정해 놓은 것은 하루를 기준으로 나타나는 시간의 변화(해 뜰 무렵, 석양 무렵, 밤)에 맞춘 것이라고 볼 수도 있고, 또 예루살렘 성전에서 하루에 드리는 세 번의 제사(아침, 석양 무렵, 그리고 밤) 시간과 연결해 놓은 것으로 이해할 수도 있다. 매일 드리는 기도는 안식일과 절기 기도의 기본 형태이기 때문에 이 기도를 이해하는 것은 매우 중요하다.

기도는 신성한 것이기 때문에 기도자에게는 몸을 깨끗하게 할 것이 당연하게 요구된다. 몸을 씻고, 옷을 단정하게 입는 것도 그 때문이다. 기도드리는 장소는 개인의 집이나 회당, 둘 다 가능하다. 어떤 장소이건 청결해야 하며, 사람을 자극하는 향내나 냄새가 나서도 안 된다. 그렇지 않으면 기도하는 사람의 마음이 흐트러질 수 있기 때문이다. 기도 시간은 대략 한 차례의 기도에 낮 시간의 1/3 정도가 소요된다고 보면 될 것이다. 탈무드는 낮과 밤을 열두 시간씩으로 구분하기 때문에 한 차례의 기도 시간은 네 시간 정도가 될 것이다. 물론, 이 네 시간 동안 물리적으로 기도하는 것은 아니며, 중요한 것은 기도하는 마음이다. 랍비 요하난은 "사람은 하루 종일 쉬지 않고 기도할 수 있다"라고 말했는데, 그 뜻은 어느 사람이건 하루 종일 하나님 앞에서 그와 교제하는 마음을 갖는 것이 가능하다는 것이다. 따라서 형식 위에 존재하는 '마음'은 기도의 중요한 요소이며, 이러한 점은 기독교나 유대교나 다를 것이 없다.

1) 아침 기도(샤하리트)

아침 기도는 우선 '아침의 축복문'(비르코트 하샤하르)을 암송하는 것으로 시작한다. 유대 예전(Jewish liturgy)의 가장 본질적인 것은 "하나님은 자신을 끊임없이 역사 속에, 자연 속에, 그리고 인간의 매일 삶 속에 드러내신다"라는 것이다. 따라서 모든 예전은 이러한 '신적 계시'(divine revelation)를 강조하고 확인하는 데서 출발한다. 그래서 아침에 드리는 축복문에는 그들이 일어나는 시간에 다시 한 번 하나님의 임재를 느끼고 그것이 계속해서 지속하기를 기원하는 마음이 담겨 있다.

그다음 순서는 '찬양의 노래'(페수케이 데지므라)로서, 묵상(meditation)과 찬양이 결합되어 있는 시간이다. 우리의 예배로 지자면, 공식 예배 전에 신자들이 교회에 일찍 나와서 묵상하고 찬양하는 시간과 같은 성격의 것이다. 이 시간에는 시편 84편 5절, 144편 15절이 불려지고 난 후에 시편 145편 전체가 기도문으로서 암송된다.

찬양이 끝나면 공식 예배가 시작되며, 우리가 잘 아는 '쉐마'(들으라!)가 기도문으로 드려진다. 유대인들에게 있어서 쉐마는 일종의 신앙고백문이다.

그들은 이 시간을 통해서 하나님의 일체성과 그분에 대한 자신들의 믿음을 표현하며, 하나님 한 분만이 이스라엘을 구원할 자라고 선언한다. 쉐마는 우리가 잘 아는 신명기 6장 4-9절('하나님 나라의 백성으로서 해야 할 의무') 외에도, 신명기 11장 13-21절('지켜야 할 계명들'), 그리고 민수기 15장 37-41절('출애굽을 통한 구원의 상기') 등의 기도문이 포함되어 있다.

그다음 순서는 '서서 드리는 기도'(아미다)이다. 미쉬나(Mishnah)에서 그저 단순히 '기도'(테필라)라고 표현되어 있는 것은 모두 '아미다'를 지칭할 정도로 대표적인 기도라고 할 수 있다. 이 기도는 성경에 기록되어 있는 모든 헌신에 관한 기사들을 그 내용으로 하고 있다. 기도자들은 기도를 드리는 시간에 모두 서 있어야 하며, 이러한 전통은 에스겔 1장 17절에 천사들이 일어서서 하나님을 찬양하는 모습을 보인 데서 비롯되었다. '아미다'는 크게 세 부분으로 구성되어 있는데(찬양, 간구, 감사), 이것은 유대인들이 생각하는 자연스런 기도의 순서를 보여주는 것이라고 할 수 있다.

그다음에 드려지는 기도는 '간구'(타하눈, supplication)이다. 기도의 중심인 '아미다'가 끝나면 '마침 기도'(the concluding prayer)를 드림으로 예배가 끝나는데, '아미다'와 '마침 기도' 중간에 드리는 기도가 '타하눈'이다. 이 기도는 기도자의 헌신을 다시 한 번 다짐하는 기도로서 월요일과 목요일에는 다소 긴 형태의 기도가 드려지고, 나머지 요일에는 짧은 기도가 드려진다. 간구가 끝나고 예배를 마치기 전에 유대인들은 '케리아트 토라'(토라 낭독) 시간을 가진다. 이 시간은 기도드리는 시간은 아니지만 유대교 예배에 있어서 빼어놓을 수 없는 핵심이다.

유대인들의 회당(synagogue)에서는 예배당 전면에 화려하게 치장해 놓은 커다란 상자를 볼 수 있다고 한다. 그 안에는 토라 두루마리가 들어 있다. 안식일 예배 시에는 사람들이 토라를 상자에서 꺼내 토라를 들고 예배당 전체를 한 바퀴 돈 후에 짜여진 순서대로 낭독자들이 나와서 막대기('손'이라고 불리는 특별한 막대기)를 짚어가면서 토라를 낭독하는 것을 볼 수 있다. 물론 안식일에는 강론이 뒤따르지만 매일 예배에는 강론이 없다. 토라의 중요성에 대해서는 따로 언급할 필요가 없을 정도로 우리가 잘 알고 있다. 그러므로 토라 낭독은 일주일에 3일 이상을 걸러서는 절대로 안 된다. 아침 기도가 마쳐질 시간이 되면, 기도자들은 시편 145편을 '마침 기도'로 암송한다.

2) 오후 기도(민하)

원래 '민하'라는 이름은 엘리야가 바알의 제사장들과 적대했던 상황에서 드려졌던 희생제사(왕상 18:29, 36)에서 비롯된 것으로서, 유대인들이 매일 오후에 드렸던 제사를 중심으로 한 예배를 의미한다. '민하'는 기본적으로 '아미다'를 중심으로 드려지는 예배이며, '아미다'를 드리기 전에 찬양기도(페수케이 데지므라)에 사용되는 시편 145편을 읽음으로써 기도를 시작한다. 유대교의 기도에서는 모든 간구나 헌신 전에 하나님을 찬양하는 것이 꼭 필요하고 자연스런 일이기 때문이다. '민하'에서 '아미다'는 묵상으로 드려지는 것이 특징이다. 그런 후에 짧은 '타하눈'을 드림으로써 오후 기도를 마치게 된다.

오늘날에는 오후 12시 30분에서 해질녘 사이의 시간에 '민하'가 드려지며, 가장 최적의 시간은 오후 3시 30분에서 4시 45분까지, 혹은 어두워지기 한 시간 반 전까지이다. 따라서 사도행전 3장 1절의 '구시 기도 시간'은 오후 기도로 이해함이 타당해 보인다.

3) 저녁, 혹은 밤 기도(마아리브)

저녁 기도는 기본적으로 아침 기도와 그 형태가 거의 흡사하다.

단지 예배를 여는 시작 기도와 마침 기도가 없는 것이 그 차이점이다. 따라서 저녁 기도 역시 '쉐마'와 '아미다'가 그 중심이다. 저녁 기도는 시작 기도 대신에 시편 78편 38절과 20편 10절을 암송함으로 드려진다. '아미다'를 드린 후에 '알레이누'라는 찬양을 드림으로써 예배를 마친다. 저녁 기도를 드리는 때는 탈무드에 의하면 "육안으로 별 세 개를 식별할 수 있을 정도로 어두워질 때"이다. 오늘날로 치자면, 그저 해가 진 직후 정도가 될 것이다. 따라서 유대교 예전에서는 전통적으로 '민하'가 드려진 직후 저녁 기도를 잇따라 드리는 것으로 이해되어 왔다.

4) 안식일에 드리는 기도(the Sabbath Prayers)

"유대인들은 안식일을, 주머니를 비우는 것으로부터 시작한다"는 말이 있다. 혹시나 주머니에 물건이 들어 있으면, 안식일에 자신도 모르게 그것을 옮기는 일을 하게 될까봐 조심해야 한다는 말이다. 그만큼 안식일은 유대인들에게 중요한 날이다. 신심이 깊은 사람들은 일주일의 첫날부터 안식일을 위해서 준비하며, 좋은 음식을 그때부터 준비하는 사람들도 있다. 안식일은 창조와 깊은 연관이 있다. 쉼은 곧 새로운 창조를 의미한다는 것이 유대인들의 생각이다.

그리고 하나님께서 세상을 창조하실 때에 "빛이 있으라"고 하셨던 것을 그들은 잊지 않는다. 그래서 안식일은 촛불을 켜는 일과 함께 시작된다. 촛불은 흔히 금요일 해 지기 전에 켜며, 촛불을 켜면 평상시에 드리던 '민하'를 조금 일찍 시작함으로써 안식일 기도를 시작한다. '민하'에 이어 역시 '마아리브'를 드리는 것이 보통이다. 이 기도를 마치면 부모가 아이들을 전례에 따라 축복하는 관습이 있으며, 가족이 모여 함께 식사를 나눈다. 요즘에는 금요일의 이른 저녁에 '마아리브'를 드리는 것이 현실 여건상 어렵기 때문에 밤 늦은 시간에 '마아리브'를 드리는 것도 허용되고 있다. 안식일 아침이 되면, 아침 기도(예배)를 드리는데, 평상시에 드리던 기도보다 몇 가지 성경 구절이 첨가되어 조금 길어진 기도를 드림으로써 안식일 아침 예배가 드려진다.

아침 예배를 마치면, 매일 드리던 희생제사에 잇대어 특별한 안식일 제사를 드린다. 유대인들은 예전에서 '연속성'(continuity)을 무엇보다 중시해서 매일 드리는 희생제사를 먼저 드린 후에야 이어서 안식일 제사를 드린다(민 28, 29장). 통상적으로 아침 예배 전에는 음료수를 제외하고는 어떤 음식이든지 먹는 것이 금지되어 있기 때문에(병이 있는 경우는 예외), 제사를 드리고 난 후에 유대인들은 함께 금요일 저녁과 같은 형태의 공동 식사를 한다. 이어서 '민하'를 드리고 난 후에 가볍게 저녁식사를 하고 나서 '마아리브'를 드림으로써 안식일 예배를 마감한다.

5) 절기에 드리는 기도(Festival Prayers)

① 유월절(페싸흐)

유월절은 8일 동안 지속되는(무교절을 포함해서) 유대교의 절기로서, 우리가 알다시피 대단히 중요한 절기이다. 유월절이 시작되기 전날 저녁에는 평상시에 드리는 것과 같은 '민하'와 '마아리브'를 드리는데, 단지 안식일처럼 촛불이 켜진다는 점이 다르다. 그날 밤에는 다 함께 모여서 유월절 식사를 하는데, 이것에 관한 관습과 전통을 기록한 책을 '하가다'라고 하며, 유월절에 관한 모든 내용을 담고 있다.

무교병과 쓴 나물, 그리고 구운 고기를 먹는 식사와 더불어 부모들은 유월절이 갖는 해방과 자유의 정신을 출애굽기 13장 8절에 근거해서 자녀들에게 가르치며, 왜 이날이 다른 날과 달라야 하는지에 대해서 설명해 주어야 한다. 유월절 첫날은 약간의 변화가 있기는 하지만, 보통 안식일에 드리는 아침 기도를 드린다. 토라 낭독 시간에는 특별히 출애굽기 12장 21-51절을 읽으며 이에 상응하는 시편 24편과 29편이 낭독된다. '민하'와 '마아리브' 역시 안식일에 준하는 기도로 드려진다. 둘째 날 역시 첫째 날과 똑같은 예배와 기도가 드려지며, 낭독하는 시편에 있어서만 조금 차이가 있다. 셋째 날부터 여섯째 날까지는 일종의 '준 명절'(semiholidays)로서 지켜진다.

이 나흘 동안은 평상시에 드리는 것과 똑같은 세 차례의 매일 기도를 드리며, 약간의 제약은 있지만 일하는 것도 허용된다.

특이한 것은 이 기간 동안에는 결혼식을 치를 수 없다는 점이다. 또한 처음 이틀과는 달리 무교병을 먹어야 하는 의무에서도 풀려난다. 따라서 이 기간 동안에는 유월절 식사 규정에 얽매일 필요가 없다. 하지만 마지막 7일째와 8일째는(이스라엘은 7일째만, 다른 지역에서는 이틀 동안) 유월절의 처음 이틀 동안처럼 거룩하게 여겨지므로, 그 이틀과 똑같은 행사와 기도, 예배를 드려야 한다.

② 오순절(샤부오트)

유월절이 끝나면 오순절이 시작된다. 이스라엘의 3대 명절 가운데 두 번째로 맞는 절기이며, 유대인들은 이 절기를 그들의 역사 속에서 추수 감사절로 여겨 왔다. 따라서 단순히 날짜의 셈을 의미하는 오순절(샤부오트, 신 16:10-12)이라는 명칭 외에도 '추수 명절'(출 23:16, 34:22)이라는 이름으로 불리기도 한다. 미쉬나에 의하면, 이 절기에는 유월절과 같은 수준의 기도와 예배가 드려져야 하며, 낭독하는 성경만 다르다.

흔히 첫째 날에는 출애굽기 19, 20장, 그리고 민수기 28장 26-31절이 낭독되며, 에스겔서가 읽혀진다. 둘째 날에는 신명기와 하박국 말씀이 읽혀지는 정도가 차이점이다. 특기할 만한 것은, 절기의 첫날에는 온 밤을 새워서 잠을 자지 않고 토라를 공부해야 한다는 점이다. 일설에 의하면, 잠들어 있는 사람들에게 하나님이 천둥과 번개를 사용해서라도 깨워서 말씀을 공부하도록 했다는 이야기도 있을 만큼 이 전통은 중시되고 있다. 또 한 가지 언급할 것은 둘째 날에는 룻기를 읽는 관습이 있다는 점이다.

③ 초막절(쑤캇 or 수콧)

레위기 23장 42, 43절에서 비롯된 수콧 역시 이스라엘의 역사 속에서는 그 안에 농업문화가 갖는 추수 감사의 성격이 들어 있는 것으로 이해되어 왔다. 다른 절기들처럼 처음 이틀은 거룩한 날로 지키며, 중간의 나흘은 '준 명절'로 지킨다. 유월절과 오순절에 드리는 예배의 형식이 그대로 이 절기에 드려지는 것으로 이해하면 될 것이다.

특이한 것은 마지막 이틀은 다른 절기와는 달리 '쉐미니 아짜르'(쉐미니는 '8일'이라는 뜻, 아짜르는 '드려지다'라는 뜻), 그리고 '씽카 토라'(토라 안에서 즐거워한다)라는 이름을 가진 독립적인 절기로 지켜진다는 점이다.

이 두 명절은 초막절을 마감하면서 기쁨의 의미를 다시 한 번 되새기며, 특히 메시아의 도래에 대한 대망을 마음속에 확인한다는 의미가 있다. 재미있는 것은 이 절기가 시작되기 나흘 전부터는 금식이 허용되지 않는다는 점이다. 축제의 성격이 잘 드러나는 모습이라고 하겠다.

유대인들은 초막절에 반드시 나무와 풀로 지은 '초막'(쑤카)을 만들어 그 안에서 지내는 체험을 해야 한다. 초막을 만드는 규정은 미쉬나와 탈무드 속에 자세하게 기록되어 있다.

6) 하나님의 백성이라고 자처하는 이들이 기도하지 않는 이유

① 주를 사랑하지 않기 때문이다.

왜 하나님의 백성들이 기도하지 않을까? 두 가지로 볼 수 있다. 하나는 사랑했는데 사랑이 식었기 때문이다. 또 하나는 사랑하지 않기 때문이다. 결과는 같다. 사랑하면 보고 싶고 찾게 된다. 필자가 아내를 만날 때 그랬던 것 같다. 필자는 청주에서 사역을 하고 있고 아내는 수원에 있는 장애인 교회에서 사역을 하고 있을 때였다. 목사님의 소개로 선을 보게 되어 서울 창신동에 있는 지하철 출구에서 처음 만났다. 가냘픈 몸매에 아름다운 모습이었다. 첫눈에 호감을 갖게 되었고 식사를 마치고 단 둘이 앉아 이런 저런 이야기를 나누고 헤어졌다. 만남의 시간은 서울로 수원으로, 때로는 아내가 청주로 내려오고 오가며 데이트를 즐겼다. 헤어지고 나면 생각이 나고 그립고, 전화 통화를 하고, 때로는 메일로 편지를 주고받으며 시간을 보냈다. 늘 통화를 하고도 여운이 남았는데 이것이 사랑의 증거가 아닐까 한다. 그리고 우리는 하나님의 은혜 가운데 결혼을 하였다.

사랑하면 생각이 나고 보고 싶다. 정말로 주님을 사랑한다면 주님을 찾고 주님을 그리워하게 된다. 주님을 찾는 것은 기도이다. 사랑하면 기도하게 되어 있다. 시간과 장소를 불문하고 늘 주 안에서 기도하게 될 것이다.

② 우선순위가 잘못되었기 때문이다.

요한계시록 2장 4절의 "너를 책망할 것이 있나니 너의 처음 사랑을 버렸느니라"는 말씀을 기억하며, 회개의 은혜를 주시고 주님을 사랑하는 처음 사랑을 회복하게 해 달라고 기도해야 한다.

처음 사랑이란 제일 우선순위를 두고 사랑할 수 있는 사랑을 말한다. 다음 순위의 사랑이 아닌 가장 우선순위를 가지고 사랑할 수 있는 사랑이 처음 사랑이다. 그런데 이 순위가 바뀐 것이다. 가장 처음이 되지 않으면 그다음 순위는 언제나 처음 것 때문에 희생되기 마련이다. 예를 들어 가족이 우선이 되고, 직업이 우선이 되고, 자신의 욕망이 우선이 되면 언제나 다음 순위는 희생된다는 것이다.

③ 기도 없이 사는 법을 배웠기 때문이다.

기도하지 않아도 지금 바로 나에게 어떠한 결과물이 찾아오지는 않는다. 그리고 기도의 방법보다 쉬운 것은 인위적인 방법이다. 기도하는 자에게는 인내가 필요하고 기다림이 있어야 하는데, 세상적인 인위적 방법은 즉시로 결과물을 볼 수가 있다. 이스라엘 백성이 가나안 땅에 들어가고 난 후 놀란 것이 바로 그것이다. 가나안 족속들은 하나님을 의지하지 않아도 풍성한 수확을 거두고 아무 문제 없이 잘살고 있었다. 그래서 그들은 가나안 족속의 우상을 섬기며, 그들의 방법을 따라서 살기 시작했다. 입으로는 하나님을 부르고 찾지만 그들은 언제나 가나안의 풍습을 따르고 있다. 즉 그들은 기도하지 않아도 사는 법을 배운 것이다. 분명히 하나님이 경고하셨음에도 불구하고 그들은 기도 없이 사는 방법을 배웠다.

사역을 한참 하고 있을 때 어떤 분이 항상 이런 이야기를 하는 것을 들었다. 자기는 문제가 없는 것이 문제라는 것이다. 그분의 삶을 살펴보아도 별 문제가 없는 듯했다. 가정에 문제가 없고 자녀도 잘 자라 주고 있었다. 그래서 자신은 기도할 필요가 없다고 했다.

그럴 수도 있다. 그러나 그렇지 않다. 자신은 결국 하나님이 없이도 살 수 있다는 자만심과 교만에 빠져 있는 것이다. 영적인 눈이 어두워져 자신의 영적인 모습을 보지 못하고 있는 것이다.

우리는 온전하지 못하다. 그래서 매일매일을 자신을 돌아보며 하나님의 은혜를 구해야 한다. 이것이 하나님의 백성의 자세이다. 안 그러면 교만한 마음이 친구처럼 다가와 영적인 눈을 가리게 된다. 영적인 눈이 열리면 하나님의 말씀 앞에 자신이 죄인이라는 사실이 보일 것이다. 또한 육신적으로 살아가는데 어떤 조건적인 것이 충족되었다고 자만하면 안 된다. 그것은 바로 교만으로 이어지게 될 것이기 때문이다.

④ 기도가 역사한다는 것을 믿지 못하기 때문이다.

많은 기도자들이 기도에 대해서 왜곡되고 편견에 빠진 것을 볼 때가 있다. 기도는 나의 욕구를 충족시키기 위한 것이 아니다. 기도는 하나님의 뜻과 내 뜻이 같아지는 작업이다. 자신의 욕심과 정욕을 버리지 않는다면 자신의 욕심과 정욕에 치우친 기도로 편중

될 수 있다.

기도는 벗어난 과녁을 바로잡아 하나님과의 뜻을 살피는 길이다. 그리고서 간구를 하면 하나님이 그 간구를 들으시고 답을 하시는 것이다.

> "너희가 내 안에 거하고 내 말이 너희 안에 거하면 무엇이든지 원하는 대로 구하라 그리하면 이루리라"(요 15:7).

역대하 7장 14절의 "내 이름으로 일컫는 내 백성이 그들의 악한 길에서 떠나 스스로 낮추고 기도하며 내 얼굴을 찾으면 내가 하늘에서 듣고 그들의 죄를 사하고 그들의 땅을 고칠지라" 는 말씀에서 우리는 두 가지를 살펴볼 수가 있다.

① 우리가 할 일
  a. 악한 길에서 떠나고
  b. 스스로 낮추고
  c. 기도하며
  d. 하나님을 찾으면(주님의 얼굴을 구하면)
② 여호와(יהוה)께서 하실 일
  a. 내가 하늘에서 듣고
  b. 그 죄를 사하고
  c. 그들의 땅을 고치리라

요엘서 2장 12-13절을 보면, "여호와의 말씀에 너희는 이제라도 금식하고 울며 애통하고 마음을 다하여 내게로 돌아오라 하셨나니 너희는 옷을 찢지 말고 마음을 찢고 너의 하나님 여호와께로 돌아올지어다 그는 은혜로우시며 자비로우시며 노하기를 더디하시며 인애가 크시사 뜻을 돌이켜 재앙을 내리지 아니하시나니"라고 하였다. 그리고 요엘서 2장 28-32절을 보면, 그리하면 하나님의 영을 만민에게 부어 주시겠다고 말씀하고 있다. 즉 12절부터 17절이 충족될 때 28절부터 32절의 역사를 나타내신다는 것이다.

> "여호와께서 그의 영을 그의 모든 백성에게 주사 다 선지자가 되게 하시기를 원하노라"(민 11:29).

22

신명기 15장 1-11절, 일곱째 해의 면제년에 나타난 징조(레 25:1-7)

> "매 칠 년 끝에는 면제하라"(신 15:1).

인간의 모든 죄와 허물을 사하시고 하나님과 함께 영원한 안식을 누리는 날과 해를 말한다. 하나님께서 하늘과 땅을 창조하시고 일곱째 날에는 안식하셨다. 그래서 7일이라는 숫자와 일곱째 달에는 하나님의 하늘과 땅의 창조의 역사와 안식까지의 모든 과정을 한눈에 볼 수 있는 성경적인 의미들이 있다.

매년 일곱째 달을 지키며, 무교절 기간 7일을 지키고, 초막절은 8일까지 거룩하게 지키기를 원하시고, 따라서 나팔절인 일곱째 달 1일은 새로운 날의 시작을 의미하므로 긴 하루, 즉 이틀에 걸쳐 보낸다(One long day). 이날은 책이 열리는 날이다.

나팔절은 어린 양의 대관식을 치르는 날이다.

> "문들아 너희 머리를 들지어다 영원한 문들아 들릴지어다 영광의 왕이 들어가시리로다 영광의 왕이 누구시냐 강하고 능한 여호와시요 전쟁에 능한 여호와시로다 문들아 너희 머리를 들지어다 영원한 문들아 들릴지어다 영광의 왕이 들어가시리로다 영광의 왕이 누구시냐 만군의 여호와께서 곧 영광의 왕이시로다"(시 24:7-10).

> "또 내가 크고 흰 보좌와 그 위에 앉으신 이를 보니 땅과 하늘이 그 앞에서 피하여 간 데 없더라 또 내가 보니 죽은 자들이 큰 자나 작은 자나 그 보좌 앞에서 서 있는데 책들이 펴 있고 또 다른 책들이 펴졌으니 곧 생명책이라 죽은 자들이 자기 행위를 따라 책들에 기록된 대로 심판을 받으니"(계 20:11-12).

> "내가 또 보고 들으매 보좌와 생물들과 장로들을 둘러 선 많은 천사의 음성이 있으니 그 수가 만만이요 천천이라 큰 음성으로 이르되 죽임을 당하신 어린 양은 능력과 부와 지혜와 힘과 존귀와 영광과 찬송을 받으시기에 합당하도다 하더라 내가 또 들으니 하늘 위에와 땅 위에와 땅 아래와 바다 위에와 또 그 가운데 모든 피조물이 이르되 보좌에 앉으신 이와 어린 양에게 찬송과 존귀와 영광과 권능을 세세토록 돌릴지어다 하니"(계 5:11-13).

"불이 강처럼 흘러 그의 앞에서 나오며 그를 섬기는 자는 천천이요 그 앞에서 모셔 선 자는 만만이며 심판을 베푸는데 책들이 펴 놓였더라 그때에 내가 작은 뿔이 말하는 큰 목소리로 말미암아 주목하여 보는 사이에 짐승이 죽임을 당하고 그의 시체가 상한 바 되어 타오르는 불에 던져졌으며"(단 7:10-11).

반면 일곱째 달 10일부터 14일은 속죄를 통하여 책이 덮이는 날이다. 이제 모든 심판이 끝난 것이다. 그리고 일곱째 달 15일부터 21일은 초막절인데 왕의 어린 양의 혼인 잔치가 치러지고 새 하늘과 새 땅이 열리는 날이다.

신명기 15장 3절 "이방인에게는 네가 독촉하려니와 네 형제에게 꾸어준 것은 네 손에서 면제하라"는 말씀에 대한 의미:

구원은 이스라엘을 통해서 이루어지는 모습을 말한다. 하나님께서 이스라엘과 언약을 하시면서 모든 이방인의 구원은 이스라엘 백성을 통해서 이루어지게 될 것을 말씀하고 계신다. 그런데 혹자들은 이미 언약은 이스라엘에게서 떠났다고 말하는 이들이 있다. 그러나 그렇지 않다. 우리 예슈아는 나무로 치면 뿌리이고 줄기이시지만 이스라엘은 원가지이다. 이방 나라는 이스라엘 원가지에 붙어 있는 곁가지가 되는 것이다. 하나님께서는 결코 이스라엘을 버리지 않으셨다. 로마서 11장, 그리고 마태복음 25장의 양과 염소의 나라의 비유를 통해서 말씀하고 계신다.

바울 신학에 대한 잘못된 이해로 인해서 마치 이스라엘은 구원에서 멀어지고 탈락이 된 것처럼 말하고 있다. 유대인들은 아예 구원의 은혜에 들어오지 않고 있다고 말하는 이들도 있다. 그러나 그렇지가 않다. 여전히 유대인들은 언약의 백성으로서 유효하다.

성경에서는 그들이 돌아올 것을 말하였고, 그들은 결국 오랜 역사의 끝에 하나님이 약속하신 약속의 땅으로 다시 돌아왔는데, 지금의 이스라엘에 돌아온 것이다. 현대 신학을 폄하하고 싶은 마음은 없다. 단지 성경의 역사적인 사실을 말하고 있을 뿐이다.

마태복음 15장 가나안 여인의 사건에 들어가 보자(21-28절).

"다윗의 자손이여 나를 불쌍히 여기소서" 하였다(22절). 이것은 가나안 여인의 외침이다. 그러나 예수께서는 반응이 없으시다. 제자들의 질문에 주님이 이렇게 말씀하신다. "나는 이스라엘 집의 잃어버린 양 외에는 다른 데로 보내심을 받지 아니하였노라"(24절). 예슈아께서 이렇게 말씀하심이 이해가 가지 않을 수도 있다. 그러나 오순절 성령 강림의 역사를 기억해 보라. 이 사건을 염두에 두고 말씀하신 것이다. 성령이 임하고 난 다음 어떤 일이 있었는가? 3,000명이 회개하고 돌아왔다. 누구를 통해서 돌아왔는가? 유대인이 돌아오고 유대인을 통해서 이방인들이 돌아오는 사건을 초대교회를 통해서 보게 된 것이다.

사도행전 2장 6-8절에 "이 소리가 나매 큰 무리가 모여 각각 자기의 방언으로 제자들이 말하는 것을 듣고 소동하여 다 놀라 신기하게 여겨 이르되 보라 이 말하는 사람들이 다 갈릴리 사람이 아니냐 우리가 각 사람이 난 곳 방언으로 듣게 되는 것이 어찌 됨이냐"고 하였다.

이들은 갈릴리 사람들이 성령을 받고서 말하는 각 지역의 방언의 소리를 듣고 놀랐다. 그 자리에는 각 지역의 이방인이 섞여 있었던 것이다. 그렇기 때문에 자신들의 지역의 방언을 알아들을 수 있었다. 즉 성령의 임재와 역사를 통해서 각 나라에 있는 이방인들에게 구원이 이르게 될 것을 그들이 눈으로 보고 있는 것이다. 누구를 통해서 구원의 역사가 나타나는가? 이스라엘을 통해서 나타난다. 그 광경을 그들이 지금보고 있는 것이다.

그러면 이 일은 누구의 몫이라고 말씀하고 계시는가? 제자들 즉 유대인들의 몫이라고 말씀하고 계신다(롬 11:1-2, 11-12, 16, 20-21). 오순절 성령 강림의 역사는 제자들에게 주님의 거룩한 사역을 깨닫는 것이요, 이방인에게는 구원의 날이 이르게 되는 것을 보게 될 것을 보여주고 있다.

신명기 15장 3절 "이방인에게는 네가 독촉하려니와":

이방인으로 하여금 회개하고 돌아오게 할 책임이 이스라엘에게 있다는 것이다.

요나서를 보면 하나님께서 요나에게 큰 성읍 니느웨로 가서 외칠 것을 말씀하신다(욘 1:2). 니느웨는 어떤 성인가? 앗수르의 수도이다. 또한 앗수르는 어떤 나라인가? 북이스라엘을 침략하여 멸망시킨 나라이다. 그런 이방의 나라에 가서 요나에게 회개 복음을 전하라는 것이다.

이것이 이스라엘의 사명이다. 그런데 요나가 이스라엘의 사명을 부인하고 있다. 요나가 하나님의 얼굴을 피하여 도망하고 말았다(3절). 이것이 현재 유대인들이 갖고 있는 감정이다. 이방인에게는 하나님의 구원이 이르지 않는다고 생각하고 있다. 자신들만이 구원의 백성이라는 것이다.

이런 유대인의 자만과 편견을 깨뜨리기 위해서 하나님께서는 홀로코스트라는 시련을 겪게 하셨는지도 모른다. 어쩌면 우리 자신에게도 유대인의 잣대가 있지는 않은지 생각해 볼 문제이다. 우리는 어느 누구도 판단할 수도, 정죄할 수도 없다. 그가 의인이든 악인이든 하나님은 돌아오기를 기다리고 계신다.

요나서 3장 4절을 보면, "요나가 그 성읍에 들어가서 하루 동안 다니며 외쳐 이르되 사십 일이 지나면 니느웨가 무너지리라" 하였다.

여기서 40일은 회개와 경고의 기간이다. 모세가 이스라엘 백성이 타락한 후 시내 산에 올라가 이 백성을 용서하여 줄 것을 기도하는 기간이 40일이었다. 어떤 일이 있었는가? 다시 토라를 받아서 내려왔다. 요나서에서는 하나님께서 이방인인 니느웨 백성에게 경고하시며 회개할 것을 말씀하고 계신다. 이방인이 주님께 생명으로 빚진 채무를 독촉하시는 것이다.

그러자 5절에 "니느웨 사람들이 하나님을 믿고 금식을 선포하고 높고 낮은 자를 막론하고 굵은 베옷을 입은지라"(붉은 암송아지를 통한 속죄의 모습) 하였다.

마태복음 18장 21-35절의 용서할 줄 모르는 종의 비유 통해서 신명기 15장을 보라!

> "그때에 베드로가 나아와 이르되 주여 형제가 내게 죄를 범하면 몇 번이나 용서하여 주리이까 일곱 번까지 하오리이까 예수께서 이르시되 네게 이르노니 일곱 번뿐 아니라 '일곱 번을 일흔 번까지라도' 할지니라"(마 18:21-22).

예슈아께서 이 말씀을 하신 이유에 대해서 살펴보자. 왜 일곱 번씩 일흔 번을 용서하라고 하실까? 무엇을 염두에 두고 말씀하신 것일까? 일곱은 하나님의 완전한 숫자이시다. 창조의 완전한 역사를 의미한다.

따라서 하나님은 첫째 달과 일곱째 달을 중요하게 여기신다. 무교절도 7일을 지키고 안식일도 7일째를 거룩하게 하라고 하신다. 초막절도 7일간 안식일과 같이 보내는 절기이다. 그러면 예슈아께서 무엇을 말씀하고 계시는 것일까?

'일곱 번의 안식일에 하루를 더한 날' 하면 무엇이 떠오르는가? 밀의 수확기인 오순절이다. 49일에 하루를 더하여 오순절을 지키라고 말씀하신다(레 23:16) 그러면 '일곱 번씩 일흔 번을 하면 490일'이다. 여기에 오순절의 하루를 더한 것처럼 열흘을 더하면 희년의 의미가 된다. 희년은 모든 것을 면제 받는 날이다. 탕감 받는 날이다. 오순절을 생각해 보자. 이날에 어떤 일이 있었는가?

첫 번째 오순절은 토라를 받은 날이다(출 19장). 두 번째 오순절은 어떤 일이 있었는가? 성령을 받고 3,000명이 회개하고 구원을 받은 날이다. 또한 초막절 7일 동안 70마리의 소를 잡아 나라와 민족의 죄를 속죄하는 날이다. 나라들의 죄, 즉 죄의 빚을 탕감 받는 날이다. 우리 주님은 장차 예슈아로 말미암아 죄의 빚에서 놓임 받고 탕감 받는 날을 말씀하고 계신 것이다.

> "너는 에돔 사람을 미워하지 말라 그는 네 형제임이니라 애굽 사람을 미워하지 말라 네가 그의 땅에서 객이 되었음이니라 그들의 삼 대 후 자손은 여호와의 총회에 들어올 수 있느니라"(신 23:7-8).

신명기 16장의 무교절 안에는 창조와 종말의 역사가 있다.

먼저 무교절에는 왜 누룩 없는 떡을 먹어야 하는가? 그것도 7일 동안이다. 누룩이 없는 떡은 하나님의 백성의 거룩한 삶을 의미한다.

> "나는 여호와 너희의 하나님이라 내가 거룩하니 너희도 몸을 구별하여 거룩하게 하고"(레 11:44).

또한 우리는 '누룩 없는 떡'이라고 하신다(고전 5:7-8). 따라서 우리는 누룩 없는 떡을 7일 동안 먹는다. 7일째(Shabbt)는 안식일이다. 이날은 성회로 모이는 날이다. 성회의 뜻은 '예행 연습'이다. 준비하는 것이다. 주님과 함께 안식을 준비하는 것이다.

> "너는 엿새 동안은 무교병을 먹고 일곱째 날에 네 하나님 여호와 앞에 성회로 모이고 일하지 말지니라"(신 16:8).

엿새 동안 무교병을 먹고 사람이 하나님과 동행하는 6,000년의 역사를 의미한다. 마지막 7일째는 아무 노동도 하지 말고 성회로 모이라는 것이다. 마지막 1,000년 새 하늘과 새 땅을 준비하는 역사이다. 그래서 초막절이 7일이 지나 8일까지 안식일이다. 8일은 영원한 안식의 시작을 의미한다(계 21장; 슥 14:16-18).

따라서 이방인에게 빛을 독촉하라는 것은 이방인에게 구원의 빛이 이르렀으니 회개하고 돌아오라는 복음적인 의미가 들어 있다.

23

요한복음 2장 1-11절 가나 혼인 잔치에 나타난 하나님의 징조

유대인의 결혼 풍습을 먼저 살펴보자. 교회와 예수 그리스도의 관계를 결혼으로 비유하고 있다.

> "아내들이여…남편들아…이 비밀이 크도다 나는 그리스도와 교회에 대하여 말하노라"(엡 5:22-32).

마태복음 22장 혼인 잔치를 베푼 어떤 왕의 비유, 열 처녀의 비유(마 25장), 유대인의 결혼(키두신, kid-dushin), '성화'(sanctification)라는 뜻을 살펴보자. 유대인들이 결혼을 얼마나 신성하게 여기는가를 보여주고 있다. 유대인들에게 있어서 결혼의 가장 큰 목적은 "다산하고 번성하라"는 하나님의 최초의 명령을 수행하는 데 있다. 예수님 당시 유대인들은 열두세 살이 되면 결혼을 시켰다(그러나 아주 어렸을 때 부모들에 의해 짝이 정해지는 경우가 많았다). 유대인의 결혼 풍습과 예수님의 사역은 매우 같다. 유대인의 결혼은 약혼과 결혼식으로 이루어진다. 예수님의 초림과 재림과도 같다.

1) 정혼

결혼하기 원하는 남자가 여자 부모에게 찾아가는 모습은 예수님의 초림을 말한다. 신부를 얻기 위해 예수 그리스도께서 아버지 집을 떠나 세상에 오셨다.

"하나님이 자기의 독생자를 세상에 보내심은"(요일 4:9).

"내가 아버지께에게서 나와 세상에 왔고 다시 세상을 떠나 아버지께로 가노라"(요 16:28).

신랑은 그 부모에게 상당한 액수의 돈(bride price, 신부값/납폐금)을 지불한다. 야곱은 라반의 두 딸과 결혼하기 위해 14년간을 일해야 했다. 예슈아께서도 교회를 위해서 대가를 지불하셨으니, 고린도전서 6장 20절에 '주께서 값을 치르고 너희를 사셨다'고 말씀하고 있다.

"여러분은 자기를 위하여 또는 온 양 떼를 위하여 삼가라 성령이 그들 가운데 여러분을 감독자로 삼고 하나님이 자기 피로 사신 교회를 보살피게 하셨느니라"(행 20:28).

이렇게 신부의 아버지에게 돈을 지불한 후에는 두 사람이 아내와 남편으로 간주되고(즉, 결혼 계약이 확립됨) 신랑 외에는 그 누구도 신부에 대하여 소유권을 주장할 수 없다. 신부를 위해 값을 지불했으므로 그녀는 영원히 신랑의 것이 된다. 교회도 법적으로 예수 그리스도의 신부가 되었으므로 아무도 교회(성도들)를 자기 것으로 주장할 수 없고 영원히 그리스도의 것이 되었다. 결혼 계약이 성립되면 남자가 여자에게 포도즙 한 잔을 따라 준다. "나는 당신을 나의 아내로 맞고 싶습니다. 이 포도즙을 당신에게 따라 줌으로 나는 당신을 위해 나의 생명을 바칠 것을 다짐합니다. 당신도 이 잔을 받아 마심으로 나의 아내가 되어 주기를 바랍니다."

여자가 그것을 받아 마시면 결혼을 승낙하는 것이 된다. 주님께서 아버지 집으로 돌아가시기 직전 유월절에 새 언약의 피를 주신 것이다. "나는 너희를 사랑한다. 그러므로 너희가 나의 영적인 신부가 되기를 원한다." 우리는 예수님의 결혼 초청을 받아들임으로써 예수님의 신부가 된 것이다.

신랑이 아버지 집으로 돌아간다. 모든 것이 다 준비되면 신부를 데리러 오겠다는 약속을 하고 떠나는 것이다. 주께서 "내가 너희를 위하여 처소를 예비하러 가겠다"고 말씀하신 부분이다.

예슈아께서는 아버지께로 올라가셨다. 예슈아께서는 교회에게 다시 돌아오겠다고 약속하고 떠나셨다.

> "내가 너희를 위하여 거처를 예비하러 가노니 가서 너희를 위해 거처를 예비하면 내가 다시 와서 너희를 내게로 영접하여 나 있는 곳에 너희도 있게 하리라"(요 14:2-3).

여자 집을 떠나기 직전에 남자는 여자에게 선물을 주는데, 이것은 청혼을 받아 준 데 대한 감사의 표시이기도 하며, 떨어져 있는 동안에도 기억해 달라고 하는 의미도 된다.

예슈아께서 제자들을 떠나시면서 그들에게 선물을 주셨으며, 선물은 제자들에게 신랑 되시는 예수에 관한 모든 것을 기억나게 하신 것이다.

> "내가 떠나가는 것이 너희에게 유익이라 내가 떠나가지 아니하면 보혜사가 너희에게로 오시지 아니할 것이요"(요 16:7).

"그러하나 내가 너희에게 실상을 말하노니 내가 떠나가는 것이 너희에게 유익이라 내가 떠나가지 아니하면 보혜사가 너희에게로 오시지 아니할 것이요 가면 내가 그를 너희에게로 보내리니"(요 16:7).

"보혜사 곧 아버지께서 내 이름으로 보내실 성령 그가 너희에게 모든 것을 가르치시고 내가 너희에게 말한 모든 것을 생각나게 하시리라"(요 14:26).

집으로 돌아간 신랑은 신부를 데리고 올 준비를 하는데, 이러한 준비 가운데 가장 중요한 것은 신부와 함께 지낼 집을 짓는 것이다.

"내가 너희를 위하여 거처를 예비하러 가노니 가서 너희를 위하여 거처를 예비하면"(요 14:2-3).

약혼 기간은 보통 1년에서 2년 정도였다. 약혼 기간을 최소한 1년으로 잡은 것은 약혼녀의 성적인 순결을 확인하기 위한 목적도 있었다. 이러한 것을 고려할 때 요셉의 아내 마리아의 경우는 파혼 사유가 된다. 이 기간 동안에 남자와 여자는 거의 만날 수 없고, 각자 자기 집에서 새로운 가정을 이룰 준비를 하게 된다. 여자는 남자가 주고 간 선물을 볼 때마다 남자를 생각한다. 정혼은 모든 면에 있어서 결혼과 똑같은 효력이 있었지만 그러나 약혼은 아직 미완성된 결혼이다. 결혼식 이전까지는 만나지 못하고 기다려야 하며 결혼식이 끝나야 함께 살 수 있다. 약 2,000년 동안 우리는 신랑되신 예수님을 기다리고 있는 것이다.

결혼식 전까지 두 사람은 아직 한 몸을 이루지 못했지만 정신적으로는 이미 하나가 되고 함께 살고 있는 것이므로 간음을 하지 말아야 한다.

> "내가 하나님의 열심으로 너희를 위하여 열심 내노니 내가 너희를 정결한 처녀로 한 남편인 그리스도께 드리려고 중매함이로다"(고후 11:2).

> "남편들아 아내 사랑하기를 그리스도께서 교회를 사랑하시고 위하여 자신을 주심같이 하라 이는 곧 물로 씻어 말씀으로 깨끗하게 하사 거룩하게 하시고 자기 앞에 영광스러운 교회로 세우사 티나 주름잡힌 것이나 이런 것들이 없이 거룩하고 흠이 없게 하려 하심이니라"(엡 5:25-27).

혼인 날짜, 즉 남자가 여자를 데리러 가는 날짜는 남자의 아버지의 권한에 속해 있다. 아버지는 모든 것이 다 준비된 것을 확인한 다음에야 아들을 신부에게로 보내며, 그때가 언제인지는 신랑도 모르고 신부도 모른다. 신부는 그때를 묻지 않는다. 다만 그녀가 알고 있는 것은 모든 것이 다 준비되면 곧 신랑이 혼인 잔치를 위해 데리러 올 것이라는 것뿐이다. 신부는 언제든지 신랑이 데리러 오기만 하면 즉시로 떠날 수 있는 준비를 갖추고 있어야 한다.

예슈아의 재림 날짜는 아버지 하나님만 아신다.

> "그러나 그날과 그때는 아무도 모르나니 하늘의 천사들도, 아들도 모르고 오직 아버지만 아시느니라 노아의 때와 같이 인

자의 임함도 그러하리라"(마 24:36-37).

"그런즉 깨어 있으라 너희는 그날과 그 시를 알지 못하느니라" (마 25:13).

2) 열 처녀 비유(마 25장)

"그러나 그날과 그때는 아무도 모르나니 하늘에 있는 천사들도, 아들도 모르고 아버지만 아시느니라 주의하라 깨어 있으라 그때가 언제인지 알지 못함이니라 가령 사람이 집을 떠나 타국으로 갈 때에 그 종들에게 권한을 주어 각각 사무를 맡기며 문지기에게 깨어 있으라 명함과 같으니 그러므로 깨어 있으라 집 주인이 언제 올는지 혹 저물 때엘는지, 밤중엘는지, 닭 울 때엘는지, 새벽엘는지 너희가 알지 못함이라"(막 13:32-35).

신랑의 도착 시간이 종종 한밤중이 되기도 했다(사막 지역은 밤부터 새벽까지 결혼식이 있다). 주님의 재림이 늦은 밤에 이루어질 가능성도 있다는 것이다(성경은 이스라엘 결혼 풍습을 자세히 소개 하고 있다).

"또한 너희가 이 시기를 알거니와 자다가 깰 때가 벌써 되었으니 이는 이제 우리의 구원이 처음 믿을 때보다 가까웠음이니라 밤이 깊고 낮이 가까웠으니 그러므로 우리가 어두움의 일을 벗고 빛의 갑옷을 입자"(롬 13:11-12).

신랑이 신부의 집으로 돌아옴

신랑이 신부의 집에 도착하면 신랑의 들러리들이 쇼파르(뿔나팔)

를 불어대며 신랑이 왔다는 사실을 알리기 위해 큰 소리로 외친다.

> "보라 신랑이로다 맞으러 나오라"(마 25:6).

예슈아의 공중 재림

신랑이신 예슈아께서 공중에 임하실 때 천사들(들러리들)이 함께 오며 천사장의 나팔 소리가 있게 될 것이다.

> "주께서 호령과 천사장의 소리와 하나님의 나팔로 친히 하늘로 좇아 강림하시리니 그리스도 안에서 죽은 자들이 먼저 일어나고 그 후에 우리 살아 남은 자도 저희와 함께 구름 속으로 끌어 올려 공중에서 주를 영접하게 하시리니 그리하여 우리가 항상 주와 함께 있으리라"(살전 4:16-17).

신부를 데리고 신랑 집으로 온 후 혼인 만찬이 있게 된다. 혼인식은 신랑의 집에서 저녁에 치르는데, 이때 사람들은 횃불을 들고 행렬을 이루어 결혼식장으로 간다. 오래 횃불을 사용하려면 많은 기름이 필요한데, 열 처녀의 비유에서 다섯 처녀들이 횃불을 밝히기 위한 충분한 기름을 준비하지 못해 낭패를 당한 것이다.

혼인 잔치를 주관하는 집에서는 주인이 손님들을 두 번 청하는데, 첫 번째 초대는 잔치가 있음을 알리고 잔치에 참석해 달라고 하는 초청이고, 두 번째 초청은 모든 잔치 준비를 다 끝내고 어서 와서 잔치에 참석하라고 하는 초청이다. 신랑과 신부는 결혼하는 날 하나님 앞에 속죄를 받기 위하여 결혼식을 올릴 때까지 금식을 하는데 이것은 과거의 모든 죄를 다 사함 받고 새로운 출발을 하기 위함이다. 그런 뜻에서 이날을 '개인적인 대속죄일'(Yom Kippur)이라고 부른다.

결혼식은 반드시 후파에서 거행되는데, 신랑과 신부가 들러리들에 에워싸여 후파가 준비된 장소로 등장을 하게 된다(이 후파는 차양으로서 그 안에 신랑과 신부가 들어가서 결혼식을 올린다. 오늘날 우리에게 살펴볼 수 있는 것은 텐트 위에 치는 것을 상상하면 좋을 듯).

또한 고대에는 결혼식을 야외에서 올렸는데, 이것은 하나님께서 아브라함에게 하늘의 별들을 바라보라고 하시면서 하늘의 별만큼 많은 자손을 주시겠다고 약속하신 데서 유래되었다. 신랑과 신부가 후파에 들어가기 전 신랑은 신부의 얼굴에 베일을 덮어 준다. 신랑과 신부가 후파에 도착하게 되면 신랑이 신부 주위를 일곱 바퀴를 돈다. 결혼식은 두 사람의 증인이 지켜보는 가운데 이루어지는데, 신랑이나 신부의 가족이나 친척(비록 거리가 먼 친척이라고 할지라도)은 증인으로 세울 수가 없다. 결혼식이 거행되는 가운데 신랑은 신부에게 반지를 끼워 준다[이 반지에는 보석을 박거나 무늬를 새기지 못하도록 되어 있다. 그렇게 하기 위해서는 반지에 흠을 내야 되기 때문이다. 이를 슐라못 반지(온전한 반지)라고 부른다].

신랑은 케투바(Ketubah)라고 하는 결혼 증서에 서명하고 낭독한 후 그것을 신부에게 건네준다. 케투바는 신부를 보호하기 위한 것으로서, 신부에 대한 신랑의 의무들을 밝히고 있다. 이 케투바는 평생 동안 간직하도록 되어 있으며 만일 이것을 잃어버리면 다시 써야 했다.

교회가 공중에서 혼인 만찬이 있게 됨

> "또 내가 들으니 허다한 무리의 음성도 같고 많은 물 소리도 같고 큰 뇌성도 같아서 가로되 할렐루야 주 우리 하나님 곧 전능하신 이가 통치하시도다 우리가 즐거워하고 크게 기뻐하여 그에게 영광을 돌리세 어린 양의 혼인 기약이 이르렀고 그 아내가 예비하였으니, 그에게 허락하사 빛나고 깨끗한 세마포를 입게 하셨은즉 이 세마포는 성도들의 옳은 행실이로다 하더라 천사가 내게 말하기를 기록하라 어린 양의 혼인 잔치에 청함을 입은 자들이 복이 있도다 하고 또 내게 말하되 이것은 하나님의 참되신 말씀이라 하기로"(계 19:6–9).

결혼예식이 끝나면 신랑과 신부가 신부 방(신방)에 들어가고 서로 한 몸이 된다. 하나가 되는 의식을 치른 후 밖에서 기다리고 있는 신랑의 친구에게 그 사실을 알려 주면, 그제야 잔치가 시작된다. 즉 결혼예식을 통해 법적으로 하나가 되고, 신방에 들어가 신랑과 신부가 실제적으로 하나가 된 다음에 잔치가 본격적으로 시작되는 것이다.

혼인 잔치(만찬)는 7일간 계속된다[잔치를 7일 동안 하는 것은 야곱이 레아를 맞이하고 7일 동안 초례 기간을 가진 데서 비롯되었다고 한다(창 29:27)],

기간이 길기 때문에 요한복음 2장에서와 같이 포도즙이 떨어지는 일이 가능했을 것이다.

이 기간 동안 신부는 신부 방에서 나오지 않고 7일 후 신부가 나오면 신랑이 신부의 얼굴의 베일을 벗겨 준다. 교회와 그리스도가 영적으로 한 몸이 되는 것이다. 혼인 잔치가 끝나면 세상에 신부와 함께 오셔서 신부를 공개하신다.

모두가 이 혼인 잔치의 신부로서 신랑과 함께하기를 바란다.

요한복음 2장에 나타난 예슈아의 첫 이적으로 나타난 징조

다음은 예수님께서 일으키신 첫 이적의 사건인 가나 혼인 잔치에 대해서 살펴보고자 한다. 우리는 유대의 혼인 풍습에 대해서 배웠다. 그 의미를 되새기기를 바란다.

우리가 주목할 것은 왜 이처럼 주님은 혼인 잔치에 대해서 강조를 하셨을까 하는 점이다. 그것은 혼인 잔치의 주인이 예슈아이시기 때문이다. 그리고 이 혼인 잔치를 베푸신 이는 아버지이시다. 아들을 위하여 아버지가 혼안 잔치를 베푸시는 것이다.

이 혼인 잔치는 신약성서에만 중심 된 사건으로 강조된 것이 아니다. 창세기 24장을 보면 아브라함이 아들인 이삭을 위하여 혼인 잔치를 준비하는 사건이 나오는데, 엘리에셀에게 각종 금은보화와 포도즙을 챙기고 엄히 당부한 후 아들을 위한 혼인 잔치를 준비하는 모습을 볼 수가 있다. 야곱의 예도 마찬가지이다(창 29장). 유대인의 결혼 풍습을 보면 신랑이 신부에게 납폐금과 패물을 준비하여 혼인 잔치를 준비한다. 이와 같이 혼인 잔치는 아버지가 아들과 아들의 신부를 위해서 베푼 잔치이다. 혼인하기를 원하는 신랑이 신부의 집으로 찾아간다.

창세기 19장은 하나님께서 이스라엘 백성에게 찾아오셔서 הרות(토라)를 주심으로 정혼하는 장면이다. 혼인 전 단계를 말한다. 토라를 주신 것은 장차 혼인을 하기 위한 약속이다. 따라서 우리는 예슈아와 아직 혼인 단계가 아닌 정혼의 단계이다(Eid-dushin). 혼인하기 원하는 남자가 여자와 부모에게 찾아간다(예슈아의 초림). 장차 혼인을 약속한 단계이다.

정혼한 신부는 혼인의 날짜까지 신랑을 위하여 최선을 다하여 신부로서 본분을 다하여야 한다. 정결한 신부로서 신랑을 맞이하기 위해서 말이다. 그래서 하나님은 거룩한 신부들과의 약속을 주셨는데 그것이 토라이다.

토라를 지키는 것은 신부의 의무요 책임인 것이다. 토라를 통해서 정혼한 것이다. 만약에 당신의 정혼한 신부가 혼인하기까지 그 의무를 다하지 않고 다른 남자와 정을 통한다면 당신은 어찌하겠는가? 신부의 부도덕성 때문에 당장에 파혼당할 것이다. 토라에 무엇이라고 하는가? 파혼뿐만이 아니라 거룩하지 않은 신부는 돌로 치게 되어 있다. 심판을 의미한다.

혼인 잔치의 주인은 예슈아(ישוע)이시다. 우리는 그 주님의 신부가 된 것이다. 그래서 우리는 정결하고 구별된 모습으로 장차 약속한 혼인 잔치를 위해 준비하여야 한다. 그리고 신랑을 맞이해야 한다. 따라서 가나 혼인 잔치에 나타난 하나님의 징조를 살펴보기로 한다.

> "내가 시초부터 종말을 알리며 아직 이루지 아니한 일을 옛적부터 보이고 이르기를 나의 뜻이 설 것이니 내가 나의 모든 기뻐하는 것을 이루리라 하였노라"(사 46:10).

> "'사흘째 되던 날' 갈릴리 가나에 혼례가 있어 예수의 어머니도 거기 계시고"(요 2:1).

아담으로부터 예슈아까지가 4,000년의 역사이다. 아담 이후 4,000년 후에 예슈아께서 오신 것이다. 하나님께서 하늘과 땅을 창조하신 기간은 6일이다. 즉 6,000년의 역사를 말한다. 그 중간인 4,000년 만에 예슈아께서 오신 것이다. 요한계시록에 일곱 촛대가 등장하는데, 그 일곱 촛대(메노라)의 가장 중심 네 번째 위치가 예슈아이시다. 요한계시록 1장 13절에 "촛대 사이에 인자 같은 이가 발에 끌리는 옷을 입고 가슴에 금띠를 띠고"라 하였다. 사도 요한이 일곱 촛대 사이에 계신 예슈아를 본 것이다.

그러면 '사흘째 되던 날'이란 어떤 날을 의미하는가? 7,000년의 역사가 이루어지는 모습이다. 사흘 후에 가나에 혼인 잔치가 있었던 것처럼 이날에 혼인 잔치가 있을 것을 나타내시는 것이다. 가나 혼인 잔치처럼 우리에게도 이날 혼인 잔치가 치러지는데 어느 때인가? 신랑과 혼인 잔치를 치르는 때는 초막절기이다. 이날이 초막절이 될 것을 나타내는 것이다. 초막절은 7일간 기쁨으로 지낸다. 왜 그럴까? 이날은 아들의 생일이며 아들의 혼인 잔치이기 때문에 기쁨으로 보내는 절기이다. 종려나무의 가지를 흔들고 시내 버들을 흔들며 기쁨으로 지내는 절기이다.

시내 버들을 흔들 때 어떤 일이 벌어지겠는가? 바람이 일 것이다. 성령의 바람을 상징한다. 지혜와 지식의 성령이 덮일 것을 말하고 있다. 하늘에서 땅까지 물이 바다를 덮음같이, 바다에서 바다까지 덮이듯이 말이다. 그래서 초막절이 되면 복된 소낙비가 내리기를 기도하는 것이다(합 2:14; 호 6:3; 욜 2:23; 신 33:1-2).

> "예수께서 이르시되 여자여 나와 무슨 상관이 있나이까 '내 때가 아직 이르지 아니하였나이다'"(요 2:4).

주님께서 말씀하신 '내 때'란 어느 때인가? 초림의 주님의 때가 아닌 재림의 주님의 때이다. 주님의 때인 혼인 잔치(kid-dushin)의 때가 아직 되지 않았다는 것을 말씀하신다. 마지막 절기인 가을 절기 초막절의 때가 되지 않았다는 말씀이다. 혼인 잔치는 준비되었지만 아직 아들의 때가 되지 않은 것이다.

> "그의 어머니가 하인들에게 이르되 너희에게 무슨 말씀을 하시든지 그대로 하라 하니라"(요 2:5).

창세기를 보라. 바로가 애굽 백성에게 요셉을 두고 한 말을 생각해 보라.

창세기 41장 55절을 보면, "애굽 온 땅이 굶주리매 백성이 바로에게 부르짖어 양식을 구하는지라 바로가 애굽 모든 백성에게 이르되 요셉에게 가서 그가 너희에게 이르는 대로 하라 하니라"고 하였다.

> "거기에 유대인의 정결 예식을 따라 두세 통 드는 '돌 항아리 여섯'이 놓였는지라"(요 2:6).

'돌 항아리 여섯'은 인간 창조의 6,000년 역사를 의미하는데, 창조의 역사의 주인이신 예슈아께서 지금 혼인 잔치에 계신 것이다. 또한 봄 절기와 가을 절기의 여섯 절기를 의미하기도 한다. 예슈아께서 오시므로 비어 있던 봄 절기 유월절, 무교절, 오순절의 절기의 항아리는 아구까지 채워졌다. 나머지 가을 절기의 항아리인 나팔절, 대속죄일, 초막절의 절기의 항아리의 아구는 채워지지 않았다. 그러나 창조주이시고 구원의 주이시며 재림의 주이신 예슈아께서 나머지 가을 절기의 항아리를 채우시기 위해 혼인 잔치에 와 계신다. 즉 초림에 와 계신 주님이 장차 재림을 말씀하시는 것이다.

'두세 통 드는 돌 항아리'의 의미는 이 모든 역사를 뒷받침하시는 증거가 될 것이다. 두세 통, 2,000년 전에 오셔서 이 봄 절기를 이루셨고, 아담의 범죄 이후 4,000년 후에 예슈아께서 봄 절기의 항아리인 세 항아리의 아귀를 채우셨다. 4,000년의 역사 이후 나머지 2,000년의 역사를 채우시고 이루실 것을 의미하고 있다.

"여호와께서 **이틀 후에** 우리를 살리시며 **셋째 날에** 우리를 일으키시리니 우리가 그의 앞에서 살리라"(호 6:2)고 하였다.

> "예수께서 그들에게 이르시되 항아리에 물을 채우라 하신즉 아귀까지 채우니"(요 2:7).

하나님의 창조의 역사가 예슈아를 통해서 이루어지는 것이다. 아버지는 침묵하시고 아들에 의해서 이루어지게 하신다. 아들의 창조의 역사를 이루시되 거룩한 동행은 우리의 몫이다. 돌 항아리의 아귀까지 채우는 것은 하인들의 몫이었지만 이 거룩한 하나님의 역사의 동행은 우리의 몫이다. 이 거룩한 동행에 필자와 여러분이 함께하기를 바란다. 이제 봄 절기가 이루어진 것처럼 반드시 이 가을 절기를 이루시기 위해 우리의 주가 되신 예슈아께서 이 땅에 왕으로 오실 것이다.

그러면 이해를 돕기 위해 호세아 6장 1-2절을 살펴보자.

1절에 "**오라 우리가 여호와께로 돌아가자** 여호와께서 우리를 찢으셨으나 도로 낫게 하실 것이요 우리를 치셨으나 싸매어 주실 것임이라" 하였다. "오라 우리가 여호와께로 돌아가자" 한 것은 속죄일을 말한다. 속죄일은 회개의 날이다.

2절에 "여호와께서 이틀 후에 우리를 살리시며 셋째 날에 우리를 일으키시리니 우리가 그의 앞에서 살리라" 하였다.

① '여호와께서 이틀 후에 우리를 살리시며'

아담 이후 4,000년이 지나서 이 땅에 토라이신 예슈아(ישוע)께서 육신의 몸으로 오셨으며 2,000년 전에 예슈아께서 나무에 달리셔서 우리의 죄와 허물을 덮으시고 우리를 살리셨다.

빌라도 법정에서 흠 없는 우리 예슈아를 나무에 달 것을 선고하고 죄를 짊어진 바라바를 놓아주었다(바라바: '아버지의 아들'처럼 죄인인 우리가 놓임을 받음).

② '셋째 날에 우리를 일으키시리니'

잠자는 자들의 첫 열매가 되신 예슈아께서 3,000년 역사의 마지막 가을 절기 때 왕으로 오실 주께서 우리를 일으키시는 역사, 들어올리시는 역사가 있을 것이다.

③ '우리가 그의 앞에서 살리라'

이때에 혼인 잔치가 있을 것이고 새 하늘과 새 땅이 열리므로 우리가 주님과 함께 영원한 안식을 누리게 될 것이다.

다시 요한복음 2장 9-10절로 돌아오자.

> "연회장은 물로 된 포도주를 맛보고도 어디서 났는지 알지 못하되 물 떠온 하인들은 알더라 연회장이 신랑을 불러 말하되 사람마다 먼저 좋은 포도주를 내고 취한 후에 낮은 것을 내거늘 그대는 지금까지 좋은 포도주를 두었도다 하니라"(요 2:9-10).

점점 좋은 포도주를 내었다는 것은 점점 시간이 지나면서 성화되는 과정이다. 우리는 시간이 지나면서 점점 성화되어야 한다. 성숙한 그리스도인이 되어 가는 과정이다. 그래서 바울도 믿음의 선한 싸움을 통해서 성화되기를 말하고 있다.

혼인 잔치가 끝이 나고 연회가 베풀어진다. 연회장은 축제일 수밖에 없다. 연회장에 있는 이들이 혼인 잔치의 참 기쁨을 누리고 있는 것이다. 장차 다가올 혼인 잔치는 신랑과 함께 기쁨을 누리는 것이다. 혼인 잔치의 결정판은 모든 사람들과 함께 기쁨을 누리는 축복의 잔치이다. 장차 우리도 이 자리에 함께함으로 신부로서의 기쁨을 누리는 복된 일이 있기를 바란다.

"그의 영광을 나타내시매 제자들이 그를 믿으니라"(요 2:11).

장차 도래할 아버지의 나라의 혼인 잔치의 영광이 있을 것을 보게 되고 믿게 된 것이다. 믿는 자에게는 장차 아버지의 나라가 나타나고 증거가 될 것이다. 진리에 순종하고 따르는 자들에게 나타날 증거들이다.

24

오순절에 나타난 하나님의 징조

오순절은 유월절이 지나 무교절부터 오머(Omer)를 세어 가는데, 일곱 번의 안식일이 지나고 하루를 더한 날이 오순절의 절기이다. 레위기 23장 16절에 "일곱 안식일 이튿날까지 합하여 오십 일을 계수하여 새 소제를 여호와께 드리되"라고 했는데 이는 오순절을 말한다.

오순절은 맥추절기라고도 한다. 이날은 밀의 수확기이다. 이날은 집에서 두 개의 빵 덩어리를 성전으로 가져왔는데, 이 빵은 고운 가루에 누룩을 넣고 만든다. 유월절과 무교절 때에는 고운 가루에 누룩을 넣지 않는 빵 무교병이다.

누룩이 들어간 이 두 덩이의 빵은 무엇을 의미하는가? 하나는 유대인을 의미하고, 하나는 이방인을 의미한다. 왜 누룩이 들어가야 하는가? 우리에게는 아직 죄가 있기 때문이다. 그래서 누룩이 섞인 빵이다. 성전으로 가져온 누룩을 넣은 두 개의 빵을 대제사장이 흔들어 여호와(יהוה)께 요제로 드린다. 제사장이 두 팔을 들어 빵을 거룩하게 하나님께 요제로 흔들어 드리는 것이다.

복음서에서 어떤 사건이 떠오르는가?

예슈아께서 빵을 들고 하늘을 향하여 축사하시는 장면이 떠오르지 않는가? 대제사장이신 예슈아께서 유대인과 이방인인 우리를 요제로 하나님께 드리시는 것이다.

마태복음 14장 14절부터 21절 사건이다.

> "무리를 명하여 잔디 위에 앉히시고 떡 다섯 개와 물고기 두 마리를 가지사 하늘을 우러러 축사하시고 떡을 떼어 제자들에게 주시매 제자들이 무리에게 주니"(마 14:19).

이때 떡 다섯 개는 고난을 상징한다. 초림의 메시아신 예슈아께서 고난 당하는 메시아의 모습을 드러내시는 것이다. 고난을 통해서 두 마리의 물고기(생명을 말한다), 즉 이틀 후에 잠자던 자들의 첫 열매가 되셔서 우리를 살리시는 것이다.

예슈아께서 축사하신 것은 대제사장으로서 아버지께 영광을 드리는 것이다. 마치 대제사장이 요제로 여호와께 드리는 것처럼 말이다. 즉 장차 아들이시며 하나님이신 예슈아께서 이 모든 일 7일의 역사(7,000년)를 이루실 것이다.

> "다 배불리 먹고 남은 조각을 열두 바구니에 차게 거두었으며"(마 14:20).

열두 광주리를 거두셨다. 이스라엘의 온전한 구원의 역사를 말한다. 이스라엘의 열두 지파의 머리가 되시는 주님께서 잠자는 자들의 첫 열매인 초실절의 첫 열매를 이루실 것을 나타낸 것이다(고전 15:20-23).

> "먹은 사람은 여자와 어린이 외에 오천 명이나 되었더라"(마 14:21).

오순절 때의 모습처럼 풍성한 수확을 거두신 것이다.

사도행전 4장 4절에 "말씀을 들은 사람 중에 믿는 자가 많으니 남자의 수가 약 오천이나 되었더라" 하였다. 상당히 좋은 수확을 거둔다. 말씀을 듣는 중에 5,000명이 회개하고 돌아온 놀라운 수확을 마치 밀 수확처럼 수확하게 된 것이다. 50일 오머(Omer)를 세어 간 후에 좋은 수확을 거두었다.

사도행전 21장 20절에 "그들이 듣고 하나님께 영광을 돌리고 바울더러 이르되 형제여 그대도 보는 바에 유대인 중에 믿는 자 수만 명이 있으니 다 율법에 열성을 가진 자라" 하였으니, 결국 유대인이 돌아오게 될 것을 말씀하시는 것이다. 따라서 유대인에게 언약[27](ברית, 베리트)이 끊어진 것이 아니라 유대인들이 하나님 품으로 돌아올 것이다. 지금도 많은 유대인들이 주님 품으로 돌아오고 있다. 창세기 44장 33-34절에 유다가 회개할 때 요셉이 자신을 형제들 앞에 드러낸 것처럼 유대인이 회개하고 돌아오는 날 주님이 돌아오실 것이다. 지금 수많은 유대인이 돌아오고 있다. 우리는 그래서 이들을 위해서 기도해야 한다.

우리와 유대인은 아주 친밀한 관계를 맺고 있다. 그들이 실족할 때에 이방인에게 은혜가 된 것처럼(롬 11장), 이제는 이방인을 통해서 유대인들이 돌아오게 되는 것이다. 그래서 우리가 그들을 위해

---

27) 언약((ברית, 베리트)

ברית: 교회 머리되신 예슈아께서 능력의 손과 십자가를 통해서 구원을 이루신다.

① ב(베트): 집

② ר(레쉬): 예수 그리스도(교회 머리 되신 예슈아)

③ י(요노): 하나님의 손(능력의 손)

④ ת(타트): 십자가

서 기도해야 한다.

다시 오순절의 이야기로 돌아가 보자.

제사장이 두 팔을 들어 빵을 거룩하게 요제를 드리는 날, 이날은 총연습의 날이다. 성회로 모이는 날이다. 사도행전 2장 1절에 "오순절 날이 이미 이르매 그들이 다같이 한곳에 모였더니"라고 하였다. 유대인들이 각국에서 예루살렘으로 모이는 것이다(출 23:14-16). 유대인들은 수천 년 동안 오순절을 지켜 왔다.

그러면 첫 번째 오순절 날은 어떤 일이 있었는가? 토라를 받았다. 시내 산에서 토라를 받은 날이다(출 19:16-18). 두 번째 오순절 날은 토라가 마음에 새겨진 날이다(행 2:1-4).

그래서 유대인들은 에스겔서를 읽는다(겔 1장). 그리고 룻기서를 읽는다. 룻기서의 배경이 보리 수확에서 밀 수확 때까지의 기간이다. 이방인에게 구원이 이루어지는 것이다. 룻기서의 보리 수확기 유월절부터 밀 수확기 오순절까지를 들추고 있다. 이스라엘 백성에게 유월절을 통해서 구원을 이룬 것처럼 이방인인 우리에게도 구원이 이루어질 것을 나타내고 있다.

성경 이해의 오류에 대해서

복음서에 베드로가 부인할 때에 정말로 닭이 울었을까?

거룩한 성전이 있는 예루살렘에 닭이 있을 수 없다. 거룩한 성에 거룩하지 않은 짐승, 부정한 짐승인 닭이 살 수가 없다는 것이다. 유대인들은 율법에 충실한 자들이다. 그래서 예루살렘에는 닭이 있을 수 없다(레 11장). 그러면 왜 번역 성경에는 닭이 울기 전 베드로가 부인한 것으로 번역되었을까? 그리고 지금도 베드로 기념교회 위에는 닭의 모습의 형상이 걸려 있다고 한다.

수탉의 소리는 제사장의 소리를 비유적으로 표현한 것이다.[28)] 해가 뜨면 한 제사장이 다른 모든 제사장들을 아침 제사에 나오라고 세 번 부른다고 한다. 닭 우는 소리가 아니라 제사장이 아침 제사에 나오라고 부르는 소리이다. 아침 제사에 나오라고 부르는 그 제사장의 직분이 수탉이었다고 한다.

그래서 베드로가 들은 소리는 제사장이 아침 제사에 나오라고 부르는 그 소리였다고 한다. 그리고 주님께서도 제사장이 제사에 나오라고 부르는 이 소리를 말씀하신 것이라고 한다. 따라서 베드로가 들은 소리는 닭의 소리가 아니라 제사장 직분을 맡은 제사장의 수탉의 소리라는 것이다.

레위기서 11장을 살펴보면 결코 닭은 거룩한 동물이 아니다. 쪽이 갈라졌으나 새김질을 하지 못하므로 정하지 못한 동물이다. 따라서 예루살렘에 닭을 기를 수 없다는 주장에 필자도 동의한다.

요한복음 4장 사마리아 여인을 통해서 본 주님의 메시지

그동안 우리가 알고 있었던 사마리아 여인에 대해서 살펴보고자 한다.

문제는 정말로 사마리아 여인이 우리가 그동안 들었던 것처럼 부도덕한 여인이었는가 하는 것이다. 그동안 이 여인에게 남편이 다섯이 있었다는 것을 보고 이 여인이 부도덕한 여인이며 품행이 좋지 않은 여자라고 생각한 것이다.

---

28) 엘샤다이선교회 유대인 목사인 마크 빌 목사의 주장.

그런데 2,000년 전 중동 지역의 여자들은 어떤 신분을 갖고 있었는가? 중동 지역의 여인들의 지위는 집에서 부리는 종과 같았다. 재산의 일부처럼 여겼다는 것이다. 그렇기 때문에 한 남자에게 매임을 당하게 되는데 이 매임을 당한 여인이 만약에 부도덕한 여인이요 창기처럼 헤픈 여인이었다면 어떤 일이 벌어졌겠는가? 이 여인은 당장에 돌에 맞아 죽었을 것이다. 율법에 무엇이라고 기록되어 있는가? 간음한 여인은 돌로 치라고 되어 있다. 그러므로 이 여인이 그러한 삶을 살았다면 벌써 율법에 의해서 정죄를 당했을 것이다.

아무리 사마리아 지역이 유대인들에게 적대 감정을 갖고 있었어도 그들은 하나님을 섬기는 이스라엘의 12지파 중 10지파에 속한, 누구보다도 하나님께서 주신 토라를 지키고 사는 백성이었다. 창세기 15장 아브라함에게 하나님께서 맺으신 언약처럼(쪼갬의 언약) 솔로몬이 타락한 후 그의 신하였던 여로보암에게 나누어 주신 이스라엘의 10지파이다.

주님과의 대화를 보면, 요한복음 4장 20절에 "우리 조상들은 이 산에서 예배하였는데 당신들의 말은 예배할 곳이 예루살렘에 있다 하더이다"라고 말하고 있다. 이들이 하나님 앞에 예배하고 있음을 알 수가 있다.

이 여인은 생각하는 것과 다르게 의로운 사람이었다는 것이다. 누구보다도 믿음이 좋은 의로운 사람이었다는 것이다.

"여자가 이르되 메시아 곧 그리스도라 하는 이가 오실 줄을 내가 아노니 그가 오시면 모든 것을 우리에게 알려 주시리이다"[29](요 4:25, 여인의 신앙고백).

---

29) 신앙고백은 우리가 하나님께 자신의 신앙을 고백하는 고백서이다. 우리가 늘 예배 때마다 사도신경을 고백하는데 사도신경에 대한 오류들을 보자.

① 전능하사 천지를 만드신 하나님 아버지를 내가 믿사오며 여기서 '만드신'이 아니라 '창조하신'이 되어야 한다. 하나님은 만드신 것이 아니라 창조하신 것이다. ברא = '창조하다'이다.

② 그 **외아들** 우리 주 예수 그리스도를 믿사오니 여기서는 '외아들'이 아니라 '독생자'이시다.

③ 이는 성령으로 잉태하사 **동정녀 마리아에게 나시고**

여기서 **'동정녀 마리아'**는 마리아를 신격화하기 위한 가톨릭의 교묘한 모습이다. 이 모성 신성은 바벨론의 니므롯을 신성시하는 태양신의 숭배에서 나왔다. 니므롯이 죽자 니므롯의 부인인 쎄르라미스는 니므롯의 시신을 나누어 전국으로 보내어 신격화했는데 니므롯이 태양신으로 다시 태어날 것을 신성시한 것이다. 그리고 담무스를 왕으로 앉히기 위해 섭정을 하고 자신이 담무스를 안고 있는 모성 숭배사상을 만들어 태양신의 아들인 담무스를 자신이 보호하고 있다는 모성 숭배를 강요하였다.

가톨릭의 마리아가 아기 예수를 안고 있는 모습을 보라. 바벨론에서 모성 숭배사상에서 시작된 것을 그대로 가톨릭이 받아들인 것이다. '동정녀 마리아에게 나시고'는 마리아를 신격화시키기 위한 모성 숭배사상이 교묘히 기독교에 들어온 것이다. 사도신경을 가지고 신앙고백하는 나라는 한국 교회밖에 없다.

마리아가 신격화되는 것이 아니라 하나님이 영광을 받으셔야 한다. 그리고 가톨릭의 성인 숭배사상의 한 모습을 보고 있는 것이다. 절대로 따라 해서는 안 된다.

④ 본디오 빌라도에게 고난을 받으사 빌라도에게 고난을 받으신 것이 아니다. 빌라도는 예슈아를 놓아주려 했다 형제인 유대인이 이방인 로마 나라에 우리 주님을 넘겨준 것이다. 우리의 죄 때문에 고난을 받으신 것이다.

⑤ 성령을 믿사오며 거룩한 공회와 성도가 서로 교통하는 것과

ⓐ 성령을 믿사오며

성령은 믿음의 대상이 아니라 받아야 한다. 우리의 믿음의 대상은 오직 예슈아이시다. 성령을 받아야 한다. 요한복음 16장 8-11절(성령께서 하시는 일은 우리를 가르치시고 깨닫게 하시는 것이다. 그래서 아들의 이름으로 성령이 오신 것이다: 아버지에 대하여, 아들에 대하여, 죄에 대하여, 심판에 대하여 깨닫게 하시는 것이다).

ⓑ 거룩한 공회

'홀리 가톨릭'이라는 뜻이다. 우리는 공회에 속해 있지 않다. 공회는 거룩하지 않다.

ⓒ 성도가 서로 교통하는 것과

가톨릭에서 성인이라는 단어를 교묘히 성도로 교체한 것이다. 가톨릭은 성인 숭배사상이 있다. 그래서 성인들을 대상으로 기도하고, 성인이 그 기도를 듣고 기도를 이루어 줄 것이라고 고백하는 것이다. 즉 먼저 죽은 자들, 성인들과 교통한다고 고백하는 것이다. 죽은 자들과 교통한다, 당신은 귀신과 교통하고 있는가? 그렇지 않다면 우리는 예슈아를 통해서 하나님과 교통하는 것이다. 그동안 잘못된 부분을 철저히 수정하고 회개해야 할 것이다.

그러면 이 여인은 왜 남편이 다섯이 있었는데 그 남편이 자기의 남편이 아니요 현재의 남편도 자신의 남편이 아니라고 주께서 말씀하셨을까? 이 여인은 이혼을 당한 것이다(마가복음 10장 모세가 말한 이혼증서). 왜 이혼을 거듭 당하였을까? 이 여인은 아이를 낳지 못했던 것이다. 그래서 많은 남자들에게 거절을 당한 것이다. 그런데 이 여인은 남자들에게만 거절을 당한 것이 아니다.

> "거기 또 야곱의 우물이 있더라 예수께서 길 가시다가 피곤하여 우물 곁에 그대로 앉으시니 때가 여섯 시쯤 되었더라 사마리아 여자 한 사람이 물을 길으러 왔으매 예수께서 물을 좀 달라 하시니"(요 4:6-7).

6시는 가장 뜨거운 한낮의 때이다. 너무 뜨거워 사람들이 활동하지 않는 시간에 이 여인은 물을 길러 와야 하는 사정이 무엇이었을까? 그것은 여인들에게도 거절을 당하고 있다는 것이다. 여인들은 대개 우물가에서 만나고 수다를 떤다. 그런데 이 여인은 여인들에게조차 거절을 당하는 삶을 살고 있는 것이다. 아이를 낳지 못하면 여인들 사이에서도 조롱과 멸시를 당한다.

창세기에 사라가 아이를 낳지 못하자 아이를 가진 몸종인 하갈이 사라를 멸시한다. 사무엘상 1장에서도 아이를 낳지 못하는 한나가 브닌나로부터 조롱을 당하고 멸시를 당한다. 또한 라헬도 아이를 낳지 못하자 합환채를 빌미로 야곱을 맞이하고 아이를 출산하였다. 이와 같이 아이를 낳지 못하는 여인은 큰 수치요 조롱의 대상이었던 것이다.

따라서 이 여인도 여인들에게조차도 조롱과 거절을 당한 것이다.

그 거절당했던 여인이 지금 주님을 거절하고 있는 것이다. 4장 9절에 “사마리아 여자가 이르되 당신은 유대인으로서 어찌하여 사마리아 여자인 나에게 물을 달라 하나이까 하니 이는 유대인이 사마리아인과 상종하지 아니함이러라” 하였다.

이 여인과 예슈아는 요셉이 친형들에게 버림받은 우물에서 만났다. 요셉이 애굽으로 팔려간 그 우물에서 예슈아와 여인이 만난 것이다.

또 하나, 이 여인이 부정한 여인이 아니라는 것은 우물가에서 예슈아를 만나 여인이 주님이 메시아이신 것을 깨닫고 동네로 들어가 메시아를 전한 것에서 알 수 있다. 그 전한 복음을 듣고 난 다음의 사마리아인들의 반응이다.

“여자가 물동이를 버려두고 동네로 들어가서 사람들에게 이르되 내가 행한 모든 일을 내게 말한 사람을 와서 보라 이는 그리스도가 아니냐 하니 그들이 동네에서 나와 예수께로 오더라”(요 4:28-30) 하였다.

이 여인이 우리가 그동안 알고 있던 것처럼 부정한 여인이었고 헤픈 여인이었다면 동네 사람들이 이 여인의 말을 들었겠는가? 그렇지 않았을 것이다. 단지 이 여인이 거절당한 것은 아이를 낳지 못하는 탓에 남편들에게도, 여인에게도 거절을 당하였던 것이다.

그 당시 남자가 여자에게 이혼을 요구할 수 있는 조건들이 있었다. 그중 하나가 아이를 낳지 못하는 것이다. 성서상의 다산은 축복이기 때문이다. 오늘날은 개인주의가 팽배하고 경제적 여건을 고려해서 다산을 하지 않지만 다산은 하나님 앞에 축복이다.

따라서 그에게 남편이 다섯이 있다는 것은 다섯 번 이혼을 당한 것이고, 지금의 남편도 이 여인에 남편이 아니라는 것은 이 남편에게도 거절당할 위기에 놓여 있다는 것이다.

그동안 우리가 성서의 배경으로 말씀을 보려 하지 않고 우리의 시각과 가치관을 가지고 성경을 보려 했던 데서 온 오류들이다. 철저하게 헤브라이즘의 사고를 가지고 성경을 보아야 성경을 이해할 수 있다.

남편이 다섯이 있었다는 말을 이유로 그동안 이 여인은 부정한 여인이요 헤픈 여인이요, 남편도 없이 창기처럼 살아간 여인이라고 생각한 것이다.

이 여인은 남편들에게도 거절을 당해 왔고 여자들에게 따돌림을 당했기 때문에 서늘한 아침에 나오지 못하고 한낮에 우물가로 나왔다. 유대 남자들과 동네 여인들에게까지도 거절당한 불쌍한 이 여인을, 예슈아(ישוע) 자신도 거절과 슬픔의 표상이셨던 것처럼 거절과 슬픔을 안고 있는 이 여인을 사마리아 지역에 복음의 첫 메신저로 세우셨다. 잃어버린 이스라엘이 돌아오기를 원하시는 복음의 첫 증거자로 세우신 것이다.

그 의미로 요한복음 4장 27-35절 사건을 들여다보기로 한다.

사마리아 여인이 마을로 들어가 복음을 전하는 모습을 상기해 보라(28-29절) 그리고 다음 사건은 사마리아 여인과 복음을 들은 마을 사람들이 예수님과 제자들에게 나오는 장면이다.

“그들이 동네에서 나와 예수께로 오더라”(요 4:30). 그리고 제자들이 예수님과 함께 복음을 듣고 주님께 나오는 사마리아인들을 보게 된다. 그리고 "그 사이에 제자들이 청하여 이르되 랍비여 잡수소서"(31절) 하니 그때 주님의 반응이다. 32절에, "이르시되 내게는 너희가 알지 못하는 먹을 양식이 있느니라" 하셨다. 예슈아는 말씀 그대로 살아 있는 토라이시다. 요한복음 1장 1절 말씀처럼 주께서 하나님이신 것과 말씀이신 것을 말씀하신 것이다.

> "나의 양식은 나를 보내신 이의 뜻을 행하며 그의 일을 온전히 이루는 이것이니라"(요 4:34).

자, 무엇이 보이는가? 사마리아 여인이 동네에서 복음을 증거하고 사마리아인들과 함께 주님께로 나아오는 그 모습이 보이지 않는가. 지금 주님과 제자들은 함께 곡식이 익어 추수하는 사마리아 지역의 모습을 보게 되었다.

> "너희는 넉 달이 지나야 추수할 때가 이르겠다 하지 아니하느냐 그러나 나는 너희에게 이르노니 '눈을 들어 밭을 보라 희어져 추수하게 되었도다'"(요 4:35).

"눈을 들어 밭을 보라, 희어져 추수하게 되었도다."

복음을 듣고 사마리아 여인과 함께 나아오고 있는 그들을 보고 말씀하신 것이다.

여기서는 농작물을 보고 말씀하신 것이 아니라 흰옷 입은 사마리아인들이 나오는 모습을 보고 말씀하신 것이다(잃어버린 북이스라엘이 돌아오고 있는 것이다).

> "사마리아인들이 예수께 와서 자기들과 함께 유하시기를 청하

니 거기서 '이틀'을 유하시매"(요 4:40).

아담에서 예슈아까지가 4,000년의 역사이다. 그리고 인간의 창조의 역사는 6,000년이다. 예슈아께서 이틀을 머무신 것은 2,000년의 역사를 창조주이신 예슈아께서 이루실 것이다. 예슈아께서 들림 받으신 후 약 2,000년의 역사의 기간이 다가오고 있다. 즉 그날과 그때를 우리가 알 수는 없지만 그 기간이 얼마 남지 않았다는 것이다. 그날을 준비하는 거룩한 신부가 되기를 바란다.

25

이스라엘이 두 나라로 분리된 역사

포도 수확기만 남은 이 세대. 이 세대가 점점 저물어가고 있음을 느끼고 있는가? 수많은 하나님의 징조를 보면서 우리는 그저 자연현상이라고 과학의 지식에 의존하여 과학에서 답을 찾으려고 한다. 물론 과학이 나쁘다고 말하는 것은 아니다. 과학을 통해서 하나님의 귀한 역사가 증명이 되고 있음을 우리는 깨달아야 한다. 성경의 메시지에서 보는 우리 인간의 역사는 6천 년의 역사이다. 그런데 과학의 역사는 탄소동위원소 연대측정법의 방법으로 몇 백만 년의 역사를 지녔다고 한다. 그러나 이것은 가설이지 확증이 아니다. 우리는 가설인 학문을 확증된 듯 믿고 있다.

그러나 성경은 분명히 우리에게 말한다. 6일 창조의 역사를 통해서 인간의 6천 년의 역사가 이루어질 것을 말이다.

우리가 잘 아는 미국의 그랜드캐니언의 협곡을 보자. 그 협곡은 너무나 아름다워 많은 관광객이 찾는 곳이다. 그런데 이 협곡이 어떻게 생겼을까 많은 궁금증을 낳기도 하였다. 지질학을 연구하는 이들은 오랜 세월의 풍화작용에 의해서 이러한 협곡이 생겼을 것이라고 추측을 한다. 단지 추측일 뿐 정확성이 없다는 것이다. 그런데 창조과학회는 저 탁류를 가지고 위에서 아래로 흘려보내는 실험을 한 결과 오랜 세월의 풍화작용에 의해서 생긴 협곡의 지질토가 아니라는 것이다. 풍화작용에 의해서 쌓인 지질토는 이러한 단층으로 협곡이 생기지 않으며, 탁류의 실험의 결과 어떠한 그 사건에 의해서 단번에 생긴 협곡이라는 것이다. 즉 격변설이다. 큰 사건에 의해서 단 한순간에 생긴 것이라는 말이다.

그러면 성경에 어떤 사건이 있었는가? 노아의 홍수 사건이다.

40주야로 비가 내린 이 사건, 이 땅의 전체가 대홍수 사건으로 이변이 생겼다. 그때 단 한 번의 사건으로 이러한 협곡이 생긴 것이다. 오랜 풍화토에 의해서는 이러한 단층이 생길 수 없다는 것이다. 인간의 모든 역사는 하나님의 주권에 의해서 이루어진다. 과학은 성경을 입증하는 도구에 불과한 것이다.

또한 이 지구상에 가장 거대한 몸집을 자랑하는 공룡에 대해서 의문을 제기하는 경우가 있다. 이 거대한 동물에 대하여 성경에서는 과연 침묵을 하고 있는 것일까? 그런데 성경을 보면 공룡의 등장에 대해서 기록되어 있다.

이 거대한 동물의 이름의 역사를 알아야 풀리는 이야기다. 과연 성경시대에 공룡이라는 단어가 있었을까? 없었다. 현대 과학의 시대에 접어들어 붙여진 학명이다. 이 시각을 가지고 들여다보면 풀리지 않는 문제이다. 왜 현대 과학의 시각으로 성경시대를 보려고 노력하는가? 마치 이것은 어린아이에게 젖을 떼지 않고 걸음마부터 시키려는 성급한 부모와 같다.

공룡이라는 명칭은 1840년 영국의 리처드 오언에 의해서 사용되었다(Dinsosaur). 그러다 보니 230년 전에 번역된 영어 성경에는 당연히 공룡이라는 단어가 없다. 대신 다른 명칭으로 기록되어 있다는 사실을 주목하라.

그리고 사람과 공룡의 공존 사실은 진화론이 허구임을 밝히는 중요한 증거이다.

진화론에는 공룡이 2억 년 전 중생대에 생겨나 쥐라기 전반기에 번성하다가 백악기 약 6,500만 년 전에 멸종되었다고 기록되어 있다. 그리고 인간이 약 200만 년 전에 생겨났다고 기록하고 있다. 진화론에 의하면 공룡과 인간은 6,300만 년이라는 시간적인 차이를 두고 있다. 절대 만날 수 없는 존재들이다.

그러나 성경을 보면 사람과 공룡이 공존한 사실이 나온다. 진화론자들은 공룡의 포악한 성품을 그려 하나님의 창조의 섭리에 의문점을 품게 만들었다. 영화를 보면 공룡의 포악성이 드러나는데 사람들이 그 공룡의 포악성에 이리저리 도망하는 모습을 그리고 있다. 이것은 진화론자들의 상상일 뿐이다.

노아의 홍수 이전까지는 하나님께서 육식을 허락하지 않으셨다.

창세기 9장 3절에 "모든 산 동물은 너희의 먹을 것이 될지라 채소같이 내가 이것을 다 너희에게 주노라" 하였다. 하나님께서는 노아의 홍수 이전에는 음식으로 허락하지 않으셨고, 이후에는 모든 생물들에게 사람을 두려워하는 마음을 주셨다고 기록하고 있다(창 9:2). 아프리카에서 맹수들과 사람이 서로 공존하며 서로 자신들의 영역에서 평화롭게 살아가는 모습을 생각해 보라. 우리가 영화에서 본 그런 포악한 공룡의 모습은 상상일 뿐이다. 하나님의 창조의 섭리를 혼란스럽게 만들려는 진화론자들의 상상일 뿐이라는 것이다.

그러면 성경에서 말하는 사람과 공룡의 공존의 역사는 언제일까? 욥의 시대이다. 욥은 아브라함과 함께 살았던 족장시대의 사람이다. 근거는 욥이 개인적으로 제사를 드린 점(욥 1:5, 42:8), 가축으로 재산을 평가한 점(욥 1:3), 데라나 아브라함처럼 수명을 영위한 점(욥 42:16), 창세기에 언급한 같은 화폐단위를 언급하는 점 등을 이유로 욥과 아브라함은 동시대의 인물로 본다.

욥 시대의 공룡의 근거는 욥기 40장 15-19절이다. "이제 소같이 풀을 먹는 베헤못을 볼지어다 내가 너를 지은 것같이 그것도 지었느니라 그것의 힘은 허리에 있고 그 뚝심은 배의 힘줄에 있고 그것이 꼬리 치는 것은 백향목이 흔들리는 것 같고 그 넓적다리 힘줄은 서로 얽혀 있으며 그 뼈는 놋관 같고 그 뼈대는 쇠막대기 같으니 그것은 하나님이 만드신 것 중에 으뜸이라 그것을 지으신 이가 자기의 칼을 가져오기를 바라노라"고 하였다.

하나님께서 욥에게 하시는 말씀이다. 여기서 공룡이라는 단어를 개역성경에는 '하마'로, 개역개정에는 히브리원어로 '베헤못'으로 기록하고 있다. 그런데 하마의 꼬리는 50센티미터밖에 되지 않는다. 백향목의 길이는 30미터이다. 이 어마어마한 몸집의 크기이다. 욥이 이 모습을 보고 있는 것이다. 그러므로 하마는 아니다.

그래서 하나님께서 창조 중의 으뜸이라고 표현하신 것이다.

욥기 41장에서는 또 다른 공룡을 악어로 번역하고 있지만 다른 곳에서는 '리워야단'으로 번역되어 있다. 이사야 27장 1절에 "날랜 뱀 리워야단"이라 하였다. 리워야단은 히브리어로 '리유야탄'(Liyathaan) 공룡이라는 뜻이다. 시편 74편 14절, 104편 26절에도 악어로 표현되어 있지만 리유야탄 공룡의 의미이다. 과학을 통한 지식이 아니라 성서의 지식과 눈으로 볼 수 있기를 바란다.

이제 마지막 때인 포도의 수확기만 남았다. 하나님의 말씀에 귀기울이기를 바란다. 세상의 소리에 귀기울이는 것이 아니라 하나님의 말씀에 귀를 기울이는 귀가 열리기를 바란다. 포도 수확기가 남았다고 했다. 가을 절기이다. 그래서 주님은 포도원과 포도나무의 열매의 비유, 그리고 가을 절기에 치러질 신랑과 신부의 혼인 잔치를 말씀하고 계신 것이다. 시대와 징조(모에드)를 구별하라는 것이다.

이스라엘이 두 나라로 분리된 하나님의 메시지를 살펴보기로 한다.

창세기 15장을 보면 아브라함과 하나님의 언약이 나온다.

> "해가 져서 어두울 때에 연기 나는 화로가 보이며 타는 횃불이 쪼갠 고기 사이로 지나더라"(창 15:17).

쪼갬의 언약이다.

만약 약속을 깨뜨리면 이와 같이 둘로 나누리라는 쪼갬의 언약이다. 이스라엘 백성들이 언약을 깨뜨렸을 때 나라가 둘로 나누어졌다.

“송아지를 둘로 쪼개고 그 두 조각 사이로 지나매 내 앞에 언약을 맺었으나 그 말을 실행하지 아니하여 내 계약을 어긴 그들을 곧 송아지 두 조각 사이로 지난 유다 고관들과 예루살렘 고관들과 내시들과 제사장들과 이 땅 모든 백성을 내가 그들의 원수의 손과 그들의 생명을 찾는 자의 손에 넘기리니 그들의 시체가 공중의 새와 땅의 짐승의 먹이가 될 것이며”(렘 34:18-20)라고 한 말씀과 같이 쪼갬의 언약이 언약을 깨뜨린 이스라엘에게 내려진 것이다.

그러나 에스겔 37장 16-17절 말씀을 보면, 나누어진 이스라엘을 하나로 다시 만들겠다고 하신다. 이들이 다시 회복되어 돌아올 것을 말씀하신다. 에베소서 2장 14-15절에도 보면, “그는 우리의 화평이신지라 둘로 하나를 만드사 원수 된 것 곧 중간에 막힌 담을 자기 육체로 허시고 법조문으로 된 계명의 율법을 폐하셨으니 이는 이 둘로 자기 안에서 한 새사람을 지어 화평하게 하시고”라고 말한다. 나뉜 백성을 다시 하나가 되게 하시겠다는 뜻이다. 마태복음 15장 24절의 “예수께서 대답하여 이르시되 나는 이스라엘 집의 잃어버린 양 외에는 다른 데로 보내심을 받지 아니하였노라 하시니”라는 말씀과 연결된다.

지금 모든 삶을 성경으로 변론하고 있는가, 아니면 오로지 나의 가치관으로 숙고하며 변론을 하고 있는가? 현재 자신이 믿고 있는 어떤 신조가 잘못될 수 있다는 것을 매일매일 성경으로 검증하고 있는지 살펴보아야 할 것이다. 마치 장로들의 유전처럼 오랜 세월 동안 관습처럼 굳어진 자신의 신조가, 아니 교회의 신조가 하나님의 말씀을 폐하고 있지는 않은지 자신을 돌아보아야 할 것이다. 그

외에 진리가 아닌 것을 여러 해 동안 믿었다는 것으로 인해 진리로 받아들이고 있지는 않은지 말씀으로 변론하기를 바란다.

> "여호와께서 말씀하시되 오라 우리가 서로 변론하자 너희의 죄가 주홍 같을지라도 눈과 같이 희어질 것이요 진홍같이 붉을지라도 양털같이 희게 되리라"(사 1:18).

초기의 신약시대는 구약의 성경만이 존재했었다. 그래서 바울이 전한 성경이 그러한가 하여 베뢰아 성도들은 날마다 말씀을 상고하였다(행 17:11). 요즘 우리는 설교의 홍수 속에서 살아가고 있다. 설교자들은 말씀을 변론하는 자들이다. 그리고 회중들은 이 말씀의 변론을 듣고 살아간다. 설교자들이 베뢰아인들처럼 말씀을 깊이 상고하지 않으면 세상적인 것을 전할 수밖에 없다. 따라서 세상에서 비쳐지는 일들이 성경적으로 합당한지를, 또한 교회 안에 일들이 하나님 말씀의 조명 앞에 합당한지를 설교자들은 말씀의 조명 아래에선 필경대처럼 늘 조명을 받아야 한다. 설교자들이 말씀으로 변론하지 않으면 교회를 또는 회중을 더욱 타락하게 만들 수밖에 없다. 지금 교회 안에는 세상적인 일들로 가득 차 있다. 돈이 우상이 되어 있고, 자신이 우상이 되어 있고, 명예가 우상이 되어 있어서 교권을 가지고 막강한 권력을 행사하며 하나님의 백성들을 조종하고 있다. 중세 교회가 그랬던 것처럼 말이다.

우리는 역사적인 교회의 울타리 앞에 안과 밖을 살필 줄 아는, 영적인 안목을 갖추어야 할 것이다. 요한계시록 3장 18절에 "내가 너를 권하노니 내게서 불로 연단한 금을 사서 부요하게 하고 흰옷을 사서 입어 벌거벗은 수치를 보이지 않게 하고 안약을 사서 눈에 발라 보게 하라"고 말씀하신 것을 기억하라. 세상 앞에 영적으로 어두워진 라오디게아 교회처럼 이제 벌거벗은 수치를 보아야 한다. 그리고 흰옷을 사서 이 벌거벗은 수치를 가려야 할 때이다. 이스라엘 백성이 언제 흰옷을 입는가? 속죄일이다. 속죄함으로 수치를 가리는 것이다.

즉 회개하고 하나님 앞에 돌아와야 한다. 어쩌면 많은 이들이 자신은 회개할 것이 없다고 생각할 수도 있다. 자신은 안전하다고 생각할 수도 있다. 그러나 그런 오만의 껍질을 벗어야 한다. 하나님 말씀 앞에 자신의 민낯을 여실히 드러내고 회개해야 한다. 당신은 지금 안전하다고 생각하는 그 자리가 바로 교만한 자리라는 사실을 알고 있는가? 그래서 매일 말씀으로 자신을 변론해야 한다.

구약에서 요셉이 이유 없이 형제들에게 미움을 받아 애굽에 팔려간 사건을 기억할 것이다. 형들이 요셉을 미워하므로 염소를 잡아 염소의 피를 요셉의 겉옷에 발랐다. 개인적인 대속죄일(Yom Kippur)[30]에서 보듯이 염소의 피로 요셉이 추방을 당한다. 아사셀(Azazel)의 모습이다. 요셉이 추방당함으로 장차 야곱의 가족이 구원을 받은 것을 상기해 보라. 요셉의 이집트 이름이 '사브낫바네아'이다. 그 뜻이 '세상의 구원자'이다. 요셉은 자신의 형제와 가족을

30) Yom Kippur

① 안식일 중의 안식일이다.

② 대속죄일은 쇼파르를 부는(욤투루아, 티슈레이 10월 1일) 날에서 천 년이 지난 시점을 상징하는 열흘 뒤에 있다.

③ 열흘 동안 제사장은 백성이 지은 죄와 불법에 대한 제물을 드려 속죄하여 주님의 자비와 은혜로 회복하게 된다. 열흘째 되는 욤 키푸르에는 이스라엘 국가의 모든 죄악이 속죄된다.

④ 1년간 이스라엘 안에 죄로 인하여 오염된 성전과 지성소의 죄 또한 속죄물의 피를 뿌려 속해지며, 이날에 이스라엘의 모든 죄가 용서받는다(Azazel).

파멸에서 구원해 준다.

이처럼 예슈아의 보혈의 피만이 우리를 덮을 수가 있다. 그 외에 어떤 지식도, 변론도, 업적도 자신을 변론하는 데는 전혀 도움이 되지 않는다. 우리는 스스로의 그 어떤 장치로도 자신을 구원할 수가 없다. 어떠한 교권으로도, 어떠한 제도로도 자신과 교회를 건질 수가 없다. 자신이 잘하고 있고 안전하다고 생각하는 순간 그것은 극도의 교만함에서 찾아오는 스스로를 속이는 일이 될 것이다. 빨리 영적인 교만을 깨뜨리고 말씀으로 자신을 변론하는 자리까지 나와야 한다.

여기 믿음으로 살아가려 일평생 헌신한 한 인물을 소개하려 한다.

바로 에드워즈가 사랑한 데이비드 브레이너드이다. 그는 1718년 뉴잉글랜드 코네티컷 하트포드의 해덤에서 태어났다.

그의 어릴 적 성격은 침착했고 명랑하기보다는 우울한 편이었다. 그러나 청소년기를 거치면서 특별히 언급할 만한 죄를 지었거나 죄의식을 느낀 기억이 없다.

그러던 그는 자신의 영혼을 걱정하게 되었고 죽음을 생각하며 두려움을 느낀 나머지 신앙의 의무를 행하게 되었다. 그러다가 그는 1732년 육신의 안일함에서 깨어났다. 때로는 신앙의 의무를 행하면서 큰 감동을 받았고 몹시 즐거웠다. 그는 회심이 무엇인지 알지 못하면서 이따금 자신이 회심했기를, 아니면 최소한 하늘나라와 행복으로 향하는 희망의 길을 걷고 있기를 바랐다.

당시 그에게는 하나님의 성령이 역사하고 계셨다. 그는 세상에 관심을 끊고 오직 영혼의 문제에 골몰했다. 그는 이제 “그리스도인입니다"라고 말해도 괜찮을 것 같다는 생각을 가지게 되었다. 그의 신앙생활은 몇몇의 사람들과 함께 따로 주일 저녁에 모여 신앙의 의무를 행할 정도로 깊었다. 그들은 모임을 갖고 난 후 그날 들은 말씀을 되새기를 반복했다. 때로는 밤늦게까지 가능한 모든 말씀을 기억하고자 했다.

그해 초 어느 주일 아침에 밖으로 나가 은밀히 신앙의 의무를 행하려고 하는데 갑자기 위기의식이 들면서 하나님의 진노가 느껴졌다. 그 순간 깜짝 놀라 그 자리에 선 채 크게 경각심이 일면서 그전까지 자신을 좋게 생각했던 감정이 모두 사라져 버렸다. 자신의 죄와 사악함이 느껴져 온종일 그는 괴로워했다. 하나님의 심판의 두려움이 그를 짓눌렀다. 그는 낙담했고 혼자인 것만 같았다. 때로는 영원한 심판을 받을 필요가 없는 새와 짐승들이 행복하다고 생각될 정도로 부러움을 느끼기도 하였다. **그리고 그는 자신이 행한 신앙의 의무가 그 자체로 어떤 의미라도 있는 듯한 생각을 떨쳐 버리려 노력했다**.

신앙의 의무를 행하면서 자신이 아무리 훌륭한 일을 한들 영원한 심판을 받을 자격밖에 없다고 종종 하나님께 고백하곤 하였다.

그런데도 마음 한구석에는 하나님께 자신의 신앙의 의무를 공로로 내세우려는 은밀한 생각들이 자신 안에 도사리고 있음을 알게 되었다. 기도에 모든 정성을 쏟아부어 애절한 마음이 느껴질 때면 하나님이 나를 어여삐 여기사 긍휼을 베풀어 주시기를 바라는 당연한 마음이 고개를 들었다. 그럴 때면 그의 기도가 제법 훌륭해 보였고 진정으로 죄를 애통하는 것 같은 느낌이 들었다. 이것은 자신의 공로를 의지해 보려는 오만함의 결과라는 것을 알아차리지 못했다. 영혼이 치유되려면 자신의 끔찍한 상태를 좀 더 분명히 의식해야 한다고 생각하며 매일 죄를 깊이 깨닫기를 바랐다.

아침에 두 시간 동안 은밀히 신앙의 의무를 행했다. 귀한 영혼들을 위해 평소보다 더 열심히 기도했다. 이른 아침, 아직 동이 트지 않은 시각이었지만 내 몸은 땀에 흠뻑 젖었다. 요즘 종종 그렇듯 하나님의 어린 양의 온유함과 평화를 바라는 마음이 강렬했다. 하나님의 선하신 은혜 덕분에 아침에 그러한 주님의 성품을 많이 느낄 수가 있었다. 밤에는 하나님의 사랑으로 무척 감격스러웠고 하늘나라의 복됨을 느낄 수 있었다. "그들은 힘을 얻고 더 얻어 나아가 시온에서 하나님 앞에 각기 나타나리이다"(시 84:7)라는 말씀에 은혜를 받았다. 오, 하나님께 기도할 때 때로 그렇게 나아갈 수 있는 은혜를 허락해 주시니 참 감사하다. 이것이 바로 하나님 앞에 나타나는 것이 아니고 무엇이랴. 영적인 의미나 은혜의 측면에서 볼 때 진정 그러하다.

잘 가라, 헛된 세상이여. 내 영혼이 작별을 고한다. 나의 구주께서 너를 버리라고 가르치셨다. 네 매력은 육신의 생각을 만족시킬지는 모르나 온전히 하나님을 위하도록 창조된 영혼을 기쁘게 할 수는 없으리니 더 이상 유혹하지 말라. 내 영혼을 부르지 말라. 내 영혼은 은혜에 사로잡혔고, 내 하나님이 나의 전부가 되신다. 하나님이 나로 하늘에 영광을 보게 하시니 네 아름다움은 시들어 사라지누나. 내 마음에는 네가 들어설 자리가 없도다.

주님이 많은 은혜로운 말씀으로 내 영혼을 새롭게 하셨다. 오, 새 예루살렘이여, 내 영혼이 그곳을 갈망한다. 오, 모세와 어린 양의 노래여, 그 복된 노래는 오직 세상에서 구원받아 영광스런 흰옷을 입은 자들, 곧 제단 아래 있는 자들 외에는 아무도 배울 수 없도다. "주님, 저는 이곳에서 외로운 이방인입니다. 세상은 참된 위로를 줄 수 없습니다. 비록 가장 사랑하는 주님과 떨어져 있으나 제 영혼은 나의 주님이라고 외치기를 기뻐하나이다. 예수님, 나의 주님, 나의 유일한 사랑이시여, 제 영혼을 소유하시고 떠나지 마옵소서. 하늘의 비둘기시여, 제게 은혜롭게 임하소서. 그러면 하나님이 제 마음을 온통 차지하시게 될 것입니다."

(데이비드 브레이너드의 순전한 헌신의 일기 중에서)

말씀 앞에 변론을 놓친 이스라엘 백성은 끝없이 하나님의 언약을 깨뜨려 오게 되었다. 하나님의 말씀의 변론보다는 현실의 문제의 안위와 안전이 더욱 중요했으므로 하나님의 언약은 그들의 안중에도 없었던 것이다. 따라서 하나님께서는 이들에게 언약을 기억하고 지키게 하시기 위해서 믿음의 대표자였던 아브라함과의 쪼갬의 약속을 이루셔야 했다. 언약에 충실하지 않았던 이들은 하나님과의 약속을 저버렸고, 약속을 저버린 결과는 언약대로 이들의 나라가 쪼개지고 분리되는 것이었다(창 15장).

26

여리고 성 점령 사건(수 6장)을 통한 하나님의 징조

모든 사람이 죽음이 임박했다는 결정적인 증거가 자신에게 나타나지 않고 보이지 않는다 하여도 한순간도 안전성이 보장되지 못한다는 사실을 알아야 한다. 지금 건강해 보이고 당장 사고로 세상을 떠날 염려가 없는 것처럼 보이며 모든 상황에서 자신에게 위험요소가 전혀 보이지 않는다고 해서 이런 것이 자신에게 안전한 보장이 되지 못한다. 세상은 여러 방식으로 끊임없이 방법을 재촉하고 체험하도록 강요하고 있다.

얼마 전 장례식장을 다녀왔다. 먼 거리를 오가며 생각한 것은 '과연 이 사람은 생에 어떤 죽음을 준비하고 있었을까, 자신은 이런 죽음을 맞이할 것이라고 생각을 하고 있었을까, 이렇게 사랑하는 가족을 뒤로하고 떠날 것이라고 생각을 했을까?' 하는 것이었다. 막연히 '언젠가는 가겠지'라고 생각했을 것이다. 그러다가 자신이 안전하다고 하는 그 순간에 자신도 모르게 죽음이 서서히 자신에게 이르고 문턱까지 다가온 사실을 알지 못했을 것이다. 그러다가 죽음이 문턱을 넘는 순간 그제야 뒤를 돌아보고 적지 않은 후회를 했을 것이다.

이렇듯 안전하다고 생각하는 그 시점은 안전하지 않다. 세상이 이러한 방식으로 자신에게도 끊임없이 죽음을 재촉하는 강요 아래 놓여 있다는 사실을 감지하는 감각이 있어야 하는데, 그러기 위해서는 하나님의 절대 주권이 무엇인지를 아는 인지가 있어야 한다.

당장 가시적으로 죽음이 임박했다는 표증이 없다고 해서 이것이 그 사람이 영원의 문턱에 서 있지 않다거나 다음 발걸음이 놓여질 때 다른 세상으로 들어가지 않는다는 증거가 될 수가 없다. 갑자기 사람으로 하여금 세상을 떠나게 만드는, 눈에 보이지 않고 예상하지 못했던 방법과 수단들은 수를 헤아릴 수 없을 정도로 많다.

회심하지 않은 사람은 지옥의 입구에 놓여 있는 것과 같다. 지옥의 입구는 수없이 악한 영들이 있어서 회심하지 않은 사람의 누더기 옷이 자석처럼 빨려 들어가게 될 것이다. 회심하지 않으면 누더기 옷과 함께 지옥으로 빨려 들어갈 것이다. 그런데 이 누더기 옷을 걸치고 있는 자에게는 악한 영들이 어디에 존재하고 있는지 보이지 않는다.

그들의 주변에는 온통 지옥의 악한 영들이 둘러 진을 치고 있어서 벽과 같이 느껴질 것이고, 어느 순간 눈이 열려 보게 될 때 극심한 공포에 사로잡힐 것이다.

언제나 죽음의 화살은 보이지 않도록 날아다니고 있다. 그러나 아무리 시력이 좋은 사람도 이 죽음의 화살을 볼 수가 없다. 하나님께는 회심하지 않는 자들을 이 땅에서 취하여 지옥으로 보내실 수 있는 수많은 방법들이 있다. 그러므로 하나님께서는 이와 같이 악인을 멸망시킬 기적을 행하지 않아도 언제든지 이들을 심판하실 수가 있다. 이런 죄인들이 세상을 떠나게 하는 모든 방법들이 하나님의 손안에 있기 때문이다. 따라서 우리는 하나님의 절대 주권에 의한 능력과 결정에 복종해야 한다. 그러므로 자신이 안전하다고 하여 회심하지 않는 죄인들을 언제 심판하실지는 하나님의 절대 주권에 있다.

여리고 성을 쌓은 여리고의 백성들은 성벽이 가장 안전한 방법으로 자신들을 지켜 줄 것이라고 생각했지만 하나님의 진노의 방법은 여리고 성 안이나 밖이나 언제나 놓여 있었다. 인간의 역사상 가장 지혜로운 자들을 모아서 대비한다 해도 하나님께서 멸하실 방법은 능히 당할 자가 없다는 것을 그들은 그들의 눈으로 보았고, 우리는 성경을 통해서 직접 보게 되었다.

자, 이제 하나님의 진노의 자물쇠가 풀렸다. 그러나 여리고 백성은 이것을 알 방법이 없다. 오직 하나님을 경외하는 자만이 알 수 있다는 사실을 지금 보게 될 것이다.

"여호와께서 여호수아에게 이르시되 보라 내가 여리고와 그 왕과 용사들을 네 손에 넘겨 주었으니"(수 6:2).

하나님의 진노의 화살과 죽음의 화살이 여리고를 향하여 쏘아진 것이다. 그러나 그 화살은 아무도 볼 수가 없다. 단지 하나님만이 이 화살의 주권자이시며 표징이시다.

어느 누가 지금 쏟아진 이 화살을 볼 수 있으며 막을 수 있는 자가 있는가? 여호수아에게 직접 말씀을 하셨지만 이 화살이 언제 당겨지고, 언제 이들의 심장과 폐부를 뚫을지는 주님(יהוה)의 절대 주권에 달려 있다. 지금 어느 누가 이 화살을 보고 알려 줄 이가 있겠는가? 그리고 보고 있어도 막을 방법은 전혀 없다. 아무리 단단한 대비책을 마련해 놓아도 결국 이 화살을 막지는 못할 것이다.

"너희 모든 군사는 그 성을 둘러 성 주위를 매일 한 번씩 돌되 엿새 동안을 그리하라"(수 6:3).

하나님의 창조의 역사이다. 6일 동안 하늘과 땅을 창조하셨다. 하나님의 시간표에 의해서 모든 것이 이루어지고 역사하는 드라마를 보게 되는 것이다. 여리고 성을 돌라고 명령하신 분은 주권자이신 하나님이시다. 하나님의 방법으로 돌기를 원하시는 것이다.

또한 인간의 6,000년 역사는 하나님과 동행하는 역사이어야 한다. 하나님의 백성은 자기 방식대로 살아가는 것이 아니라 하나님과 동행하는 삶을 살아야 한다. 매일 한 바퀴 도는 것이다. 인간의 방법은 하루에 다 돌면 그만이다. 그리고 여유를 부리고 쉬면 그만이다. 그리고 기다리면 된다고 생각한다. 요나처럼 말이다. 박넝쿨 밑에서 니느웨가 멸망당하기를 기다리는 것처럼, 하나님 말씀이 계시니 인간의 방법으로 돌아도 역사가 이루어진다고 생각할 것이다.

그러나 여리고를 도는 방법도 하나님의 주권에 따라야 한다. 자기 방식대로 돌아서는 안 된다는 것이다. 하나님의 창조의 섭리에 의한 절대 주권을 인정하는가? 그러면 그분의 말씀에 귀를 기울이고 기다려야 한다. 예배도, 사역도 자신의 방법으로 해서는 안 된다. 하나님의 주권을 무시하고는 그 어떤 것이 이루어졌다 하더라도 그것은 하나님 앞에 불법이 된다. 발람의 예를 기억하라. 발람이 이스라엘 백성을 실제적으로 저주하지는 않았지만 발락의 말을 듣고 하나님 앞에 제사하며 다시 듣기를 원했다. 무엇이 문제인가? 하나님은 이미 하나님의 백성을 저주하지 말라고 하셨다. 그런데 발람은 발락의 말에 동의하고 그 자리까지 나아갔다. 하나님의 주권과 법을 어긴 것이다.

자신이 품고 있는 일이 아무리 비전이 있고 지금 탄력적으로 이뤄져 가고 있다 하더라도 하나님의 말씀을 듣지 않고 자신의 방법으로 주도하고 있다면 그 어떤 일이든, 사역의 일이든지 복음을 전하는 일이든지 교회의 어떤 비전이 있는 일이든지 하나님과는 아무런 관계가 없는 일이 되며, 자신의 일이 되고 만다. 이것이 발람의 예이다. 모든 일들이 예수님의 이름을 앞세워 일을 하고 사역을 하면 하나님이 받으실 것이라는 생각이 지배적이다. 포장지로 포장하기 전에 하나님의 뜻을 살피고 물어야 한다. 포장지가 준비가 되었다고 하더라도 어떻게 할지를 하나님께 간구해야 한다. 이것이 주권에 순종하는 것이다. 절대로 자아도취에 빠져서는 안 된다.

자아도취가 아닌 성령의 인도하심을 구해야 한다.

> “제사장 일곱은 일곱 양각 나팔을 잡고 언약궤 앞에서 나아갈 것이요 일곱째 날에는 그 성을 일곱 번 돌며 그 제사장들은 나팔[31]을 불 것이며”(수 6:4).

일곱째 날, 일곱째 달을 의미한다. 성서력으로 일곱째 달에는 어떤 일이 있는가? 마지막 가을 절기인 나팔절, 대속죄일, 초막절이 있는 절기인데 이때는 포도의 수확기이다.

예수님께서 복음서에서 포도나무, 포도나무의 열매(요 15장)의 수확에 대해서 말씀하시는 것을 보게 되는데, 바로 가을 절기를 말씀하시는 것이다. 가을 절기에 포도 수확을 하는 것처럼 마지막 수확의 절기를 말씀하신다. 절기를 모르면 알 수가 없는 사건들이다.

제사장들이 양각 나팔을 잡고 불며 여리고를 도는 모습은 마지막 심판을 의미한다. 단순히 여리고를 넘어서는 것이 아니다. 나팔을 부는 날, 나팔절이다. 나팔절에 어떤 일들이 일어나는가?

일곱째 달 초하루가 나팔절이다. 즉 7월 1일(티슈레이 월 1일, 태양력으로 10월 1일)이다. 일곱째 달의 의미는 안식의 의미이다. 하나님께서 하늘과 땅을 창조하시고 7일째 안식하셨다. 어떤 안식인가? 영원한 안식이다. 일곱째 달 1일은 새로운 안식, 새로운 천 년의 역사

---

31) תלא = 투루아(나팔)
① ת 십자가
② ל 지팡이로 첫째 권위
③ א 강한 권위를 상징하며, 소의 머리
뜻: 첫째 권위를 가지시고 강한 지도자의 십자가를 외치다.

가 시작될 것을 의미한다. 그것이 나팔절의 의미이다. 새로운 천년의 역사가 시작됨을 경고하는 것이다. 그러니 회개하고 돌아오라. 그리고 10일 뒤가 속죄일이다. 모든 죄를 속죄받는 날이다. 구원의 날이다.

그래서 나팔절은 책이 열리는 날, 심판의 날이고, 속죄일은 구원의 날, 책이 덮이는 날이다.

> "예수께서 성령의 충만함을 입어 요단 강에서 돌아오사 광야에서 사십 일 동안 성령에게 이끌리시며"(눅 4:1).

속죄일이다. 모세가 이스라엘의 범죄로 인하여 다시 시내 산에 이르러 40일을 이 백성을 위해 회개를 한다. 대신 속죄를 한다. 그리고 하나님께서 이 백성을 위하여 성막을 지으라 하신다. 장막절의 의미이다.

> "예수께서 그 자라나신 곳 나사렛에 이르사 안식일에 늘 하시던 대로 회당에 들어가사 성경을 읽으려고 서시매"(눅 4:16).

책을 펴신 날이다. 나팔절이다. 그리고 이어지는 속죄일이다. 속죄일은 모든 날을 안식일로 부른다(티슈레이 10일부터 15일). 그리고 이날은 또 희년이다.

속죄일에는 이사야 61장 1-2절을 읽는다.

> "주 여호와의 영이 내게 내리셨으니 이는 여호와께서 내게 기름을 부으사 가난한 자에게 아름다운 소식을 전하게 하려 하심이

라 나를 보내사 마음이 상한 자를 고치며 포로 된 자에게 자유를, 갇힌 자에게 놓임을 선포하며 여호와의 은혜의 해와 우리 하나님의 보복의 날을 선포하여 모든 슬픈 자를 위로하되."

우리 주님께서는 정확히 하나님의 때를 이루시기 위해서 절기에 따라서 행하셨다.

"'책을 덮어' 그 맡은 자에게 주시고 앉으시니 회당에 있는 자들이 다 주목하여 보더라"(눅 4:20).

책을 덮다, 속죄일을 말한다. 이날은 책을 덮는 날로 구원의 날이다.

"그 성을 일곱 번 돌며 그 제사장들은 나팔을 불 것이며"(수 6:4).

7일 동안 하나님의 주권의 권위를 부르는 모습이다. 가장 강하신 권위를 가지신 십자가, 예수 그리스도의 십자가의 희생만이 구원을 이룰 수 있다는 것을 드러내고 계신다. 모세가 만든 놋뱀을 바라보았던 자들이 산 것처럼 이 하나님의 아들이 달리신 십자가에서 이루리라는 것이다. 창세부터 약속한 이 언약을 예슈아를 통해서 이루실 것을 선포하시는 것이다. 성전을 허시고 사흘 안에 다시 세우실 것이다.

"제사장 일곱은 일곱 양각 나팔을 잡고"(수 6:4).

여호와(יהוה)께서 완전하신 창조의 역사와 초림과 재림의 역사가 이루어질 것을 이방 민족인 여리고 성과 이스라엘 백성에게 경고하시는 것이다. 나팔(יהוה)의 의미는 테루아(תלא)를 부르는 모습이다.

> "너희가 내게 부르짖으며 내게 와서 기도하면 내가 너희들의 기도를 들을 것이요 너희가 온 마음으로 나를 구하면 나를 찾을 것이요 나를 만나리라"(렘 29:12–13).

> "즐겁게 소리칠 줄 아는 백성은 복이 있나니 여호와여 그들이 주의 얼굴 빛 안에서 다니리로다"(시 89:15).

나팔절에 주님을 부르는 모습이다.

> "언약궤 앞에서 나아갈 것이요"(수 6:4).

모든 일은 하나님이 하셔야 한다는 의미이다. 시작도 주님이시고, 끝도 주님이시다. 우리의 열심이 아닌 하나님의 열심을 따라야 한다.

신학교를 다닐 때, 어느 교회에 있었던 일이다. 그 교회는 목회자로부터 사역자에 이르기까지 너무나 열심히 일하는 교회였다. 담임을 맡고 있는 목회자부터 시작하여 모든 사역자들이 쉴 틈이 없었다. 새벽예배부터 밤 12시가 되어서야 사역자들이 집으로 돌아가 쉴 수가 있었다. 웬만한 사역자들은 버티기가 힘들 정도로 강행군을 한다고 했다. 학교 채플 시간 때마다 자주 올라와 채플을 인도하는 목회자는 이러한 열심이 교회의 모델인 양 이야기를 하였다.

그럴 때마다 신학생들은 '참 열심히 일을 하는구나'라고 감탄을 하였다. 그런데 사역자는 버티기 힘들다는 것이다. 그래서 사역자들이 몸이 상해서 중도에 사역을 내려놓는 경우가 많다고 들었다. 어떻게 생각하는가? 매우 바람직하다고 생각하는가? 필자는 그렇지 않다고 생각한다. 세상의 일은 결과물이다. 투자한 만큼 결과를 보아야 하는 것이 세상의 경제논리이다. 세상의 경제 논리로 생각하면 참으로 훌륭한 CEO이다.

이렇게 열심이 있는 리더가 어디에 있을까? 그러나 성경의 입장은 그렇지가 않다. "주의 전을 사모하는 열심이 나를 삼키리라" (요 2:17) 하였듯이 자신의 결과를 위한 열심이 아니라 주의 뜻에 순종하는 열심이 있어야 한다는 것이다. 필자가 말했듯이 열심히 무언가 주님의 이름으로 하면 충성된 종이라 생각하실 것으로 착각하고 있다. 주의 뜻에 순종하는 열심이 있기를 주님은 말씀하신다. 예수님의 이름으로 열심히 한다 할지라도 주님이 없는 열심은 자신의 일이 되고 만다.

그래서 사역자는 그 뜻을 분별하도록 주님의 뜻을 구해야 한다. 해야 하는지, 또는 가야 하는지에 대해서 주님의 뜻을 구해야 한다는 것이다. 성경은 분명히 알려 준다. 충성된 종과 악한 종에 대해서. 자신을 뜻을 주님의 뜻으로 포장하는 자를 주님은 악한 종이라고 하신다. 주님의 뜻에 순종하는 열심이 있는 종을 착하고 충성된 종이라고 하신다. 사역의 경과 중에 의한 것이 아니라 얼마나 주님의 뜻에 순종하는 종인가를 보시는 것이다.

> "나더러 주여 주여 하는 자마다 다 천국에 들어갈 것이 아니요 다만 하늘에 계신 내 아버지의 뜻대로 행하는 자라야 들어

> 가리라 그날에 많은 사람이 나더러 이르되 주여 주여 우리가 주의 이름으로 선지자 노릇 하며 주의 이름으로 귀신을 쫓아 내며 주의 이름으로 많은 권능을 행하지 아니하였나이까"(마 7:21-22).

어떤 사역을 감당함에 있어 그 사역이 탄력적으로 왕성하게 이루어지고 있을 때 항상 잊지 말아야 할 것은 자신의 공의로운 가치 때문이 아니라 주님께서 이루실 거룩한 일과 하나님께서 하나님의 백성을 향한 거룩한 뜻이 있는 곳에 자신을 사용하고 계신 것을 놓치지 말아야 한다는 것이다. 자신이 모든 일에 정직함 때문이 아니라 하나님의 백성에게 이루실 약속이 있기 때문인 것을 유념해야 한다.

> "네가 심중에 이르기를 내 공의로움으로 말미암아 여호와께서 나를 이 땅으로 인도하여 들여서 그것을 차지하게 하셨다 하지 말라……네가 가서 그 땅을 차지함은 네 공의로 말미암음도 아니며……이 민족들이 악함으로 말미암아 네 하나님 여호와께서 그들을 네 앞에서 쫓아내심이라"(신 9:4-5).

분명히 언약궤가 앞서 가야 한다. 이스라엘 백성이 언약궤를 앞서 갈 수는 없다. 그것은 하나님 앞에 교만한 도전이다. 마찬가지이다. 주의 뜻을 거슬러 앞서가는 것은 교만한 도전이다. 주님의 뜻을 따라가야 한다.

민수기 16장에 이스라엘 백성 중 고라와 다단과 아비람의 반역이 나온다.

이들의 반역은 자신들은 왜 항상 뒷전인가, 어찌 너희만 좋은 자리를 꿰차고 있느냐는 생각으로 반역을 일으킨 사건이다. 결국 그들은 모세 앞에 반역을 한 것이 아니라 하나님의 뜻을 거스르는, 하나님 앞에 반역을 한 것이다. 그래서 그들은 심판을 받게 된다. 이후 하나님께서는 이스라엘 백성에게 이와 같이 하나님의 뜻을 거스르지 못하도록 각 지파별로 지팡이를 만들고 레위 지파는 아론의 이름을 새긴 지팡이를 만들게 하신다(민 17장).

> "이튿날 모세가 증거의 장막에 들어가 본즉 레위 집을 위하여 낸 아론의 지팡이에 움이 돋고 순이 나고 꽃이 피어서 살구 열매가 열렸더라"(민 17:8).

지팡이를 만들어 갖다 놓은 그 이튿날 어떤 일이 있었는가? 꽃이 피고 열매가 열렸다. 여기에 영적인 의미가 있다. 2,000년 후에 싹 난 지팡이에서 열매가 열리는 것은 예슈아를 상징한다. 첫 싹 난 지팡이의 열매, 잠자는 자들의 첫 열매가 되신 예슈아시다(고전 15:20-23).

그리고 1년 중 첫 열매가 열리는 것은 아몬드 열매이다. 번역된 살구나무는 학명 자체가 다르다. 그래서 살구나무가 아닌 아몬드 열매로 표현되어야 옳다.

1년 중 첫 열매가 열리는 것은 아몬드나무의 열매이고, 마지막 열매는 감람나무 열매이다. 처음 열매도 예슈아시고 마지막 열매도 예슈아시다.

> "여호수아가 백성에게 명령하여 이르되 너희는 외치지 말며 너희 음성을 들리게 하지 말며 너희 입에서 아무 말도 내지 말

> 라 그리하다가 내가 너희에게 명령하여 외치라 하는 날에 외칠지니라 하고"(수 6:10).

온전한 순종을 의미한다. 인간의 지식으로 계획하고 나아가는 것이 아니라, 인간의 지혜를 의지하여 길을 선택하는 것이 아니라 온전한 순종을 의미한다.

> "일곱째 날 새벽에 그들이 일찍이 일어나서 전과 같은 방식으로 그 성을 일곱 번 도니 그 성을 일곱 번 돌기는 그날뿐이었더라"(수 6:15).

일곱째 날에 새로운 천 년의 역사가 이루어질 것이며, 이날은 구원의 날과 기쁨의 날이 될 것이다.

"일곱 번 돌기는 그날뿐이었더라" 하였다.

이스라엘과 70민족의 나라들에게 구원의 날이 이를 것이며 기쁨의 날이 될 것이다.

초막절 절기[32] 때 7일 동안 70마리의 염소를 잡아 이방인에게도 구원의 날이 될 것을 말씀하신 것처럼 이스라엘과 이방의 70민족의 나라에 장차 구원의 날과 기쁨의 날이 될 것이다.

---

32) 가을 절기

① 나팔절(일곱째 달 1일, 티슈레이 1일, 10월 1일)
Yom HaDin = 심판의 날, 책이 펼쳐지는 날, 문이 열리는 날

② 속죄일(일곱째 달 10일, 티슈레이 10일)
Yom Hakeach = 숨겨진 날

③ 초막절(일곱째 달 15-21일) Yom Kiddishin = 메시아의 결혼식
Ha Melech = 메시아의 대관식(시 47편)

27

마태복음 24장을 중심으로 본 하나님의 징조(מועד, 모에드)

하누카(חנכה)는 키슬레브의 25일부터 8일간 치르는 절기이다. 대체적으로는 율리우스력 기준으로 11월 말이나 12월 사이에 이루어진다. '하누카'라는 단어는 히브리어로 봉헌(성전 회복)을 의미한다. 하누카 하면 떠오르는 것은 '메노라'이다. 하누카 첫날에는 가장 높은 곳에 위치한 초를 점화한 뒤, 오른쪽 가장자리에 있는 초에 불을 붙인다. 둘째 날에는 첫 번째 초의 왼쪽에 위치한 초에 불을 붙이고, 이런 식으로 하루에 하나씩 안쪽을 향해서 초를 점화한다. 8일 동안 지속되므로 초는 총 8개다. 하누카 때 점등한 초는 적어도 어두워진 뒤 30분 가량은 불이 켜져 있다. 원래 전통은 해가 진 뒤, 어둑해질 즈음에 점화를 하는 게 맞다.

금요일이 조금 걸리는데, 금요일 저녁에 안식일이 시작되기 때문이다. 금요일 저녁인 이유는 히브리인들은 하루의 시작을 해가 진 직후로 봤기 때문이다. 안식일에는 하누카의 초를 점화할 수가 없는데 이 때문에 안식일이 시작하기 전에, 즉 해가 아직은 떠 있지만 어둑해질 즈음에 점화를 하면 된다.

> "진실로 너희에게 이르노니 돌 하나도 돌 위에 남지 않고 다 무너뜨려지리라"(마 24:2).

이때가 하누카 때를 가리킨다 하누카의 절기에 예루살렘의 성전이 돌 위에 돌 하나도 남기지 않고 다 무너질 것을 말씀하고 계신다

(요 10:22).

실제로 로마의 침략으로 예루살렘이 불타고 성전이 무너졌다. 하나님의 거룩한 성전을 사탄의 세력이 무너뜨린 것이 되었지만 우리 주님께서 이 성전을 다시 회복하실 것이다.

> "예수께서 감람산 위에 앉으셨을 때에 제자들이 조용히 와서 이르되 우리에게 이르소서 '어느 때에 이런 일이 있겠사오며' 또 주의 임하심과 세상의 끝에는 무슨 징조가 있사오리이까" (마 24:3).

"어느 때에 이런 일이 있겠사오며", 하누카 때에 사탄에 의하여 성전이 무너지지만 주께서 다시 회복하실 것을 의미하고 계신다.

"주의 임하심과 세상의 끝에는 무슨 징조가 있사오리이까."

주의 임하시는 징조의 증거로 미혹되는 일이 먼저 시작된다는 것이다. 사탄은 비진리에 빠진 많은 자들을 이용하여 교회를 무너뜨리고 하나님의 백성을 미혹하여 구원에 이르지 못하도록 미혹할 것이다.

사탄은 정치, 경제, 문화, 종교 등 다양한 부분에 사탄을 따르는 자들을 심고, 그들을 통해서 많은 사람들을 미혹에 빠뜨리고, 거듭나지 못하게 만들고, 세상의 것을 사랑하고 따라가도록 만들 것이다. 또한 사탄은 교회에도 충실한 종을 심어서 교회의 거룩성을 잃어버리도록 조종할 것이다.

그들은 할 수만 있으면 주의 이름으로 많은 기적을 일으킬 것이고, 그 기적을 바라보고 많은 이들이 하나님의 은혜라 생각하여 따를 것이다. 그 기적을 일으키는 자들이 어떤 가치관을 가지고 있고 무엇을 하려는지에는 관심이 없다. 오직 기적과 표적만을 바라보고 따를 것이다.

요즘 우리의 현실을 보면 누가 얼마나 이름이 있고 누가 얼마큼의 영향력을 행사하고 있느냐에만 관심이 있을 뿐, 그가 추구하는 믿음의 현실은 전혀 고려하지 않는 것 같다. 언론 매체를 통해서 이름이 알려지고 인지도만 있으면 그는 검증이 끝났다고 생각을 한다. 그래서 조금 더 유명해지려 하고 조금 더 이름을 내어서 자신의 입지를 구축하려 애쓰고 있으며, 그로 인해서 얻어지는 부와 명예를 위해서만 부심하고 있다.

사탄은 이러한 일들에 더욱 열을 올리고 있다. 방송 매체만큼 사람들을 현혹하고 관심을 끄는 도구는 없다. 방송 매체인 드라마, 예능, 또는 스포츠를 이용해서 관심사를 오직 거기에 두게 하여 사람들의 정신을 조금씩 조금씩 세상 속으로 빠져 들어가도록 유혹하고 있다. 많은 이들이 자신도 모르게 관심사가 세상으로 향해 있다. 누가 가지게 되었고, 누가 얼마큼 누리고 살게 되었는지에만 관심을 갖도록 시선을 빼앗아가고 있다.

하물며 교회 안에서도 누가 얼마큼 부자로 누리고 살고 있느냐에 따라서 그것을 하나님의 축복의 척도로 생각하며, 얼마큼 성공의 길로 가고 있느냐에 따라서 교회 안에서도 지위가 결정이 되고 영향력을 행사하고 있는 것을 우리 눈으로 보고 있다. 이것은 교회가 얼마나 세속화되어 있는지를 말하는 반증이다. 이에 질세라 목회자들도 교회를 얼마나 큰 사이즈로 키웠느냐에 따라서 성공과 실패로 자리매김되다 보니 수단과 방법을 가리지 않고 교회 짓기에 열을 올리게 되었다. 성공의 반열 위에 놓여 있는 목회자들만 대우받는, 웃지 못할 풍경들이 벌어지고 있다. 사탄이 제일 좋아하는 일을 지금 교회들과 자칭 크리스천이라는 이들이 하고 있다.

철저하게 정치적이고, 철저하게 인본주의적이고, 철저하게 세상 중심적인 전인적인 사람으로 양성해 가고 있는 교회의 현실 앞에 우리는 심한 무기력증에 빠져 있는 것 같다.

> "많은 사람이 내 이름으로 와서 이르되 나는 그리스도라 하여 많은 사람을 미혹하리라"(마 24:5; 신 13장).

많은 사람들은 눈에 보이는 기적과 표적만을 따르려 한다. 그리고 자신도 이 기적의 주인공이 되고 싶어 한다. 따라서 이 기적과 표적을 위해서 기도를 한다. 이 편중된 신앙의 감정은 사탄의 좋은 표적이 되며 먹잇감이 된다.

1905년과 1907년 한국 교회에 하나님께서 엄청난 성령의 운동을 일으키셨다. 그리고 많은 사람들이 하나님의 품으로 돌아왔고, 수많은 교회들이 개척되었다. 이에 따라 사탄도 한국 교회를 무너뜨리려 기적과 표적을 따르는 자들을 표적 삼아 한국 교회를 흔들어 놓았다. 따라서 한국 교회의 최초의 이단이 이용두를 필두로 하여 아류들도 나오기 시작했는데 김백문, 박태선(유재열, 구인회, 이만희), 문선명(정명석)을 포함한 수많은 이단들이 신사도운동과 성경의 왜곡된 가르침을 통하여 많은 신앙인들을 병들게 만들었고 타락하게 하였다. 종국에 이들은 자신이 메시아라고 주장하며 수많은 영혼들을 사탄의 손아귀에 쥐어 주는 역할을 한 거짓 선지자들이었다.

지금의 한국 교회의 강단의 현실을 돌아보자. 종종 신앙인들과 대화를 하다 보면 신앙이 병들어 있는 자들을 만나게 된다. 필자가 개척을 하고 개척 교회를 섬긴 지 5년 정도 지났을 때의 일이다. 예배를 드리고 있는데 한 분이 들어왔다. 예배를 마치고 함께 대화를 하였는데, 예전에 교회에서 봉사도 많이 하였고 헌신도 하고 찬양대에서 찬양으로 섬기기도 하였는데 자신의 문제에 늘 답답함을 느꼈다고 한다.

그래서 자신의 앞길을 위한 예언을 듣기 위해서 많은 곳을 찾아다녔다고 한다. 예언을 들을 때는 조만간 무엇인가 이루어질 것 같은 소망이 생겼지만 시간이 자나면서 자신에게 나타나는 아무런 증험이 없자 또 초조해지기 시작하고, 다른 곳으로 신령한 은혜가 있다고 하는 목회자들을 찾아다니며 또 예언을 들었다고 했다. 그러나 자신에게는 그 좋은 예언을 들었는데도 여전히 증험이 없다는 것이다. 심각한 영적인 질병을 앓고 있는 것이다. 자신이 하나님 앞에 서는 것을 잃어버린 것이다. 하나님을 마치 이방신을 섬기듯이 섬기고 있는 것이다. 광야의 이스라엘 백성을 생각해 보라. 이들이 어찌하였는가? 모세가 내려오는 시간이 오래 걸리자 이들은 금송아지를 만들어 그 금송아지가 하나님이며 자신들을 애굽에서 인도한 하나님이라고 믿고 섬기지 않았는가? 금송아지가 하나님이 된 것이다.

사역자들도 이러한 영적인 풍토를 이용하여 강단에서 마치 무당이 점을 치는 것처럼 점을 치고 자신이 영광을 받는 경우를 본다. 자신이 하나님이 된 것이다. 하나님의 이름을 빙자하여 마치 점성술사처럼 점을 쳐 주고 미래를 예언하고, 이 예언을 듣기 위해서 우상 앞에 제물을 드리듯 제물을 드린다. 어찌 이 망령된 일을 하나님께서 가증히 여기시지 않겠는가? 영적인 병이 들어도 심각한 병이 들어 있는 것이다.

요엘서 2장 28-32절을 사용하여 많은 사역자들이 자신의 사역의 정당성을 찾으려 하는 경우가 많이 있다. 물론 필자는 어떤 특정된 사람들을 대상으로 판단하거나 정죄하려는 것이 아니다. 이 모든 것이 필자 자신에게도 전해지는 메시지로 생각을 한다. 다만 이러한 풍토가 곳곳에서 일어나고 있고 이루어지고 있음을 안타까워할 뿐이다. 그러나 말씀의 의미를 생각해 보라. 먼저 이러한 일이 있기 전에 요엘서 2장 12-17절의 조건이 충족될 때 이러한 하나님의 역사가 주어진다는 것이다.

요엘 2장 28절에 "그 후에 내가 내 영을 만민에게 부어 주리니 너희 자녀들이 장래 일을 말할 것이며 너희 늙은이는 꿈을 꾸며 너희 젊은이는 이상을 볼 것이며"라고 말씀한다.

분명히 성경은 '그 후에'라고 말씀을 하신다. 어떤 후를 말하는가? 자신에게 있는 더럽고 추악한 영적인 때를 깨끗이 씻고 닦고 난 다음에 하나님은 무엇을 위하여 이 영을 부어 주시겠는가? 하나님의 때, 아버지의 때가 거룩히 이루어지기를 나타내시기 위하여 이 거룩한 영을 부어 주신다는 것이다. 자신들의 삶에 성공과 명예와 영광을 위해서가 아닌, 아버지의 거룩한 시간과 때가 어떻게 이루어지고 있고 다가오고 있음을 알게 하시기 위해서 이 거룩한 영을 부어 주시는 것이다.

요엘서 2장 23절에 "시온의 자녀들아 너희는 너희 하나님 여호와로 말미암아 기뻐하며 즐거워할지어다 그가 너희를 위하여 비를 내리시되 이른 비를 너희에게 적당히 주시리니 이른 비와 늦은 비가 예전과 같을 것이라"고 하였다.

초막절 절기 때 천년왕국을 말씀하고 계신다. 예슈아께서 말씀이 육신이 되어 오시는, 살아 있는 생명의 토라를 말씀하고 계신다.

필자가 안타까워하는 것은, 모든 말씀이 육신의 정욕을 채우기 위해서 사용되고 있다는 것이다. 주님 당시에도 주님은 하나님의 나라에 대해서 말씀하고 계시는데 유대인들은 지금 당장 육신의 괴로움, 로마의 핍박에서 벗어나기 위해서 하나님이 필요한 것으로 받아들이고 있었던 사실을 보게 된다. 지금 우리의 영적인 수준도 이와 같다. 자신의 현실적인 괴로움과 아픔만을 생각한 나머지 이것을 긁어 주기를 원한다. 그러다 보니 모든 성경의 말씀이 육신의 필요를 채우는 쪽으로 읽히고 생각하게 된다. 따라서 어느 예배의 현장을 가든 하늘에 소망을 두는 예배보다는 땅의 것이 어떻게 하면 열리고 해결되느냐의 문제에만 관심이 넘쳐나는 예배가 주를 이루고 있는 것 같다. 마치 열매가 없이 무성한 무화과나무와 같은 모습을 보게 된다. 그렇다고 현실의 문제를 외면하자는 것이 아니다. 이러한 영적인 모습이 제대로 갖추어졌을 때 하나님의 은혜로 말미암아 현실의 문제도 극복되는 것이다.

지금 교회는 주님이 책망하셨던 것처럼 이방인의 기도로 넘쳐난다. 이제 성경을 바로 보고 주님 안에서 올바르게 구하는 문제가 해결된다면 주님께서는 모든 필요를 주님의 영광을 위해서 채우실 것이다.

이제 복음의 제일선에 나선 사역자들이 말씀을 왜곡하고 하나님의 거룩한 말씀을 세상 것으로 바꿔치기하는 일이 없기를 바란다.

정직하고 진실하게 두렵고 떨리는 마음으로 강단에서 복음을 증거해야 한다. 하나님께서 기회를 주시고 세워 주신 강단에서 말씀을 세상 것으로 왜곡하는 일이 없기를 바랄 뿐이다.

출애굽 과정에서 유월절을 기억해 보면, 하나님께서 어린 양의 피를 좌우의 문설주에 바르고 문을 닫고 가족의 수효대로 양을 잡은 고기를 급히 먹으라고 하셨다. 그 이유는 구원의 문제가 그만큼 급하고 시급하다는 것이다.

그리고 고기를 먹는데 삶아서 먹으라 하지 않고 구워서 먹으라 하셨다. 그것은 우리 주님의 고난을 상징하며, 또한 하나님의 말씀은 삶아서 물에 풀어헤치듯 하지 말라는 의미이다. 그만큼 영혼의 구원에 문제가 시급한데도 강단이 말씀을 세상 것으로 흥건히 풀어헤쳐서 하나님의 귀한 백성들이 세상 것에 소망을 두게 하여 세상의 성공을 위하여 달려가도록, 브레이크 없는 차를 몰도록 부추기고 있다. 세상에서 누리고 사는 것이 하나님의 축복인 양 말씀을 세상 것으로 풀어헤쳐 놓는다. 하나님의 영혼들을 세상의 가치관으로 풀어헤쳐 놓는 일이 얼마나 주님을 슬프시게 하는 일인지를 알아야 할 것이다.

필자가 잘 아는 믿음의 형제의 이야기이다.

어느 날 이 형제가 현실인지 현실 밖인지는 알 수는 없으나 한 이상을 보았는데, 수많은 사람들이 모여 있었고 그 사이에 커다란 가마솥이 놓여 있었다고 한다. 그런데 그 안에는 썩은 음식물 쓰레기 같은 것들로 가득 채워져 있었다. 그 수많은 사람들이 솥 안에 있는 썩은 물을 열심히 퍼 담고 그것을 또한 맛있게 먹고 있더라는 것이다. 너무 놀라서 '저것을 먹으면 큰일이 날 텐데' 하고 말리려 해도 이들은 아는지 모르는지 마치 로봇처럼 그 썩은 음식물을 먹고 있더라는 것이다.

그 옆을 가만히 살펴보니 한 사역자로 보이는 사람이 서 있는데, 그 쓰레기 같은 물을 계속해서 먹을 것을 권하고 있었다는 것이다. 얼굴을 자세히 보니 금방이라도 알아볼 수 있을 정도로 유명한 사람이었다고 한다.

이 얼마나 가슴 아픈 현실인가? 주님의 거룩하신 말씀이 오염되고 그 오염된 물을 마신 하나님의 백성들은 심각한 영적인 중병을 앓고 있는 것이다. 이는 극히 개인적인 체험이다. 그렇다고 그냥 넘기기에는 현실이 너무 안타깝다.

요즘 이 세대는 너무도 시끄럽다. 처처에서 지진으로 아픔을 겪고 있으며, 내전으로 인한 수많은 난민들이 이 나라 저 나라 기웃거리고 있고, 유럽 국가들은 이 난민 때문에 골치를 썩고 있고, 이 나라 저 나라 눈치 보기에 바쁘다. 또 반대편에서는 극심한 가뭄과 식량 사정, 그리고 질병으로 많은 사람들이 죽어가고 있다. 때로는 계절을 초월한 폭우로 난리를 겪고 있고, 사람이 감당할 수 없는 재해 앞에 넋을 놓고 슬퍼하고 있다. 우리나라만 해도 제철에 열매들이 제대로 열매를 맺지 못하고 있으며, 이제는 안전하게 외부 활동을 할 수 없을 정도로 기후도 안정적이지 못하다. 그에 따른 알 수 없는 수많은 질병들이 엄습해 오고 있다. 하나님의 경고의 메시지이다. 마지막 때가 점점 급하게 다가오고 있으니 회개하고 돌아오라는 하나님의 징조이다. 그런데 언제까지 세상에 매여 사탄의 가증스러운 문화를 받아들이고 탐닉함으로 만족을 찾으려 하는가? 이제 자신을 돌이켜 하나님의 징조에 귀를 기울이고 돌아와야 한다.

스스로에게 그날이 도둑같이 이르지 않도록 세상의 문화와 즐거움에 취하기보다는 지금 돌이켜 주께로 돌아오기를 바란다. 이와 같은 징조의 말을 수없이 들어왔을 것이다. 이제 영적인 감각의 문이 열려 이것이 자신 앞에 놓여 있는 현실임을 직시하기를 바랄 뿐이다.

누가복음 16장의 사건으로 들어가면 두 신앙인을 만나게 된다. 한 사람은 평생을 누더기 옷을 걸치고 살아간 사람이다. 이 신앙인은 이 땅의 문제에 너무도 관심이 없다. 자신의 모든 주어진 시간을 하나님께 던지고 살아가는 사람이다. 따라서 현실에 안주하고 있는 신앙인들은 이 사람을 '거지'라고 부른다. 사람들은 이 거지가 가까이 오는 것을 싫어하는 것 같다. 그래서 이 거지는 늘 혼자이다. 그 삶은 누군가의 도움이 없으면 살아갈 수 없을 정도로 가난하다. 그래서 어느 신앙인의 마을의 집에 잔치가 벌어지면 그곳에서 먹을 것을 얻어서 살아간다. 또 한 신앙인은 매우 부유하다. 많은 것을 가지고 있고 많은 것을 누리고 살고 있다. 같은 뜻과 같은 가치관을 가지고 있는 신앙인들과 매일 세상 것을 누리고 취하여 잔치를 하며 산다.

이 부자 신앙인은 매우 깊숙이 세상이 가져다주는 달콤함에 취해 있다. 그러다가 이 거지의 모습을 한 신앙인을 보면 율법이 자신을 괴롭히므로 그저 자신의 상에서 사랑이 없는 음식 몇 조각 던져 주고는 그것으로 자신은 율법에 충실한 신앙인이라고 생각을 한다.

이러한 신앙인에 대한 경고는 곳곳에 있다. 어떤 부자 관원이 주께 찾아와 영생의 문제를 묻는다. 주님이 율법에 대해서 물으시자 율법을 줄줄이 나열한다. 그리고 자신은 율법을 잘 지켰다고 말한다. 그리고 무엇을 더해야 영생을 얻을 수 있느냐고 주님께 질문을 한다. 그러나 주님이 "네 소유를 팔아 가난한 자들에게 나누어 주라" 하시자 그는 근심하여 떠났다.

그런 사이에 평생을 하나님을 의지하고 이 땅의 거룩하지 않은 것들에 관심이 없던 거지가 죽음을 맞이하게 되었고 부사 신앙인도 죽음을 맞이하게 되었는데, 거지 신앙인은 아브라함 품에, 부자 신앙인은 지옥으로 시험 당할 그때에 미끄러졌다(신 32:35).

이야기의 오해를 풀기 바란다. 부자라고 해서 다 미끄러져 시험 당한다는 단정이 아니다. 하나님의 주권보다도 자신의 만족을 위해서 세상이 가져다주는 삶을 살다 보니 그것으로 인해 미끄러지게 된 것이다.

> "이러므로 하나님이 미혹의 역사를 그들에게 보내사 거짓 것을 믿게 하심은 진리를 믿지 않고 불의를 좋아하는 모든 자들로 하여금 심판을 받게 하려 하심이라"(살후 2:11-12).

> "주께서 참으로 그들을 미끄러운 곳에 두시며 파멸에 던지시니"(시 73:18).

> "내 백성이 내 소리를 듣지 아니하며 이스라엘이 나를 원하지 아니하였도다 그러므로 내가 그의 마음을 완악한 대로 버려두어 그의 임의대로 행하게 하였도다"(시 81:11-12).

하나님께서 이 땅에서 허락하신 시간과 공간의 모든 것은 하나님께 레아바드(לעבדה-'섬기다', '봉사하다')하기를 원하신다(창 2:5, 15).

주변에서 일어나는 모든 징조는 재난의 시작이라고 하신다(마 24:6-9). 당신은 어디에 있는가? 당신은 모든 허락된 하나님의 주권 앞에 아바드하고 있는가?

> "그러므로 너희가 선지자 다니엘이 말한 바 멸망의 가증한 것이 거룩한 곳에 선 것을 보거든 그때에 유대에 있는 자들은 산으로 도망할지어다"(마 24:15–16).

미래에 적그리스도들이 성전 안에 우상을 세울 것을 말씀하고 계신다. 실제로 로마의 황제가 성전 안에 우상을 세웠고, 이로 인해 유대인들은 유대 광야로 도망하였다고 한다. 이렇듯 적그리스도는 우상을 세워 놓고 섬기기를 강요하며 굴종하게 할 것이다. 그래서 주님은 유대에 있는 자들은 산으로 도망할 것을 말씀하신 것이다.

에스더서에 사탄의 상징인 하만이 자신에게 유대인들의 굴종을 강요하였다. 하누카 때의 안티쿠로스 황제는 오직 굴종을 강요했다. 마지막 때의 큰 징조의 하나가 굴종이다.

우리도 이 굴종의 역사를 경험하였다. 필자가 소개했던 것처럼 한국 교회의 하누카는 신사참배였다. 한국 교회에 사탄의 상징인 일본은 예배당에 신사를 만들도록 했고 경배하도록 강요했다. 많은 지도자들이 교회를 지킨다는 이유를 들어 여기에 굴종한 것이다.

이와 같은 일을 우리는 또 겪어야 했다. WCC를 부산에서 개최하면서 명망이 있다고 하는 한국 교회의 지도자들은 자신들의 이름을 내기 위해서 가증스러운 것을 연합과 일치라는 슬로건을 내세워 또 한 번 스스로를 굴종시켰다. 그리고 분별하지 못하는 한국 교회 성도들에게 포장지만 복음주의로 바꾸고, 그 안에서 이교도들과 함께 손을 잡고 성경에서 금하는 동성애를 공공연하게 인정하는 일들이 있었다. 그리고 사울이 접신녀를 통하여 정령술을 행했던 것처럼 죽은 영혼들을 부르는 초혼세와 진혼세를 행하는 일들이 벌어지고, 무력을 앞세우지 않았지만 스스로 가증스러운 우상 앞에 굴종시킨 것이다. 그리고 평화라는 그럴듯한 목소리를 내며 이방 신당에 가서 절을 하고 이방신을 섬기는 제사를 교회에 들여놓아 섬기게 하는 일들을 통해 바로 한국 교회의 하누카를 보게 된 것이다.

> "밭에 있는 자는 겉옷을 가지러 뒤로 돌이키지 말지어다 그날에는 아이 밴 자들과 젖 먹이는 자들에게 화가 있으리로다 너희가 도망하는 일이 겨울에나 안식일에 되지 않도록 기도하라"(마 24:18-20).

실제로 하누카 때 로마의 침공에 의해서 많은 유대인이 죽임을 당하고 예루살렘이 불에 타고 성전이 무너졌다. 그래서 주님께서는 이때를 아시고 밭에 있는 자는 겉옷을 가지러 뒤로 돌이키지 말라고 하셨다. 매우 급한 상황이다. 심판의 때가 롯의 때처럼 이럴 것이다. 그리고 하누카의 때가 이럴 것이라는 것을 말씀하시는 것이다.

그리고 이때는 너무도 급하고 위험한 때라 예슈아께서는 아이 밴 자들이 도망하기가 어렵고 젖먹이를 둔 여인들이 도망하기가 어려울 것을 아시고 이들에게 화가 미칠 것이라고 말씀하신 것이다.

"너희가 도망하는 일이 겨울에나 안식일에 되지 않도록 기도하라"고 하셨다. 또한 하누카의 징조를 말씀하신다(11월 말-12월 중순이다).

> "거짓 그리스도들과 거짓 선지자들이 일어나 큰 표적과 기사를 보여 할 수만 있으면 택하신 자들도 미혹하리라"(마 24:24).

신명기 13장에 대한 말씀이 그대로 성취되어 이루어지게 되었다.

> "그때에 인자의 징조가 하늘에서 보이겠고 그때에 땅의 모든 족속들이 통곡하며 그들이 인자가 구름을 타고 능력과 큰 영광으로 오는 것을 보리라"(마 24:30).

절기상으로 가을 절기를 말씀하고 계신다. 가을 절기는 나팔절(10월 1일), 대속죄일(10월 10일), 초막절(10월 15-21일, 7일간)이다.

① "그때 인자의 징조가 하늘에서 보이겠고"

나팔절의 모습으로 나팔이 불려짐으로 심판의 경고를 나타내는 것이다. 이날은 책이 열리므로 심판의 날이다. 10월 1일의 1일은 말했듯이 새로운 천 년의 역사가 열릴 것을 의미한다. 그래서 이날은 심판의 날이다. 이날이 심판의 날이므로 우리 주가 되신 예슈아께서 만왕의 왕으로 대관식을 치르시는 날이다. 요셉을 통하여 보았던 초림의 고난당한 메시아가 이제 재림으로 다윗의 왕권을 상징하는 영광의 메시아로 대관식을 치르시는 날이 올 것이다(시 47편).

② “모든 족속들이 통곡하며 그들이 인자가 구름을 타고 능력과 큰 영광으로 오는 것을 보리라”

나팔절 때 나팔이 불려지고 책이 열리며 심판이 시작되고, 대속죄일 때는 책이 덮이므로 구원이 이르는 날이다. 이날 구름 타고 공중에 재림하신 주님을 보게 될 것이고, 어린 양의 피로 속죄함이 이루어질 것이다. Yom Kippur, 그리고 우리의 죄가 영원히 기억되지 않도록 이날은 덮으시는 날이다.

> “그가 큰 나팔 소리와 함께 천사들을 보내리니 그들이 그의 택하신 자들을 하늘 이 끝에서 저 끝까지 사방에서 모으리라” (마 24:31).

나팔절(יום תלא) 때 하나님의 백성이 들림 받을 것이다. 천사들을 보내어 사방에서 하나님의 백성들이 공중으로 들림 받을 것이다. 나팔절에 이루어질 모습들이다. 그리고 초막절이 되면, 속죄일 기간 5일이 지나면 초막절이 되는데 이날은 어린 양의 혼인 잔치가 이루어지는 날이다(계 19장).

예레미야 31장 31-36절 새 언약의 메시지

> “주께서 이르시되 볼지어다 날이 이르리니 내가 이스라엘 집과 유다 집과 더불어 새 언약을 맺으리라”(히 8:8).

> “저녁 먹은 후에 잔도 그와 같이하여 이르시되 이 잔은 내 피로 세우는 새 언약이니 곧 너희를 위하여 붓는 것이라” (눅 22:20).

새 언약을 통한 고난당하는 메시아

요셉의 고난	메시아의 고난
"요셉이 그들에게 가까이 오기 전에 그들이 요셉을 멀리서 보고 죽이기를 꾀하여"(창 37:18).	"예수를 흉계로 잡아 죽이려고 의논하되"(마 26:4).
"유다가 자기 형제에게 이르되 우리가 우리 동생을 죽이고 그의 피를 덮어 둔들 무엇이 유익할까"(창 37:26)(유다가 요셉을 판 것처럼 예수님을 유다가 팔다).	"내가 예수를 너희에게 넘겨주리니 얼마나 주려느냐 하니 그들이 은 삼십을 달아 주거늘"(마 26:15)(유다가 예수를 팔다).
"내가 그들에게 이르되 너희가 좋게 여기거든 내 품삯을 내게 주고 그렇지 아니하거든 그만두라 그들이 곧 은 삼십 개를 달아서 내 품삯을 삼은지라"(슥 11:12).	"그들이 예수를 십자가에 못 박은 후에 그 옷을 제비 뽑아 나누고"(마 27:35).
요셉에 대한 이유 없는 모함(창 37:17-18)	주님의 이유 없는 고난
"바로가 그의 신하들에게 이르되 이와 같이 하나님의 영에 감동된 사람을 우리가 어찌 찾을 수 있으리요"(창 41:38).	예슈아의 모습
"바로가 애굽 모든 백성에게 이르되 요셉에게 가서 그가 너희에게 이르는 대로 하라 하니라"(창 41:55).	"그의 어머니가 하인들에게 이르되 너희에게 무슨 말씀을 하시든지 그대로 하라 하니라"(요 2:5).
"요셉은 그의 형들을 알아보았으나 그들은 요셉을 알아보지 못하더라"(창 42:8).	유대인들이 토라이신 예슈아가 육신의 모습을 하고 오심을 알아보지 못했다.
"그들이 서로 말하되 우리가 아우의 일로 말미암아 범죄하였도다 그가 우리에게 애걸할 때에 그 마음의 괴로움을 보고도 듣지 아니하였으므로 이 괴로움이 우리에게 임하도다"(창 42:21).	메시아를 알아보지 못했던 유대인들의 괴로움
"유다가 아버지에게 말하여 이르되 그 사람이 우리에게 엄히 경고하여 이르되 너희 아우가 너희와 함께 오지 아니하면 너희가 내 얼굴을 보지 못하리라"(창 43:3)(얼굴과 얼굴을 대면하는 날-속죄일).	속죄일
"요셉이 시종하는 자들 앞에서 그 정을 억제하지 못하여 소리질러 모든 사람을 자기에게서 물러가라 하고 그 형제들에게 자기를 알리니 그때에 그와 함께한 다른 사람이 없었더라"(창 45:1).	유다가 회개했을 때 요셉이 자신을 밝힌 것처럼 이스라엘이 회개했을 때 주님이 돌아오신다.

- איש = 이(시)쉬(남자)

  אשה = 이샤(여자) = יה ('야' 하나님)

남자와 여자, 즉 사람에게는 항상 하나님이 계셔야 한다.

성탄절에 대한 잘못된 이해

성경에는 예슈아의 탄생일에 대해서 정확하게 기록되어 있지는 않다. 다만 필자는 누가복음 1-2장의 근거로 초막절 절기가 예슈아의 나신 날이라고 말하였다.

그런데 오랜 세월 동안 교회는 잘못된 성탄절을 보내고 있다. 잘못된 것을 알면서도 오랜 세월 전통으로 지켜졌기 때문에 침묵하고 있는 것인지 아니면 모르고 지키는 것인지는 알 수 없지만, 필자의 의도는 누구를 폄하하기보다는 교회들을 정죄하기보다는 바른 진실을 알리려는 것뿐이다. 다만 성경의 근거를 통해서 필자가 말했던 것처럼 초막절 절기가 아들이신 예슈아의 생일이라는 결론을 먼저 말할 수 있다.

사람들은 이교도의 풍습으로 덧칠해져 있는 X-mas를 성경적인 주님의 탄생일로 맞이한다. 그러나 우리가 보내는 것처럼 예슈아께서는 이 땅에 겨울철에 오시지 않았다. 성경을 통해서 보면 그리스도의 탄생일이 12월 25일이 아닌 것을 알 수 있다(눅 1-2장).

누가복음 2장 8절, 천사들이 베들레헴의 목자들에게 예슈아의 탄생을 알려 주었던 때는 밤중에 넓은 들판에 거하며 양 떼를 지킬 때이다. 또한 팔레스타인 지방에서는 10월 이후에는 목자들이 들판에서 자신들의 양 떼를 돌보지 않는다. 10월 이후에 첫 비가 내린 후 혹독한 추위가 다가오기 때문에 양 떼를 집으로 데리고 들어와서 우리 안에서 겨울을 나게 했다. 겨울철은 혹독하게 춥다.

그러면 왜 12월 25일이 성탄절이 된 것일까?

고대 바벨론의 종교인 태양신 니므롯을 섬기는 일에서 유래되었다. 그리고 3세기경 로마 가톨릭이 이교도적인 풍습을 받아들이면서 기독교에 접목시켜서 오늘날 개신교에 영향을 끼치게 된 것이다. 그 당시 로마인들의 태양신을 숭배하는 신앙을 기독교로 끌어들이기 위해서 로마 가톨릭이 여러 가지 조치를 취했는데, 그 가운데 하나가 바로 태양신의 탄생일로 알려진 12월 25일을 성탄절로 변개해 버린 것이다.

성탄 용어에 대한 바른 이해

크리스마스라는 말을 습관적으로 사용하고 있지만 크리스마스란 Christ(크리스트) + Mass(미사)의 합성어이다. 즉 크리스트 미사란 가톨릭적인 의미를 담고 있는데, 가톨릭의 미사에는 바벨론의 종교의식과 혼합된 혼합주의적인 의식이 사용된다.

X-Mas란 말도 사용해서는 안 된다. 성탄절의 의미 X-Mas는 헬라어 Χριστός(그리스도) 앞 글자 X와 미사를 의미하는 단어 Mass를 합친 합성어이다. 태양신을 숭배하는 자들에게 X는 그 자체가 태양신의 대표적인 상징이다. 바벨론 신앙에서 X는 그 옛날 바벨론 제국을 세운 니므롯의 상징이었고, 훗날에 죽어서 니므롯은 태양신이 되었다. 그래서 X는 그들의 전통에 따라 태양신의 상징이 되었다.

X를 태양신의 상징으로 여기던 신앙적 전통은 바벨론 신앙을 계승한 이집트와 여기에 뿌리를 두고 있는 프리메이슨과 일루미나티들에게도 계속 이어져 내려오고 있다. 언젠가 태양신은 은총으로 다시 부활할 것을 믿었던 저들의 믿음의 표현이다.

하나님이 보내신 구세주의 탄생을 모독하고 그 의미를 변질시키기 위해 성탄절을 X-mas로 바꿔 놓았다.

또한 성탄절의 주인공이 산타클로스가 된 지 오래되었다.

'산타'(Santa)라는 단어에서 중간에 'n'을 떼어 맨 뒤로 붙여보면 'Satan'(사탄)이라는 정체가 드러난다. 산타는 사탄의 또 다른 이름이다.

사탄은 참된 정체를 감추기 위해 글자 바꾸기를 이용한다.

힌두교의 브라만 아들인 사나탄(Sanatan)과 사나치아타(Sanatsiyata), 그리고 불교의 산티시타(Santisita)도 사탄이다.

사나트(Sanat)와 산타(Santa), 그리고 Satan들도 같은 글자로 구성되어 있다. 단지 순서만 바꾼 것이다. 이렇듯 사탄은 변신의 귀재이다. 거짓의 앞잡이가 광명의 천사로 가장하여 많은 자들을 미혹했듯이 산타라는 존재를 통하여 많은 영혼들의 신앙의 본질을 흐리게 만들고 있다.

28

장막절(초막절) 숙곳에 대하여[33]

다음은 장막절에 대해서 살펴보기로 한다.
모세는 레위기에서 이 절기의 규칙을 상세히 설명하고 있다.

> "너희는 매년 이레 동안 여호와께 이 절기를 지킬지니 너희 대대의 영원한 규례라 너희는 일곱째 달에 이를 지킬지니라 너희는 이레 동안 초막에 거주하되 이스라엘에서 난 자는 다 초막에 거주할지니 이는 내가 이스라엘 자손을 애굽 땅에서 인도하여 내던 때에 초막에 거주하게 한 줄을 너희 대대로 알게 함이니라 나는 너희의 하나님 여호와이니라"(레 23:41-43).

초막은 히브리어로 '숙곳'(סוכות)이며 장막, 또는 천막을 의미한다. 창세기에서 야곱은 어떤 특별한 곳으로 여행하다가 자신의 가축을 두기 위해 장막, 또는 숙곳[34]을 쳤는데 그래서 그곳의 이름이 숙곳으로 알려지게 되었다.

신명기에서 장막절은 세 개의 순례 절기들 가운데 하나로서, 그 기간에 20세 이상의 모든 남자들은 예루살렘으로 올라가야 했다.

---

33) 마크빌 목사의 "블러드문" 중에서.

34) "야곱은 숙곳에 이르러 자기를 위하여 집을 짓고 그의 가축을 위하여 우릿간을 지었으므로 그 땅 이름을 숙곳이라 부르더라"(창 33:17).

"너의 가운데 모든 남자는 일 년에 세 번 곧 무교절과 칠칠절과 초막절에 네 하나님 여호와께서 택하신 곳에서 여호와를 뵈옵되 빈손으로 여호와를 뵈옵지 말고"(신 16:16).

아담과 하와의 타락 이래로 하나님의 궁극적인 계획은 그분의 백성들 가운데 항상 머무시거나 성막을 치시는 것이었다. 광야에서의 첫 장막절은 바로 이스라엘 백성들이 하나님께서 그들과 함께 거하시도록 성막을 짓기 시작한 때였다(출 35장). 스가랴는 여호와의 말씀을 인용하여 예언하기를 "싹이라 이름하는 사람" 곧 예수님께서 이스라엘 가운데서 나와 여호와의 전을 건축하리라고 했다(슥 6:12). 예루살렘 성전이 두 번이나 파괴되었다는 사실에도 불구하고 하나님께서는 우리와 함께 거하신다는 목적을 여전히 성취하실 것이다. 이 일은 여호와께서 감람산에 발을 디딜 때 예루살렘을 덮칠 서사적인 전쟁 이후에 발생한 것이다.

"그때에 여호와께서 나가사 그 이방 나라들을 치시되 이왕의 전쟁 날에 싸운 것같이 하시리라 그날에 그의 발이 예루살렘 앞 곧 동쪽 감람산에 서실 것이요 감람산은 그 한가운데가 동서로 갈라져 매우 큰 골짜기가 되어서……예루살렘을 치러 왔던 이방 나라들 중에 남은 자가 해마다 올라와서 그 왕 만군의 여호와께 경배하며……예루살렘으로 올라오지 아니하는 자들에게는 비를 내리지 아니하실 것인즉 만일 애굽 족속이 올라오지 아니할 때에는 비 내림이 있지 아니하리니 여호와께서 초막절을 지키러 올라오지 아니하는 이방 나라들의 사람을 치시는 재앙을 그에게 내리실 것이라 애굽 사람이나 이방 나라 사람이나 초막절을 지키러 올라오지 아니하는 자가 받을

별이 그러하니라"(슥 14:3-4, 16-19).

이 사건은 분명히 아직 일어나지 않았다. 말씀은 세 번이나 모든 민족들이 초막절을 지키러 예루살렘으로 올라올 것이라고 말한다. 우리는 이러한 연습을 하는 것이 좋겠다. 천 년의 평안 후에 새 하늘과 새 땅이 있을 것이며, 하나님의 장막이 사람들과 함께하실 것이다.

"하나님이 그들과 함께 계시리니 그들은 하나님의 백성이 되고 하나님은 친히 그들과 함께 계셔서"(계 21:3).

이 절기는 하나님께서 우리가 이 땅과 우리의 몸이 단지 장막 또는 임시 거주지에 불과하다는 사실을 깨닫기를 원하신다는 사실이다.

"너희는 하늘로 눈을 들며 그 아래의 땅을 살피라 하늘이 연기같이 사라지고 땅이 옷같이 해어지며 거기에 사는 자들이 하루살이같이 죽으려니와 나의 구원은 영원히 있고 나의 공의는 폐하여지지 아니하리라"(사 51:6).

"만일 땅에 있는 우리의 장막 집이 무너지면 하나님께서 지으신 집 곧 손으로 지은 것이 아니요 하늘에 있는 영원한 집이 우리에게 있는 줄 아느니라"(고후 5:1).

베드로도 자신이 하나님의 부름이 가까이 임한 줄 알고 "이는 우리 주 예수 그리스도께서 내게 지시하신 것같이 나도 나의 장막을 벗어날 것이 임박한 줄을 앎이라"(벧후 1:14)고 고백한다. 그는 계속해서 편지의 수신인들에게 확신을 주는데, 왜냐하면 그와 다른 사도들이 "그의 크신 위엄을 친히 본 자"(벧후 1:16)였기 때문이다.

마가복음 9장에서 주님은 베드로가 장래에 이것을 볼 것을 허락하신다.

> "또 그들에게 이르시되 내가 진실로 너희에게 이르노니 여기 서 있는 사람 중에는 죽기 전에 하나님의 나라가 권능으로 임하는 것을 볼 자들도 있느니라 하시니라 엿새 후에 예수께서 베드로와 야고보와 요한을 데리시고 따로 높은 산에 올라가셨더니 그들 앞에서 변형되사……베드로가 예수께 고하되 랍비여 우리가 여기 있는 것이 좋사오니 우리가 초막 셋을 짓되 하나는 주를 위하여, 하나는 모세를 위하여, 하나는 엘리야를 위하여 하사이다 하니"(막 9:1-2, 5).

베드로는 왜 초막 셋을 지으려 했을까? 왜냐하면 그는 이 일이 장막절 기간 동안에 일어나고 있음을 보았기 때문이다.

장막절은 큰 기쁨의 시간이 되어야 했는데, 그것이 바로 하나님의 백성들 가운데 하나님께서 거주하심을 축하하는 것이기 때문이다. 요세푸스에 따르면 이 절기 동안에 200만 명 이상의 사람들이 예루살렘에 모였다고 한다.

절기 중에 레위인들은 여인들의 뜰에서 음악을 연주했다고 한다. 사람들이 노래할 때 남자들은 불붙은 횃불을 돌리면서 춤을 추었다. 레위인들은 여인들의 뜰로부터 이스라엘 뜰로 열다섯 보 올라간 곳에 서서 하프, 나팔 등의 악기를 연주했다고 한다. 두 명의 제사장들은 그 뜰의 대문 입구 양쪽 측면에 있는 계단 꼭대기에서 은 나팔을 불었다. 이 모든 것들은 물 붓기 예식에 대한 계명을 경축하는 것이라 한다.

여인들의 뜰에는 각각의 꼭대기에 금으로 만든 대접이 놓여 있는 네 개의 거대한 촛대가 있었다. 그 초의 심지는 희생제단에서 섬기느라고 더러워지고 낡아 버린 제사장들의 옷으로 만들었다. 이 옷들은 가늘게 잘라 여인들의 뜰에 보관했다. 네 명의 제사장 훈련생들이 기름으로 가득 찬 거대한 항아리를 들고 그 촛대의 꼭대기에 올라가 그 대접 안에 부었다. 예루살렘의 모든 뜰은 이 거대한 등에서 발산된 빛으로 가득 찼다. 주께서 자신을 세상의 빛이라고 선포하신 것이 바로 이 절기 중이었다.

> "예수께서 또 말씀하여 이르시되 나는 세상의 빛이니 나를 따르는 자는 어둠에 다니지 아니하고 생명의 빛을 얻으리라"(요 8:12).

그 절기에 너무나 많은 사람들이 모였기 때문에 모든 제사장들은 한 주간 내내 임무를 수행해야 했다. 제사장은 세 그룹으로 나누어졌다.

첫 번째 그룹은 모든 희생의 제물을 잡는 것이 임무였다. 두 번째 그룹은 대제사장이 이끌었는데 수문 밖 실로암 샘물로 가서 금으로 만든 잔에 사용할 물을 길었다. 그다음 백성들이 또다시 성전에 올라가 제단에 예물을 드리며, 제사장은 그 생수를 제단에 붓고 또 다른 제사장은 은으로 만든 주전자에 포도주를 부었다. 이 물 붓기 예식은 비가 오는 것과 관계가 있다. 사람들은 그다음의 소출을 위해 땅에 비와 복을 내리기를 기도했다. 그들은 장막절 기간 동안 특별히 118편을 노래했다.

> "여호와는 나의 능력과 찬송이시요 또 나의 구원이 되셨도다 의인들의 장막에는 기쁜 소리, 구원의 소리가 있음이여 여호와의 오른손이 권능을 베푸시며"(시 118:14-15).

그 절기인 마지막 날인 일곱째 날에 백성들은 제단 주위를 일곱 번 돌고 난 다음 노래하면서 물을 붓는 '여리고 행진'을 했다. 이 절기의 예식을 이해할 때 주께서 그분으로부터 생수의 강이 흘러나오리라고 말씀하신 것이 무엇인지를 알게 된다.

> "유대인의 명절인 초막절이 가까운지라……이미 명절의 중간이 되어 예수께서 성전에 올라가사 가르치시니……명절 끝 날 곧 큰 날에 예수께서 서서 외쳐 이르시되 누구든지 목마르거든 내게로 와서 마시라 나를 믿는 자는 성경에 이름과 같이 그 배에서 생수의 강이 흘러나오리라 하시니"(요 7:2, 14, 37-38).

예슈아께서 사람들에게 "내게로 와서 마시라"고 외쳐 이르신 것은 이 사람들이 "그러므로 너희가 기쁨으로 구원의 우물들에서 물을 길으리로다"(사 12:3)라고 노래하던 바로 그 절기 기간이었기 때문이다.

제사장들 가운데 세 번째 그룹은 성전의 미문으로 나아가 모짜 계곡으로 넘어가 버드나무 가지들을 8-9미터 길이로 자른다. 그리고 그들은 사열을 하듯이 대열을 맞춰 행진하며 그 가지들을 흔든다. 사람들은 제사장들이 성전으로 올라가면서 흔드는 수백 개의 버드나무 가지에서 나는 바람 소리를 들을 수 있다. 바람은 히브리어로 '루아흐'(רוּחַ)라고 하는데, 이것은 성령으로 표현할 수 있다.

상황을 다시 말하면, 생수를 가진 대제사장과 피의 상징인 포도즙을 가진 일반 제사장들이 남쪽에 있는 수문으로 행진하는 동시에 다른 제사장들은 버드나무 가지를 가지고 올라간다. 이것은 하나님의 영이 예루살렘으로 올라가는 것을 상징하는 것이다. 그들이 각자의 문에 도착하면 제사장이 성정에 들어가기 위해 필요한 포도즙과 물을 요청하는 악기를 연주한다.

이 절기 동안에 초막에 거주하라는 계명 때문에 도시 주변에는 언덕에 수천 개의 초막들이 수를 놓는다고 한다.

요한복음 1장 14절 "말씀이 육신이 되어 우리 가운데 거하시매"를 나타내는 헬라어는 '스케노오'(σκηνόω)로 이 단어는 '천막을 치다' 또는 '진을 치다'의 뜻이다. 그러므로 주님께서 자신을 생수라고 선포하셨을 때 글자 그대로 주님께서 백성들에게 진을 치신 것이다.

필자가 말했듯이 광야의 세운 성막이 초막절의 시작임을 알았다. 우리는 메시아의 탄생이 9월 말에서 10월 초 사이에 장막절에 있었음을 상기시키려 한다. 세례(밥티스조) 요한의 출생을 알아야 예슈아의 출생을 알 수가 있다.

> "유대 왕 헤롯 때에 아비야 반열에 제사장 한 사람이 있었으니 이름은 사가랴요 그의 아내는 아론의 자손이니 이름은 엘리사벳이라……마침 사가랴가 그 반열의 차례대로 하나님 앞에서 제사장의 직무를 행할새 제사장의 전례를 따라 제비를 뽑

아 주의 성전에 들어가 분향하고"(눅 1:5, 8-9).

제사장들은 아론의 아들들의 이름을 따라 그룹별로 나뉘어 각각 다른 임무를 맡았다. 역대상 24장은 그들이 어떻게 나뉘었는지 그 모습을 보여주고 있다.

> "아론 자손의 계열들이 이러하니라 아론의 아들들은 나답과 아비후와 엘르아살과 이다말이라 나답과 아비후가 그들의 아버지보다 먼저 죽고 그들에게 아들이 없으므로 엘르아살과 이다말이 제사장의 직분을 행하였더라……일곱째는 학고스요 여덟째는 아비야요……이와 같은 직무에 따라 여호와의 성전에 들어가서 그의 아버지 아론을 도왔으니 이는 이스라엘의 하나님 여호와께서 명하신 규례더라"(대상 24:1-2, 10, 19).

제사장들에게는 24개의 반열이 있었는데 각 반열이 1년에 두 번, 한 번에 일주일씩 임무를 수행했다. 1년에 3주간, 순례의 절기 기간에는 많은 회중 때문에 모든 반열이 임무를 맡았다. 성서력은 유월절 2주 전인 니산 월 초하루에 시작이 된다. 이것은 우리가 사용하는 그레고리력(태양력) 4월 1일이다.

아비야 반열은 여덟째였기 때문에 이들은 여덟 번째 주간에 임무를 수행하게 될 것이다. 이것은 4월 1일부터 두 달째 즉 6월 1일이 된다. 그러나 모든 제사장들이 유월절 주간에 사역을 하므로 여덟 번째 반열은 사실상 아홉 번째 주간 즉 6월 둘째 주를 담당하게 된다. 너무도 놀라운 일이다. 이때는 샤부오토 또는 오순절 절기로서 엄청나게 많은 사람들이 이 의무적인 순례의 절기에 예루살렘을 찾게 된다.

이것을 바로 누가복음에서 다음과 같이 말하고 있다.

> "모든 백성은 그 분향하는 시간에 밖에서 기도하더니 주의 사자가 그에게 나타나 향단 우편에 선지라"(눅 1:10-11).

그래서 사가랴는 순서에 따라서 샤부오토 주간과 자기 반열이 맡은 주간 두 주간을 담당해야 했다.

> "그 직무의 날이 다 되매 집으로 돌아가니라 이 후에 그의 아내 엘리사벳이 잉태하고 다섯 달 동안 숨어 있으며"(눅 1:23-24).

이것은 사가랴가 집으로 돌아가서 그의 아내를 임신시킨 때가 바로 6월 중순이었음을 의미한다. 그는 6월 중순부터 11월 중순까지 다섯 달 동안 숨어 있었던 것이다. 한 달 후, 또는 12월 중순에 주의 사자가 마리아에게 나타난다.

> "여섯째 달에 천사 가브리엘이 하나님의 보내심을 받아 갈릴리 나사렛이란 동네에 가서……천사가 대답하여 이르되 성령이 네게 임하시고 지극히 높으신 이의 능력이 너를 덮으시리니 이러므로 나실 바 거룩한 이는 하나님의 아들이라 일컬어지리라 보라 네 친족 엘리사벳도 늙어서 아들을 배었느니라 본래 임신하지 못한다고 알려진 이가 이미 여섯 달이 되었나니"(눅 1:26, 35-36).

그러므로 예수님은 12월 중순, 즉 하누카 기간에 잉태된 것이다. 엘리사벳이 6개월째였던 때부터 마리아가 석 달쯤 함께 있다가 집으로 돌아갔다(눅 1:56). 그러므로 하누카 이후의 석 달 유월절이 되고, 이 약속된 시간에 요한이 태어난 것이다. 그래서 마리아가 임신한 12월부터 9개월을 더하면 9월 말이 되고, 바로 초막절에 예슈아가 태어나신 것이다.

이스라엘 백성은 이 절기 동안 즐거워하라는 명령을 받았다. 그때가 큰 기쁨의 때였기 때문이다. 하나님께서 우리 가운데 거하기를 원하신다는 것 이상으로 더 큰 기쁨이 있을까? 하나님은 그분의 아들의 생일잔치를 계획하셨다.

그분은 '내 아들의 생일잔치가 있을 것인즉 너희는 노래하고 즐거워하라'고 말씀하셨다. 그러면 이 절기의 첫째 날, 사람들은 무엇을 노래할까?

> "여호와는 나의 능력과 찬송이시요 또 나의 구원이 되셨도다 의인들의 장막에는 기쁜 소리, 구원(예슈아)의 소리가 있음이여 여호와의 오른손이 권능을 베푸시며……주께서 내게 응답하시고 나의 구원(예슈아)이 되셨으니 내가 주께 감사하리이다……이날은 여호와께서 정하신 것이라 이날에 우리가 즐거워하고 기뻐하리로다 여호와여 구하옵나니 이제 구원하소서 여호와여 우리가 구하옵나니 이제 형통하게 하소서"(시 118:14-15, 21, 24-25).

완벽하게 시간을 맞추시는 전능자 하나님을 생각할 때 이것은 너무나 놀라운 일이다. 이 절기는 7일간 지속되고 쉐미니 아짜렛으로 알려진 특별한 8일째가 뒤를 잇는다. 이날은 하나님께서 "너희 중 남자는 다 할례를 받으라"(창 17:10)고 하신 날이다. 바로 이날 예슈아께서는 아브라함의 언약을 완성하는 할례를 통해 피를 흘리셨다.

"할례할 팔 일이 되매 그 이름을 예수라 하니 곧 잉태하기 전에 천사가 일컬은 바러라"(눅 2:21).

그다음에는 율법에 따라 정결예식을 거행했다.

"모세의 법대로 정결예식의 날이 차매 아기를 데리고 예루살렘에 올라가니 이는 주의 율법에 쓴 바 첫 태에 처음 난 남자마다 주의 거룩한 자라 하리라 한 대로 아기를 주께 드리고 또 주의 율법에 말씀하신 대로 산비둘기 한 쌍이나 혹은 어린 집비둘기 둘로 제사하려 함이더라"(눅 2:22-24).

"아들이나 딸이나 정결하게 되는 기간이 차면 그 여인은 번제를 위하여 일 년 된 어린 양을 가져가고 속죄제를 위하여 집비둘기 새끼나 산비둘기를 회막 문 제사장에게로 가져갈 것이요……그 여인이 어린 양을 바치기에 힘이 미치지 못하면 산비둘기 두 마리나 집비둘기 새끼 두 마리를 가져다가 하나는 번제물로, 하나는 속죄제물로 삼을 것이요 제사장은 그를 위하여 속죄할지니 그가 정결하리라"(레 12:6, 8).

마리아는 어린 양과 비둘기 한 마리를 예물로 바쳐야 했다. 그러나 출산 후 한 달이 되었는데도 어린 양을 예물로 드릴 여유가 없었다. 마리아와 요셉은 어린 양을 바칠 수 없다는 사실에 다소 실망했을지는 모르지만 자신들에게 어린 양이 있음을 알지 못했다. 우리는 마지막 때를 살고 있지만 성취되지 않은 예언들이 있다.

"말일에 여호와의 전의 산이 모든 산꼭대기에 굳게 설 것이요

> 모든 작은 산 위에 뛰어나리니 만방이 그리로 모여들 것이라 많은 백성이 가며 이르기를 오라 우리가 여호와의 산에 오르며 야곱의 하나님의 전에 이르자 그가 그의 길을 우리에게 가르치실 것이라 우리가 그 길로 행하리라 하리니 이는 율법이 시온에서부터 나올 것이요 여호와의 말씀이 예루살렘에서부터 나올 것임이니라 그가 열방 사이에 판단하시며 많은 백성을 판결하시리니 무리가 그들의 칼을 쳐서 보습을 만들고 그들의 창을 쳐서 낫을 만들 것이며 이 나라와 저 나라가 다시는 칼을 들고 서로 치지 아니하며 다시 전쟁을 연습하지 아니하리라 야곱 족속아 오라 우리가 여호와의 빛에 행하자"(사 2:2-5).

하나님께서 우리에게 장막을 주셨는데, 이는 물이 바다를 덮듯이 메시아와 하나님의 영에 대한 온 땅을 덮을 때인 메시아 시대의 삶이 어떤 것인지를 우리에게 가르치시기 위해서이다.

> "내 백성이 지식이 없으므로 망하는도다 네가 지식을 버렸으니 나도 너를 버려 내 제사장이 되지 못하게 할 것이요 네가 하나님의 율법을 잊었으니 나도 네 자녀들을 잊어버리리라"(호 4:6).

하누카에 대한 성서적인 의미

하누카라는 말은 '봉헌'(dedication)을 뜻하며, 셀룩시드 왕조(Selucid Dynasty)의 안티오커스 4세에 의하여 더럽혀졌던 성전을 재탈환하여 하나님께 바쳤던, 성전 봉헌을 축하하는 명절이다. 한글개역 요한복음에는 성전을 수리한 명절이라 하여 '수전절'(修殿節)로, 표준새번역에는 '성전 봉헌절'로 번역되어 있다. 하누카는 성서력으로 키슬레브(Kislev) 월 25일에 시작하며 양력으로 치면 12월에 해당한다.

주전 334년, 알렉산더 대왕이 당시 세계 최대의 강대국 페르시아를 정복한 사건은 서방의 역사가 동방의 역사에 간섭하는 시발점이 되었다. 시리아, 팔레스타인, 이집트를 정복한 후 동쪽으로 계속 진군하여 인도의 갠지스 강에 이르는 세계 최대의 제국을 이룩한 알렉산더는 세계를 하나의 정신으로 통일하고자 하였다. 그의 꿈은 단순히 군사적·정치적 세계 통일이 아니었다. 아리스토텔레스에게서 가르침을 받았던 그는 가는 곳마다 헬라풍의 도시(Polis)를 세워 시민권을 주고 원로원을 두어 민주의회 제도를 실시하여 그리스의 도시국가 형태의 정치체제를 갖추도록 하였을 뿐 아니라 극장, 목욕탕, 원형 경기장, 체육관 등의 헬라의 문화를 일반 대중에게 보급하였다.

이와 같은 헬라 정책은 진보적인 지식인들을 중심으로 크게 확산되었다. 당시 팔레스타인에 건설된 대표적인 도시를 소개하면 세바스티아(사마리아), 톨레미(악고, 행 21:7), 스키토폴리스(벧산), 필라델피아(암만) 등이 있다. 헬라 정책을 통한 세계 통일이라는 알렉산더의 원대한 꿈은 주전 323년 그의 나이 33세의 갑작스런 죽음에도 불구하고 계속 퍼져나갔다.

알렉산더 대왕이 죽은 후 제국은 넷으로 나뉘었다. 이 일로 이스라엘은 북쪽의 셀룩시드(Seleucid) 왕국과 남쪽의 톨레미(Ptolemy) 왕국 사이에 위치하게 되었다. 처음 100년간(주전 320-200) 이스라엘은 이집트에 중심을 둔 남쪽의 톨레미 왕국의 지배하에 있었다. 이 기간 동안 이스라엘은 양대 세력의 중간에서 많은 시달림을 당하였으나 종교적으로는 비교적 독립적인 위치를 지킬 수 있었다. 톨레미 왕국은 군사권을 제외한 정치, 종교의 자치권을 이스라엘에게 허락하였고, 대제사장은 정치, 종교의 실제적인 수반이 되었다.

주전 3세기 말 셀룩시드 왕조의 안티오커스 3세(Antiochus III)의 침입을 어렵게 막아낸 라피아(Raphia) 전투 이후(주전 218년) 톨레미 왕국의 세력은 급격히 약화되었다. 양국의 전쟁이 치열해지며 이스라엘의 운명은 그 앞길을 예측할 수 없는 지경에 이르렀다. 20년 가까이 지속된 전쟁 가운데 이스라엘에는 톨레미 왕국을 지지하는 이집트파와 셀룩시드 왕국을 지시하는 시리아파가 생겼다. 보수주의자들은 톨레미 왕국에, 진보주의자들은 셀룩시드 왕국에 희망을 걸었다. 전자가 종교적 이유 때문에 톨레미 왕국을 선호하였다면, 후자는 헬라의 문화에 매료된 자들로 정치·경제적 목적으로 셀룩시드 왕국을 선호하였다. 주전 200년 파네이온(Paneion) 전투에서 톨레미 왕국이 패하자 이스라엘은 셀룩시드 왕국의 지배하에 들어가게 되었다.

셀룩시드 왕국의 헬라화 정책은 안티오커스 4세(Antichus IV)에 이르러 극에 달하였다. 그는 자신을 '에피파네스'(Epiphanes)라 명명하였는데 이는 '신의 나타나심'이란 뜻으로, 자기를 올림푸스의 제우스 신으로 섬기도록 강요하였다. 안티오커스 에피파네스(Antiochus Epiphanes)는 친헬라파 인사인 야손(Jason)을 이스라엘의 대제사장으로 세웠다. 야손은 그의 이스라엘 이름인 '여호수아'를 '야손'으로 바꾼 사람으로서 대제사장 오니아스(Onias)의 형제였다.

그는 친헬라파 인사 중 비둘기파에 속하여 유대의 전통을 중시하는 보수파와도 대화할 수 있는 인물이었다. 야손은 안티오커스 밑에서 3년간 대제사장으로 일하였다. 그러나 셀룩시드 왕국과 톨레미 왕국의 전쟁이 재연되자 헬라파 매파가 득세하게 되었고, 비둘기파인 야손은 메넬라우스(히브리 이름: 므나헴)에 의하여 축출되었다. 메넬라우스는 사독 가문에도 속하지 않아 제사장의 자격이 없는 사람이었으나 안티오커스로부터 엄청난 돈을 주고 대제사장직을 사들였다. 안티오커스 입장에서는 메넬라우스가 그의 헬라 정책을 수행하기에 합당한 인물이었다.

마침 톨레미 왕국과 싸우던 안티오커스 4세가 죽었다는 소문이 예루살렘에 퍼지자 친톨레미 왕국 유대인들은 반란을 일으켜 야손을 공격하였고, 야손과 그의 추종자들은 마지막 남은 성채에 포위된 채 전멸할 위기에 처하게 되었다. 소문과 달리 살아 있던 안티오커스 4세는 이집트에서 돌아오는 길에 예루살렘을 공략하고 야손을 구출한 후 친톨레미 유대인들을 무차별 살육하였다.

이어 성전의 금, 은 보물들을 약탈한 안티오커스 4세는 유대인의 모든 제사 행위를 금지시키고, 안식일과 할례를 금하며, 이 법을 어기는 유대인은 사형에 처한다는 칙령을 내렸다. 뿐만 아니라 예루살렘 성전을 헬라 성전으로 만들고, 제단에는 유대인들이 금기로 여기는 돼지를 죽여 바쳤다. 유대인들에겐 참을 수 없는 신성모독이었다. 그뿐 아니라 안티오커스 4세는 군인들을 시켜 제우스 신의 동상을 지성소에 세우도록 하였다. 그는 모든 유대인들에게 제우스 신에게 절하도록 강요하였다.

이로써 유대인들은 더 이상 성전에 나가 예배를 드릴 수 없게 되었고, 유대 종교는 그 생명을 다한 듯하였다. 안티오커스는 헬라 정책의 성공으로 그를 추종하는 친헬라파 유대인들을 통하여 세금을 원활히 거두어 들이며 이스라엘에 완전한 평화를 정착시켰다고 생각하였다. 그러나 그의 생각은 완전히 빗나갔다.

헬라화 정책을 뒤엎은 유대의 새로운 역사는 예루살렘에서 북서쪽으로 25킬로미터 떨어진 '모디인'(Modiin)이라는 작은 마을에서 시작되었다. 안티오커스의 군인들은 모디인이라는 조그만 마을의 사람들을 모두 한자리에 집합시켰다. 그들은 왕의 명령으로 전국을 다니며 모든 이스라엘 사람들에게 제우스 신에게 절하도록 강요하는 중이었다. 사람들이 모이자 군인들은 제우스 신에게 절하라고 명령하였다.

이때 제사장 가문의 한 사람인 마따디아(Matthathias)라는 사람이 군인들에게, "왕의 영토에 사는 모든 이방인이 왕명에 굴복하여 각각 조상의 종교를 버리고 그를 따른다 작정하였다 하더라도, 나와 내 아들들과 형제들은 우리 조상들이 맺은 계약을 끝까지 지킬 결심이오"라고 말하였다. 그러자 한 사람의 유대인이 앞으로 나가 제우스 신에게 절하였다. 그때였다. 마따디아는 앞으로 나가더니 칼을 빼 제우스 신에게 절한 유대인을 죽이고, 이에 달려드는 군인까지 죽인 후 산속으로 달아났다. 이것이 독립국가 하스모니안(Hasmonian) 왕가를 일으킨 유명한 마카비(Maccabee) 전쟁의 시작이다. 그에겐 다섯 명의 아들이 있었는데 셋째 아들인 유다 마카비(Judah Maccabee)가 특히 그 용맹으로 유명하여, 헬라주의에 반대한 그들의 전쟁을 가리켜 마카비 전쟁이라 한다.

성전 탈환과 봉헌

산속으로 들어간 마따디아와 그의 아들들은 그를 따르는 많은 반헬라주의자들과 연합하여 시리아의 군대에 대항하였다. 3년간의 전쟁 끝에 그들은 성전을 탈환하였다.

마카비서는 성전 탈환 당시의 상황을 다음과 같이 보고한다.

"적을 물리치고 성전에 들어서니 제단은 오염되었고 성전의 문들은 불타 버려 부서져 있었다. 성전 뜰에는 잡초가 자라고 제사장들의 방도 다 무너진 채 방치되어 있었다. 처참한 모습에 유다와 그의 군인들은 옷을 찢고 머리에 재를 쓰고 땅바닥에 주저앉아 얼굴을 땅에 대고 통곡하였다. 유다 마카비는 신실한 제사장들을 세워 성전을 정결케 하였다. 부정한 돼지로 더러워진 제단은 허물어 버리고 새로운 돌로 새 제단을 만들었다. 또한 금관과 금방패를 만들어 새롭게 봉헌하고 부서진 문들을 만들어 달고 무너진 방들을 수축하였다."

새로운 촛대를 만들고 향을 피우고 새로 성전을 봉헌하였다. 성전이 더럽혀진 지 정확하게 3년, 유대력으로 주전 164년 키슬레브월(12월) 25일에 생긴 일이었다. 3년 전 키슬레브 월 25일에 빼앗겼던 성전은 정확하게 3년 후 같은 날에 봉헌되었다. 예배 없는 3년, 희생제사 없는 3년, 유월절, 오순절, 장막절의 순례 예배 없는 3년이었다. 성전을 새로 봉헌한 유다 마카비는 이날 키슬레브 월 25일부터 8일간을 하누카 명절로 지키도록 명령하였다. 제2마카비서에 의하면 키슬레브 월 25일부터 8일간을 장막절과 같이 지켰다고 기록되어 있다. 유대인들은 종려나무 가지를 들고 시편의 할렐송을 노래하며 하나님을 찬양하였다.

하누카와 빛

'하누카' 하면 얼른 메노라와 촛불이 생각난다. 하누카가 되면 유대인 가정마다 메노라에 촛불을 밝히기 때문이다. 집집마다 창가에 켜 있는 촛불은 하누카의 상징이 되었다. 하누카 촛대는 초를 꽂을 수 있는 아홉 개의 가지를 갖고 있다. 여덟 개는 짧고 한 개는 길다. 긴 것을 가르켜 '샤마쉬'라고 부르는데 이는 '종'(Servant)이라는 뜻이다. 유대인들은 하누카가 되면 하루에 하나씩 촛불을 켠다. 첫째 날에 한 개, 둘째 날에 하나 더, 셋째 날에 하나 더, 이렇게 하여 마지막 날에는 여덟 개의 촛불을 밝힌다. 그러나 가운데 있는 샤마쉬는 처음부터 켜놓기 때문에 실제적으로는 아홉 개의 촛불을 밝히는 결과가 된다.

재미있는 사실은 예수님보다 한 세대 앞선 힐렐 시대에 촛불을 밝히는 순서에 대하여 힐렐 학파(the school of Hillel)와 샤마이 학파(the school of Shamai) 사이에 논쟁이 있었다는 사실이다. 샤마이 학파에서는 첫날 여덟 개의 촛불을 다 켜놓고 하루에 하나씩 불을 꺼나가 마지막 날에 오직 한 개만 남게 해야 한다고 주장한 반면, 힐렐 학파에서는 첫날에 하나만 켜고 하나씩 늘려나가 마지막엔 여덟 개의 촛불을 다 밝혀야 한다고 주장하였다. 이와 같은 사실은 하누카와 관련되어 촛불을 켜는 풍습이 유다 마카비 시대보다 훨씬 늦게 정착된 것을 보여준다.

하누카 명절을 빛과 관련지어 처음으로 언급한 사람은 주후 1세기의 유대 역사가 요세푸스(Flavius Joshephus)이다. 그는 제1마카비서의 기록을 인용한 후 그때 이후로 유대인들은 이날을 명절로 지키는데 이 명절이 다름 아닌 '빛의 절기'(Feast of Lights)라고 하였다. 그러면 왜 하누카를 '빛의 명절'이라고까지 불렀을까? 유대인의 게모라(Gemorah)에서는 그 유래를 다음과 같이 설명하고 있다. 유다 마카비가 성전을 탈환하였을 때 메노라에 가보니 대제사장의 확인이 있는 기름(올리브 기름)은 단지 하루치밖에 없었다.

그렇다고 아무 기름이나 사용할 수 없었다. 성전에선 레위기 법에 따라 거룩한 기름만 사용될 수 있었기 때문이다. 그때 기적이 일어났다. 적은 양의 기름에도 불구하고 성전의 메노라는 8일 동안 꺼지지 않고 그 빛을 밝혔다.

제사장들은 이 기간 동안 성전을 다시 정결케 할 수 있었으며, 거룩한 기름도 준비할 수 있었다. 이 이야기는 하누카 절기가 어떻게 '빛'과 관련이 있는지를 보여주며, 왜 8일 동안 지키는지 설명해 준다.

이와 관련된 또 다른 이야기가 있다. "왜 하누카엔 불을 밝힙니까?"라는 질문에 유대인의 미드라쉬 게모라(Midrash Gemorah)는 다음과 같은 이야기로 그 이유를 설명한다. 그리스 사람들에 의해 파괴된 성전에 하스모니안 왕가(Hasmonian Dynasty)의 대제사장이 처음 들어갔을 때 그곳에서 여덟 자루의 창을 발견하였다. 유대인들은 창날 끝에 나무를 끼우고 불을 붙였고 어두웠던 성전은 빛으로 밝아졌다. 이 이야기는 왜 하누카엔 8일 동안 불을 밝혀야 하는지 그 유래를 설명해 주고 있다.

그럼 언제 불을 붙여야 하는가? 유대의 전통은 해가 지면서부터 길거리에 사람들이 없어지기까지라고 규정하고 있다. 오늘날과는 달리 전깃불이 생기기 전 대부분의 사람들은 해가 지면 곧 집으로 향하였고 길거리에 사람들도 거의 없었다. 하누카 촛불은 어디에 둘 것인가? 유대의 전통은 대문 밖에 두라고 되어 있다. 이층 이상의 집에 사는 사람은 길에서 가장 가까운 창가에 하누카 촛불을 밝히도록 규정하고 있다. 그러나 유대인들을 핍박하는 이방인들의 위험이 있는 마을이나 동네에선 하누카 촛불을 밖에서 보이지 않도록 집 안에만 밝힐 수도 있다고 가르친다.

중세기에 들어서며 하누카 촛불은 유대인에게 중요한 의식으로 자리 잡았다. 돈이 없다면 남에게 꾸든지 겉옷을 팔아서라도 하누카 촛불을 밝혀야 하는 것이 당시 유대인의 풍습이었다. 또한 촛불이 켜 있는 동안 여인들에겐 일하는 것이 금지되었다.

하누카 촛대는 '하누키야' 혹은 '하누카 메노라'라고 부른다. 그레코로만(Greco-Roman) 시대에는 흙으로 만든 램프를 사용하였다. 탈무드 시대에 이르러 청동제품이 사용되기 시작하였다. 여러 가지 형태의 램프가 만들어지면서 중세기에 이르러 놋쇠가 많이 쓰였다. 기름을 사용하던 램프는 초를 끼워 촛불을 붙이는 촛대 형태로 점차 바뀌어 현재는 그을음이 적은 촛대를 주로 사용한다.

램프가 사용되었을 당시엔 불을 붙이는 구멍이 여덟 개였으나 후대에 이르러 촛대가 사용되면서 아홉 개의 가지를 가진 촛대가 사용되기 시작하였다. 시대를 따라 변한 하누카 램프는 이제 이스라엘 예술의 중요한 부분을 차지하게 되었다.

신약적 조명

예수님은 "나는 세상의 빛이니 나를 따르는 자는 어둠에 다니지 아니하고 생명의 빛을 얻으리라"(요 8:12)고 하셨다. 또 날 때부터 소경된 사람을 고치시면서 "내가 세상에 있는 동안에는 세상의 빛이로라"(요 9:5)고 하셨다. 유대인들의 핍박을 염려한 예수님의 제자들이 예수님께서 유대 지방으로 가시고자 하는 것을 만류하자 그는, "낮이 열두 시간이 아니냐 사람이 낮에 다니면 이 세상의 빛을 보므로 실족하지 아니하고 밤에 다니면 빛이 그 사람 안에 없는 고로 실족하느니라"(요 11:9)고 말씀하셨다. 요한복음 12장에서는 다음과 같이 말씀하셨다. "아직 잠시 동안 빛이 너희 중에 있으니 빛이 있을 동안에 다녀 어둠에 붙잡히지 않게 하라 어둠에 다니는 자는 그 가는 곳을 알지 못하느니라 너희에게 아직 빛이 있을 동안에 빛을 믿으라 그리하면 빛의 아들이 되리라"(요 12:35-36).

관심을 끄는 사실은 예수님께서 요한복음 8, 9, 11, 12장에서 계속 빛에 관한 말씀을 하신다는 사실이다. 더욱 흥미로운 것은 요한복음 10장이 수전절(하누카)을 배경으로 하고 있다는 사실이다. 요한복음 10장 22절은, "예루살렘에 수전절이 이르니 때는 겨울이라"고 증거한다. 여기서 수전절은 다름 아닌 유대인의 하누카 명절을 가리킨다. 모든 유대인들이 하누카의 촛대에 촛불을 붙이며 200년 전에 있었던 성전 탈환과 성전의 새로운 봉헌을 축하하는 하누카 명절에 예수님은 성전에서 자기 자신이야말로 성전의 빛이라고 선포하셨다. 예수님은 자기 자신이 세상의 빛이요(요 8:12), 빛을 믿는 자마다 빛의 아들이 된다고 가르치셨다(요 12:36).

성전은 하나님이 거하시는 장소이다. 성전을 볼 때 유대인들은 하나님이 이스라엘 중에 거하시는 것을 알았다. 그러므로 성전은 하나님의 영광이 나타나는 장소였다.

마찬가지로 하나님은 인간의 몸을 빌려 예수님으로 나타나셔서 사람들 중에 계셨다. 요한은 "말씀이 육신이 되어 우리 가운데 거하시매 우리가 그의 영광을 보니"(요 1:14)라고 증거하였다. 성전에 하나님의 임재가 나타났다면 이제 사람들은 예수님을 통하여 하나님을 보게 되었다.

이 사실을 히브리서 기자는, “이는 하나님의 영광의 광채시요 그 본체의 형상이시라”(히 1:3)고 증거한다. 비로소 사람들은 하나님의 음성을 직접 들을 수 있게 되었고 직접 볼 수 있게 되었다(요일 1:1). 이 모든 것은 하나님께서 인간의 몸을 입고 오셨기 때문에 가능하다. 유대인들은 성전을 통하여 하나님과 교제할 수 있었다. 그러나 이제는 예수님을 통하여 직접 하나님과 교제가 가능하게 되었다.

그런 의미에서 예수님은 자기 자신의 육체를 성전과 동일시하셨다. 예수님께서 “너희가 이 성전을 헐라 내가 사흘 동안에 일으키리라”(요 2:19)라고 말씀하셨을 때 유대인들은 그 말의 참뜻을 이해하지 못하여 “이 성전은 사십육 년 동안에 지었거늘 네가 삼 일 동안에 일으키겠느냐?”(요 2:20)라고 물었다. 그러나 예수님은 당신 자신의 육체를 성전에 비유하셨던 것이다(요 2:21). 말씀대로 예수님은 사흘 만에 부활하셨다.

그러므로 요한은 요한계시록에서 마지막 날의 모습을 묘사하며, “성 안에서 내가 성전을 보지 못하였으니 이는 주 하나님 곧 전능하신 이와 및 어린 양이 그 성전이심이라”(계 21:22)라고 증거하였다.

오늘의 서구 문명이 헬라 사상과 히브리 사상이라는 양대 기둥 위에 서 있다고 해도 과언이 아니라고 할 때, 하누카의 의의는 더욱 크다고 할 수 있다.

29

요한계시록에 대한 이해(절기[35]를 중심으로)

이제 우리는 절기를 통해서 하나님의 징조들을 살펴보았다. 그동안 절기에 대해서 무관심했고, 생소하게 느꼈고, 유대인의 절기로 치부하였다. 장막절이 추수 감사절기로 둔갑되고 잘못된 성탄절 절기가 고작 우리에게 인식된 절기의 전부이다. 그러나 하나님께서는 절기를 분명히 지키라는 명령을 하셨다.

예수님께서 다 이루셨다는 것은 마치 기초가 없어서 바람이 불면 쓰러질 위기에 놓여 있는 집에 기초를 다지고 기둥을 세우고 외벽을 붙이고 완성된 집을 지으신 것과 같다. 그래서 우리는 이 온전히 완성된 집 속에서 건축주가 되시는 예슈아의 은혜를 깨닫고 그 안에서 즐거워하는 것이다. 그리고 주님께서는 이 토라의 집을 아버지께서 지으셨으므로 그 안에서 즐거워하라는 것이다(살후 5:18).

지금 교회의 정서는 절기를 지켜야 한다는 말에 상당히 회의적

---

35) 하나님의 달력(절기의 날짜).

정한 때들은 이날들의 해 질 녘부터 시작된다.

연도	유월절	오순절	나팔절	속죄일	초막절
2012	4월 6일	5월 26일	9월 16일	9월 25일	9월 30일
2013	3월 25일	5월 14일	9월 4일	9월 13일	9월 18일
2014	4월 14일	6월 3일	9월 24일	10월 3일	10월 8일
2015	4월 3일	5월 23일	9월 13일	9월 22일	9월 27일
2016	4월 22일	6월 11일	10월 2일	10월 11일	10월 16일
2017	4월 10일	5월 30일	9월 20일	9월 29일	10월 4일
2018	3월 30일	5월 19일	9월 9일	9월 18일	9월 23일
2019	4월 19일	6월 8일	9월 29일	10월 8일	10월13일
2020	4월 8일	5월 28일	9월 18일	9월 27일	10월 2일

이다. 예수님만 제대로 믿으면 된다는 식의 반응이다. 맞는 말이다. 그러나 예슈아를 제대로 믿으려면 절기를 알아야 한다. 이 절기는 예슈아에 대한 이야기이기 때문이다.

절기를 지키는 데 회의적인 또 하나의 이유는 그것이 유대인들이 유대교에서 지키는 절기이지 우리와는 상관이 없다고 생각하기 때문이다. 그러나 그렇지 않다. 하나님께서 택하신 백성은 이스라엘 백성이었다. 그리고 그들에게 토라를 주시면서 절기를 지키라고 명하셨다. 왜일까? 절기에 토라를 지키며 살아가는 방법이 있기 때문이다.

살아 있는 토라, 예수님께서 이 땅에 오셨다. 그리고 복음이 이방인이었던 우리에게도 전해지게 된 것이다. 즉 토라가 우리에게 전해진 것이다. 이 절기는 유대인의 절기가 아닌 하나님의 절기이다. 유대인이 수천 년 동안 지켜 왔지만 이것은 하나님께서 우리에게 명령하신 명령이기도 하다. 그것은 창조 때부터 하나님의 계획 안에 있었던 것이다(창 1:14, 10:1-32; 출 1:5).

> "너희는 매년 이레 동안 여호와께 이 절기를 지킬지니 너희 대대의 영원한 규례라 너희는 일곱째 달에 이를 지킬지니라 너희는 이레 동안 초막에 거주하되 이스라엘에서 난 자는 다 초막에 거주할지니"(레 23:41-42).

> "예루살렘을 치러 왔던 이방 나라들 중에 남은 자가 해마다 올라와서 그 왕 만군의 여호와께 경배하며 초막절을 지킬 것이라 땅에 있는 족속들 중에 그 왕 만군의 여호와께 경배하러 예루살렘에 올라오지 아니하는 자들에게는 비를 내리지 아니하실 것인즉 만일 애굽 족속이 올라오지 아니할 때에는 비 내

> 림이 있지 아니하리니 여호와께서 초막절을 지키러 올라오지 아니하는 이방 나라들의 사람을 치시는 재앙을 그에게 내리실 것이라 애굽 사람이나 이방 나라 사람이나 초막절을 지키러 올라오지 아니하는 자가 받을 벌이 그러하니라"(슥 14:16-19).

하나님의 절기는 하나님께서 우리와 함께하시고자 하는 뜻이고 명령이므로 지켜야 한다. 지금 우리는 절기에 대해서 이해를 하지 못하고 있다. 하나님의 시간을 알아야 하나님의 때를 준비할 수 있다. 따라서 필자는 절기 속에 비춰진 하나님의 거룩한 뜻을 알기 위해 절기 속에 피어 있는 요한계시록을 살피기로 한다.

요한계시록은 사도 요한이 하나님의 성령에 이끌리어 기록한 책이라는 사실을 다 알고 있다.

상황적으로 보면 요한에게는 그리 넉넉하지 않은 듯하다. 주께서 들림 받으시고 오순절 성령의 강림으로 초대교회가 세워졌다.

오순절 성령이 임한 후 초대교회는 정통 유대인과 헬라파 유대인으로 나누어지게 되었다. 그런데 초대교회 내에서 유대인들이 내어쫓김을 당하고 있다. 즉 초대교회로부터 유대인들이 핍박을 받고 있다.

> "내가 두어 자를 교회에 썼으나 그들 중에 으뜸이 되기를 좋아하는 디오드레베가 우리를 맞아들이지 아니하니 그러므로 내가 가면 그 행한 일을 잊지 아니하리라 그가 악한 말로 우리를 비방하고도 오히려 부족하여 형제들을 맞아들이지도 아니하고 맞아들이고자 하는 자를 금하여 교회에서 내쫓는도다"(요삼 1:9-10).

따라서 요한은 예수 그리스도의 증인으로서 초대교회에 대한 자신들의 변론을 하고 있다. 자신들을 받아들이지 않고 내어쫓고 있는 초대교회로 하여금 예수의 증인으로서 변론하고 있다.

> "이 예언의 말씀을 읽는 자와 듣는 자와 그 가운데에 기록한 것을 지키는 자는 복이 있나니 때가 가까움이라"(계 1:3).

초대교회의 변질되어 가고 있는 모습에 대해서 주님의 경고의 메시지기도 하다. 이 경고의 메시지를 듣고 순종하는 자들에게는 장차 하나님의 영광을 있을 것을 말하고 있다.

> "그의 아버지 하나님을 위하여 우리를 나라와 제사장으로 삼으신 그에게 영광과 능력이 세세토록 있기를 원하노라 아멘"(계 1:6).

> "볼지어다 그가 구름을 타고 오시리라 각 사람의 눈이 그를 보겠고 그를 찌른 자들도 볼 것이요 땅에 있는 모든 족속이 그로 말미암아 애곡하리니 그러하리라 아멘"(계 1:7).

신앙인이라면 장차 주님이 오실 것을 믿고 있다. 그런데 성경은 그 시기에 대해서는 정확하게 말씀하지 않는다. 그날이 언제인지를 주께서 명확하게 알기를 허락하시지 않았기 때문이다. 따라서 신앙인들이라면 그날에 대해서 궁금증은 누구나 한 번쯤은 품었을 것이다. '과연 주께서 언제 오실까?' 시기와 날짜는 우리가 알 수 없지만 이런 우리들에게 하나님께서는 징조(오트, אות)를 두셔서 준비하게 하신다.

어릴 적에 집에서 강아지 한 마리를 키운 적이 있었다. 이 강아지에게 밥을 줄 때는 늘 박 바가지 속에 강아지 먹이를 담아서 주었다. 그래서인지 때만 되면 강아지는 이 박 바가지를 보기만 하면 꼬리를 흔들었다. 왜인가? 이 강아지는 몇 시가 자신에게 주어지는 식사 때인 줄을 알지를 못한다. 강아지는 시계도 볼 수 없고 시간에 대한 정확한 개념도 없다.

그러나 정확히 알 수 있는 것은 주인이 바가지를 들고 나오면 식사 때인 줄 아는 것이다. 그리고 반갑게 꼬리를 흔드는 것이다. 강아지에게 밥 주는 때가 아니어도 바가지를 들고 나오면 강아지는 밥을 주는 줄 알고 꼬리를 흔들었다. 무엇으로 알게 된 것일까?

징조를 보고 아는 것이다. 때가 되었음을 신호로 알고 꼬리를 흔들며 기뻐하는 것이다.

> "그때에 인자의 징조가 하늘에서 보이겠고 그때에 땅의 모든 족속들이 통곡하며 그들이 인자가 구름을 타고 능력과 큰 영광으로 오는 것을 보리라"(마 24:30).

"모든 족속이 그로 말미암아 애곡하리라"

나팔절에 나팔이 불어지고 대속죄일 때 인자가 구름 타고 오시는 모습이다. 나팔을 부는 것은 경고의 신호이다. 이 징조를 보이고 속죄일에 인자를 보게 될 것이다.

> "주의 날에 내가 성령에 감동되어 내 뒤에서 나는 나팔 소리 같은 큰 음성을 들으니"(계 1:10).

나팔절의 모습, 욤 테루아(יום תרועה)이다. 이 나팔 소리를 하나님의 백성이 들어야 한다. 하나님께서 나팔을 부시면 주님이 오시는 징조이다. 요한이 나팔 소리를 들은 것처럼 이 나팔 소리는 진실로 깨어 있는 자들에게 들릴 것이다.

나팔절은 일곱째 달 1일로 새로운 천 년의 역사의 시작을 알리는 신호이다.

> "이스라엘 자손에게 말하여 이르라 일곱째 달 곧 그달 첫날은 너희에게 쉬는 날이 될지니 이는 나팔을 불어 기념할 날이요 성회라"(레 23:24).

성회는 히브리어로 '총연습'이라는 뜻이다. 어떤 일이 생각이 나는가? 만약에 연극을 기획하고 무대에 올린다고 생각을 해보자. 배역이 정해지고 연극 공연일이 다가오기까지 수많은 연습을 할 것이다. 그리고 공연 며칠 전에는 총연습의 날을 반복해서 가질 것이다. 이와 같이 하나님께서도 주님 오시는 그날을 대비해서 절기를 두심으로 주의 날을 연습하게 하시는 것이다. 그것이 성회의 의미이다. 그런데 우리가 이 절기를 무시함으로 총연습을 하지 않는다면 제대로 주님의 날을 준비할 수 없을 것이다.

> "몸을 돌이켜 나에게 말한 음성을 알아보려고 돌이킬 때에 일곱 금촛대를 보았는데, 촛대 사이에 인자 같은 이가 발에 끌리는 옷을 입고 가슴에 금띠를 띠고"(계 1:12-13).

> "보좌로부터 번개와 음성과 우렛소리가 나고 보좌 앞에 켠 등불 일곱이 있으니 이는 하나님의 일곱 영이라"(계 4:5).

성소의 불을 밝히는 메노라이다. 일곱 금촛대 사이에 서 계신 예슈아를 본 것이다. 이 메노라의 중심은 예슈아이시다. 일곱 촛대는 하나님의 창조의 역사를 의미한다. 6일 창조의 역사의 중심에 예슈아께서 계신 것이다. 즉 아버지의 아들이 이 땅을 창조하신 것이다. 그래서 일곱 촛대의 네 번째 촛대의 중심은 예슈아시다. 아들이 이 땅을 창조하도록 아버지는 침묵하신 것이다.

בראשית 아들이 이 땅을 창조하신 것이다. **ברא** 아들이 창조하셨다.

"등불 일곱이 있으니 이는 하나님의 일곱 영이라"(계 4:5).

"이새의 줄기에서 한 싹이 나며 그 뿌리에서 한 가지가 나서 결실할 것이요 그의 위에 여호와의 영 곧 지혜와 총명의 영이요 모략과 재능의 영이요 지식과 여호와를 경외하는 영이 강림하시리니"(사 11:1-2).

"그가 내게 묻되 네가 무엇을 보느냐 내가 대답하되 내가 보니 순금 등잔대가 있는데 그 위에는 기름 그릇이 있고 또 그 기름 그릇 위에 일곱 등잔이 있으며 그 기름 그릇 위에 있는 등잔을 위해서 일곱 관이 있고"(슥 4:2).

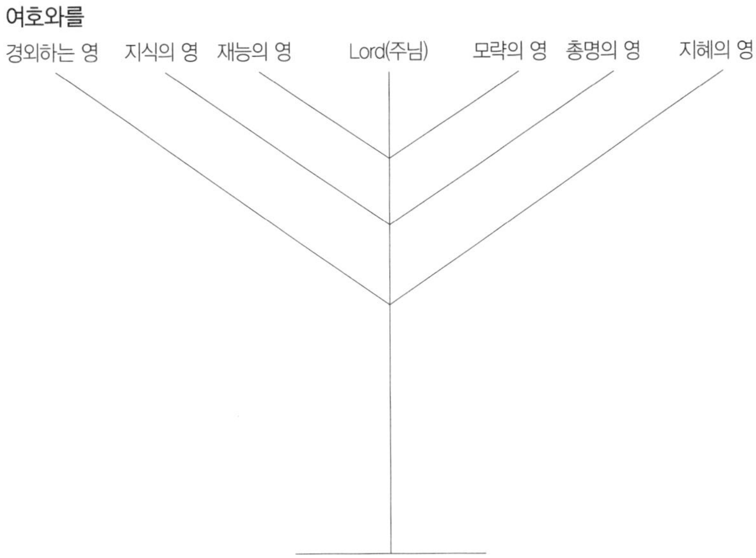

메노라

일곱 교회와 일곱 사자에 대한 경고와 마지막 때의 경고의 모습이 있을 것인데, 나팔절 날이 경고의 날이며, 이날은 책이 펼쳐지는 심판의 날이다.

> "그의 오른손에 일곱 별이 있고 그의 입에서 좌우에 날선 검이 나오고 그 얼굴은 해가 힘 있게 비치는 것 같더라"(계 1:16).

"얼굴은 해가 힘 있게 비치는 것 같더라"

모든 나라와 족속이 얼굴과 얼굴을 마주하듯이 그날은 심판의 날이라, 주의 영광이 미치지 않은 곳이 없을 것이며, 주의 날이 이르지 않은 곳이 없이 임하게 될 것이다.

일곱 별, 일곱 촛대인 일곱 교회 사자와 일곱 교회에 대한 메시지

① 에베소 교회에 대한 주님의 메시지(계 2:1-7)

에베소 교회는 진실하게 세워진 교회이다. 하나님의 진리의 말씀에 순종하는 교회이며 비진리가 들어오지 못하도록 열심히 지키는 교회이다. 또한 모든 일에 게으르지 않으며 열심히 주를 가슴에 품고 섬기는 교회이다. 즉 성실하고 진리에 순종하는 교회이다. 오늘날로 말하면 하나님의 말씀을 지키기 위해 헌신하는 교회의 모습이다. 그리고 이방의 사상이라든지 비진리가 들어오지 못하도록 깨어 있는 교회이다. 또한 하나님의 백성을 파괴하는 거짓 무리들을 내어쫓으며 진리를 사수하는 교회이다.

그러나 하나님은 그 어떤 대단한 일보다도 마음을 지키기를 원하신다(잠 4:23-27).

> "그러나 너를 책망할 것이 있나니 너의 처음 사랑을 버렸느니라"(계 2:4).

처음 사랑이 무엇인가가 중요하다. 주님을 믿었을 때 그 시간을 말하는가, 내가 처음으로 교회를 다니기 시작한 그 시간을 말씀하고 계신가, 아니면 처음 주를 믿고 하나님 앞에 열심히 기도하고 봉사하고 헌신했던 그 시간을 말씀하시는 것인가? 대개 교회에서 가지고 있는 생각들이다. 그래서 기도하는 날이 줄고 봉사와 헌신의 시간이 시들해지면 처음 사랑을 잃어버렸다고들 말한다.

그러나 에베소 교회의 현실을 보면 그렇지가 않다. 무엇보다도 충성하고 있고 게으르지 않고 열심히 참고 인내하며 주를 섬기고 있다. 그런데 주님은 처음 사랑을 버렸다고 책망하신다. 그러면 처음 사랑이 무엇인지를 알아야 한다.

'처음'이란 헬라어가 '프로토스'(πρῶτος)라는 단어이다. 이것은 시간이나 장소나 순서 등의 모든 일에 우선순위 1번에 두는 것을 말한다. 구약의 '아하브'(אהרב)의 사랑이 신약의 '프로토스의 사랑'이다.

이저음 사랑은 우선적인 사랑을 말하는 것이다. 양적인 사랑이 아니라 '제일 먼저'인 사랑이다.

예슈아께서 베다니에 있는 나사로의 집을 방문하셨을 때 마르다와 마리아가 예수님을 영접하는 사건을 보게 된다. 그때 예수님의 반응을 생각해 보라.

> "그에게 마리아라 하는 동생이 있어 주의 발치에 앉아 그의 말씀을 듣더니 마르다는 준비하는 일이 많아 마음이 분주한지라 예수께 나아가 이르되 주여 내 동생이 나 혼자 일하게 두는 것을 생각하지 아니하시나이까 그를 명하사 나를 도와주라 하소서 주께서 대답하여 이르시되 마르다야 마르다야 네가 많은 일로 염려하고 근심하나 몇 가지만 하든지 혹은 한 가지만이라도 족하니라 마리아는 이 좋은 편을 택하였으니 빼앗기지 아니하리라 하시니라"(눅 10:39-42).

> "여호와께서 백성을 사랑하시나니 모든 성도가 그의 수중에 있으며 주의 발 아래에 앉아서 주의 말씀을 받는도다"(신 33:3).

오늘날 많은 교회와 사역자들과 성도들을 보면 너무 바쁘다. 교회를 확장하느라고 바쁘고, 성도들은 이에 맞춰 따라가느라고 바쁘고, 사역자는 이 일을 주도하느라고 바쁘다. 우리들은 바쁘게 일을 하면 하나님께서 기뻐하실 것으로 착각한다. 이것은 양적인 사랑에 빠져 있는 교회의 모습이다.

에베소 교회를 살펴보자. 교회 사역자나 성도가 하나님의 말씀을 지키고 순종하는 것은 당연히 해야 할 일이다. 그리고 비진리를 외면하고 지키는 일은 교회로서, 사역자로서, 성도로서 당연한 일임에도 불구하고 에베소 교회는 여기에 가치를 둔 듯하다.

당연히 해야 하는 일에 가치를 두는 것은 자기중심적인 신앙이다. 여기에는 반드시 보상심리가 작용하게 되는데, 이 보상심리는 자신이 다른 어떤 존재보다도 우월적 지위에 있으므로 그에 따른 보상을 당연히 받아야 한다는 기준을 갖게 된다. 그러다보니 가장 우선적으로 가져야 할 사랑을 잃어버리게 된 것이다.

스스로가 중심이 된 양적인 가치에 자신이 우상이 되어 버리는 크나큰 실수를 하게 된 것이다. 이것이 우리의 현실이요 교회의 모습이라고 생각한다. 그다음은 더욱 구체적인 책망의 내용을 말씀하신다.

> "그러므로 어디서 떨어졌는지를 생각하고 회개하여 처음 행위를 가지라 만일 그리하지 아니하고 회개하지 아니하면 내가 네게 가서 네 촛대를 그 자리에서 옮기리라"(계 2:5).

어느 날 우리 딸이 화가 나서 서재에서 일을 하고 있는 내게 찾아왔다. 이유를 들어 보니, 친구가 집으로 놀러 왔는데 오빠들이 친구만 챙기고 자신에게는 별로 관심이 없어 보인다는 것이다. 그래서 이렇게 달래 주었다. "친구는 손님이고 너는 오빠의 동생이니까 오빠들이 손님인 친구를 더 챙겨 준 것이 아닐까?" 했더니 "나는 가족이잖아" 하며 울음을 터트렸다. 딸의 말이 옳다. 친구를 챙겨 주어서 화가 난 것이 아니라 가족이니까 자신이 제일 먼저 사랑을 받아야 한다는 것이다.

우선순위가 바뀌었다는 것이다. 맞는 말이다. 친구를 섬겨 준 것이 문제가 아니라 우선순위가 잘못되었다는 것이다. 만약에 자신의 아이가 아빠를 멀리하고 이웃집 아저씨에게 아빠라고 부르고 자신의 아빠에게 아저씨라고 부른다면 그 아빠의 마음이 어떠하겠는가?

창조주가 누구인지를 기억하라는 것이다. 지금 창조주를 잃어버리고 세상이, 자신이 우상에 빠져 있다는 것이다. 자신의 사역보다도 하나님이 우선인, 가장 우선순위가 되는 그런 사랑으로 돌아오기를 경고하시는 것이다.

"회개하지 아니하면 내가 네게 가서 네 촛대를 그 자리에서 옮기리라"

에베소 교회의 지금의 모습이 촛대가 옮겨질 정도로 하나님을 사랑하는 사랑에서 멀어져 있다는 것이다. 우선되는 처음의 사랑으로 돌아오지 않으면 그동안 아무리 열심히 사역을 하고 주의 일을 하고 봉사를 했다 할지라도 주님 앞에서는 의미가 없는 일이라는 것이다. 하나님께서는 처음이시고 가장 큰 권위를 가지고 계신 분이다. 으뜸이 되시는 분이기 때문에 그 무엇도 하나님의 우선 되심을 가름할 수가 없다는 것이다. 주님은 처음이시요 마지막이시기 때문에 주님을 대신할 수 있는 그 무엇도 이 세상에는 존재하지도 않고 존재할 수도 없다. 세상의 아무리 큰 권세를 쥐고 있는 자들도 결코 하나님을 가름할 수는 없다.

그런데 다니엘서를 보면 느부갓네살 왕은 하나님을 가름하는 자리에 자신을 두었다. 그러나 다니엘과 믿음의 사람이었던 세 친구는 그 어느 것도 하나님을 대신하여 가름할 수 없다는 사실을 알고 있었기에 처음의 그 사랑을 지키기 위해 풀무불도 마다하지 않은 것이다. 과연 당신의 첫째 자리의 주인은 누구인가? 가족인가, 당신 사역의 비전인가, 당신 자신인가, 아니면 당신이 세워 놓은 목표인가? 그 어느 것도 하나님을 대신할 수는 없다. 세상의 권세도, 지금 가장 명예롭다고 하는 그 어떤 자도 하나님을 대신할 수는 없다. 만약 하나님의 처음 사랑을 찾기를 원한다면 입술로만의 고백이 아닌 당신의 삶의 전부가 주님이 되기를 바란다.

② 서머나 교회에 대한 주님의 메시지(계 2:8-11)

주님을 따르는 길은 고난을 겸하여 받게 된다. 대개 신앙인들의 의식 속에 지배적으로 자리 잡고 있는 것은 주께서 고난을 당했으니 자신들에게 오는 고난은 피해가게 될 것이라는 생각이다. 마치 무당을 찾아가 한 해 동안의 운세를 점을 치고 부적을 받아 피할 길을 모색하는 것처럼 말이다. 그래서 조금이라도 자신에게 원하지 않는 일이 생기면 좌절하고 낙심한다. '내가 이렇게 새벽예배를 열심히 하고 봉사와 헌신을 하는데 왜 이렇게 됐지?'라고 실망감을 감추지 못한다. 그리고 자신의 신앙생활의 헌신의 척도를 생각하며 불평하고 원망도 한다. 그리고 그동안 열심히 했던 모든 신앙의 행위를 중단하기도 하고 때로는 접기도 한다.

잘못된 신앙이다. 기도로 많은 시간을 헌신하고 봉사로 많은 시간을 헌신한 공과 때문에 닥칠 시험이 피해 가는 것은 아니다. 하나님 앞에 우리의 공과를 따질 그 아무런 근거도 이유도 없다. 이것은 이방 신에게 제물을 드리고 위험과 환난이 피해 가기를 빌며 섬기듯이, 기도의 많은 시간을 드리고 봉사의 시간을 많이 드려서 피해 가기를 원하는 것은 왜곡된 신앙에서 오는 기대의 가치이다. 물질의 예배를 많이 드려야 물질의 축복을 받는다는 생각을 하고 드리는 예물은 하나님께서 가증히 여기신다고 말씀하신다. 물질 예배를 하지 말라는 이야기가 아니다. 진심으로 그분의 은혜가 감사하여 자신의 마음을 물질의 헌신에 담아 표현하는 것이 진정한 물질 예물의 모습이다.

> "내 이름을 멸시하는 제사장들아 나 만군의 여호와가 너희에게 이르기를 아들은 그 아버지를, 종은 그 주인을 공경하나니 내가 아버지일진대 나를 공경함이 어디 있느냐 내가 주인일진대 나를 두려워함이 어디 있느냐 하나 너희는 이르기를 우리가 어떻게 주의 이름을 멸시하였나이까 하는도다 너희가 더러운 떡을 나의 제단에 드리고도 말하기를 우리가 어떻게 주를 더럽게 하였나이까 하는도다 이는 너희가 여호와의 식탁은 경멸히 여길 것이라 말하기 때문이라 만군의 여호와가 이르노라 너희가 눈먼 희생제물을 바치는 것이 어찌 악하지 아니하며 저는 것, 병든 것을 드리는 것이 어찌 악하지 아니하냐 이제 그것을 너희 총독에게 드려 보라 그가 너를 기뻐하겠으며 너를 받아 주겠느냐 만군의 여호와가 이르노라 너희는 나 하나님께 은혜를 구하면서 우리를 불쌍히 여기소서 하여 보라 너희가 이같이 행하였으니 내가 너희 중 하나인들 받겠느냐"(말 1:6-9).

주 앞에 무슨 어떤 일을 했다고 해서 반드시 보상을 받아야 한다는 의식을 갖지 않기를 바란다(마 6:3-4). 하나님께서는 우리가 그 어떤 행위를 했다고 해서 당연히 그 대가를 지불하셔야 할 그 어떤 책임도 의무도 없으신 분이다. 그분은 이미 아들을 내어 주심으로 모든 대가를 다 치르셨다. 우리는 그 값없는 은혜로 호흡을 하고 있으며, 하나님께서 허락하신 이 공기 중의 산소마저도 우리를 위해서 당연히 공급되어야 할 그 어떤 의무도 갖고 있지 않다. 그분의 무한한 사랑 때문에 공기 중의 산소마저도 우리에게 순종하고 있다는 사실을 안다면 지금 내가 여기 이렇게 살고 있는 것만으로도 은혜요 축복이라는 것이다. 신앙이 감사의 은혜로 충만하였을 때 하나님은 주를 충심으로 사랑하는 자기 백성을 돌보시는 것이다.

서머나 교회를 보라. 환난과 궁핍 속에서도 그들은 하나님을 향한 그 거룩한 마음이 늘 풍성한 교회였다. 그들이 겪고 있는 환난, 그리고 가난을, 또한 자칭 유대인이라고 하는 자들로부터도 조롱을 받고 있다. 그런 그들을 향하여 주께서 이렇게 말씀하고 계신다.

> "내가 네 환난과 궁핍을 알거니와 실상은 네가 부요한 자니라 자칭 유대인이라 하는 자들의 비방도 알거니와 실상은 유대인이 아니요 사탄의 회당이라"(계 2:9).

주께서는 지금 서머나 교회의 환난과 가난, 조롱을 다 알고 있다고 하신다. 누구를 위하여 이 일을 겪고 있는가? 주를 위해서 겪고 있는 것이다. 그러나 이들은 라오디게아 교회와는 달리 가난하지만 부요하다고 하신다. 그리고 주님의 격려와 함께하심이 있을 것을 말씀하신다.

“너는 장차 받을 고난을 두려워하지 말라 볼지어다 마귀가 장차 너희 가운데에서 몇 사람을 옥에 던져 시험을 받게 하리니 너희가 ‘십 일 동안 환난을’ 받으리라 네가 죽도록 충성하라 그리하면 내가 생명의 관을 네게 주리라”(계 2:10).

주를 따르는 자들에게는 고난이 따른다는 것이다. 그러나 그 고난은 주님께서 허락하신 때까지이다. 영원한 것이 아니라 주께서 허락하신 때까지이다. 여기서 ‘십 일 동안의 환난’이 무엇을 의미하는가? 속죄일을 의미한다. 우리가 배운 대로 티슈레이 10일은 속죄일이다. 이날에 무슨 일이 있겠는가? 책이 덮이는 날, 구원의 날이다. 우리 주님께서 속죄일에 주께 깨어 있는 백성을 이날 구원하겠다고 말씀하신 것이다.

“네가 죽도록 충성하라.” 주의 날을 기다리며 환난 속에서도 마음을 굳건히 하고 좌로나 우로나 치우치지 않고 주의 날을 기다리는 백성은 그 영광의 날을 보게 될 것을 말씀하신다.

“귀 있는 자는 성령이 교회들에게 하시는 말씀을 들을지어다 이기는 자는 둘째 사망의 해를 받지 아니하리라”(계 2:11).

③ 버가모 교회에 대한 주님의 메시지(계 2:12-17)

“네가 어디에 사는지를 내가 아노니 거기는 사탄의 권좌가 있는 데라 네가 내 이름을 굳게 잡아서 내 충성된 증인 안디바가 너희 가운데 곧 사탄이 사는 곳에서 죽임을 당할 때에도 나를 믿는 믿음을 저버리지 아니하였도다”(계 2:13).

죽어 있는 교회의 모습이다. 깨어 있지 못하고 침체되어 있고 잠들어 있는 교회의 모습이다. 주님을 향한 믿음은 갖고 있으나 세상에 취해서 깊이 잠들어 있는 교회의 모습이다. 주님이 오시는 것도 알고 주님을 향한 믿음도 저버리지는 않았지만 세상 속에서 깊이 잠들어 있는 교회에 대한 경고의 메시지이다. 신랑이 더디 오리라고 생각하고 세상의 문화와 그 안에 깊이 잠들어 깨어날 줄 모르는 교회, 진리에 대해서는 알고 있어서 믿음은 버리지 않았지만 잠들어 있는 교회의 모습이다.

> "나의 사랑하는 자가 내게 말하여 이르기를 나의 사랑, 내 어여쁜 자야 일어나서 함께 가자 겨울도 지나고 비도 그쳤고" (아 2:10-11).

세상 속에서 교회가 깊이 잠들어 있어서 주님의 거룩한 때를 놓친 모습이다.

"겨울도 지나고 비도 그쳤고", 가을 절기인 초막절 때 내릴 복된 소낙비를 놓친 것이다. 깊이 잠들어 주님의 축복의 때를 놓친 것이다.

> "내 사랑하는 자는 내게 속하였고 나는 그에게 속하였도다 그가 백합화 가운데에서 양 떼를 먹이는구나 내 사랑하는 자야 날이 저물고 그림자가 사라지기 전에 돌아와서 베데르 산의 노루와 어린 사슴 같을지라"(아 2:16-17).

"내 사랑하는 자가 내게 속하였고", 내가 주님께 속한 것이 아니라 주님이 내게 속하였다고 말한다. 자기중심적인 신앙인이다. 주님이 내게 속하면 나도 주님께 속하겠다는 것이다. 주님을 내 호주머니에 두었다가 내가 필요할 때 언제든지 꺼내서 사용하겠다는 자기중심적인 신앙인의 교회이다. 요즘 우리의 풍토와 같다. 언제든지 주님을 마음대로 움직이고 사용할 수 있고, 언제든지 내가 기도하면 주님은 원하는 대로 움직여 주시고, 원하는 것을 주시는 그런 주님은 내게 속해 있기 때문이라고 말하고 있다. 얼마나 교만하고 오만한 마음인가?

'베데르', 불의라는 뜻이다. 자신의 중심적인 마음으로 불의가 가득 찬 모습이다. '나는 잠들어 있는 교회에 앉아 있을 테니 주님은 나가서 추수를 할 테면 하시고 마음대로 하세요'라는 말이다.

> "내가 밤에 침상에서 마음으로 사랑하는 자를 찾았노라 찾아도 찾아내지 못하였노라 이에 내가 일어나서 성안을 돌아다니며 마음에 사랑하는 자를 거리에서나 큰 길에서나 찾으리라 하고 찾으나 만나지 못하였노라"(아 3:1-2).

교회가, 신앙인이 깊이 잠들에 있어서 봄비(봄 절기의 축복)와 가을비(가을 절기의 복된 소낙비)를 놓치고 말았다.

> "그러나 네게 두어 가지 책망할 것이 있나니 거기 네게 발람의 교훈을 지키는 자들이 있도다 발람이 발락을 가르쳐 이스라엘 자손 앞에 걸림돌을 놓아 우상의 제물을 먹게 하였고 또 행음하게 하였느니라"(계 2:14).

> "귀 있는 자는 성령이 교회들에게 하시는 말씀을 들을지어다 이기는 그에게는 내가 감추었던 만나를 주고 또 흰 돌을 줄 터인데 그 돌 위에 새 이름을 기록한 것이 있나니 받은 자밖에

는 그 이름을 알 사람이 없느니라"(계 2:17).

'감추었던 만나', 가을 절기의 복된 소낙비처럼 신령한 은혜의 축복을 가을 절기에 회개하고 돌아오는 자들과 교회에게 베푸시겠다는 것으로, 가을 절기를 통하여 주님의 마지막 재림의 역사가 이루어질 것을 나타내고 계신다.

"하나님의 사람 모세가 죽기 전에 이스라엘 자손을 위하여 축복함이 이러하니라 그가 일렀으되 여호와께서 시내 산에서 오시고 세알 산에서 일어나시고 바란 산에서 비추시고 일만 성도 가운데에 강림하셨고 그의 오른손에는 그들을 위해 번쩍이는 불이 있도다 여호와께서 백성을 사랑하시니 모든 성도가 그의 수중에 있으며 주의 발 아래에 앉아서 주의 말씀을 받는도다"(신 33:1-3).

④ 두아디라 교회에 전하는 주님의 메시지(계 2:18-29)

"내가 네 사업과 사랑과 믿음과 섬김과 인내를 아노니 네 나중 행위가 처음 것보다 많도다"(계 2:19).

두아디라 교회는 주님이 주시는 믿음으로 사랑하고 섬기는 일이 많은 교회이다. 오늘날 현대 교회도 주님의 사랑으로 섬기고 나누는 교회가 많이 있다. 그것이 주님의 상급인 것을 알고 있다. 그래서 열심이고 특심이 있다. 이 행위가 커가면 커갈수록 자신들은 큰 안전한 지대를 점유하고 있는 것으로 생각한다. 그러다 보니 교회는 가시적인 일들에 열심을 내고 있다. 그리고 이 가시적인 일들을 될 수 있는 대로 이웃으로, 세상으로 마치 기업이 마케팅 전략을 세워 이미지 메이킹을 하듯 열을 올리고 있다. 주님의 이름으로 사랑을 행하는 것은 나쁜 일이 아니다. 그것이 주님의 뜻이기도 하기 때문이다.

그러나 그 모든 행위가 교회 성장의 원동력을 위해서 행해지는 일이라면 주님과는 아무런 상관이 없는 일이 된다. 주님을 위한 일이라기보다는 자신들의 사역을 위한 일이 되기 때문이다. 그러다 보니 본질은 망각하고 성장이라는 신기루를 좇게 되고 만다.

방법이나 의도가 선하지 않아도 결과만을 중시하는 표면적인 일들에 집중을 하게 된다. 그러나 주님은 결과만을 보시는 것이 아니라 의도를 보신다. 태도를 보신다는 것이다. 주님은 바리새인의 누룩과 사두개인의 누룩을 조심하라고 말씀하신다. 왜 그럴까? 그들의 의도가 선하지 않다는 것이다. 태도가 부패했다는 것이다. 그들은 겉으로 보기에는 신실한 신앙인이다. 토라에 능통한 자들이다. 그러나 그들이 갖고 있는 모습은 자신의 영광을 위해서 달려가는 자들이다. 가장 큰 문제는 자신들이 얼마나 부패해 있고 변질되었고 선하지 않은지를 모르고 있다는 것이다.

보기 좋게 자기 자신들을 포장해 놓았기 때문이다. 토라를 통해서 자신을 포장해 놓았다. 오늘날로 말하면 주님의 이름으로 사역을 하고, 주님의 이름으로 예배를 드리고, 물질 예배도 주님의 이름으로 하고 있다. 그러나 그들은 내면은 부패하고 자기 자신의 영광을 위한 모습으로 가득 차 있다.

> "서기관들과 바리새인들이 모세의 자리에 앉았으니 그러므로 무엇이든지 그들이 말하는 바는 행하고 지키되 그들이 하는 행

위는 본받지 말라 그들은 말만 하고 행하지 아니하며 또 무거운 짐을 묶어 사람의 어깨에 지우되 자기는 이것을 한 손가락으로도 움직이려 하지 아니하며 그들의 모든 행위를 사람에게 보이고자 하나니 곧 그 경문 띠를 넓게 하며 옷술을 길게 하고 잔치의 윗자리와 회당의 높은 자리와 시장에서 문안 받는 것과 사람에게 랍비라 칭함을 받는 것을 좋아하느니라"(마 23:2-7).

주님께 매우 은혜스러운 일을 했든지, 지금도 그 은혜스러운 일에 깊이 빠져 있고 감동적인 예배에 있으면 자신은 주님 앞에 모든 것이 온전하며, 주님을 기쁘시게 하고 있고 안전하다는 생각에서 속히 벗어나서 탈출하기를 바란다.

즉 자신의 마음을 살피고 자신을 늘 회개할 수 있는 자리에 세워두라는 말이다. 그렇지 않으면 언제든지 자신을 교만하고 오만한 자리로 밀어넣을 수 있다는 사실을 상기해야 한다.

"모든 지킬 만한 것 중에 더욱 네 마음을 지키라 생명의 근원이 이에서 남이니라 구부러진 말을 네 입에서 버리며 비뚤어진 말을 네 입술에서 멀리하라 네 눈은 바로 보며 네 눈꺼풀은 네 앞을 곧게 살펴 네 발이 행할 길을 평탄하게 하며 네 모든 길을 든든히 하라 좌로나 우로나 치우치지 말고 네 발을 악에서 떠나게 하라"(잠 4:23-27).

"그의 아들들이 자기 생일에 각각 자기의 집에서 잔치를 베풀고 그의 누이 세 명도 청하여 함께 먹고 마시더라 그들이 차례대로 잔치를 끝내면 욥이 그들을 불러다가 성결하게 하되 아침에 일어나서 그들의 명수대로 번제를 드렸으니 이는 욥이 말하기를 혹시 내 아들들이 죄를 범하여 마음으로 하나님을 욕되게 하였을까 함이라 욥의 행위가 항상 이러하였더라"(욥 1:4-5).

자신을 돌아봄에 대해서:

분주함과 헌신, 충성, 어떤 감격과 감동스러움, 열심이 있는 사역, 사역의 탄력적인 것으로 인한 만족감과 성취감, 은혜와 감격스러운 예배에 젖어 있을 때, 주께서 큰 역사를 주셨다고 느꼈을 때

⇓

모든 것이 자신이 원하는 대로, 또한 중심적으로 흘러가고 있다고 생각되기 쉽고, 자신을 특별히 또는 자신만의 사역을 하나님께서 특별히 기름 부으셨다고 생각하기 쉬우며, 이렇게 하나님의 역사와 현시가 있으니 자신은 안전한 곳을 점유하고 있다는 생각이 일어나기 쉽다.

⇓

자신에게 나타난 하나님의 역사가 있기 때문에 자신이 하는 모든 것은, 즉 주의 일인 사역이든지, 개인적인 어떤 삶이든지, 의도와 태도가 어떠하든지 주님은 모든 것을 용인하시고 눈감아 주시리라는 착각에 빠지게 된다.
이쯤 되면 자신을 돌아볼 수 있는 기회를 놓치게 되고, 회개의 모습은 저 바닥 깊숙이 던져 버리게 된다. 특히 사역자들이 이런 위험한 늪에 빠질 수 있으며, 사역자가 아니어도 어느 누구든지 여기에 빠질 수 있다. 사역성의 가치에 두는 것이 아니라 자신의 태도를 늘 살펴야 한다.

이 땅의 그 어떤 곳도 안전지대는 없다. 가장 안전한 지대에 안착했다고 생각될 때가 가장 위험하며, 스스로에게 속고 있다는 것을 알아야 한다. 사탄의 속삭임에 속고 있는 것이다. 그러다 보면 기회를 잃어버리게 된다. 언제든지, 어느 곳에서든지 스스로를 돌아볼 수 있는 용기가 필자에게도, 독자들에게도 주어지기를 바란다.

"그러나 네게 책망할 일이 있노라 자칭 선지자라 하는 여자 이세벨을 네가 용납함이니 그가 내 종들을 가르쳐 꾀어 행음하게 하고 우상의 제물을 먹게 하는도다 또 내가 그에게 회개할 기회를 주었으되 자기의 음행을 회개하고자 하지 아니하는도다 볼지어다 내가 그를 침상에 던질 터이요 또 그와 더불어 간

음하는 자들도 만일 그의 행위를 회개하지 아니하면 큰 환난 가운데에 던지고 또 내가 사망으로 그의 자녀를 죽이리니 모든 교회가 나는 사람의 뜻과 마음을 살피는 자인 줄 알지라 내가 너희 각 사람의 행위(마음의 행위와 드러난 행위)대로 갚아 주리라"(계 2:20-23).

"이기는 자와 끝까지 내 일을 지키는 그에게 만국을 다스리는 권세를 주리니"(계 2:26).

마지막 가을 절기인 초막절에 새 하늘과 새 땅이 열리고 그때에 아버지의 영광을 보게 될 것을 말씀하고 계신다.

⑤ 사데 교회에 전하는 주님의 메시지(계 3:1-6)

잠들어 있는 교회, 죽은 교회이다. 주님께 등을 돌린 교회를 말한다. 어느 교회가 자신들이 하나님께 등을 돌렸다고 생각하겠는가? 지상교회가 생겨난 후 그렇게 생각한 교회는 하나도 없을 것이다. 스스로가 하나님을 떠났다고 생각하는 크리스천은 하나도 없다는 것이다. 그러면 성경이 거짓을 말하고 있다는 것인가? 그럴 수 없다.

그렇다면 문제는 이 땅의 교회가, 또는 크리스천들이 하나님께 등을 돌리고 있다는 사실을 모르고 있다는 것이다.

마치 커다란 원통형 통나무 위에 아주 오래 잘 관리되어 있고, 그 위에 아주 매끄러우면서도 미끄러운 기름이 발라져 있으며, 그 위에 아주 위험스럽게 서 있는 것과 같다. 밑에는 아주 커다란 웅덩이가 있고 이 웅덩이 안에는 아주 포악하고 사악하며 날쌘 짐승들이 있어서 언제든지 떨어지는 자들을 삼킬 준비가 되어 있다. 그들은 얼마나 준비가 잘되어 있는지 이빨은 아주 날카롭고 앞발은 아주 강하고 힘이 세어서 그 무엇도 부서뜨릴 만한 위험한 상태에 있고, 게다가 몹시도 굶주려 있어서 언제든지 미끄러져 내리는 이들을 삼킬 준비가 되어 있다는 것이다.

그러나 아주 미끄러우면서도 위험한 곳에 있으면서도 지금 미끄러져 내리지 않기 때문에 가장 안전한 곳에 있다고 생각하게 된다는 것이다. 지금 그 발이 미끄러지지 않는 것은 하나님의 전적인 은혜라는 것을 알지 못하고 있는 것과 같다. 만약에 하나님께서 미끄러지도록 허락하신다면 회개할 시간이 없을 정도로 빠른 속도로 웅덩이로 떨어질 것이고, 그 날쌘 짐승들은 한순간의 망설임도 없이 삼켜 버릴 것이다.

> "너는 일깨어 그 남은 바 죽게 된 것을 굳건하게 하라 내 하나님 앞에 네 행위의 온전한 것을 찾지 못하였노니 그러므로 네가 어떻게 받았으며 어떻게 들었는지 생각하고 지켜 회개하라 만일 일깨지 아니하면 내가 도둑같이 이르리니 어느 때에 네게 이를는지 네가 알지 못하리라"(계 3:2-3).

주께서 나팔절(יום תלא) 날 나팔을 부는 것은 회개하고 돌아오라고 경고하시는 것이다. 새로운 천 년의 역사가 시작될 것을 알리니 회개하고 돌아오라는 것이다. 그리고 나팔절 열흘 뒤가 속죄일(יום חיפר) 이다. 속죄받는 날, 구원의 날이 이어지는 것을 기억하라. 지금 그 미끄러운 곳에서 속히 깨닫고 돌아오기를 바란다.

"오라 우리가 여호와께로 돌아가자 여호와께서 우리를 찢으셨으나 도로 낫게 하실 것이요 우리를 치셨으나 싸매어 주실 것임이라 여호와께서 이틀 후에 우리를 살리시며 셋째 날에 우리를 일으키시리니 우리가 그의 앞에서 살리라 그러므로 우리가 여호와를 알자 힘써 여호와를 알자 그의 나타나심은 새벽 빛같이 어김없나니 비와 같이, 땅을 적시는 늦은 비와 같이 우리에게 임하시리라 하니라"(호 6:1-3).

⑥ 빌라델비아 교회에 주시는 주님의 메시지(계 3:7-13)

"볼지어다 내가 네 앞에 열린 문을 두었으되 능히 닫을 사람이 없으리라 내가 네 행위를 아노니 네가 작은 능력을 가지고서도 내 말을 지키며 내 이름을 배반하지 아니하였도다"(계 3:8).

"이기는 자는 내 하나님 성전에 기둥이 되게 하리니 그가 결코 다시 나가지 아니하리라 내가 하나님의 이름과 하나님의 성 곧 하늘에서 내 하나님께로부터 내려오는 새 예루살렘의 이름과 나의 새 이름을 그이 위에 기록하리라"(계 3:12).

⑦ 라오디게아 교회에 주시는 주님의 메시지(계 3:14-22)

"네가 말하기를 나는 부자라 부요하여 부족한 것이 없다 하나 네 곤고한 것과 가련한 것과 가난한 것과 눈 먼 것과 벌거벗은 것을 알지 못하는도다"(계 3:17).

육신적으로는 모든 것을 다 가지고 있고 세상에서 오는 모든 안락함을 다 누리고 있지만 영적으로는 가장 가난한 자를 말한다. 세상에 매여 하나님의 영광을 보지 못하기에 더욱 열심히 애쓰고 힘써서 세상 것을 의지하고 살아가는 인생을 말한다. 그리고 그 안락함이, 그 풍요함이 하나님이 가져다주신 축복이요 삶이라고 말하고 있으면서도 온갖 세상 것으로 가득 채워져 있다면 그것은 하나님의 축복이 아니다. 하나님께서 허락하시는 것은 거룩하며 흠이 없는 것으로 주시기 때문이다.

만약에 무엇을 쌓았다든지 안락함을 누리고 있는데, 하나님의 영광을 기억하지 못하도록 자신이 눈이 어두워지고 마음이 완악해지고 강퍅하다면 그것은 하나님께서 주시는 귀한 열매가 아니라는 것을 빨리 깨달아야 한다.

많은 이들이 자신에게 주어진 모든 것을 하나님이 하셨다고 말하는 것을 종종 듣는다. 물론 하나님이 하신 것이다. 하나님께서 허락하지 않으시면 사탄도 역사할 수 없다. 이렇게 말하면 하나님은 사탄에게 무기력한 분이시기 때문에 허락하신 것이 아닌가라는 생각을 하여 하나님의 주권적인 역사도 제한이 있고 한계가 있다고 착각을 할 수가 있다. 그러나 필자의 의도는 그것이 아니다. 하나님의 주권 앞에 그 어느 것도 허락되지 않으면 이루어질 수 없다. 그러나 '왜 그럴까?'의 해답은 성경에서 찾아야 한다.

> "불의의 모든 속임으로 멸망하는 자들에게 있으리니 이는 그들이 진리의 사랑을 받지 아니하여 구원함을 받지 못함이라 이러므로 하나님이 미혹의 역사를 그들에게 보내사 거짓 것을 믿게 하심은 진리를 믿지 않고 불의를 좋아하는 모든 자들로 하여금 심판을 받게 하려 하심이라"(살후 2:10-12).

“너는 그 선지자나 꿈꾸는 자의 말을 청종하지 말라 이는 너희의 하나님 여호와께서 너희가 마음을 다하고 뜻을 다하여 너희의 하나님 여호와를 사랑하는 여부를 알려 하사 너희를 시험하심이니라”(신 13:3).

“그들이 그들의 탐욕대로 음식을 구하여 그들의 심중에 하나님을 시험하였으며”(시 78:18).

“내 백성이 내 소리를 듣지 아니하며 이스라엘이 나를 원하지 아니하였도다 그러므로 내가 그의 마음을 완악한 대로 버려두어 그의 임의대로 행하게 하였도다”(시 81:11-12).

누가복음 16장 19-31절 부자와 거지 나사로의 비유에서 배우라. 세상 것으로 가득 채워진 세상 부자의 신앙과 비록 세상에서는 고난을 당하나 금방이라도 안개와 같이 사라질 땅의 것에 소망을 두는 것이 아니라 영원한 안식의 처소인 하늘에 소망을 두고 살아가는 나사로의 신앙, 이에서 배우기를 바란다.

“그들에게 이르시되 삼가 모든 탐심을 물리치라 사람의 생명이 그 소유의 넉넉한 데 있지 아니하니라 하시고……또 이르되 내가 이렇게 하리라 내 곳간을 헐고 더 크게 짓고 내 모든 곡식과 물건을 거기 쌓아 두리라 또 내가 내 영혼에게 이르되 영혼아 여러 해 쓸 물건을 많이 쌓아 두었으니 평안히 쉬고 먹고 마시고 즐거워하자 하리라 하되 하나님은 이르시되 어리석은 자여 오늘 밤에 네 영혼을 도로 찾으리니 그러면 네 준비한 것이 누구의 것이 되겠느냐 하셨으니 자기를 위하여 재물

> 을 쌓아 두고 하나님께 대하여 부요하지 못한 자가 이와 같으니라"(눅 12:15, 18-21).

> "내가 너를 권하노니 내게서 불로 연단한 금을 사서 부요하게 하고 흰 옷을 사서 입어 벌거벗은 수치를 보이지 않게 하고 안약을 사서 눈에 발라 보게 하라"(계 3:18).

라오디게아 교회와 성도들은 지금은 부요하고 모든 것을 누리고 살고 있는 것 같지만 하나님의 영으로 충만하지 않아 토라를 잃어버렸다. 그들은 마치 벌거벗은 것처럼 수치를 당하듯 장차 옥에 있는 영들처럼 수치를 당하게 될 것이다. 참혹한 지옥의 모습이다. 실오라기 하나 걸치지 않고 지옥에서 수치를 당하고 있는 이들의 모습을 보라는 것이다. 이 수치를 가리기 위해서는 하나님의 백성으로서 입어야 할 거룩한 흰옷을 입어야 한다.

하나님의 백성으로서 흰옷을 입는 날이 언제인지를 깨달으라. 그날은 대속죄일이다. 나팔절 티슈레이 1일에 새로운 천 년이 임하는 나팔을 불고 난 후 열흘이라는 시간이 지나면 대속죄일인 티슈레이 10일이다(일곱째 달 10일, 태양력으로 10월 10일). 이때는 이스라엘 백성이 흰옷을 입고 하나님의 성전이 있는 예루살렘으로 모이는 때이다.

생각해 보라. 요세푸스(예슈아와 동시대에 살았던 인물로 역사가)에 의하면 250만 명의 유대인이 흩어져 있는 곳에서 예루살렘으로 모였다고 한다. 흰옷 입은 거룩한 백성이 하나님의 도성인 새 하늘과 새 땅으로 모이는 날, 즉 구원의 날이다. 주께서는 구원의 날이 이를 것을 말씀하시며 속죄일에 이루어질 일을 말씀하고 계신다.

'벌거벗은 수치'는 흰옷을 입지 않아 장차 옥에서 겪을 고통을 의미한다. 이 수치를 누가 견딜 수 있을까? 영원히 꺼지지 않는, 사라지지 않는 불이 살거죽을 사르게 될 것이며, 이 수치를 당할 때는 쉼도 없을 것이고, 그곳에서 자비는 기대할 수가 없을 것이며, 아무리 슬픈 표정을 짓는다 할지라도 이 수치를 당하는 자를 구원할 그 어떤 장치도 마련되어 있지 않으며, 그때에 주님의 얼굴을 구하려 하나 구할 수가 없을 것이고, 그 고통에서 조금의 안식조차도 찾아볼 수가 없을 것이다.

세상의 지식과 당신을 위로할 만큼의 세상의 논리에 갇혀 있다면 그곳에서 속히 벗어나기를 바란다. 당신이 손아귀에 쥐고 있는 것이 주의 날에 전혀 도움이 되지 못하는 것이라면 속히 그 손을 풀고 그곳에서 벗어나기를 바라며, 당신이 그곳에서 벗어나는 데 조금이라도 걸림이 있다면 주님의 얼굴을 구하기를 바란다. 지금 가지고 있는 그 어떤 자존심도, 명예도 전혀 도움이 되지 않는다는 것을 속히 깨달아 알기를 바란다. 당신 안에 있는 명예스러운 그 어떤 공명심도 그곳을 벗어나는 데 전혀 도움이 되지 못한다는 사실을 속히 발견하기를 바란다. 왜냐하면 사탄은 당신이 가지고 있는 공명심과 자존심을 오래전부터 붙들고 있었으며 지금도 그 손을 놓지 않고 있기 때문이다.

"내게서 불로 연단한 금을 사서 부요하게 하고", 잃어버린 토라를 회복하고 주께로 돌아오기를 간절히 원하심을 알 수 있다. 주님의 마음을 보라. 토라를 잃어버린 이스라엘 백성이 어떠한 고통을 겪게 되었는지를 기억하기를 바란다.

아가서 5장 2절 "내가 잘지라도 마음은 깨었는데 나의 사랑하는 자의 소리가 들리는구나 문을 두드려 이르기를 나의 누이, 나의 사랑, 나의 비둘기, 나의 완전한 자야 문을 열어 다오 내 머리에는 이슬이, 내 머리털에는 밤이슬이 가득하였다 하는구나"

ⓐ 내가 잘지라도 = 영적인 죽음의 모습이다.

ⓑ 문을 두드려 = 주님께서 아주 크게 문을 두드리고 있는 모습이다.

ⓒ 문을 열어 다오 = 나팔절에 문이 닫히게 된다.

아가서 5장 3절 "내가 옷을 벗었으니 어찌 다시 입겠으며 내가 발을 씻었으니 어찌 다시 더럽히랴마는" = 영적으로 죽어 있는 모습

아가서 5장 4-6절 "내 사랑하는 자가 문틈으로 손을 들이밀매 내 마음이 움직여서 일어나 내 사랑하는 자를 위하여 문을 열 때 몰약이 내 손에서, 몰약의 즙이 내 손가락에서 문빗장에 떨어지는구나 내가 내 사랑하는 자를 위하여 문을 열었으나 그는 벌써 물러갔네 그가 말할 때에 내 혼이 나갔구나 내가 그를 찾아도 못 만났고 불러도 응답이 없었노라" = 마지막 나팔절 날 마치 마태복음 25장에 그려진 열 처녀의 비유의 모습처럼 이날의 모습을 보게 될 것이다.

아가서 5장 7절 "성안을 순찰하는 자들이 나를 만나매 나를 쳐서 상하게 하였고 성벽을 파수하는 자들이 나의 겉옷을 벗겨 가졌도다" = 마지막 환난의 모습이며, 벌거벗은 수치를 겪을 것을 말하고 있다. 절대로 이 벌거벗은 수치를 당하지 않기를 바란다.

> "볼지어다 내가 문 밖에 서서 두드리노니 누구든지 내 음성을 듣고 문을 열면 내가 그에게로 들어가 그와 더불어 먹고 그는 나와 더불어 먹으리라"(계 3:20).

주님을 보게 되는 날

"이 일 후에 내가 보니 하늘에 열린 문이 있는데 내가 들은 바 처음에 내게 말하던 나팔 소리 같은 그 음성이 이르되 이리로 올라오라 이후에 마땅히 일어날 일들을 내가 네게 보이리라 하시더라"(계 4:1).

"하늘에 열린 문이 있는데", 나팔절(יום תרועה, 욤 테루아)의 징조이다. 나팔절에 어떤 징조가 있겠는가? 새로운 천 년의 역사가 시작되는 날을 알리는 날, 나팔 소리로 경고하시고, 마치 요한이 주님의 얼굴을 뵈었던 것처럼 이날 들림 받는 자들이 주의 얼굴을 보게 될 것이다.

나팔절에는 100번의 나팔을 부는데 마지막 100번째의 나팔은 길게 분다.

"The day of blowing the shofar", 이날은 '부르는 날'이다. 하나님의 백성들을 부르는 날임을 기억하라. 시편 47편 5절에 "하나님께서 즐거운 함성 중에 올라가심이여 여호와께서 나팔 소리 중에 올라가시도다"라고 하였다.

이날은 또한 왕의 대관식이 치러지는 날이라고 배웠다. 'Ha Melech', 이제 고난당하는 메시아가 아니라 만왕의 왕이신 왕으로서 대관식을 치르시는데 왕으로서의 메시아로 오시는 날의 등극식이다. 얼마나 큰 위엄과 영광스러운 모습이겠는가? 이날을 보고 싶고 이 영광스러운 자리에 나아가고 싶지 않은가? 그리고 그 만왕의 왕이신 주님과 함께 천 년을 통치하시는 모습을 보고 싶지 않은가? 그렇다면 이 거룩한 나라가 이르는 그날까지 이 땅의 헛된 꿈을 버리고, 이 땅이 가져다주는 거짓된 평안에 속지 않고 주의 나라와 그의를 바라봄으로 거룩한 열매를 맺어가기를 바란다.

스가랴 12장 10절, "내가 다윗의 집과 예루살렘 주민에게 은총과 간구하는 심령을 부어 주리니 그들이 그 찌른 바 그를 바라보고 그를 위하여 애통하기를 독자를 위하여 애통하듯 하며 그를 위하여 통곡하기를 장자를 위하여 통곡하듯 하리로다"라는 말씀은 속죄일에 메시아를 보게 될 일을 의미한다.

요한계시록 1장 7절의 "볼지어다 그가 구름을 타고 오시리라 각 사람의 눈이 그를 보겠고 그를 찌른 자들도 볼 것이요 땅에 있는 모든 족속이 그로 말미암아 애곡하리니 그러하리라"는 말씀과 같이 속죄일에 주님을 보게 될 것이다.

> "보좌로부터 번개와 음성과 우렛소리가 나고 보좌 앞에 켠 등불 일곱이 있으니 이는 하나님의 일곱 영이라"(계 4:5).

"등불 일곱이 있으니 이는 하나님의 일곱 영이라", 이는 성전의 메노라를 말한다.

이사야 11장 2절에 "그의 위에 여호와의 영 곧 지혜와 총명의 영이요 모략과 재능의 영이요 지식과 여호와를 경외하는 영이 강림하시리니"라는 말씀은 메노라의 일곱 영에 대한 말씀이다.

> "내가 또 보니 보좌와 네 생물과 장로들 사이에 한 어린 양이 서 있는데 일찍이 죽임을 당한 것 같더라 그에게 일곱 뿔과 일곱 눈이 있으니 이 눈들은 온 땅에 보내심을 받은 하나님의 일곱 영이더라"(계 5:6; 메노라를 상징).

이사야 11장 2절에 대한 설명이다.

> "내가 또 보고 들으매 보좌와 생물들과 장로들을 둘러선 많은 천사의 음성이 있으니 그 수가 만만이요 천천이라 큰 음성으로 이르되 죽임을 당하신 어린 양은 능력과 부와 지혜와 힘과 존귀와 영광과 찬송을 받으시기에 합당하도다 하더라 내가 또 들으니 하늘 위에와 땅 위에와 땅 아래와 바다 위에와 또 그 가운데 모든 피조물이 이르되 보좌에 앉으신 이와 어린 양에게 찬송과 존귀와 영광과 권능을 세세토록 돌릴지어다"(계 5:11-13).

나팔절은 어린 양에게 치러지는 대관식임을 기억해 보자. 복음서의 어떤 사건이 떠오르게 되는가? 바로 마태복음 25장 열 처녀의 비유인 혼인 잔치가 치러질 것을 비유로 말씀하시고, 바로 이어져 초막절 때 양과 염소의 나라로 구분될 것을 말씀하고 계신다(마 25:31-46; 민 29:12-32; 슥 14:4, 16-17).

다니엘 7장 10-11절의 "불이 강처럼 흘러 그의 앞에서 나오며 그를 섬기는 자는 천천이요 그 앞에서 모셔 선 자는 만만이며 심판을 베푸는 데 책들이 펴 놓였더라 그때에 내가 작은 뿔이 말하는 큰 목소리로 말미암아 주목하여 보는 사이에 짐승이 죽임을 당하고 그의 시체가 상한 바 되어 타오르는 불에 던져졌으며"라는 말씀은 나팔절에 있을 일들을 말씀하는 것이다.

> "다섯 째 인을 떼실 때에 내가 보니 하나님의 말씀과 그들이 가진 증거로 말미암아 죽임을 당한 영혼들이 제단 아래에 있어 큰 소리로 불러 이르되 거룩하고 참되신 대주재여 땅에 거

> 하는 자들을 심판하여 우리 피를 갚아 주지 아니하시기를 어느 때까지 하시려 하나이까 하니"(계 6:9-10).

피를 갚는 날이 속죄일에 이루어질 것을 말씀하신다. 속죄일은 되면 책이 덮이는 날로, 성전에 거룩하지 않고 부정된 일들을 덮기 위해 똑같은 염소를 구별하여 준비하였던 것 중 한 마리의 염소를 잡아 그 피를 받아 속죄소로 가져가 속죄소에 피를 뿌리게 된다. 속죄소에는 1년에 한 번뿐인 이날에 들어가게 되는데, 이날 대제사장은 흰 세마포 옷을 입고 들어간다. 그리고 한 마리의 염소 Azazel은 붉은 리본을 뿔에 달고 멀리 광야로 보내어 죽음을 맞이하게 되는데, 우리 주님이 진 밖에서 죽으심을 의미하며, 죄를 완전히 떠나보내는 것이다.

마태복음 27장 46절 "제구시쯤에 예수께서 크게 소리 질러 이르시되 엘리 엘리 라마 사박다니 하시니 이는 곧 나의 하나님, 나의 하나님, 어찌하여 나를 버리셨나이까 하는 뜻이라"는 말씀은 진 밖에서의 죽으심을 의미한다.

> "또 백성을 위한 속죄제 염소를 잡아 그 피를 가지고 휘장 안에 들어가서 그 수송아지의 피로 행함같이 그 피로 행하여 속죄소 위와 속죄소 앞에 뿌릴지니"(레 16:15).

> "나의 기도가 주의 앞에 분향함과 같이 되며 나의 손 드는 것이 저녁 제사같이 되게 하소서"(시 141:2).

> "그들의 진노의 큰 날이 이르렀으니 누가 능히 서리요 하더라"(계 6:17).

"내가 보매 하나님 앞에 일곱 천사가 서 있어 일곱 나팔을 받았더라"(계 8:2).

하나님의 속죄소에 들어가는 날은 1년 중 속죄일 하루이다. 이 날 제사장은 수송아지 또는 염소의 피를 받아 속죄소에 들어가서 손으로 찍어서 일곱 번 피를 뿌린다. 일곱 천사가 일곱 나팔을 받은 의미는 속죄일에 속죄소에서 제사장이 일곱 번 피를 찍어 일곱 번 뿌리는 것과 같다.

"향로를 가져다가 여호와 앞 제단 위에서 피운 불을 그것에 채우고 또 곱게 간 향기로운 향을 두 손에 채워 가지고 휘장 안에 들어가서 여호와 앞에서 분향하여 향연으로 증거궤 위 속죄소를 가리게 할지니 그리하면 그가 죽지 아니할 것이며 그는 수송아지의 피를 가져다가 손가락으로 속죄소 동쪽에 뿌리고 또 손가락으로 그 피를 속죄소 앞에 일곱 번 뿌릴 것이며"(레 16:12-14).

제사장이 일곱 번 피를 찍어 뿌리는 것은 언약의 피를 통하여 속죄함을 받게 된다는 의미이다. 제사장이 향을 태워 휘장 안으로 들어가는 모습은 일곱 천사의 일곱 나팔을 의미한다.

"주 여호와의 영이 내게 내리셨으니 이는 여호와께서 내게 기름을 부으사 가난한 자에게 아름다운 소식을 전하게 하려 하심이라 나를 보내사 마음이 상한 자를 고치며 포로 된 자에게 자유를, 갇힌 자에게 놓임을 선포하며 여호와의 은혜의 해와 우리 하나님의 보복의 날을 선포하여 모든 슬픈 자를 위로하되”(사 61:1–2).

“에돔에서 오는 이 누구며 붉은 옷을 입고 보스라에서 오는 이 누구냐 그는 화려한 의복 큰 능력으로 걷는 이가 누구냐 그는 나이니 공의를 말하는 이요 구원하는 능력을 가진 이니라 어찌하여 네 의복이 붉으며 네 옷이 포도즙 틀을 밟는 자 같으냐 만민 가운데 나와 함께한 자가 없이 내가 홀로 포도즙 틀을 밟았는데 내가 노함으로 말미암아 무리를 밟았고 분함으로 말미암아 짓밟았으므로 그들의 선혈이 내 옷에 튀어 내 의복을 다 더럽혔음이니 이는 내 원수 갚는 날이 내 마음에 있고 내가 구속할 해가 왔으나”(사 63:1–4).

속죄일에 주님의 핏값을 도로 찾으시는 모습이다. 주를 경외하는 자들에게는 구원의 날이요, 주를 따르지 않는 자들에게는 핏값을 찾는 심판의 날이다. 이날은 구원의 날이요, 나팔절에 열렸던 책이 덮이는 날이다.

Redemption, 구속의 날이다. 우리에게 주어진 이 땅의 삶 동안 어떤 마음으로 품고 행하였느냐에 따라서 이날이 구원의 날이 되기도 하며, 핏값을 찾는 심판의 날이 되기도 할 것이다. 필자와 독자들에게 이날이 구원의 날이요 기쁨의 날이 되기를 바란다.

그동안 우리 교회 사역자들은 많은 지체들에게 긍정의 마인드로 살아가라고 가르쳤다. 서점가에도 긍정적으로 사는 법에 대한 책으로 홍수를 이루고 있다. 한 걸음 더 나아가서 부자로 살아가는 그리스도인이라는 주제도 상당히 많은 부분을 차지하고 있다. 또한 어떻게 하면 행복하게 사는지에 대한 방법론도 넘쳐난다. 기독교인의 가치관을 세상 중심으로 세워 가려는 논적들을 많이 볼 수 있다.

하나님이 빠진 긍정은 세상적인 것이다. 하나님이 빠진 긍정과 행복은 인간적일 수밖에 없다. 즉 인간 중심적인 가치관으로 가득하다. 보이지 않는 우상이 사람의 가슴 속 깊이 자리 잡았고, 자신이 우상이 되어 버렸다. 그 우상은 보이지 않기 때문에 자신 안에 우상이 세워진 줄 알지 못한다. 사탄은 교묘하게 긍정이라는 것을 통해, 행복이라는 것을 통해 인간이 중심이 되게 만들고, 행복이 중심이 되게 만들며, 자신이 추구하는 가치의 목표가 하나님의 뜻인 것처럼 살아가도록 여러 가지 방법을 통해서 부추기고 있다. 이러한 논적을 즐기는 자들은 사람들이 무엇을 원하는지를 잘 알고 있다. 그래서 이러한 사상과 풍조를 힘입어 자신을 드러내며, 그 가운데 수많은 사람들이 자기중심적으로 살아가도록 논적을 통하여 강조하며, 가끔 자신들의 논적에 힘을 보태어 줄 성경 구절을 인용하여 하나님의 거룩한 말씀을 왜곡하고 있다.

성경에 인용된 여러 믿음의 신앙인들을 보라. 그리고 그들이 어떻게 살아갔는지를 말씀하시는 하나님의 메시지를 통하여 배우라. 자신이 원하는 감정을 긁어 줄 것을 찾지 말고 오직 하나님의 선한 뜻이 무엇인지를 오늘을 위하여 찾고, 매일 그렇게 찾아가기를 바란다.

필자와 독자들의 감정인 영적인 센스가 하나님 중심적인 가치와 센스로 바뀌기를 바란다.

요한계시록 11장 두 증인의 이야기

요한계시록 11장에서 만나는 이야기는 두 증인에 관한 이야기이다. 여기에 대해서는 여러 주장들이 있다. 과연 이 두 증인은 무엇을 말하고 있는가? 살펴보자.

> "성전 바깥 마당은 측량하지 말고 그냥 두라 이것은 이방인에게 주었은즉 그들이 거룩한 성을 마흔두 달 동안 짓밟으리라"(계 11:2).

마흔두 달은 1,260일이다. 다니엘서의 예언을 말한다.

> "그가 장차 지극히 높으신 이를 말로 대적하며 또 지극히 높으신 이의 성도를 괴롭게 할 것이며 그가 또 때와 법을 고치고자 할 것이며 성도들은 그의 손에 붙인 바 되어 한 때와 두 때와 반 때를 지내리라"(단 7:25).

여기서 '때'는 히브리어로 מועד(Moed, 모에드, 절기를 말한다, time)이다. 모에드는 신성한 약속, 정해진 시간을 말한다. 사탄이 이 거룩한 시간을 지키지 못하도록 때와 시간을 바꾸었다는 것이다. 그래서 지금 이 거룩한 하나님의 절기를 잘 이해하지 않는다. 하나님의 절기가 유대인의 고유한 전통의 절기로 전락하고 말았다.

"한 때와 두 때와 반 때."

3년 반의 시간을 말하며, 1,260일을 말한다(계 13:5).

> "내가 나의 두 증인에게 권세를 주리니 그들이 '굵은 베옷을 입고' 천이백육십 일을 예언하리라"(계 11:3).

'굵은 베옷을 입고'는 속죄일을 의미한다. 속죄일에 하나님의 속죄소로 나아가는 모습이다.

'두 증인', 이 두 증인에 대해서는 많은 이견들이 있다. 그러나 그동안 예수님의 행적과 절기에 따라서 행하시고 이루신 것을 보면 이 두 증인은 모세와 엘리야를 상징적으로 말씀하신 것이다.

> "엿새 후에 예수께서 베드로와 야고보와 요한을 데리시고 따로 높은 산에 올라가셨더니 그들 앞에서 변형되사 그 옷이 광채가 나며 세상에서 빨래하는 자가 그렇게 희게 할 수 없을 만큼 매우 희어졌더라 이에 엘리야가 모세와 함께 그들에게 나타나 예수와 더불어 말하거늘 베드로가 예수께 고하되 랍비여 우리가 여기 있는 것이 좋사오니 우리가 초막 셋을 짓되 하나는 주를 위하여, 하나는 모세를 위하여, 하나는 엘리야를 위하여 하사이다 하니"(막 9:2-5).

'엿새 후에'란 6일(6,000년) 창조의 역사를 말한다. 초막절에 나타날 징조를 보이시는 것이다. 베드로가 초막절에 주님이 임하시는 역사를 보았다. 그래서 주를 위하여, 엘리야를 위하여, 모세를 위하여 초막을 짓겠다는 것이다. 초막절에 나타난 주님의 영광을 베드로가 본 것이다.

베드로의 고백처럼 이 땅에는 초막을 짓고 사는 것처럼 영원한 것이 없다. 그리고 이 초막은 주님이 거하시며 만나 주시는 곳이기도 하다. 그러나 영원하지 않다. 그런 이 땅에 초막을 짓기 위해 많은 이들이 수고를 하고 있다. 초막은 잠시 거처할 임시 처소이다. 주님께서 '내가 너희를 위하여 한 처소를 예비하러 가겠다'고 말씀하신 것은 이 땅은 영원한 안식의 처소가 아니라는 것이다. 우리의 안식의 처소는 주님 나라인 아버지 집에 있다.

따라서 주님은 엘리야와 모세를 세워 증인을 삼으신 것이다. 유대인의 결혼 풍습을 보면 결혼식에 증인을 두어야 한다. 초막절 어린 양의 혼인 잔치에 증인으로 수많은 천사들이 함께할 것이다. 그 모형으로 주님께서 엘리야와 모세를 이 혼인 잔치에 증인으로 세우신 것이다.

속죄일이 티슈레이 10일, 이 10일로부터 5일이 지나면 초막절 절기이다. 이 초막 절기에는 어린 양의 혼인 잔치가 치러지는 날이다. 두 증인을 세우시는 것은 속죄일이 지나고 초막절 어린 양의 혼인 잔치를 치르게 되는 그 증인으로 모세와 엘리야를 세우시는 것이다. 따라서 여기서 두 증인은 모세와 엘리야를 뜻한다.

> "그들은 이 땅의 주 앞에 서 있는 두 감람나무와 두 촛대니"(계 11:4).

두 증인에 대한 묘사로, 모세와 엘리야를 말한다.

> "그들이 권능을 가지고 하늘을 닫아 그 예언을 하는 날 동안 비가 오지 못하게 하고 또 권능을 가지고 물을 피로 변하게 하고 아무 때든지 원하는 대로 여러 가지 재앙으로 땅을 치리로다"(계 11:6).

"그들이 권능을 가지고 하늘을 닫아 그 예언을 하는 날 동안 비가 오지 못하게 하고"란 말씀은 엘리야를 말한다. 엘리야가 기도를 하니 40일 동안 비가 내리지 않은 역사가 있었다.

"권능을 가지고 물을 피로 변하게 하고"라는 말씀은 모세가 지팡이를 드리우니 나일 강이 피로 변하는 재앙이 애굽에 내려진 것을 가리킨다.

> "이방들이 분노하매 주의 진노가 내려 죽은 자를 심판하시며 종 선지자들과 성도들과 또 작은 자든지 큰 자든지 주의 이름을 경외하는 자들에게 상 주시며 또 땅을 망하게 하는 자들을 멸망시키실 때로소이다 하더라 이에 하늘에 있는 하나님의 성전이 열리니 성전 안에 하나님의 언약궤가 보이며 또 번개와 음성들과 우레와 지진과 큰 우박이 있더라"(계 11:18-19).

속죄일에 심판이 이루어질 것을 말한다. Yom Kippur, 이날은 구원의 날로 책이 덮이므로 심판이 끝나는 날이다.

> "여자가 '아들을 낳으니' 이는 장차 철장으로 만국을 다스릴 남자라 그 아이를 하나님 앞과 그 보좌 앞으로 올려가더라"(예슈아, ישוע)(계 12:5).

> "여자의 뒤에서 뱀이 그 입으로 물을 강같이 토하여 여자를 물에 떠내려가게 하려 하되 땅이 여자를 도와 그 입을 벌려 용의 입에서 토한 강물을 삼키니 용이 여자에게 분노하여 돌아가서 그 여자의 남은 자손 곧 하나님의 계명을 지키며 예수의 증거를 가진 자들과 더불어 싸우려고 바다 모래 위에 서 있더라"(계 12:15-17).

곡과 마곡의 전쟁을 말한다(겔 38-39장). 우리 주위에는 수없이 많은 하나님을 반대하는 사탄의 회, 적그리스도 단체들이 있다. 이 영적인 치열한 전쟁을 치르려면 이 세대의 적그리스도의 정체를 알 필요가 있는데, 가장 활발하고 오래된 단체가 프리메이슨이라는 단체이다. 그런데 그들은 자선단체로 가장해서 구호활동을 하고 있어서 분별하기가 쉽지 않다. 그러나 하나님의 백성은 모든 것에 깨어 살펴야 한다. 그래서 이 단체에 대해서 살펴보기로 한다.

사탄의 정체를 드러내는 단체인 프리메이슨

이 단체 이름이 생소하게 느껴지는 이들도 있을 것이다. 그러나 지금 적그리스도의 단체들이 우리가 알게 모르게 많은 활동을 하고 있다. 정치, 경제, 교육, 문화, 자선, 복지 등을 이용하여 선한 양처럼 활동하고 있는 적그리스도의 단체들이 많이 있다. 프리메이슨은 그중의 한 단체이다.

프리메이슨의 기원에 대한 주제보다 더 많은 논쟁을 일으킨 주제도 역사상 흔치 않았으나 그 기원을 바벨 탑 건립에서 찾는 것이 가장 합당하다는 주장이 지배적이다. 옛 바벨론의 티그리스 강변에 존재하였던 사제와 메이슨 그룹에 대한 고고학적 증거를 오늘날에도 볼 수가 있다.

창세기에 나오는 니므롯은 시날 평지에서 첫 도시 건설에 착수하였다. "자, 벽돌을 만들어 견고히 굽자 하고 이에 벽돌로 돌을 대신하며 역청으로 진흙을 대신하고……그 이름을 바벨이라 하니……"(창 11:1-9)에서 벽돌로 돌을 대신한다는 말은 인간 문명으로 **하나님을** 대적한다는 의미를 담고 있는데, 이는 바벨론 종교의 특징을 말해 주는 것이기도 하다. 오늘날 사용되는 '메이슨'이란 말의 어원은 이탈리아어 벽돌(Messe)이라는 단어에 기초를 두고 있다.

프리메이슨이란 8세기부터 중세 11-14세기까지의 성과 신전을 건설하던 건축가들을 일컫는 말이었다. 당시의 건축가들은 내부 장식에도 조예가 깊었고 지위도 높았으나 기술 전승과 영주들로부터 자신들을 보호할 목적으로 길드라는 조합을 결성했다.

이 길드가 프리메이슨 발생의 시초가 되었으며, 정식 명칭은 '고대 자유석공조합'이었다. 그들만의 계급성과 기술 보존을 위해 철저히 비밀을 지켰는데, 비밀 보장을 위해 그들의 회의실을 외부인에게 절대로 공개하지 않았다고 한다. 이 회의실에는 기술 전승 때 필요한 컴퍼스와 직각자, 나무 망치와 가위, 자와 지렛대, 지거선과 기포수준기, 흙손 등 아홉 가지의 연장들이 갖추어져 있었다.

1717년 영국에서 근대적인 프리메이슨이 탄생하였는데 고대의 프리메이슨처럼 순수한 석공들의 조합이 아니었다. 영국 전역에 퍼져 있던 프리메이슨은 네 개의 독립된 지부를 통일하여 하나의 대지부를 조직했다. 16년 후인 1733년에는 126개 지부를 형성하게 된다. 그들은 박애정신 즉 '형제애를 그 근본구조로 하는 이상적인 사회조직의 현실화'라는 목표 아래 공개되지 않고 있던 회의실을 개방했다.

이 회의실은 귀족, 사상가, 문인들에게 개방되어 이곳의 출입 여부가 18세기 유럽 사회의 명예와 관련될 만큼 사교계의 중심점으로 부상했다. 결국 이상적인 사회조직의 현실화라는 그들의 정신은 유럽 사회의 정치, 경제, 사회, 문화, 종교 등 전 분야에 걸쳐 엄청난 영향을 끼쳤다. 이후 프리메이슨 비밀 결사는 유럽 대륙뿐만 아니라 미국, 아시아 등지까지 그 세력을 확장시켜 갔고 영국 황실 가족, 지식인과 귀족 구성원의 핵심이 되었다.

초기의 프리메이슨은 종교적인 목적을 갖고 활동하는 단체는 아니었으나 몇몇 가톨릭 단체들이 관심을 갖게 된 이후로 그들을 실제의 석공기사가 아닌 이론 석공가 자격으로 입단시키게 되면서, 마침내는 로마 가톨릭 내의 사탄 숭배 비밀조직과 결합하여 사탄에 의해 조종되는 사탄교의 전조로 변모했다.

프리메이슨과 같은 목적을 가지고 프리메이슨을 돕고 있는 비밀결사가 있는데 일루미나티(Illuminati)라고 한다. 일루미나티는 '계몽한다'는 뜻으로부터 온 것이라고 말할 수 있으나 본래의 의미는 '빛을 준다', '빛으로부터 온 것'이며, 일루미나티의 빛은 **루시퍼**를 의미한다. 따라서 일루미나티란 '빛(루시퍼)으로부터 계몽된 사람들의 모임'임을 암시하고 있다.

일루미나티는 1776년 5월 1일 독일 바이에른 지방에서 아담 바이스하우프트[이름의 의미는 '사탄을 알게 된 최초의 사람'(the first man to know the Superiors)임]에 의해 창설되었다. 약관 27세의 나이에 인골슈타트 대학의 법학부장이었던 그는 남보다 뛰어난 재능과 극단적인 자유사상으로 인해 보수파들로부터 강한 견제를 받았다. 그는 자기와 의견을 같이하는 동지를 규합하여 비밀리에 집회를 열고 그들의 사상이나 세계관을 계몽했다.

그 회합에서 그는 절대적인 권력자가 되었고 회원들은 그에 대해 완전 복종의 맹세를 했으며, 회의 내용은 일절 누설하지 못했다. 당시 유럽을 풍미했던 자유사상과 맞아떨어졌던 일루미나티는 짧은 기간 동안에 회원 수를 증가시켜 나갔다. 초창기 일루미나티 회원들은 노비스(미숙자), 미네발, 계몽된 미네발 등 세 계급으로 나뉘었다. 계몽된 미네발이 되기 위해서는 고대의 신비적인 비밀 교리나 의식을 배워 익혀야 했고 '모든 개별 국가의 파괴', '모든 종교의 파괴', '세계 정부의 수립' 등 일곱 가지 목표에 대한 교육을 철저히 받아야 했다.

목적을 달성하기 위해서 폭력 혁명도 수용했던 바이스하우프트는 당시 유럽에서 활발히 활동을 하던 프리메이슨에게 관심을 갖게 되었다. 이는 프리메이슨 사상이 그의 생각과 공통점이 있었을 뿐만 아니라 치밀한 조직력을 이용할 수 있다는 장점이 있었기 때문이었다. 그는 독일 뮌헨 프리메이슨인 '사려 깊은 데오돌' 지부에 입회, 단원들을 자기의 의도대로 끌어갈 계획을 세우고 공작을 개시하여 그 조직의 중심인물이 되는 데 성공했다.

프리메이슨 본부 측에서는 이런 움직임에 제동을 걸려고 했으나 지부 내에 일루미나티 세력이 이미 자리를 굳히고 있었다. 1782년 7월 16일 월 헬 스바트에서 일루미나티와 프리메이슨 간의 회담이 열렸는데 이 자리에서 바이스하우프트는 일루미나티를 '프리메이슨의 피'로 여길 것을 강력하게 주장하여 동맹 체결에 성공하였고, 이로 말미암아 프리메이슨은 당시 300만 명이 넘는 인원을 포용하는 대조직이 되어 일루미나티 정신이 활발히 확산되는 계기가 되었다.

그러나 프리메이슨 내의 일단의 온건파들은 일루미나티의 활동성에 경계의 눈빛을 감추지 않았다. 1780년, 일루미나티가 당시의 정부와 가톨릭(?)을 붕괴시키기 위해 군사 행동을 하기로 결정한 사실을 안 프리메이슨의 온건파들은 1783년에 바이스하우프트와 일루미나티를 정부에 밀고하여 바바리아 정부로 하여금 일루미나티 조사에 착수하게 했다. 결국 일루미나티의 구성원 중 네 명이 폭력혁명 계획의 실체를 폭로하면서 중요한 증거가 노출되어 바이스하우프트는 국외 추방의 쓰라림을 겪게 된다.

이 사건으로 일루미나티는 소멸된 듯 보였으나 오히려 미국의 독립혁명과 프랑스 혁명에까지 결정적인 영향을 끼치게 되었다.

프리메이슨의 대감독인 루이 빼에르는 "프리메이슨은 인권 표명, 교회와 국가의 분리, 사형 금지, 서인도의 승인, 미국의 탄생, 프랑스 대혁명 등에 영향력을 행사했다"고 말했다. 또한 프리메이슨이 세계통일정부 수립의 모델 케이스로 미합중국의 탄생을 주도했다고 오니스카 이소이치는 주장했다.

유럽 프리메이슨을 대표하는 거부 유대인 로스차일드 가문이 독립 자금의 출처가 되었으며 조지 워싱턴, 토머스 제퍼슨, 벤저민 프랭클린, 존 아담스, 알렉산더 해밀턴, 헨리 노크스, 에드먼드 랜들 등 미합중국의 수뇌들이 모두 프리메이슨이었다. 특히 1793년 연방의회 의사당 기공식에 조지 워싱턴 대통령이 프리메이슨의 의식용 예복을 착용했으며 가슴에는 프리메이슨의 표장을 달고 있었다. 주변의 주요 인사들도 모두 프리메이슨의 예복과 표장을 하고 있었다.

이런 일들을 도저히 믿을 수 없다고 일반인들은 생각하겠지만 조지 워싱턴 프리메이슨 기념관에 가면 사실 여부를 한눈에 볼 수 있다. 조지 워싱턴이 프리메이슨이었던 것을 기념하여 1923년에 건설된 이 건물 안에는 그에 대한 기록이 보존되어 있고, 프리메이슨이었던 역대 대통령의 이름들도 열거되어 있다. 케네디를 비롯한 수명의 대통령만이 프리메이슨이 아니었던 것으로 드러나고 있다. 미국 국새(나라의 도장)에 그려져 있는 독수리와 1달러짜리 지폐에 새겨진 피라미드와 '모든 것을 보는 눈'은 일루미나티의 영향에 기인한다.

한편 프랑스 대혁명이 세계사를 뒤바꿔 놓은 사건이었다는 것은 널리 알려져 있는 사실이지만, 이 사건의 핵심 세력이 프리메이슨과 일루미나티라는 사실을 아는 사람은 많지 않다. 프랑스 대혁명의 사상적 지주가 되었던 '루소'는 일루미나티의 일원이었으며, 대혁명의 주요 지도자였던 미라보 역시 일루미나티의 일원이었다. 그밖에 볼테르와 몽테스키외 역시 프리메이슨이었다. 혁명의 슬로건이었던 '자유, 평등, 박애'는 프리메이슨이 표방하는 신조였다.

프랑스 혁명의 기치는 "백성에게 자유를"이었고 그 정신인 자유, 평등, 박애로 각 개인이 하나의 독립체로서 '완전'과 '행복'에 이를 수 있다는 것이었다. 여기서 사탄이 목적했던 바는 인간적인 최선을 통한 지상낙원의 가능성을 꿈꾸며 사람들로부터 하나님의 존재를 떼어놓아 개인의 복지와 완성이라는 우상을 통해 인본주의를 일으키는 것이다. 이 혁명을 통하여 자유, 평등, 박애의 용어가 각 관공 건물 위에 새겨졌고 통용되는 화폐 위에 새겨졌다.

1790년, "사람은 태어나면서부터 자유 및 평등의 권리를 가진다"라는 구절로 전문이 시작되며 인류 역사상 불후의 작품으로 일컬어지는 프랑스 인권선언문을 새겨 놓은 기념비를 보면 당시 일루미나티를 중심으로 한 프리메이슨의 영향력을 알 수 있다.

비석의 왼편 위쪽에서 쇠사슬을 자르는 여신은 프랑스를 상징하며-미국에 있는 자유의 여신상 또한 그들의 작품이다-우측의 천사는 '법의 하신'이라 불리는데 그 천사의 오른손 홀 끝에 빛나고 있는 것이 1달러 지폐에 인쇄된 '모든 것을 보는 눈'(제3의 눈)으로 일루미나티의 상징이다. 프랑스에서는 '이성의 눈'이라고 부름으로써 그 빛을 받으면 지금까지 있었던 오류의 암운이 저편으로 사라져 버린다고 한다.

사탄 숭배교와 결합한 프리메이슨은 고대 프리메이슨들이 솔로몬 성전 건축에 종사했으며, 다시 오는 솔로몬(적그리스도)을 기다리는 것과 솔로몬의 성전 재건을 그들의 맡은 바 임무로 여겼다고 믿어 "솔로몬 성전 재건을 위해 점진적으로 사회와 국가를 개혁하며, 보편적이며 인도주의적인 세계 정부를 건설한다"는 하나의 목적을 설정했는데, 이에 적합한 세 가지 구성 요소는 다음과 같다.

첫째, 힘(권력)을 나타내는 사각뿔, 즉 고대 이집트의 피라미드와 이집트의 태양신 오시리스(Osiris)를 나타내는 '모든 것을 보는 눈' 등을 그들의 상징으로 많이 사용하고 있다.

둘째, 선악의 개념을 혼돈케 하며 선의 차이점을 인정치 않도록 하는 등의 가치관 정복을 위하여 각종 그럴듯한 단체들을 암암리에 구성했다. 미국 그림자정부로 불리는 CFR(외교위원회-Council on Foreign Relations), 유럽의 보이지 않는 정부 빌더버거(Bilderbergers), 뉴에이지 운동 등이다.

셋째, 철저한 계급제를 만들어 프리메이슨 상호간의 차별을 두어 실질적인 핵심인물의 노출을 꺼리며, 전 프리메이슨을 최고의 의식을 통해 지배한다.

그들은 조직의 기초가 되는 청색 랏지(Blue Lodge)를 거쳐 프리메이슨의 핵심 조직인 요크 의식(The York Rite)이나 스코틀랜드 의식(The Scottish Rite: 이곳은 Scottish Rite 미국 남부지부에서 운영하는 사이트로서 홈페이지 메뉴 가운데 있는 'Hall of Honor'로 들어가면 트루먼 대통령, FBI 후버 국장, 맥아더 원수, 가이드포스트 발행인 노먼 빈센트 필, 연합 감리교회 감독 칼 샌더스, 미국 행진곡의 제왕 존 필립 소사, 골프 황제 아놀드 파머, 우주비행사 존 글랜 등이 이 조직의 최고 지위인 33도에 올라 있는 것을 볼 수 있다)으로 진출하는데, 그중 스코틀랜드 의식을 살펴보면 다음과 같다.

계급은 33단계가 있는데 1계위에 사제, 2계위에 직인, 3계위는 숙련된 석공으로 여기까지는 청색 랏지에서 수여하는 지위이며, 이어지는 스코틀랜드 의식에서는 29계위를 수여하고, 최고위인 33계위는 명예계급으로 32계위에 해당되는 회원들 중 가장 탁월한 자에게 수여하며 기사 사령관(Knight Commander) 또는 최고의 대감사장이라 부른다. 평의회를 열어 33계위 중에서 최고 의장을 뽑고, 그를 프리메이슨의 교황(법황)으로 삼아 교황의 통제에 전적으로 따른다. 1에서 3도까지는 '견습생' 정도로 보고, 4계위 이상이 될 때부터 공식적인(정식적인) '프리메이슨' 곧 '마스터메이슨'이라고 부르고 인정한다. 이 계급제는 절대적인 것이며 하위 계급자는 상위 계급자의 명령에 절대 복종해야 한다.

하나의 계급을 획득하기 위해선 여러 가지 가르침을 받아야 하고 의식에 참가해야 하는데, 네 번째 단계부터는 피로써 언약하게 되어 있다. 입단자는 우선 눈을 가린 채로 방 안으로 인도된다. 그리고 비밀의식을 받는데 의식 도중에 프리메이슨단의 비밀을 폭로하지 않는다는 맹세를 한다. 가렸던 눈이 풀리면 입단 지원자에게 악수의 손이 여러 차례 내밀어지고, 새로 탄생한 단원은 프리메이슨이 될 것을 서명하고 솔로몬 왕의 성전 건축에 사용했다고 전해지는 상징적인 24인치의 자와 석공의 망치를 받게 된다.

프리메이슨은 비밀의식을 통하여 자신들의 결사를 인생에 지혜를 주는 근본적인 종교로 여기게 하고 있다. 프리메이슨을 지원하는 사람들이 많이 있는 것은 자유, 평등, 박애 등의 달콤한 말에 놀아나고 있기 때문이다. 처음부터 프리메이슨이 루시퍼를 숭배한다는 것을 알았다면 입단하는 사람이 많지 않았을 것이다. 일단 프리메이슨의 신비한 의식에 참여한 사람은 자신도 모르게 세뇌되어 '참된 신은 루시퍼'라고 믿게 되는 것이다. 프리메이슨의 입회 의식 후 탈퇴할 경우는 살해를 당하고, 프리메이슨이 아니고서는 '사탄의 교회' 일원이 될 수 없으며, 그 교회의 일원이 된다는 것은 접신으로 사탄과 접촉이 일어나는 것을 의미했다.

프리메이슨의 32계급인 마리 P. 홀이 쓴 《프리에이슨의 잃어버린 열쇠》라는 책에는 "프리메이슨의 수수께끼를 푸는 열쇠는 살아갈 수 있는 힘을 바르게 아는 것이다. 그때에 루시퍼의 소용돌이치는 에너지는 그의 것이 된다"라고 하는 그들의 루시퍼 숭배사상이 잘 나타나 있다.

프리메이슨 교황 곧 그랜드 마스터(Grand Master)였던 알버트 파이크(Albert Pike)는 1889년 7월 14일 다음과 같이 그들의 회원들에게 언급한 적이 있다.

"절대권자이며 대감찰장이신 당신(루시퍼)에게 32도, 31도, 30도에 있는 형제들에게도 똑같은 말씀을 주시도록 간구합니다. 메이슨교는 이제 막 시작한 자로부터 고위 지위에 있는 자들까지 계명성(Lucifer) 교리의 순수성을 유지해야 합니다. 그렇습니다! 계명성은 하나님이십니다! 또한 불행하게도 아도나이 역시 하나님이십니다! 계명성(Lucifer)이여! 빛의 신이고, 선의 신이여! 인류를 위하여 어두움과 악의 신인 아도나이(여호와, 야훼)와 싸우고 계십니다."

컴퍼스와 직각자, 모든 것을 보는 눈, 머리가 둘인 독수리, 피라미드 등과 같은 프리메이슨의 상징은 주의하여 보면 국가, 왕실, 도시, 사관학교, 대학 등의 문장에, 그리고 뉴에이지 단체, 봉사단체, 스포츠 클럽, 회사, 컴퓨터 프로그램, TV 프로그램, 노랫말, 광고, 디자인 등의 Concept나 도안으로 많이 사용되는 것을 볼 수 있다.

그러면 다시 성경으로 돌아가 보자!

"그의 머리 하나가 상하여 죽게 된 것 같더니 그 죽게 되었던 상처가 나으매 온 땅이 놀랍게 여겨 짐승을 따르고"(계 13:3).

로마 교황을 상징한다.

다니엘서 7장(바벨론 시대부터 재림 시까지)을 살펴보자.

"큰 짐승 넷이 바다에서 나왔는데 그 모양이 각각 다르더라"(단 7:3).

여기에서 짐승 넷은 바벨론, 메대, 헬라, 로마 제국을 말하는데 인본주의 사상을 가진 세대를 의미한다.

1798년 교황권이 입은, 죽게 된 것 같은 상처가 이제 거의 완치되었다. 이 일 후에 오는 사건이 바로 짐승의 표의 환난이다. 요한계시록 13장의 두 번째 짐승인 미국이 교황권에 온 세상이 경배하도록 강요하는 사건, 중세기 교황권을 모방한 종교 재판이 재현될 것이다.

> "또 짐승이 과장되고 신성 모독을 말하는 입을 받고 또 마흔두 달 동안 일할 권세를 받으리라 짐승이 입을 벌려 하나님을 향하여 비방하되 그의 이름과 그의 장막 곧 하늘에 사는 자들을 비방하더라 또 권세를 받아 성도들과 싸워 이기게 되고 각 족속과 백성과 방언과 나라를 다스리는 권세를 받으니 죽임을 당한 어린 양의 생명책에 창세 이후로 이름이 기록되지 못하고 이 땅에 사는 자들은 다 그 짐승에게 경배하리라"(계 13:5-8).

'마흔 두 달 동안', 1,260년 동안 성도들을 핍박하는 권세를 가지게 된다.

> "내가 그 뿔을 유심히 보는 중에 다른 작은 뿔이 그 사이에서 나더니 첫 번째 뿔 중의 셋이 그 앞에서 뿌리까지 뽑혔으며 이 작은 뿔에는 사람의 눈 같은 눈들이 있고 또 입이 있어 큰 말을 하였더라"(단 7:8).

로마 가톨릭이 정치적·종교적으로 큰 권위를 가지고 이 세대를 미혹에 빠뜨리게 될 것이다.

"내가 본즉 이 뿔이 성도들과 더불어 싸워 그들에게 이겼더니"(단 7:21).

로마 교황청이 성도들을 핍박할 것을 말씀하고 계신다.

로마 가톨릭의 대학살이 이루어졌던 사건들을 살펴보면 다음과 같다.

① AD 1209년 베지에르다 도시에서 6,000명을 칼로 살육하였다.

② AD 1211년 라바우워 도시에서 500명의 여인을 창고에 가두고 불태워 죽였다.

③ AD 1562년 오렌지 대학살 - 교황 비오 4세가 이탈리아에 군대를 보내어 남녀를 가리지 않고 잔혹하게 학살하였다.

④ AD 1572년 위그노에서 8만 명을 학살하였다.

지금도 로마 교황은 유럽 각지의 나라를 돌면서 정치적, 종교적 영향력을 행사하고 있다. 그리고 그는 성경을 있는 그대로 믿는 자들을 우리의 적으로 돌려야 한다고까지 말하고 있다.

땅의 것에 매이지 말고 시대의 흐름을 분별할 수 있는 지혜가 있기를 바란다.

"이 사람들은 여자와 더불어 더럽히지 아니하고 순결한 자라 어린 양이 어디로 인도하든지 따라가는 자며 사람 가운데에서 속량함을 받아 처음 익은 열매로 하나님과 어린 양에게 속한 자들이니"(계 14:4).

필자는 한국 교회의 하누카에 대해서 이야기한 적이 있다. 예수님께서 마태복음 24장의 경고가 바로 하누카 때임을 배웠다. 요한복음 10장 22절 말씀처럼 이날은 겨울철인 하누카를 말하는데, 주께서 그날이 겨울이 되지 않기를 기도하라 하셨다(마 24:20). 그 이유는 하누카 때 성전이 무너질 것이기 때문이다. 하누카의 원래 의미는 '성전이 회복되는 때'이다. 유대인들에게 성전이 회복되는 이때에 이들에게는 무너지게 된 것이다.

필자는 한국 교회에 두 번의 하누카가 있었던 것으로 제시했다. 첫 번째는 1913년 일제 강점기 때의 신사 참배이고, 두 번째는 2013년 WCC가 이 한국 땅에서 일어난 때를 말한다. 놀라운 것은 한국 교회 오순절과 같은 부흥의 역사 100년을 외치던 이 땅에서 이러한 참혹한 일이 일어났는데, 신사 참배 이후 100년 만에 정확히 이 땅에서 똑같은 영적인 참변을 겪어야 했다는 것이다. 더욱 놀라운 것은 그날이 종교개혁의 주간이라는 사실이다. 온갖 영적인 간음을 복음주의로 바꾸어 수많은 영혼들로 하여금 우상숭배를 하게 하고 섬기게 한 가증한 일들이 있었다. 이날이 한국 교회의 하누카였다.

유대의 역사에서 성전이 무너져 내린 것처럼 회개할 줄 몰랐던 한국 교회가 또 다른 하누카를 겪게 된 것이다.

"처음 익은 열매로 하나님과 어린 양에게 속한 자들이니"라고 하였다. 이는 이스라엘 백성을 상징한다, 즉 초실절의 열매이다. 주님은 잠자는 자들의 첫 열매가 되셨는데(고전 15:20), 그것이 바로 이스라엘 백성이다. 예슈아께서 유월절을 치르시고 무교절 기간인 니산월 17일 부활하시고 안식하셨다. 그리고 초실절을 이루신 것이다. 잠자는 자들의 첫 열매는 이스라엘 백성을 말하는데, 또한 이 첫 열매를 통하여 이방인이 돌아오게 된다(룻기, 로마서 11장). 그래서 주님은 스스로 이스라엘 백성을 위하여 보냄을 받았다 하셨다.

"예수께서 거기서 나가사 두로와 시돈 지방으로 들어가시니 가나안 여자 하나가 그 지경에서 나와서 소리 질러 이르되 주 다윗의 자손이여 나를 불쌍히 여기소서 내 딸이 흉악하게 귀신 들렸나이다 하되 예수는 한 말씀도 대답하지 아니하시니 제자들이 와서 청하여 말하되 그 여자가 우리 뒤에서 소리를 지르오니 그를 보내소서 예수께서 대답하여 이르시되 나는 이스라엘 집의 잃어버린 양 외에는 다른 데로 보내심을 받지 아니하였노라 하시니"(마 15:21-24).

"또 다른 천사 곧 둘째가 그 뒤를 따라 말하되 무너졌도다 무너졌도다 큰 성 바벨론이여 모든 나라에게 그의 음행으로 말미암아 진노의 포도주를 먹이던 자로다 하더라"(계 14:8).

가을 절기는 포도를 수확하는 때로 나라와 민족이 회개하고 돌아오는 절기로, 나라가 구원을 얻는 때 초막절 절기를 말한다.

"예루살렘을 치러 왔던 이방 나라들 중에 남은 자가 해마다 올라와서 그 왕 만군의 여호와께서 경배하며 초막절을 지킬 것이라 땅에 있는 족속들 중에 그 왕 만군의 여호와께 경배하러 예루살렘에 올라오지 아니하는 자들에게는 비를 내리지 아니하실 것인즉 만일 애굽 족속이 올라오지 아니할 때에는 비 내림이 있지 아니하리니 여호와께서 초막절을 지키러 올라오지 아니하는 이방 나라들의 사람을 치시는 재앙을 그에게 내리실 것이라"(슥 14:16-18).

"또 다른 천사 곧 셋째가 그 뒤를 따라 큰 음성으로 이르되 만일 누구든지 짐승과 그의 우상에게 경배하고 이마에나 손에

표를 받으면 그도 하나님의 진노의 포도주를 마시리니 그 진노의 잔에 섞인 것이 없이 부은 포도주라 거룩한 천사들 앞과 어린 양 앞에서 불과 유황으로 고난을 받으리니"(계 14:9-10).

"또 다른 천사가 하늘에 있는 성전에서 나오는데 역시 예리한 낫을 가졌더라 또 불을 다스리는 다른 천사가 제단으로부터 나와 예리한 낫 가진 자를 향하여 큰 음성으로 불러 이르되 네 예리한 낫을 휘둘러 땅의 포도송이를 거두라 그 포도가 익었느니라 하더라"(계 14:17-18).

가을 절기 때 이루어질 일들이다. 룻기에는 나오미의 며느리인 이방 여인 룻과 오르바가 등장하는데, 룻과 오르바는 교회를 상징한다. 룻은 나오미를 따랐고, 오르바는 입 맞추고 떠나가 모습, 하나님께 등을 돌린 교회의 모습이다(룻 1:14).

"포도송이를 거두라 그 포도가 익었느니라" 한 것은 속죄 절기를 의미한다(티슈레이 10월 10일, 일곱째 달 10일).

"하나님의 영광과 능력으로 말미암아 성전에 연기가 가득 차매 일곱 천사의 일곱 재앙이 마치기까지는 성전에 능히 들어갈 자가 없더라"(계 15:8).

속죄일의 의식을 말한다. 레위기 16장 16-17절을 보면, "곧 이스라엘 자손의 부정과 그들이 범한 모든 죄로 말미암아 지성소를 위하여 속죄하고 또 그들의 부정한 중에 있는 회막을 위하여 그같이 할 것이요 그가 지성소에 속죄하러 들어가서 자기와 그의 집안과 이스라엘 온 회중을 위하여 속죄하고 나오기까지는 누구든지 회막에 있지 못할 것이며"라고 말씀하고 있다.

배운 바와 같이 속죄일에는 이스라엘의 부정한 죄과 때문에 속죄를 하는 날로, 수소와 염소를 잡아서 그 피를 지성소에 일곱 번 뿌림으로 속죄함을 받고 Azazel 염소를 택하여 멀리 떠나보내 진 밖에서 죽임으로 우리의 죄를 떠나보낸다. 즉 아사셀 염소는 예슈아를 말한다. 우리 주님은 진 밖에서 죽으심으로 우리의 죄를 완전히 떠나보내신 것이다. 짐승의 제사는 계속해서 제물로 제사를 드리지만 우리 주님은 단번에 우리의 죄를 속량하셨다.

> "또 그가 피 뿌린 옷을 입었는데 그 이름은 하나님의 말씀이라 칭하더라"(계 19:13).

나팔절에서 속죄일까지 나타날 하나님의 징조를 말씀하고 계신다.

> "그 입에서 예리한 검이 나오니 그것으로 만국을 치겠고 친히 그들을 철장으로 다스리며 또 친히 하나님 곧 전능하신 이의 맹렬한 진노의 포도주 틀을 밟겠고"(계 19:15).

개인이 아니라 만국을 친다는 것은 가을 절기를 말한다. 가을 절기는 나라가 회개하고 돌아오는 절기이다. 오순절이 개인이 회개하고 돌아오는 절기라면 가을 절기는 나라가 회개하고 돌아오는 절기이다. 속죄일은 이스라엘 나라의 구속으로 이스라엘이 메시아인 예슈아를 인정하는 날이다.

> "우리는 모세가 이스라엘 자손들에게 장차 없어질 것의 결국

을 주목하지 못하게 하려고 수건을 그 얼굴에 쓴 것같이 아니하노라 그러나 그들의 마음이 완고하여 오늘까지도 구약을 읽을 때에 그 수건이 벗겨지지 아니하고 있으니 그 수건은 그리스도 안에서 없어질 것이라 오늘까지 모세의 글을 읽을 때에 수건이 그 마음을 덮었도다 그러나 언제든지 주께로 돌아가면 그 수건이 벗겨지리라"(고후 3:13-16).

가을 절기가 되면 이스라엘 백성이 돌아와 예슈아가 메시아이신 것을 인정하게 될 것이다.

"또 내가 크고 흰 보좌와 그 위에 앉으신 이를 보니 땅과 하늘이 그 앞에서 피하여 간 데 없더라 또 내가 보니 죽은 자들이 큰 자나 작은 자나 그 보좌 앞에 서 있는데 책들이 펴 있고 또 다른 책이 펴졌으니 곧 생명책이라 죽은 자들이 자기 행위를 따라 책들에 기록된 대로 심판을 받으니"(계 20:11-12).

우리는 나팔절에 대해서 수없이 글을 통해서 접하였다. 그리고 이날은 책이 펼쳐지는 날로, 심판이 시작됨을 배우게 되었다. 그리고 이날은 메시아의 대관식(Ha Melech)이 치러지는 날이다.

"문들아 너희 머리를 들지어다 영원한 문들아 들릴지어다 영광의 왕이 들어가시리로다 영광의 왕이 누구시냐 강하고 능한 여호와시요 전쟁에 능한 여호와시로다 문들아 너희 머리를 들지어다 영원한 문들아 들릴지어다 영광의 왕이 들어가시리로다 영광의 왕이 누구시냐 만군의 여호와께서 곧 영광의 왕이시로다"(시 24:7-10).

> "불이 강처럼 흘러 그의 앞에서 나오며 그를 섬기는 자는 천천이요 그 앞에서 모셔 선 자는 만만이며 심판을 베푸는데 책들이 펴 놓였더라 그때에 내가 작은 뿔이 말하는 큰 목소리로 말미암아 주목하여 보는 사이에 짐승이 죽임을 당하고 그의 시체가 상한 바 되어 타오르는 불에 던져졌으며"(단 7:10-11).

> "내가 들으니 보좌에서 큰 음성이 나서 이르되 보라 하나님의 '장막'이 사람들과 함께 있으매 하나님이 그들과 함께 계시리니 그들은 하나님의 백성이 되고 하나님은 친히 그들과 함께 계셔서"(계 21:3).

'장막'은 초막절을 의미한다. 초막절 때 천년왕국이 이루어질 것이며 새 하늘과 새 땅이 열리는 날이 장막절이다. 천년왕국이 초막절에 시작될 것이다.

따라서 우리는 하나님의 절기를 지켜야 한다. 하나님께서 수없이 말씀하시고 지킬 것을 명령하셨다. 우리 주님도 절기에 따라서 움직이셨다. 필자가 이 절기에 대해서 거듭 강조하는 것은 절기 속에서 하나님의 징조들이 이루어진 것을 우리는 많이 보아왔기 때문이다. 아직 성취되지 않은 예언들이 있다. 이 예언들은 반드시 절기를 통해서 이루어지고 성취될 것이다. 절기를 무시하고 외면하고서는 성경을 알 수도 없고 깨달을 수도 없다.

그동안 우리는 얼마나 성경을 자의적으로 해석해 왔던가? 하나님의 뜻을 전혀 발견하지 못하고 우리의 세계관과 가치관을 가지고 하나님의 말씀을 오역하고 있었다. 이제 우리는 절기를 배웠다. 절기가 얼마나 중요한지를 알았을 것이다. 이 절기를 가슴에 품고 하나님의 거룩한 뜻을 발견하기를 바란다. 모든 독자들이 마음과 뜻을 다하여 하나님을 경외하는 자리에 서 있기를 소망해 본다.

> "내가 이 두루마리의 예언의 말씀을 듣는 모든 사람에게 증언하노니 만일 누구든지 이것들 외에 더하면 하나님이 이 두루마리에 기록된 재앙들을 그에게 더하실 것이요 만일 누구든지 이 두루마리의 예언의 말씀에서 제하여 버리면 하나님이 이 두루마리에 기록된 생명나무와 및 거룩한 성에 참여함을 제하여 버리시리라"(계 22:18-19).

30

조나단 에드워즈의 대각성운동[36]

이제 우리는 다시 한 번 새로운 출발점이 필요하다. 지난날의 공적과 공로의 묵은 때를 벗어 버리고 새로운 시작이 이루어져야 한다. 그것은 새로운 무엇인가를 만드는 것이 아니다. 사람들은 새로운 개혁을 말할 때 무엇인가를 새롭게 만들고 그로 인한 새로운 시작을 생각하게 된다. 그러나 새로운 것을 다시 만드는 것이 아니라 잘못된 부분을 고치고 다시 본질의 의미를 회복하고 다시 돌아가는 것이다. 그럴 의지가 있다면 그동안의 공적과 공로를 버려야 한다. 이 공적과 공로를 버리지 않고서는 원 출발점으로 돌아갈 수가 없

36) 이문희, 《조나단 에드워즈의 부흥과 신학》, pp. 39-47, 2005년(필자의 소책자).

다. 필자가 신학교를 다니면서 이 부분에 늘 갈급했었고 찾아다녔는데 그러다가 만난 사람이 청교도의 거장인 조나단 에드워즈이다.

그렇다고 한 인물을 맹종하여 우상화하는 것은 아니다. 단지 그가 하나님 앞에 걸었던 신앙의 발자취를 보며 그가 한 사람의 하나님의 백성으로 어떻게 말씀을 지키고 준행하고 토라의 가르침대로 살아가려고 했는지, 그의 행적을 통해서 자성과 각성 또는 도전의식을 갖고 싶어서다. 그때 만났던 청교도인을 끝으로 소개해 볼까 한다.

> "오직 성령이 너희에게 임하시면 너희가 권능을 받고 예루살렘과 온 유대와 사마리아와 땅 끝까지 이르러 내 증인이 되리라 하시니라"(행 1:8).

윌리엄 맥로우린은 부흥(revival)과 각성(awakening)이라는 두 가지의 개념을 구별하여 전자가 개인적인 삶의 변화를 가져오는 것이라면 후자는 전 국민적으로 세계관이나 문화적인 가치의 변화를 가져오는 것이라고 말을 한다.[37] 이런 점에서 에드워즈가 목회하였던 1730년대와 1740년대의 미국은 제1차 대각성운동으로 불리는 부흥운동을 체험하던 시기였고 부흥과 각성이 동시에 일어나게 되었다. 에드워즈가 목회하는 동안에 두 차례 걸쳐서 영적인 대각성이 일어나게 되었는데, 먼저는 1734-1735년이었고, 그다음은 1740-1741년이었다. 이 기간 동안 에드워즈는 교회의 열심을 북돋우면서도 교회의 순수성을 보존하려고 부단히 애를 썼다.

패커에 의하면, "지난 세기를 통하여 에드워즈는 신앙 부흥이라

37) 김성태, *op. cit.*, p. 69.

는 주제에 대한 성경의 가르침을 선구자의 입장에서 해석한 사람이다"라고 평했다.

그의 사상을 잠시 보면, 그의 30대에 쓰여진 다섯 개의 초기 저술에 단편적으로 드러나고 있기 때문이다.[38)]

그 네 가지 저술은 '노스햄턴과 이웃 도시와 촌락들을 수백 명의 영혼들의 회심에 나타난 하나님의 놀라운 역사에 대한 기술(1735년), 구속의 역사, 하나님의 성령의 역사의 뚜렷한 표적들, 뉴잉글랜드의 신앙부흥 운동에 대한 의견' 등으로 이 작품들 속에서 하나님의 역사로서의 신앙 부흥에 대한 매우 완벽한 설명이 간직되어 있다는 것이다.

1) 대각성운동의 전야

1720년 후반부터 1770년대까지는 대각성 시대였다. 1720년대의 후반부터 일기 시작한 소위 1차 대각성운동은 여러 가지 요인이 복합적으로 작용하여 생성된 운동이었다. 18세기 초엽 미국의 종교적인 상황은 요한 웨슬리와 조지 휫필드에 의해 영국에서 복음주의 각성운동이 태동되던 당시와 거의 유사했다.

약속의 땅으로 인도하신 하나님의 주권적인 은혜에 대한 감격이 시들어 가기 시작하면서 1650년대에 들어서 젊은이들 사이에 거역과 배교의 징후가 나타났고, 심지어는 청교도의 옛 신앙의 회복을 소리 높여 외쳤다. 그 결과 뉴잉글랜드의 영적 각성을 통한 작은 열매들이 1679년, 1683년, 1692년, 1712년, 그리고 1718년에 걸쳐 나타났다. 이런 노고에도 불구하고 대부분 이주민들은 옛 신앙을 떠나 이생의 쾌락을 자신들의 유일한 낙으로 삼았다. 1720년 이

38) William G. McLoughlin, *Revivals, Awakening, and Reform* (Chicago: The University of Chicago Press, 1978), p. 13.

크리스 매더는 《뉴잉글랜드로부터 떠나가는 영광》이라는 책에서 이렇게 심정을 토로하고 있다

> "우리는 영국에서 비교도요 엄정하고 경건한 청교도의 후손이다. 그분들은 이 황무지까지 주님을 따라왔던 우리의 조상이다. 오, 뉴잉글랜드! 뉴잉글랜드! 보아라, 영광이 아직 너희에게서 사라지지 않았다. 그러나 사라지기 시작한다. 오, 사라져 간다. 더 멀리 다 나아간다. 당신들은 노인들이어서 50년 전에 뉴잉글랜드가 어떠했는지 알 수 있을 것이며, 첫 영광 주에 있었던 이 교회들을 보았던 세대이다.
> 그때에는 그런 영광이 지금처럼 애처로울 만큼 퇴색되거나 소멸하지 않았다. 황금빛이 얼마나 흐려졌는가? 언제 다시금 보스턴은 카튼과 노튼과 같은 인물을 볼 수 있을까? 언제 뉴잉글랜드는 후크, 쉐퍼드, 미첼과 같은 인물을 볼 것인가? 이처럼 뛰어난 그리스도의 종들이 죽었을 때 적잖은 영광이 사라졌다."

이러한 영적인 부재 현상은 미국 중부와 남부에 더욱 심했다. 이곳의 수많은 이주자들에게 신앙은 중요한 관심사가 되지 못하였으며, 심지어 영국 국교도들은 자신들의 성직자에게 사례금을 지급하는 것까지도 주저했다. 하버드 대학의 부총장이었던 사무엘 엘라드는 1700년대에 "시대의 위험"이라는 설교에서 뉴잉글랜드 교회의 여러 가지 나쁜 증세들을 꾸짖었는데 신자들의 부도덕한 삶, 안식일을 범하는 것, 거래에 부정한 것, 음주, 싸움, 상호 비방 등의 무절제한 삶, 회심자가 없는 복음 사역의 실패, 성도들의 복음 사역에 대한 무관심, 가족예배에 대한 무시 등이 포함되었다. 엘라드는

세대가 지나갈수록 이러한 증세들이 더욱 악화된다고 지적하면서 회개를 촉구하였다. 이런 상황 속에서 뉴잉글랜드는 부흥이 절실히 요구되었다.

2) 대각성운동의 확산과 주역들

제1차 대각성운동은 1726년부터 시작되어 약 반세기 동안 계속되었다. 처음에는 중부 식민지의 네덜란드 개혁교회와 장로교에서 시작되었으나 결국은 뉴잉글랜드와 남부 식민지까지 확산되었다. 대각성의 첫 불길은 뉴저지 주의 네덜란드 개혁교회 목사인 데오도르 프렐링 휘센에 의해서 시작되었다.

대각성운동의 첫 포문을 연 사람은 유럽 경건주의의 중심부에서 훈련을 받고 미국에 와서 뉴저지의 래링턴 벨리에서 목회를 하던 네덜란드의 개혁파 교회의 목사인 데오도르 프렐링 휘센이다. 유럽의 경건주의자들이 그렇듯이 그 역시 형식적인 종교적인 전통보다 마음의 자세가 더 중요하다고 믿었다. 그는 지성에 호소했던 다른 지도자들과는 달리 지성, 감성 모두에 호소하였다. 형식적인 신앙이 미국의 기독교인들에게 결코 이득이 될 수 없다고 확신한 후 그는 종교적인 형식에서 떠나 내용을 중시할 것을 촉구한 것이다. 이것들로 인하여 새로운 관심이 나타나기 시작했다.

회개의 중요성과 새로운 영적 생활의 가시적인 증거를 강조하는 네덜란드 목회자의 설교는 같은 노회의 젊은 목사인 길버트 테넌트에게 영향을 미쳤다. 이것이 부흥운동의 시발이었다. 그의 열정적인 설교와 회심과 중생 체험의 강조, 열렬한 기도, 교회 징계의 적절한 시행 등의 강조는 부흥을 체험하게 하였다. 따라서 많은 사람들이 회심하는 역사를 보게 되었다.

① 길버트 테넌트(1703-1764)

길버트 테넌트가 부흥운동의 대열에 서기 전 가장 신앙적으로 영향을 준 이는 아버지 윌리엄 테넌트다. 윌리엄은 아일랜드에서 목회를 하다가 신앙적으로 좀 더 자유로운 곳에서 사역을 하고자 하는 열망으로 미국 이민길에 올랐다. 1718년 필라델피아에 있는 장로교에서 목사로 임명된 후 뉴욕의 베드퍼드 장로교회 목사로 부르심을 받았다. 윌리엄은 뜨거운 열정과 경건을 소유한 뛰어난 설교가였다. 그는 자기 예배당만 지키며 사역하기보다 이곳저곳 순회하면서 복음 전파하는 것을 선호하였다.

또한 미래의 복음운동 확장을 위해서는 신학교의 중요성을 깨닫고 불타는 듯 살아 있는 신앙 교육을 시킬 곳을 찾지 못해서 스스로 신학교를 세웠다. 그는 뉴욕을 떠나서 펜실베이니아로 가서 미국의 개신교 역사에 길이 추억이 될 '통나무 대학'(A log collge)를 건립하였다. 이 학교에서 미국의 제1차 부흥운동의 주역이 될 그의 아들 길버트 테넌트와 다른 4명의 학생이 교육을 받았다. 통나무 대학은 회심의 경험이 없는 자는 입학을 허용하지 않았다.

또한 길버트 테넌트는 1740년과 1741년 휫필드와 같이 부흥 사역을 감당하였다. 휫필드가 부흥운동의 열기를 일으켜 놓으면 테넌트는 그 운동의 지속을 위한 후속의 조치를 그의 꾸밈없는 설교로 잘 감당하였다. 보스턴에 살면서 휫필드와 테넌트의 부흥운동을 직접 목격한 프리스 목사는, 1740년 9월 휫필드가 보스턴에 도착하여 부흥운동을 일으키고 떠난 후 1740년 12월 13일 길버트 테넌트 목사가 와서 지금까지 일어났던 부흥운동을 지속적으로 연결시켰다고 말하였다.

"길버트 테넌트 목사가 이곳에 와서 설교를 하자 더 많은 사람들이 그들의 영혼에 대해 각성하는 것 같았습니다. 그는 오전과 오후에 새 북구 교회에서 설교를 하였습니다. 저는 그때 처음으로 그의 설교를 들었는데 그곳에는 많은 사람들이 모여 있었습니다. 하지만 나중에는 제 기대를 훨씬 넘어섰습니다. 그와 개인적으로 나누는 동안 저는 그가 상당한 능력과 학식이 있는 사람이라는 것을 알게 되었습니다. 그는 자유롭고 점잖으며 겸손했습니다. 그리고 그 자신의 다양한 경험들을 통해서 성경뿐 아니라 거룩함의 경험에 관해 쓴 가장 저명한 작가들의 작품을 읽음으로 해서, 그리고 그가 당시에 살았던 뉴저지의 목회 사역에 의해 깨어난 많은 사람들과의 대화를 통해서 그는 신앙의 거의 모든 부분들을 잘 알고 있었습니다. 그리고 그의 설교는 제가 들었던 그 어떤 설교들보다도 더욱 통찰력이 있었으며 사람들을 각성시키는 설교였습니다."[39]

길버트 테넌트는 설교를 할 때마다 자신의 영혼을 통해서 경험했던 엄청나고 깊은 확신을 통해 하나님의 신성과 주권과 은사, 순전하심과 광대하심, 그 율법의 엄격함에 대해서, 그리고 하나님의 영광스러운 거룩하심과 죄를 미워하심, 그분의 정의, 저주받은 자들을 벌하시는 진리와 권능을 이야기했다.

② 조지 휫필드의 부흥(1714-1770)

영국인이면서 미국의 식민지에 크게 영향을 끼친 휫필드는 미국의 제1차 대각성운동의 중심에 서 있었다. 그는 길버트 테넌트는

39) 존 길리스, 《18세기 하나님의 주권을 드러낸 위대한 영적인 부흥》, 김남준 역 (서울: 솔로몬, 1992), pp. 337-378.

물론이요 에드워즈와 인격적인 동역을 하였고, 미국 부흥의 전도자들을 유럽에 소개하는 데 징검다리 역할을 하였다. 그는 영국의 존 웨슬리와 같은 부흥운동의 쌍벽을 이루면서 공헌하였지만 지금까지 웨슬리에 가려 빛을 보지 못하고 있었다. 신대륙을 일곱 차례나 방문한 영국의 칼빈주의 부흥운동가 조지 휫필드는 미국 각성운동의 영적인 분위기를 조성하는 데 지대한 공헌을 하였다. 1740년 가을 영국의 복음 전도자 휫필드는 군중을 모을 수 있는 곳이면 어디에서나 설교를 하였으며, 농부들의 모임으로부터 하버드 대학에 이르기까지 다양한 계층의 관심을 유발하였다. 보스턴에 있는 목회자들이 그를 향하여 이렇게 말하였다.

> "우리들 주위에 신앙이 쇠퇴해 가는 현상이 점차 보편화되는 듯했다. 자기의 영혼에 대한 염려 때문에 나를 찾아오는 사람은 거의 없었다. 그리고 나는 다른 목회자들에게도 사정은 역시 마찬가지라는 것을 알았다. 그러나 휫필드 씨는 마음으로 자기 영혼의 일에 관심을 갖는 수많은 사람들을 우리에게 남겨 주었기에 강연 때나 안식일에 모이는 사람들의 수가 놀라울 정도로 늘어났다."

1740년 이후에 미국에 영향을 끼친 휫필드의 영향은 압도적이었다. 미국에서의 각성운동은 많은 부분이 휫필드의 신앙부흥의 영향이라고 볼 수가 있다. 이 기간 동안 휫필드는 조나단 에드워즈가 시무하는 노스햄턴을 방문하고 에드워즈와 동역을 하기로 하였다. 에드워즈는 휫필드에게 자신의 사역지를 방문해 줄 것을 특별히 요청하였다. 에드워즈가 휫필드에게 쓴 편지를 보면 에드워즈의 간절한 요청이 잘 나타나 있다.

뉴잉글랜드 노스햄턴 1740년 2월 12일

존경하는 목사님

제가 요청하는 것은, 목사님께서 작성하신 뉴잉글랜드의 순회 여행 중에 노스햄턴을 방문하여 주셨으면 하는 것입니다. 목사님은 가시는 곳마다 하나님의 복이 임하게 해주시는 분이라는 것을 저는 들어서 알고 있으며, 하나님의 뜻이라면 목사님과 목사님의 사역에 늘 동반이 되는 그 복이 이 마을 위에도 내려지기를 원하는 마음 간절합니다. 영국 국교회의 토양에서 자라신 분이 복음의 그 신비하고 신령한 그러나 많은 사람들에게 멸시되고 논박된 원리를 부흥시키며 또 참되고 생명력 있는 신앙을 진작시키려는 열심에 충만된 정신으로 그처럼 성공적인 사역을 하고 계신다는 소식은 정말 듣기만 해도 영혼에 새 힘이 솟습니다. 그런 일을 이루신 하나님께 영광을! 목사님과 함께 계시고 목사님을 도우시며 목사님의 전투의 무기를 강하게 만드시는 그분께 영광을. 저는 목사님과 슈어드 씨가 곧장 저희 집으로 오기를 소원합니다. 그런 손님들을 제 집 지붕 아래서 환대할 수 있다면 하나님의 큰 은총이자 섭리로 여길 것입니다.

목사님의 동역자라 불릴 자격도 없는

조나단 에드워즈 목사 드림[40]

휫필드가 노스햄턴을 방문하는 동안 그는 그때의 일을 이렇게 말한다. "에드워즈 씨는 견실하고 훌륭한 그리스도인이지만 현재 몸이 약하다. 뉴잉글랜드의 전역을 다녔어도 그와 같은 사람은 보지 못한 것 같다. 그가 시무하는 교회의 강대상에 섰을 때 나는 성도들이 누리는 위안과 특권, 그리고 신자들에게 성령이 차고 넘친다는 것 외에는 무엇인가 더 말해 주기에 내가 너무도 부족하다는

40) Iain H Murry, *Jonathan Edwards: A New Biography*(Edinburgh: The Banner of Truth, 1987), pp. 157-158.

것을 느꼈다." 에드워즈 부인 역시 휫필드의 설교에 크게 감동을 받았다. 그녀는 뉴헤븐 목사인 자기 동생 제임스 피에르퐁에게 보내는 편지에서 이렇게 말했다.

> "그가 성경의 가장 단순한 진리들을 선포함으로써 듣는 이들을 매혹시키는 광경은 정말 놀랍다. 나는 천 명 이상의 사람들이 그의 말 한마디라도 놓칠새라 숨죽인 채 귀기울이는 것을 보았다. 간혹 소리를 죽여 흐느끼는 소리만 그 적막을 깨뜨릴 뿐이다. 그는 학식이 있고 세련된 사람은 물론이고 무지한 사람들까지 감동을 시켰다. 상점을 하는 우리 교회의 교인들은 가게 문을 닫고, 일용 노동자들은 연장을 팽개친 채 그의 설교를 들으러 온다. 은혜 받지 않고 돌아가는 사람은 거의 없다. 노스햄턴의 많은 사람들, 정말 많은 사람들이 그로부터 그리스도의 말씀을 듣는 날을 새로운 생각, 새로운 소원, 새로운 목적, 새로운 삶이 시작되는 날로 여기고 있다."

③ 조나단 에드워즈

에드워즈는 그의 목회 기간 동안 두 번에 걸친 부흥을 체험했다. 첫 번째 부흥은 1734년 11월부터 1735년 5월까지 일어난 지역적인 부흥이며, 두 번째 부흥은 휫필드가 노스햄턴에 나타나면서 시작이 되었다. 그가 체험한 부흥은 인위적인 부흥의 기술을 사용한 것이 아니라 전적으로 하나님의 주권에 의한 것이었으므로 하나님의 놀라운 사역이라고 표현하였다. 1735년 초두부터 성령의 역사가 강하게 나타났고, 남녀노소 할 것 없이 놀라운 방법으로 회심을 체험했다. 마을 전체가 하나님의 임재감으로 충만했다. 3월과 4월에는 한 주에 30명씩 회심하는 역사가 나타났다. 이웃 마을 사람들도 소문을 듣고 찾아와 양심에 자극을 받고 회심의 은혜를 체험하고 돌아갔다.

반년이라는 짧은 기간에 300명 이상이 회심하고 교회 회중이

620명으로 증가되는 유래를 남기게 되었다.

두 번째 부흥은 휫필드와의 사역의 결과로 일어나게 되었는데, 이때 에드워즈는 그의 가장 유명한 설교인 "진노하시는 하나님의 손안에 있는 죄인들"이라는 제목으로 코네티컷 주의 엔필드에서 신명기 32장 35절을 본문으로 하여 설교하였다.

> "오, 죄인들이여, 여러분이 처해 있는 그 무서운 위험을 생각하십시오. 여러분이 하나님의 손에 붙들여 매달려 있는 곳은 바로 그 큰 진노의 용광로 위입니다. 넓고 바닥이 없는 구덩이요 진노의 불이 가득한 곳입니다. 하나님의 진노가 격발되어 여러분을 향하여 무섭게 타오르고 있습니다. 지옥에 있는 저주 받은 사람들을 향해 타오르는 것과 똑같이 말입니다. 여러분은 번쩍이는 신적 진노의 화염이 가득히 있는 그 구덩이 위에 가느다란 실에 매달려 있습니다. 어느 순간이라도 그 불이 그 실을 태워 재가 되게 할 수 있습니다. 여러분은 중보자의 은혜를 전혀 받지 못했습니다. 여러분 자신을 구원하기 위해 붙들 것도 없고 진노의 화염에서 피하게 할 수 없으며, 잠깐 동안이라도 하나님께서 여러분을 아낄 마음을 갖도록 할 만한 일을 한 적도 없고 또 할 수도 없습니다."

에드워즈는 부흥 기간에 그의 설교가 많은 사람들을 바른 길로 돌이키시는 데 사용되는 것을 목격하였다. 이것은 바로 그러한 설교의 결과로 일어난 기독교의 부흥이었다. 그가 속한 지역사회에서 대각성운동의 시기에 미국 전역으로 널리 퍼진 모든 운동을 제외하더라도 에드워즈는 당시에 두드러진 역할을 하게 된 것이다.

3) 대각성운동의 영향력

에드워즈를 중심으로 한 대각성운동은 여러 가지 면에서 긍정적인 영향을 미쳤다. 첫째, 각성운동을 기점으로 하여 느슨하게 신앙생활을 하던 교회들이 교회의 정체성을 확립하고, 더 나아가서는 식민정부의 통제를 벗어나 교회의 영적인 순수성을 추구하였다. 그 결과 1734년부터 1742년까지 뉴잉글랜드를 중심으로 신대륙을 휩쓴 이 놀라운 영적인 대각성운동의 결과 뉴잉글랜드에는 수년 동안 2만 5천 명에서 5만 명이 회심을 하였고, 20년 동안 250개 회중의 교회가 정식으로 조직되었다. 상당한 분리주의 교회가 설립되었다.

둘째, 대각성운동이 초교파적으로 수행되었고 국제적인 영향력을 주었다. 18세기 칼빈주의 부흥운동가들은 자기가 살던 곳 밖에서 일어나는 부흥운동에 지대한 관심을 가지고 있었고, 동일한 부흥의 열정과 교회 성장을 공유하기를 원했다.

셋째, 미국의 여러 식민지 간의 평등과 미국인으로서 새로운 정체성이 형성되었다. 부흥운동가들의 설교는 빈부의 차이나 계급 차이를 뛰어넘어(빌레몬서) 모두가 하나님의 자녀요 모두가 하나님 앞에서 회개해야 할 죄인임을 강조했기 때문에 미국의 정치의식에 심대한 영향을 끼쳐 독립전쟁이 일어났다고 볼 수가 있다. 따라서 올바른 기독교인의 회심은 사회를 변화시키고 국가를 변화시킴으로 세계를 변화시킬 힘이 있다.

31

반론에 대하여

그동안 우리 교회들은 교회의 전통에서 벗어나면 색안경을 쓰고 보도록 가르쳐 왔다. 그러나 교회의 전통으로 하나님의 말씀을 조명하는 것이 아니라 성경에서 말씀하시는 하나님의 관점에서 바라보고 이해해야 한다. 어쩌면 세상에서 몸살을 앓고 있는 패권주의가 교회 안에도 그대로 자리 잡고 있는 듯하다. 자신들이 가지고 있는 노선을 취하지 않으면 일단 의심의 궤를 가지고 철저히 색안경을 쓰도록 교회 교육이 이루어지고 있던 것은 부인할 수가 없다. 그렇다고 하나님의 말씀에 벗어난 가치관을 가지고 마치 혹세무민하듯 하나님의 귀한 백성들을 미혹하는 자들(이단)에게 면죄부를 준다든지 그들을 옹호할 수는 없다. 단지 오랜 하나님의 역사 동안 이루어진 하나님의 말씀의 법의 진리가 온전히 세워지기를 바라는 마음이다.

필자가 들어 역설해 본다면 그동안 교회가 하나님의 절기를 맹목적으로 무시한 것은 사실이다. 그리고 하나님의 절기에 있지 않은 절기를 만들어서 지키도록 한 것 또한 사실이다. 예를 든다면 예수님께서 고난당하는 주간을 40일 전을 사순절이라고 지키는 것은 성서의 근거가 없다(무교절과 초실절을 예수님의 고난당하기 전 40일로 그럴듯하게 의미를 변질시켰다). 다분히 가톨릭에서 행해지고 있는 것을 가져다가 마치 교회의 중요한 절기인 것처럼 의미를 되새기고 있다. 그러나 성서적이지 않은 것이다.

또한 부활주일로 지키는 교회의 예배 또한 정확히 맞지 않는다. 매년마다 시간적으로 다른 부활절을 보내고 있다. 2016년 3월 27일의 부활절만 해도 아직 죽지 않으신 예수님의 부활을 맞이한 것 또한 한 실례라 하겠다. 2016년 유월절이 4월 22일이다. 그러면 교회의 부활절은 4월 24일이어야 한다. 그런데 한 달을 앞당겨 부활절을 보낸 것이다. 태양력인 그레고리안력을 사용하다 보니 이러한 일이 발생했다. 성서력과 차이가 있기 때문에 이러한 일들이 벌어진 것이다.

또 하나님의 절기를 제대로 지키지 않는다. 그 한 이유는 이단사상을 가진 자들이 하나님의 절기를 도용하기 때문이다. 그리고 절기를 지키지 않는 정통 교회를 공격하기 때문이다. 그래서 교회는 절기에 대해서 이야기하면 색안경을 끼고 보게 되었다.

또 한 가지, 예수님께서 부활하심으로 이 모든 율법을 이루셨기 때문에 더 이상 지키지 않아도 된다는 생각과 이 절기는 유대인의 절기이기 때문에 이방인인 우리는 더 이상 지키지 않아도 된다는 생각 때문에 절기를 무시한다.

그러나 여기에는 엄청난 오해가 있다. 이 절기는 유대인의 절기가 아닌 하나님의 절기라는 것이다. 유대인들에게만 주신 절기가 아니라 하나님의 백성이 된 (이스라엘 백성을 통한 이방인) 모든 이들이 이 말씀을 듣고 지켜야 한다. 왜냐하면 하나님의 거룩한 절기로 지키라 명령하셨기 때문이다.

그리고 예수님께서 이 율법을 이루셨기 때문에 지킬 필요가 없다는 논지들도 있다. 그러나 주님께서 분명히 율법을 폐하러 온 것이 아니라 완성하러 오셨다고 말씀하셨다(마 5:17-18).

필자가 말했듯이 온전케 하시고 완성하신다는 말씀을 유대인들의 관점에서 보아야 한다. 그 의미는 온전히 해석하신다는 의미이다. 폐하시는 것이 아니라 율법이 더욱 하나님의 말씀으로 온전히 토라를 해석하신다는 의미이다.

그리고 오랜 세월 동안 교회 전통으로 지켜져 왔기 때문에 그것이 교회법으로 굳어졌다. 그래서 더 이상 지키지 않아도 된다는 생각과 예수님이 이루셨기 때문에 더 이상 지키지 않아도 된다는 편의주의적인 생각이 오늘날 우리의 생각을 그렇게 바꾸어 놓은 것이다. 교회법과 관습이 우선이 아니라 말씀이 우선이 되어야 한다. 어느 누구도 이 말씀을 폐할 수는 없기 때문이다. 이 절기들 속에서 이루어지고 성취되는 하나님의 역사를 보라. 그리고 그곳에서 하나님을 바라보라. 우리의 주가 되신 예슈아이신 것을 보게 될 것이다.

MOED

거룩한 약속

부록

히브리어의 의미

NAME	뜻	이름	일반적 의미	내면적 의미	알파벳	한글	히브리어 번호
א	번제하는 삶	알렙	황소	배움	a	묵음	1
ב	집	베트	내 안에 집을 지음	~안	b	ㅂ	2
ג	무릎을 꿇다	김멜	낙타, 겸손	보답	g	ㄱ	3
ד	성전 기둥	달렙	성전의 문	종속, 통과	d	ㄷ	4
ה	보라, 호흡	헤	삶의 기도	호흡, 실존	h	ㅎ	5
ו	끌어당김	바브	갈고리	연결하다	v	ㅂㅅ	6
ז	자르다	자인	날선 검	도구	z	ㅈ	7
ח	보호하다	헤트	울타리	생명	ch	ㅋㅎ	8
ט	경험으로 배움	테드	뱀, 배로 다님	선한 것, 지혜	t	ㅌ	9
י	하나님의 손	요드	능력의 손, 권세	하게 함	y	이	10
כ	손을 펴면 상대방, 굽으면 나를 가리킴	카프	나를 살핌	적용	k	ㅋ	20
ל	지팡이	라메드	교훈, 배우다	익히다	l	ㄹ	30
ם	물	멤	말씀	진리, 사역	m	ㅁ	40
נ	물고기	눈	생명	규정	n	ㄴ	50
ס	넘어지지 않도록 지켜 줌	싸메크	바로 살아야 보호받는다	측정	s	ㅅ	60
ע	영적인 눈이 열리다	아인	눈	대답	a	묵음	70
ף, פ	입이 열리다	페	말씀을 전하다	개방	p	ㅍ	80
צ, ץ	사람을 낚음	차데	낚싯바늘, 사람을 낚는 어부	책임, 낚아냄	ts	ㅉ	90
ק	상처를 치료	쿼프	바늘귀	소망	q	ㅋ	100
ר	교회의 머리 예슈아	레쉬	머리	잉태	r	ㄹ	200
ש	부서뜨리다, 이빨	쉰	예수 그리스도	되새김	shi	쉬	300
ת	십자가	타브	육체의 죽음, 사인	목표	t	ㅌ	400

Sukkot[41)]

Lev 23:39-42a Also in the fifteenth day of the seventh month, when ye have gathered in the fruit of the land, ye shall keep a feast unto the LORD seven days: on the first day shall be a sabbath, and on the eighth day shall be a sabbath. And ye shall take you on the first day the boughs of goodly trees, branches of palm trees, and the boughs of thick trees, and willows of the brook; and ye shall rejoice before the LORD your God seven days. And ye shall keep it a feast unto the LORD seven days in the year. It shall be a statute forever in your generations: ye shall celebrate it in the seventh month. Ye shall dwell in booths seven days;

God has always wanted to "tabernacle" among us from the very beginning as we see in these verses:

Ex 25:8, 9 And let them make me a sanctuary; that I may dwell among them. According to all that I show thee, after the pattern of the tabernacle,

Jn 1:14 And the Word was made flesh, and dwelt among us,

The word "dwelt" is actually "tabernacled" and ultimately we see at the end of time in the book of Revelations:

41) 마크빌 목사의 엘 샤다이 선교회 자료 중.

Rev 21:3 And I heard a great voice out of heaven saying, Behold, the tabernacle of God is with men, and he will dwell with them,

We also see that this is the goal at the Lord's second coming in the book of Zechariah when He arrives:

Zech 14:4 And his feet shall stand in that day upon the mount of Olives, which is before Jerusalem on the east, and the mount of Olives shall cleave in the midst thereof toward the east and toward the west….

Zech 14:16 And it shall come to pass, that every one that is left of all the nations which came against Jerusalem shall even go up from year to year to worship the King, the LORD of hosts, and to keep the feast of tabernacles.

So we see this Feast is so important to God He demands mankind keep it during His 1,000 yr. reign and then it goes on to say whichever nation refuses they shall be greatly punished.

The purpose for this Feast was for us to realize the earth and this earthen body in particular is not our final home:

2Cor 5:1 For we know that if our earthly house of this tabernacle were dissolved, we have a building of God, an house not made with hands, eternal in the heavens.

2Pe 1:14 Knowing that shortly I must put off this my tabernacle, even as our Lord Jesus Christ hath shewed me. Heb 11:10 For he looked for a city which hath foundations whose builder and maker is God.

It was also known as the:

Feast of the Nations

We find it is called this because:

Gen 10:32 These are the families of the sons of Noah, after their generations, in their nations: and by these were the nations divided in the earth after the flood.

This was long before Abraham and yet we find:

Deut 32:8 When the most High divided to the nations their inheritance, when he separated the sons of Adam, he set the bounds of the people according to the number of the children of Israel.

In Genesis 10 we find there were 70 nations and:

Ex 1:5 all the souls that came out of the loins of Jacob were seventy souls: for Joseph was in Egypt already.

In Numbers 29 God tells Israel they are to slaughter 70 bulls during the Feast of Tabernacles. Why is this?

Ex 19:6 And ye shall be unto me a kingdom of priests, and an holy nation.

So on Yom Kippur Israel made atonement for themselves as priests so they could then atone for the nations of the world during the Feast of Tabernacles! If the nations had known what God was trying to accomplish they wouldn't have destroyed the temple but placed their armies around it to protect it! Satan is very clever getting the nations to destroy the very tool God was using to make atonement!

The Feast of Ingathering

Ex 23:16b and the feast of ingathering, which is in the end of the year, when thou hast gathered in thy labours out of the field.

This is the harvest at the end of their agricultural year and is known as the final harvest. Our Thanksgiving holiday is modeled after it. This Feast usually falls in September/ October. This is the fruit harvest particularly grapes.

Now look at what we find:

Rev 14:15b, 18b Thrust in thy sickle, and reap: for the time is come for thee to reap; for the harvest of the earth is ripe. Thrust in thy sharp sickle, and gather the clusters of the vine of the earth; for her grapes are fully ripe. And the angel thrust in his sickle into the earth, and gathered the vine of the earth, and cast it into the great winepress of the wrath of God.

This reveals the end time events will happen in the fall during this season just as His 1st coming brought in the Spring Harvest!

We find Yeshua knew the significance of this Feast when He celebrates this Feast in the Gospel of John:

Jn 7:2, 37, 38 Now the Jews' feast of tabernacles was at hand. In the last day, that great day of the feast, Jesus stood and cried, saying, If any man thirst, let him come unto me, and drink. He that believeth on me, as the scripture hath said, out of his belly shall flow rivers of living water.

Why was He declaring this? Because every year at this Feast the Jews would be reciting Isaiah:

Is. 12:2-6 Behold, God is my salvation; I will trust, and not be afraid: for the LORD JEHOVAH is my strength and my song; he also is become my salvation. Therefore with joy shall ye draw water out of the wells of salvation. And in that day shall ye say, Praise the LORD, call upon his name, declare his doings among the people, make mention that his name is exalted. Sing unto the LORD; for he hath done excellent things: this is known in all the earth. Cry out and shout, thou inhabitant of Zion: for great is the Holy One of Israel in the midst of thee.

Remember every time they said "salvation" they were calling upon His Name "Yeshua" which is the Hebrew translation and there He is, the Holy one of Israel, in their midst! And they are declaring with joy they are drawing water from the wells of Yeshua!!

Did you know the Father even picked the happy birthday songs to be sung over a thousand years before Yeshua's birth and even had Israel practice them as a dress rehearsal every year unbeknownst to them!

Every year at this Feast they would sing Psalm 118 and look what we find there:

Ps 118:14,15 The LORD is my strength and song, and is become my salvation. The voice of rejoicing and salvation is in the tabernacles of the righteous: the right hand of the LORD doeth valiantly.

"Salvation" is Yeshua in Hebrew!

We find in Luke 1:3, 4 "It seemed good to me also, having had perfect understanding of all things from the very first, to write unto thee in order, most excellent Theophilus, That thou mightest know the certainty of those things, wherein thou hast been instructed."

Lk 1:5, 8, 9 There was in the days of Herod, the king of Judaea, a certain priest named Zacharias, of the course of Abia: And it came to pass, that while he executed the priest's office before God in the order of his course, According to the custom of the priest's office, his lot was to burn incense when he went into the temple of the Lord.

We find the course of Abijah was the 8th course:

1Chr 24:10 The seventh to Hakkoz, the eighth to Abijah,

Since the religious year began the 1st day of the month Nisan (our April) and each course served one week the 8th course would be the eighth week. That puts it into the first week of June.

Here we find:

Lk 1:10,11 And the whole multitude of the people were praying without at the time of incense. And there appeared unto him an angel of the Lord standing on the right side of the altar of incense.

We see the first week of June is typically the Feast of Pentecost which is why the whole multitude was there!

Lk 1:23, 24 And it came to pass, that, as soon as the days of his ministration were accomplished, he departed to his own house. And after those days his wife Elisabeth conceived, and hid herself five months,

He not only served His week but had to stay and serve another week for the feast of Pentecost when the multitudes were there. We are now at the end of June when his wife conceives.

Lk 1:26, 27 And in the sixth month the angel Gabriel was sent from God unto a city of Galilee, named Nazareth, To a virgin espoused to a man whose name was Joseph, of the house of David; and the virgin's name was Mary.

So Mary conceives in her 6th month which is the end of December, giving birth 9 months later at the end of September where we find the Feast of Tabernacles!

There would be no shepherds in the fields at night during the winter rains and snow in the mountains. The reason there was no room in the inn was because there were over 2.5 million Jews there from all nations to keep the Feast as God required them. If you were going to conduct a census or tax people wouldn't you do it right after the final harvest when they have the money and they are all coming to one place? Or would you rather send tax collectors or census takers out on camels in the middle of winter to roam the mountains in the snow hoping to find where they might have hidden their assets after they've had 3 months to hide it?

So in conclusion: The first Fall Feast is Trumpets, when the tribulation begins. The second Fall Feast is Yom Kippur when Israel as a nation realizes Yeshua is their Salvation and they declare, "Blessed is He who comes in the Name of the Lord!" Then at the final harvest at the end is the Feast of Tabernacles when after Israel as a nation has repented Yeshua returns to earth. His feet land on the Mt of Olives and now all nations must come up to Jerusalem and keep the Feast of Tabernacles. Yeshua then begins His reign on this very day planned out as a Divine Appointment from the beginning of the ages!

What is Passover

Passover is the fourteenth day of the month Nissan. Passover is celebrated in Jewish homes with a Seder. The story of Passover is often recounted during the Seder and read from a Haggadah. Traditionally symbolic foods like Charoset and Horseradish are eaten. The symbolic foods are placed on a specific plate called a Seder plate/tray. No leavened foods are eaten during Passover. The Passover Seder is a reminder to the families celebrating of their ancestors suffering in Egypt and of the miraculous deliverance from their bondage.

Passover Haggadah

Check out Jewish Voice's Haggadah

First Coming of Messiah

Just As His 2nd Coming will be Fulfilled By The Fall Feasts

Lev 23:1,2 "And the LORD spoke to Moses, saying, Speak to the sons of Israel and say to them, The feasts of the LORD, which you shall proclaim, holy convocations, even these are My appointed feasts."

When Christians read the word "feast" we think of "food". But this couldn't be further from the truth. The word "feast" in Hebrew is the word "Moed" and means "A Divine Appointment"!! The word "convocation" in Hebrew is "miqra" and means a "time of assembly" but implies it is for "A Dress Rehearsal"!!! This is why every year, for 1,500 years, Israel would kill the Passover Lamb on the 14th day of the first month because it was a "dress rehearsal" for what was to come on that very day, the 14th of the first month 1,500 yrs later!! Not only did it happen on that very day but notice the times:

Mk 15:21,25 And they compelled one Simon a Cyrenian, who passed by, coming out of the country, the father of Alexander and

Rufus, to bear his cross. And it was the third hour, and they crucified him.

The third hour is the time of the morning sacrifice. The very moment they were putting the morning sacrifice on the altar they put Yeshua on the cross! What else do we see:

Mt 27:46 And about the ninth hour Jesus cried with a loud voice, Eli, Eli, lama sabachthani? that is to say, My God, my God, why hast thou forsaken me?

The ninth hour is the time of the evening sacrifice and on this day the slaying of the Passover Lamb! At the very moment the High Priest slew the Passover Lamb was when Yeshua died! It is also known as the hour of prayer:

Ac 3:1 Now Peter and John went up together into the temple at the hour of prayer, being the ninth hour.

Here Yeshua is offering up His prayer to the Father at that ninth hour!

Josephus records that for Passover, "in one day, they would slay 150,000 lambs." There were huge water cisterns that would flush all the blood, thousands of gallons of blood, out the right side of the Temple in aqueducts down into the valley of blood to keep the

Temple area clean. Imagine at the very moment the blood and water is flowing from the right side of the Messiah, thousands of gallons of blood and water is flowing from the right side of the Temple down into the Hinnom Valley.

Within Judaism is a term known as "Keriah" or the rending of the garment upon the notice of a loved one's death. It symbolizes a broken heart. The Bible records many instances of rending the clothes from top to bottom after the news of death. When Jacob saw Joseph's coat of many colors drenched with what he thought to be his son's blood, he rent his garments. Likewise, David tore his clothes when he heard of the death of King Saul, and Job, who knew grief so well , stood up and rent his mantle. So what do we find but at the moment of the death of Yeshua, the Father rends his garment, the veil of the Temple from top to bottom, mourning the death of His son and His broken heart!

In Exodus 12:3, 5 We find the Lamb had to be brought in on the 10th and held until the 14th. It was to have no blemish. In John 12 we find:

Joh 12:1 Then Jesus six days before the Passover came to Bethany, Since Passover is on the 14th this had to be the 8th going into the 9th.

Joh 12:12, 13 On <u>the next day</u> much people that were come to the feast, when they heard that Jesus was coming to Jerusalem, Took branches of palm trees, and went forth to meet him, and cried, Hosanna: Blessed is the King of Israel that cometh in the name of the Lord.

Here it is the 10th of Nisan when the Passover lambs are coming into the temple! At the same time here comes Yeshua fulfilling prophecy. The lambs had to be inspected for four days to make sure they were without blemish. At the same time the Passover lambs were being inspected so was Yeshua. No one could find any fault in him! Not Herod, Pilate, the thief on the cross, the Pharisees or Sadducees. He was truly a lamb without blemish.

God even decided at creation what songs would be sung at His Son's funeral! We know from Revelation:

Re 13:8 And all that dwell upon the earth shall worship him, whose names are not written in the book of life of the Lamb slain from the foundation of the world.

Every year at Passover they sang from their hymn book which was the Psalms. They would sing the Hallel which consists of Ps 113-118. God inspired King David to write them with the Passover event in mind. Imagine a 100,000 member choir all singing at the time of the morning sacrifice when Yeshua was being bound to the cross. What were the words He was hearing as they bound Him:

Ps 118:27 God is the LORD, which hath showed us light: bind the sacrifice with cords, even unto the horns of the altar.

They would sing these Psalms at 9am, 12:00pm and 3pm. So at noon when it became dark here is what they were singing:

Ps 118:15,16 The voice of rejoicing and salvation is in the tents of the righteous; the right hand of the LORD does mighty things. The right hand of the LORD is lifted up; the right hand of the LORD does mighty things.

At 3pm when Yeshua died they were singing:

Ps 113:3-6 From the rising of the sun to its going down, the LORD's name is to be praised. The LORD is high above all nations, and His glory above the heavens. Who is like the LORD our God, who dwells on high, who humbles Himself to behold the things in the heavens and in the earth!

Even the "hymn at the last supper" has been recorded for all of history. What was that hymn they were singing just before He was betrayed:

Ps 118:22, 23 The Stone which the builders refused has become the Head of the corner. This is from the LORD; it is marvelous in our eyes.

Can you see how the Lord had it all planned out? Come and join us as we dive deeper into our Hebrew roots and discover so much more than what is on the surface! The Lord wants you to find Him in His Torah, His Word, that is dear to His heart. As you know out of the abundance of the heart the mouth speaks and the Torah was just that! The spoken Word of God directly from His mouth and heart for all of mankind to learn from. Come and explore with us!!

Rosh Hashanah

What is Rosh Hashanah – Feast of Trumpets

Is the Lord the same Yesterday, Today & Forever? Do you believe in Divine Appointments? We need to realize the Lord fulfilled the Spring Feasts not only to the day but to the very hour. Dying as the Passover Lamb on the Feast of Passover, not on the day before nor on the day after. He was crucified at the time of the morning sacrifice, died at the time of the evening sacrifice. In the grave on the Feast of Unleavened Bread, and rose on the Feast of First Fruits. First Fruits was a Feast the Jews had been celebrating for over 1,000 years before Christ ever rose! It was on the very day of the Feast of Pentecost that The Holy Spirit was poured out. Pentecost had been celebrated for over 1,000 years before the book of Acts was even written. The Jews were required by God to keep the Feast of First Fruits and the Feast of Pentecost back when the Torah was written by Moses! The word "Feast" does not mean food! The Hebrew word is "Moed" and means an Appointment. Divine Appointments of God intersecting History to accomplish His will. They were called Holy "Convocations" which in the Hebrew is "Miqura" which means an "assembly" but also implies a "Dress Rehearsal". So for over 1,000 years, the Jews were assembling for the Spring Feasts as Divine "Dress Rehearsals" for what was to come! Being performed only on the Divinely Appointed days to the exact hour so when God intersected History we would know it was Him! Come and read how God will fulfill the Fall Feasts to the day at His Second Coming!

Jesus Christ (Yeshua HaMashiach) fulfills the Fall Feasts to the Day

All verses are from the KJV

The purpose of this is not to set the timing of the rapture — pre, mid or post and we are not setting dates! We have no idea what year. We are only explaining the divinely pre appointed days so as the good servant you'll know when to be watching to see if what happens on that day is just another "rehearsal" or the real thing! Don't be deceived!

1 Thess 5:1, 4, 6 But of the times and the seasons, brethren, ye have no need that I write unto you. But ye, brethren, are not in darkness, that that day should over take you as a thief. Therefore let us not sleep, as do others; but let us watch and be sober.

- He only comes as thief to the dead church: Rev 3:1-3
- To the Lukewarm church: Rev 3:14-17/Rev 16:15
- As a thief to the evil servant: Matt 24:48-50
- As a thief to the foolish virgins: Matt 25:11-13

God schedules His Divine appointments with man, we don't dictate to Him when they will fit into our schedule. Know that you can have scheduled Divine Appointments with God because He has already put them in His Daytimer, and He has revealed the days and times to all of us!

Lev 23:2 Speak unto the children of Israel, and say unto them, Concerning the feasts (Appointments) of the LORD, which ye shall proclaim to be holy convocations, (Dress Rehearsals) even these are my feasts.

These are the Lord's Feasts! Do you belong to Him? Come and experience the dress rehearsal so you'll know what is going on when it happens! Know the Lord's appointed times! Be there!

Jer 8:7-9 Yea, the stork in the heaven knoweth her appointed times; and the turtle and the crane and the swallow observe the time of their coming ; but my people know not the judgment of the LORD.

The Feast of Trumpets goes by many different names, each one conveying a different aspect of this Divine Appointment. We will only cover this Feast in this brochure and the other two Fall Feasts (Yom Kippur and Feast of Tabernacles) in two other brochures.

Yom Teruah

The Feast of Trumpets is also known as Yom Teruah which literally means the "Day of Blowing". This is the only Feast Day when the shofar is blown during the service 100 times! They are blown in a set pattern of 3 different sounds, blown 3 times each for a total of 9 blasts. This series of patterns is repeated 11 times for a total of 99 blasts. The 100th blast is set apart and this is the blast that is known as the "Last Trump"!

Lev 23:24 Speak unto the children of Israel, saying, In the seventh month, in the first day of the month, shall ye have a sabbath, a memorial of blowing of trumpets, an holy convocation. (Dress Rehearsal)

The Hebrew word for "blowing of trumpets" is "Teruah" from Strongs #8643 a battle-cry; especially a clangor of trumpets, as an alarm.

The Time of Jacobs Trouble

Also known as the Great Tribulation

Jer 30:6,7 Ask ye now, and see whether a man doth travail with child? wherefore do I see every man with his hands on his loins, as a woman in travail, and all faces are turned into paleness? Alas! for that day is great, so that none is like it: it is even the time of Jacob's trouble;

Zeph 1:14-16 The great day of the LORD is near, it is near, and hasteth greatly, even the voice of the day of the LORD: the mighty man shall cry there bitterly. That day is a day of wrath, a day of trouble and distress, a day of wasteness and desolation, a day of darkness and gloominess, a day of clouds and thick darkness, A day of the trumpet and alarm against the fenced cities, and against the high towers.

Day of the Awakening Blast

Isa 26:19 Thy dead men shall live, together with my dead body shall they arise. Awake and sing, ye that dwell in dust: for thy dew is as the dew of herbs, and the earth shall cast out the dead.

1 Thess 4:16,17 For the Lord himself shall descend from heaven with a shout, with the voice of the archangel, and with the trump of God: and the dead in Christ shall rise first: Then we which are alive and remain shall be caught up together with them in the clouds, to meet the Lord in the air: and so shall we ever be with the Lord.

(Referring to Psalm 47)

Psalm 47:5 God is gone up with a shout, the LORD with the sound of a trumpet. The Hebrew word for shout here is "Teruah"! And the word trumpet is "Shofar". This is not a manmade trumpet or it's sound. Ps 89:15 Blessed is the people that know the joyful sound. Here the Hebrew word for "sound" is also "Teruah" which is why we want to hear and be able to know and discern the sound of the Shofar on Yom Teruah! From these verses we see the tribulation will start on the Feast of Trumpets and the resurrection of the dead will also occur on this Feast Day but whether they happen the same year we have no idea. Other Hebrew idioms for the Feast of Trumpets:

The "Opening of the Books"

It is taught in Judaism that it is on this day the Heavenly Court is in session every year. This begins what is known as the "10 Days of Awe" until Yom Kippur when the final judgment is meted out. God opens the books and reads the account of every individual for the previous year and they have 10 days to repent before their sentence is announced and the books are closed on Yom Kippur.

Dan 7:10,11 A fiery stream issued and came forth from before him:

thousand thousands ministered unto him, and ten thousand times ten thousand stood before him: the judgment was set, and the books were opened. I beheld then because of the voice of the great words which the horn spake: I beheld even till the beast was slain, and his body destroyed, and given to the burning flame.

Dan 12:1-2 And at that time shall Michael stand up, the great prince which standeth for the children of thy people: and there shall be a time of trouble, such as never was since there was a nation even to that same time: and at that time thy people shall be delivered, every one that shall be found written in the book. And many of them that sleep in the dust of the earth shall awake, some to everlasting life, and some to shame and everlasting contempt.

"Opening of the Gates/Doors"

Ps 24:7-10 Lift up your head, O ye gates; and be ye lift up, ye everlasting doors; and the King of glory shall come in. Who is this King of glory? The LORD strong and mighty, the LORD mighty in battle. Lift up your heads, O ye gates; even lift them up, ye everlasting doors; and the King of glory shall come in. Who is this King of glory? The LORD of hosts, he is the King of glory.

Rev 4:1-2 After this I looked, and, behold, a door was opened in heaven: and the first voice which I heard was as it were of a trumpet talking with me; which said, Come up hither, and I will shew thee things which must be hereafter. And immediately I was in the spirit: and, behold, a throne was set in heaven, and one sat on the throne.

Ha Melech(Coronation of the Messiah)

There are 4 parts to the enthronement ceremony of a Jewish King:

1. Giving of the decree
1. Ceremony of taking the throne
1. The Acclamation
1. Subjects come and pledge their allegiance

On the Feast of Trumpets Yeshua will be crowned King of Kings and Lord of Lords!

Ps 47:5-9 God is gone up with a shout, the LORD with the sound of a trumpet. Sing praises to God, sing praises: sing praises unto our King, sing praises. For God is the King of all the earth: sing ye praises with understanding. God reigneth over the heathen: God sitteth upon the throne of his holiness. The princes of the people are gathered together.

"Yom HaKeseh" the "Hidden Day"

Zeph 2:3 Seek ye the LORD, all ye meek of the earth, which have wrought his judgment; seek righteousness, seek meekness: it may be ye shall be hid in the day of the LORD'S anger.

Ps 27:5 For in the time of trouble he shall hide me in his pavilion: in the secret of his tabernacle shall he hide me; he shall set me up upon a rock.

Ha Kiddushin/Nesuin(Wedding of Messiah)

Joel 2:15-16 Blow the trumpet in Zion, sanctify a fast, call a solemn assembly: Gather the people, sanctify the congregation, assemble the elders, gather the children, and those that suck the breasts: let the bridegroom go forth of his chamber, and the bride out of her closet.

The Feast of Unleavened Bread falls on the 15th of the month of Nisan, so it's always at the full Moon, in the middle of the lunar cycle. The Feast of Tabernacles is on the 15th in the middle of the month of Tishri, at a full moon. It's easy to find the 15th by counting from the 1st. Because everyone was to celebrate the Feast of Trumpets and it always fell on the 1st day of the lunar month, based on the sighting of the new moon, it was known as the Feast where no one ever "knew the day or the hour" it would come. The Jews in Babylon and elsewhere were to keep it as well but it would take a day to get them the news so it was always kept for 2 days and was known as "one long day". It was to be a day symbolically hid from Satan so even he would not be sure of its arrival!

In Dan 7:25 the antichrist changes the "times" because he doesn't want us to be aware of the "appointed times and seasons" of the Lord. To Summarize: The Feast of Trumpets will be the beginning of the Tribulation and also the day of the "natzal"(rapture), but no one knows whether they will happen the same year or in different years.

Read our “Yom Kippur” and “Tabernacles” tracts for what will come after the tribulation begins!

청교도 신앙운동과 개혁의지

청교도운동이란 영국에서 일어난 교회의 개혁운동이다. 청교도운동이 일어난 시기에 대하여는 학자들마다 그 견해가 다르다. 그러나 일반적인 견해는 청교도운동이 메리 여왕(재위 기간: 1553-1559)의 피비린내 나는 박해를 피하여 유럽의 대륙으로 피신하여 있던 영국의 개혁자들이 엘리자베스(재위 기간: 1559-1603)가 종교적인 관용정책을 펴면서 영국에 돌아와 일으킨 운동이라고 말한다. 그러므로 청교도운동이 일어난 시기를 일반적으로 엘리자베스의 통치 시기로 잡고 있다.

그러면 유럽 대륙에 피신하였던 개혁자들이 영국에 돌아와 일으킨 개혁운동이 왜 개혁주의운동인가? 어떤 이는 회의적인 반응을 보일 것이다. 왜냐하면 독일에는 루터파들이 있고, 네덜란드에는 재침례파들이 극성을 부렸기 때문이다.

청교도운동이 개혁주의 신학에 근거한 운동이라는 것은 영국에 돌아온 개혁자들 가운데 중심적인 인물들이 바로 칼빈의 제네바나 하인리히 뷸링저의 취리히에서 개혁주의 신학 교육을 받은 자들이기 때문이다. 개혁자들은 영국에 돌아오자 존 칼빈(1509-1564년)에 의하여 체계화된 신앙과 신학을 그들의 토양에 접목시키려 하였다. 곧 그들은 칼빈의 제네바를 모델로 삼아 영국의 교회와 사회를 개혁하고자 하였다. 따라서 그들은 칼빈주의적인 예배와 교리,

그리고 경건을 강조하면서 로마 천주교회에 의하여 영국 교회에 뿌려진 무지와 미신적인 잔재를 제거하고 성경이 다스리는 가정과 교회, 그리고 국가를 건설함으로 영국을 개혁하고자 했다.

그러면 영국의 청교도들은 영국의 교회와 국가를 어떻게 개혁하고자 하였는가 살펴보자. 청교도들은 개혁운동을 '창조질서의 회복'으로 이해하였다. 하나님은 이 세상을 창조하실 때 가징과 교회, 그리고 정부라는 창조질서(creation ordinance)를 세우셨다. 즉 하나님은 이 사회를 유지하는 최초의 단위로 먼저 가정을 세우시고, 인간이 범죄하면서 죄 문제를 해결하기 위하여 교회를 세우시고, 죄를 억제하는 수단으로 정부를 세우셨다. 청교도들은 이와 같은 창조의 질서들을 하나님이 원래 세우신 목적을 따라 그 기능을 회복함으로 "뜻이 하늘에서 이루어진 것과 같이 땅에서도 이루어지는" 하나님이 다스리는 나라가 올 수 있다고 생각하였다. 곧 가정과 교회, 그리고 정부에 하나님의 말씀이 다스리므로 그곳에 하나님의 나라가 이루어져간다는 것이다. 따라서 청교도들은 개혁운동이란 가정의 개혁에서 출발하여, 교회를 하나님의 말씀이 다스리는 곳으로 만들고, 사회의 모든 영역에 하나님의 말씀이 지배하도록 해야 한다고 역설하였다.

하나님의 나라를 이 땅에 임하도록(마 6:10) 하기 위해서는 사탄에 의하여 왜곡된 질서를 바로잡는 일이 요구된다. 하나님이 다스리시는 나라는 사탄의 지배가 정지되는 곳에서 이루어지기 때문이다. 그러므로 사탄의 세력이 파멸되고 하나님의 통치가 이루어지기 위해서는 하나님의 말씀에 의한 창조질서의 개혁이 이루어져야 한다. 그러면 무엇을 개혁함으로 효과적으로 하나님의 나라가

오도록 할 수가 있는가? 어떤 이는 하나님의 나라가 오도록 하려면 먼저 사회의 개혁이 이루어져야 한다고 주장한다.

그러나 다른 이는 먼저 개인 개인이 하나님 앞에서 바로 서면 하나님이 다스리시는 사회가 된다고 주장한다. 그러나 청교도들은 하나님의 나라가 사회의 개혁이나 개개인의 변화에 의하여 이루어진다는 데 부정적인 입장을 취하였다. 왜냐하면 사회 구조적인 개혁은 혁명을 동반하여야 하고, 개개인의 구원의 강조는 극단적인 개인주의 또는 이기주의로 나아갈 수 있기 때문이다. 그러므로 그들은 진정한 개혁은 위의 두 견해를 동시에 포용하는 데서 가능하다고 주장하였다. 그러면 어떻게 개인의 구원과 사회의 구원이라는 상호 배타적인 견해를 수용할 수 있는가? 청교도들에 의하면 개인 구원이나 사회 구원은 어떤 것에 시간적인 우선권을 주는 것이 아니라 논리적인 순서를 강조하는 데 가능하다고 본 것이다.

즉 어떤 기관의 개혁을 먼저 강조해야 한다는 것이다. 다른 말로 한다면 청교도들은 하나님이 다스리시는 사회를 이루기 위해서는 먼저 가정이 하나님의 말의에 지배를 받고, 그러한 가정들이 모여 교회를 이룰 때 교회는 하나님의 말씀에 의하여 지배를 받는 교회가 될 수 있고, 하나님의 말씀을 실천하는 교회들이 모인 사회는 하나님의 말씀에 의해 다스려지는 국가가 될 수 있다고 생각하였다.

그러므로 청교도들은 사회를 개혁하기 위해서는 먼저 가정이 개혁되어야 한다고 주장하여 그들의 가정을 하나님의 말씀과 성령이 다스리는 가정으로 만들기 위하여 모든 노력을 기울였다.

1. 청교도 운동과 가정의 개혁

하나님의 말씀과 성령으로 다스림을 받는 가정을 만들기 위해서는 가정이 무엇인지를 아는 것이 우선되어야 한다. 가정은 하나님께서 세우신 최초의 창조질서이다. 가정제도는 교회가 존재하기 전에 있었고, 국가제도가 생기기 전에 있었다. 그러므로 가정의 개혁은 그 어떤 창조의 질서의 개혁보다 우선한다. 청교도들은 하나님의 말씀과 성령이 다스리는 가정을 만들기 위하여 가정의 시초가 되는 부부관계의 바른 정립이 우선적으로 요청된다고 보았다.

그러면 청교도들의 의중에 있던 가정이란 무엇인지 대표적인 청교도요 케임브리지 대학의 교수였던 윌리엄 퍼킨즈(William Perkins)를 중심으로 몇 가지 살펴보자.

윌리엄 퍼킨즈는 《기독교인의 가정》(*Christian Oeconomy*)이라는 책에서 가정은 죄와 상관없이 시작되었다고 주장하였다. 가정이 죄와 상관없이 시작되었다는 말은 결혼제도는 어떠한 제도보다도 신성하다는 말이다. 그러므로 청교도들은 모든 사람은 결혼해야 한다고 하였다. 그러나 로마 천주교회는 경건을 핑계로 성직자의 결혼을 금하고 있다. 그들은 주장하기를 부부생활은 성직자들이 추구해야 할 금욕을 깨는 것이며, 금욕을 깨는 것은 바로 죄라고 한다. 이와 같은 성직자의 독신사상은 성경의 교훈을 오해한 데서 비롯된 것이다.

성경은 가정의 기원이 인간에게서 나온 것이 아니라 하나님에게서 나왔다고 선언한다(창 2:18). 곧 아담이 여자를 그리워하여 가정이 이루어진 것이 아니라 하나님께서 아담을 위하여 가정을 세우신 것이다. 하나님은 에덴 동산에서 아담을 깊이 잠들게 하신 후 그의 갈빗대로부터 하와를 만드신 후 두 사람의 결혼을 주례하셨다. 주례사로 하나님은 "남자가 부모를 떠나 그의 아내와 합하여 둘이 한 몸을 이룰지로다"(창 2:24)라고 말씀하셨고, "생육하며 번성하여 땅에 충만하라, 땅을 정복하라, 바다의 물고기와 하늘의 새와 땅에 움직이는 모든 생물을 다스리라"(창 1:28)고 축복하셨다. 그러므로 청교도들은 성직자의 독신을 강조함은 "믿음에서 떠나 미혹케 하는 귀신의 가르침을 따르는, 양심이 화인 맞은 자들"의 외식(딤전 4:1-2)일 뿐이라고 주장하면서, 모든 사람은 하나님이 세우신 질서에 순응하기 위하여 가정을 이루어야 한다고 하였다. 왜냐하면 "임박한 환난으로 말미암아"(고전 7:26) 홀로 지낼 수는 있으나 독신주의는 성경적 교훈이 아니기 때문이다.

청교도들은 에덴 동산에서의 첫 번째 가정은 모든 인간의 모범이 된다고 주장하였다. 에덴에서의 가정은 아가페적인 사랑에 기초하였다. 왜냐하면 아담이 하와를 보고 "이는 내 뼈 중의 뼈요 내 살 중의 살"이라고 고백하고 있기 때문이다(창 2:23). '뼈 중의 뼈, 살 중의 살'이라는 말은 최상급의 사랑 고백을 의미한다. 그러므로 최초의 가정은 지고한 사랑 고백 위에 세워졌다고 볼 수 있다. 이와 같은 성경 교리에 근거하여 청교도들은 가정의 기초는 바로 사랑이어야 한다고 하였다.

이와 같은 사랑을 유지하는 방편으로 하나님은 "남자가 부모를 떠나, 그 아내와 연합하여 둘이 한 몸을 이룰지로다"라는 가정생활의 원리를 주셨다(창 2:24). 이 말씀은 세 부분으로 구성되어 있다. 첫째는 남자가 부모를 떠나는 것이요, 둘째는 아내와 연합하는 것이요, 셋째는 한 몸을 이루는 것이다. 물론 여기서 '부모를 떠난다'는 것은 남자가 부모로부터 공간적으로 떠나 분가하여 살라는 말이 아니라 정신적으로 경제적으로 독립할 것을 의미한다. 그리고 '연합하라'는 말은 의견의 일치를 보라는 말이다. 20년 또는 30년간 각기 다른 환경에서 자라온 사람들이 어떻게 의견의 일치를 볼 수 있겠는가? 그것은 '반푼이'가 됨으로 가능하다. 자신의 의견을 50퍼센트만을 내세우고 상대방의 의견을 받아들이는 데서 하나가 될 수 있다. 그리고 '한 몸을 이루라'는 말은 육체적으로 하나가 될 것을 시사한다.

이와 같이 청교도들은 가정의 기원, 가정생활의 원리를 제시하면서 하나님의 말씀이 다스리시는 행복한 가정은 바로 가정을 세우신 목적을 아는 데서 시작된다고 보았다. 하나님이 가정을 세우신 1차적인 목적은 종족의 보존에 있다. 왜냐하면 하나님은 인류에게 "생육하고 번성하여 땅에 충만하라"고 명령하고 계시기 때문이다(창 1:28). 그러면 자녀를 두지 못하는 결혼은 잘못된 결혼인가? 그렇지 않다. 왜냐하면 자녀들은 결혼으로 반드시 주어지는 것이 아니라 하나님의 선물이기 때문이다(시 127:3). 그러므로 결혼의 궁극적인 목적을 단지 자녀의 생산에 두는 로마 천주교도들의 주장은 잘못된 것이다.

성경에서 제시하는 결혼의 다른 목적은 음란을 방지하는 데 있다. 성경은 인간들에게 음란을 방지하기 위하여 "남자마다 자기 아내를 두고 여자마다 자기 남편을 두라"고 하였다(고전 7:1-2). 결혼의 다른 목적은 거룩한 자녀를 두기 위함에 있다(말 2:15). 그러나 무엇보다도 하나님께서 결혼제도를 세우신 궁극적인 목적은 서로 '돕는 배필'이 되는 데 있다(창 2:18). 하와를 지으신 목적은 '돕는 배필'이 되게 하신 것이다. 그러므로 퍼킨즈는 남편과 아내는 서로 도와 하나님이 각자에게 주신 소명을 이루어 나가야 한다고 하였다. 하나님이 주신 소명을 이루어 가는 그때에 하나님의 나라, 곧 말씀과 성령이 다스리시는 가정이 되며 가정의 개혁이 이루어지기 때문이다.

2. 청교도의 자녀 교육

하나님의 사랑과 축복이 넘치는 행복한 가정은 부부의 관계만을 통하여 이루어지는 것은 아니다. 오히려 부모와 자녀가 함께 하나님을 섬기는 가운데 이루어진다. 그러므로 청교도들은 행복한 가정을 이루기 위해서는 자녀를 말씀에 근거하여 양육할 것을 주장하였다. 자녀를 양육하는 데 있어서의 부모의 역할은 자녀의 양육에 필요한 물질을 공급해 주는 것만을 의미하지 않는다. 청교도들은 물질적인 것 이상으로 영적인 양식을 공급하는 것이야말로 부모의 의무라고 주장하였다.

청교도들은 인간을 '죄악 덩어리'라고 믿었다. 왜냐하면 모든 인간은 죄악 가운데 태어나며, 죄악 가운데 살아가기 때문이다. 그러므로 목사 또는 장로도 하나님의 말씀으로 거듭나지 않고는 천국의 보화를 상속할 수 없다. 이와 같이 어떤 아이가 목사의 자녀 또는 믿는 집안에서 태어나 은혜 계약 아래 있다고 하더라도 영적인 교육을 받지 않고서는 지옥의 고통을 벗어날 수 없다. 자녀들을 지옥의 고통에서 벗어나게 하기 위해서 청교도들은 현세적인 교육보다는 영적인 교육을 우선시하였다.

청교도들에게 교육의 목적은 하나님과 성경을 아는 것이었다.

따라서 그들은 교육의 과제를 이 세상에서 출세하도록 가르치는 것보다 성경을 가르치는 일을 우선적인 과제로 생각하였다. 이와 같은 맥락에서 뉴잉글랜드 보스턴의 목회자 존 노튼(John Norton)은 말하기를 "부모가 자녀들의 영적인 성장과 축복을 누리는 데 관심을 가지는 것보다도 세상적인 성공만을 바라는 것은 신발에만 관심을 갖고 발에는 관심을 두지 않는 것과 같다"고 지적하였다. 사실상 우리가 우리의 자녀에게 세상적인 일에 출세하는 것을 교육할 때 그 부분에서는 성공할 수 있을 것이다. 그러나 그것만이 교육의 전부는 아니다. 이 점에서 하버드 대학이 좌경화할 때에 예일대학교(Yale University)를 세운 코튼 매더(Cotton Mather)의 지적은 옳다고 할 수 있다. 매더는 지적하기를 "만일 당신 자녀에 대한 당신의 관심이 단지 현세적인 부귀와 영화라면 당신은 이 세상만을 위하여 사는 자녀를 만들 것입니다. 그리고 당신의 자녀를 이 세상만을 위하여 살아가게 한다면 당신과 당신 자녀의 몫은 이 세상밖에 기대할 것이 없습니다"라고 하였다.

청교도들이 이와 같이 영적인 교육을 강조한 것은 인간은 누구나 성경과 구원에 대해 무지하게 태어나기 때문이다. 사람은 누구나 성경적인 교육을 받지 않고는 하나님이 어떠한 분인지, 예수 그리스도가 누구인지, 그리고 그가 행하신 일이 무엇인지, 성령께서는 무엇을 행하시는지를 전혀 알지 못하는 가운데 살아간다. 따라서 그들은 영적인 무지 가운데 살 수밖에 없으며, 천국과 지옥이 무엇인지 모르는 채 짐승과 같이 본능을 따라 살 수밖에 없다.

그러므로 영적인 교육 없이는 비록 목사의 자녀라 하더라도 하나님의 진노 아래 있는 것이다. 왜냐하면 죄성을 따라 살아가는 인간에게는 하나님의 진노가 머물러 있기 때문이다.

그러면 하나님의 진노를 피하기 위해서 무엇을 해야 하는가? 영적인 변화를 받아야 한다. 곧 하나님의 자녀로 거듭나는 체험을 통하여 하나님의 진노를 피할 수 있다. 그렇다면 거듭남의 체험은 어떻게 가능한가? 거듭남의 체험은 인간의 수행이나 세상적인 많은 지식으로 가능한 것이 아니라 하나님의 말씀을 접함으로 가능하다.

왜냐하면 거듭남은 하나님의 말씀을 통하여 이루어지며, 하나님의 말씀에 대한 믿음은 들음에서 오기 때문이다. 그러므로 코튼 매더는 말하기를 "세상적인 지식이 없어도 하늘나라에 갈 수 있으나 기독교에 대한 지식이 없이는 하늘나라에 들어갈 수 없습니다"라고 하였다. 그러므로 청교도들은 그들의 자녀를 먼저 하나님의 말씀으로 양육하고자 하였다. 뉴잉글랜드의 대표적인 청교도 설교자였던 존 코튼(John Cotton)은 맹목적으로 "아이들에게 글을 가르치라" 하지 않고, "성경을 읽을 수 있도록 글을 가르치라"고 하였다. 다른 말로 한다면 자녀를 교육하는 목적은 성경을 읽게 하는 데 있다는 것이다.

또한 벤저민 워드워스(Benjamin Wordwrth)는 "만일 귀하의 자녀가 글을 읽을 수 없다면 글을 가르치시오. 그러나 글을 읽을 수 있다면 성경을 읽지 않고 하루가 지나가지 않게 하시오"라고 하였다. 이와 같이 청교도들은 자녀 교육의 궁극적인 목적을 신앙교육에 두었다.

청교도들에게 자녀들을 영적으로 교육하는 것은 부모의 가장 큰 의무였다. 만일 자녀를 영적으로 교육하지 않을 때 언제인가 그들의 자녀는 그들을 저주할 날이 오게 될 것이라는 것이 청교도들의 공통된 의견이었다. 코튼 매더의 조부인 리처드 매더(Richard Mather)의 다음과 같은 설교에 귀를 기울여 보자. 그는 그의 회중에게 설교하기를, 언제인가 우리가 우리의 자녀를 신앙으로 양육하는 것을 우선시하지 않고 차선으로 할 때 자녀들이 지옥에서 부르짖기를 "내가 받는 지옥의 고통은 모두 부모님 때문입니다. 당신들은 내게 기독교에 대한 진리를 알려 주었어야만 했습니다. 그러나 알려 주지 않았습니다. 당신들은 나를 죄와 악으로부터 멀리하도록 해야만 했습니다. 그러나 그렇게 하지 않았습니다. 당신들의 죄와 죗값이 내게 전가되어 왔지만 당신들은 그것들로부터 나를 구원하려고 하지 않았습니다. 죄 가운데 살아가는 나를 보고도 당신들이 침묵하였기 때문에 나는 죄 가운데 살았고, 그 죄로 인하여 지옥의 고통을 당하고 있습니다. '화로다, 나여! 세상적이고 생각이 모자란 부모를 두었던 나여!'"

3. 청교도의 정기적인 교육과 수시 교육

자녀들을 영적으로 교육하기 위하여 청교도들은 자녀들을 수시로 또는 정기적으로 교육하였다. 청교도들은 앉았을 때나 서 있을 때, 길을 걸을 때, 옷을 입을 때나 벗을 때, 아침이나 저녁을 막론하고 하나님의 말씀에 따라 그들의 자녀들을 수시로 교육하였다. 또한 그들은 정기적으로 자녀들에게 말씀을 교육하였는데, 주로 가장의 책임 아래 이루어졌다. 청교도들은 아침과 저녁으로 가정예배를 드리면서 가장은 가정예배를 통하여 그의 자녀들에게 정기적인 신앙교육을 실시하였다. 또한 매주일에 한 번씩 모든 식구를 불러 모아 요리문답서를 교육하는 것도 등한시하지 않았다.

기독교 교리의 핵심을 다루고 있는 요리문답 교육은 루터와 칼빈 이후 기독교 교육으로 크게 활용되었는데, 대부분의 영국과 뉴잉글랜드의 청교도 목사들은 요리문답서를 작성하여 자신의 교회에서 사용하곤 하였다. 또한 피터 벌클리(Peter Bulkely)가 "어린아이는 입이 좁은 병과 같아서 조금씩 하나님의 말씀을 불어넣으면 그리스도의 충만한 분량에 이르기까지 자랄 수 있다"고 말한 것처럼, 청교도들은 시간이 허용되는 대로 자녀에게 조금씩 말씀을 주입함으로 그리스도의 신실한 백성으로 양육하고자 하였다.

자녀가 하나님의 말씀에서 벗어날 때 매를 사용하는 것이 옳은가, 아니면 그릇된 것인가 하는 문제는 현대 교육에서 다루어지는 주제 가운데 하나이다. 인문주의적 교육의 영향을 받은 현대인들은 자녀에게 매를 대는 것은 비교육적이며 비인간적이라고 주장한다. 이와 같은 이론에 근거하여 요즈음 미국에서는 부모가 자녀에게 매를 대는 것을 가혹 행위로 정죄하며, 매를 댈 경우에 자녀 양육권을 몰수당하는 경우까지 있다. 그러면 성경은 매에 대하여 무엇이라고 말하는가?

성경은 자녀에게 매를 댈 것을 주장한다. 잠언 22장 15절에 "아이의 마음에는 미련한 것이 얽혔으나 징계하는 채찍이 이를 멀리 쫓아내리라"고 하였고, 잠언 23장 13-14절에는 "아이를 훈계하지 아니하려고 하지 말라 채찍으로 그를 때릴지라도 그가 죽지 아니하리라 네가 그를 채찍으로 때리면 그의 영혼을 스올에서 구원하리라"고 하였다.

이와 같은 성경의 가르침을 따라 청교도들은 자녀 교육을 위하여 매를 사용하였다. 청교도들에 의하면 매는 말씀의 교육 효과를 높여준다고 하였다.

코튼 매더는 "아이들로 저주 아래 있게 하는 것보다는 매를 대라"고 하였고, '인디언의 사도' 존 엘리어트(John Eliot)는 말하기를 "매는 아이의 부패한 심령을 고친다"고 하였다. 물론 청교도들이 매를 사용할 것을 제안한 것은 인격적인 설득과 사랑을 전제로 하는 것이다. 청교도들이 매를 사용하는 데는 교양과 훈계(엡 6:4)와 사랑(히 12:8-10)을 전제로 하는 것이다. 그러므로 사랑의 동기가 아닌 징계, 곧 과격한 체벌은 엄격히 규제되었다. 왜냐하면 매는 아이의 감정이나 육체를 상하게 하는 데 목적이 있는 것이 아니라 그들의 영혼을 죄에서 구원하는 데 있기 때문이다.

청교도들에게 학교교육의 주된 목적 역시 그들의 자녀들을 기독교인으로 만드는 데 있었다. 뉴잉글랜드 청교도들의 학교 제도는 초등학교(Reading School), 중등학교(Grammar School), 그리고 대학으로 구성되어 있었다. 이와 같은 학교 체제에서 교육 내용은 바로 기독교에 관한 것뿐이었다. 예를 들면 뉴잉글랜드의 청교도 자녀들이 초등학교에 들어가면 영어를 배우게 되는데, 그때 교재로 사용하던 책이 바로 《뉴잉글랜드 프라이머》(*New England Primer*)이다. 이 책을 통하여 청교도 자녀들은 영어 알파벳의 A자를 배우면서 아담의 타락을 배웠다. 곧 "아담의 타락 안에서 우리는 모두 죄를 범하였다"(In Adams fall, we sinned all)는 교리를 배웠다. 그리고 초등학교를 졸업한 자는 중등학교에 진학하는데, 중등학교 과정을 통하여 그들은 성경적인 주제와 함께 기독교의 고전을 연구함으로 기독교인으로 세상을 어떻게 살 것인가를 배웠다. 그리고 대학에 들어가면 기독교 지도자로서 필요한 자질을 성경적 관점에서 배웠다.

오늘날 그리스도인들은 자녀의 신앙교육을 교회에 주로 의존한다. 그러나 청교도들은 자녀의 신앙교육에서 교회교육이나 학교교육보다는 가정에서의 신앙교육을 우선으로 여겼다. 곧 청교도들은 가정교육과 학교교육을 근거로 하여 교회에서의 신앙교육을 실시하였다. 자녀의 영혼을 타인에게 맡기는 것보다는 부모 스스로가 우선적으로 책임지겠다는 것이 바로 청교도들의 생각이었다. 따라서 청교도들은 자녀들이 어렸을 때부터 가정에서 신앙으로 교육하였고, 목사의 설교를 이해할 수 있는 나이가 되면 장년 예배에 참석하게 하여 설교를 듣게 하였다. 설교 말씀을 듣는 것보다 더 나은 신앙교육의 방법은 없었다.

따라서 부모들은 설교 시간에 아이들이 설교를 이해하도록 도와주었고, 설교 말씀을 통하여 신앙적인 격려를 행하는 것을 게을리하지 않았다. 예배가 끝나면 집에 돌아와, 가장은 자녀에게 설교 시간에 무엇을 들었으며 얼마나 이해했는지 어려운 말씀은 없었는지를 살핀 다음, 그들에게 들은 말씀을 설명하고 생활 가운데 실천하도록 하였다. 이와 같이 청교도들은 가정, 주일학교 교육을 통하여 하나의 신실한 성도를 생산함으로 경건한 가정, 경건한 교회, 경건한 사회를 건설하고자 하였다.

4. 청교도와 가정예배

청교도들의 신앙생활에서 특기할 만한 것은 바로 가정예배의 실천이다. 영국 청교도들에게 큰 영향력을 행사한 바 있는 윌리엄 퍼킨즈(William Perkins)는 가정의 영적인 건강을 유지하기 위하여 하루 두 번 이상의 가정예배를 드릴 것을 제안하였다. 퍼킨즈의 교훈을 따라 청교도들은 아침과 저녁으로 매일 2회 이상 가정예배를 드리면서 경건을 실천하였다. 아침과 저녁에 온 식구가 모여 가정예배를 드리면서 청교도들은 아침예배 때에는 하루 동안 있게 될 일들을 위하여 기도하였고, 저녁예배 때에는 하루 동안 베풀어 주신 하나님의 은혜에 감사하는 기도를 드렸다. 아침 기도 시간에 가장은 가족의 모든 죄를 고백하면서 죄의 용서를 구하고 하나님의 은혜에 대하여 감사하는 예배를 드리면서 하루 동안 있게 될 일을 위하여 기도하였다. 아침 기도회가 끝나고 식사 6시간이 되면 두 번이나 기도하였다. 식사를 앞두고 음식을 주신 하나님께 감사의 기도를 드릴 뿐만 아니라 식사를 마치고 감사기도를 드렸다.

청교도들에게 음식은 하나님의 선하심을 보여주는 것이었다. 그리고 음식이 필요하다는 것은 바로 인간이 음식 없이는 살 수 없고 하나님의 은혜를 떠나 살 수 없는 존재라는 것을 알려 주는 것이었다. 식사 시간에 청교도들은 육적인 양식만이 아니라 영적인 양식도 주셔서 굶주리지 않기를 기도하였다. 식사 후 드리는 기도는 하나의 축도 형태로 '가족들이 식탁에서 떠나 세상으로 돌아감'으로 그들이 서 있는 곳에서 하나님의 나라를 실현하도록 기도하였다.

저녁에 드리는 가정예배에서 청교도들은 인생의 모든 여정을 마치고 임종을 맞는 사람처럼 깊은 잠을 자기 전에 하루의 일과를 돌아봄으로 자기 성찰을 하는 시간으로 삼았다. 따라서 청교도들에게 저녁예배는 아침예배보다도 진지하였고, 늘 하나님의 은혜에 대한 칭송이 있었다. 이와 같이 가정예배를 통하여 청교도들은 가정의 경건을 유지하였다.

청교도들에게 무엇보다도 중요한 과제는 하나님의 나라의 실현이었다. 그들은 "너희는 먼저 그의 나라와 그의 의를 구하라 그리하면 이 모든 것을 너희에게 더하시리라"(마 6:33)고 하신 우리 주님의 말씀에 따라 이 세상에서의 성공보다는 그리스도의 나라에서 상 받기를 바라고 분투하였다. 그 결과 청교도들은 영적으로나 육적으로도 엄청난 축복을 받았다. 비록 이 세상에서 행복을 누리는 것보다도 하나님의 나라에서 영원한 축복을 누리는 것을 우선시하였지만, 그들은 세상적인 축복도 넘치도록 받았다.

먼저 미국 10대 명문대학 가운데 하나인 듀크 대학의 교수 조지 마스덴(George Marsden)의 연구보고를 살펴보자. 그에 의하면 제1차 세계대전 이전 미국의 정치, 문화, 경제계를 이끌어 왔던 인물 가운데 8명 중 2명은 미국에 이민하여 온 다양한 인종들로서, 그들은 바로 청교도의 후손이거나 청교도적인 신앙교육을 받은 사람들이었다.

또한 미국의 복음주의적인 목사 팀 라헤이의 글을 주의하여 보자. 라헤이는 《성령 충만한 가정의 비결》이라는 책에서 같은 시대, 같은 장소에서 살았던 두 가정, 막스 주크스(Max Jukes)라는 사람의 가정과 조나단 에드워즈(Jonathan Edwarde)의 가정을 비교하고 있다. 주크스는 불신자로 불신자와 결혼하여 수많은 자녀를 두었다. 그의 자손 1,026명을 연구한 결과 300명이 일찍 죽었고, 100명이 13년에 한 번 정도 교도소에 갔으며, 190명은 창녀였고, 100명은 알코올 중독자였다. 결과적으로 주크스의 자손 가운데는 한 사람도 미국 사회에 공헌한 사람이 없었다. 그러나 뉴잉글랜드의 청교도였던 조나단 에드워즈는 신실한 그리스도인으로 기독교도와 결혼하였다. 그의 자손 729명을 연구한 결과 300여 명의 복음 전도자가 나왔고, 65명의 교수, 13명의 대학장, 60명의 작가와 3명의 국회의원,

그리고 1명의 부통령이 나왔다.

5. 청교도 운동과 교회개혁

16세기 종교개혁운동이 일어나면서 루터의 사상을 중심으로 하는 루터파(Lutherans)와 칼빈의 신학을 따르는 칼빈주의자들(Calvinists), 기존의 모든 질서를 부인하면서 초대교회로의 환원을 주장하였던 재침례파와 같은 교파들이 나타났다.

이들은 한결같이 오직 성경만이 무오하므로 신앙의 기준과 척도가 된다고 주장하면서 성경에 근거하여 로마 천주교회의 그릇된 교리, 예배, 교회정부 형태로부터 교회를 개혁하고자 하였다. 개혁자들이 성경에 근거하여 교회를 개혁하고자 하였음에도 개신교회가 여러 가지 교단으로 나뉘게 된 배경에는 성경 해석상의 차이, 신학적인 전제의 차이, 그리고 개혁 방법의 차이가 있다.

먼저 성경 해석에 대하여 살펴보자. 성경에는 문자적 또는 상징적이거나 비유적 해석을 요하는 구절들이 많다. 이와 같은 성경 본문의 말씀을 어떻게 해석하느냐에 따라 신학적인 입장이 달라질 수 있다.

성경을 문자적으로 해석해야 할 부분에서 영적으로 해석한다든지, 영적인 의미를 문자적으로 해석하므로 성경 본문이 원래 제시하고자 하는 의미가 다른 뜻으로 왜곡되고 변질될 수 있다. 예를 들어보자. 그리스도의 열두 제자라는 말을 설명할 때, '12'라는 수를 영적으로 해석한다면 문자적인 '12'라는 말의 의미는 완전하게 사라지게 된다. 그러나 성경은 때로 비유적인 해석을 요구하기도 한다. 예수께서 베드로에게 "너는 반석이라. 이 반석 위에 내가 교회를 세우리라"고 하신 말씀(마 16:18)은 전후 문맥상 비유적인 의미를 가지는 말씀으로, 베드로가 고백한 믿음 위에 교회를 세우겠다는 의미이다. 그러나 이를 문자적으로 해석하여 '반석'을 베드로라고 주장한다면 로마 교황의 베드로의 후계설을 주장하는 교황주의자의 입장이 된다. 또한 "이것은 너희를 위하여 주는 내 몸이라"(눅 22:19) 하신 말씀은 분명히 상징적인 표현이다. 그러나 로마 천주교도들은 '떡이 바로 그리스도의 몸'이라고 해석하면서 사제가 떡을 떼는 순간 성찬 시의 떡은 그리스도의 살로 변한다는 화체설을 주장한다.

종교개혁 당시 토머스 뮌처(Thomas Münzor)는 기성 교회의 존재를 부정하는 과격파가 출현하도록 고무한 인물이었다. 그는 "내가 세상에 화평을 주러 온 줄로 생각하지 말라 화평이 아니요 검을 주러 왔노라"(마 10:34)고 하신 예수 그리스도의 말씀 가운데 '검'을 문자적인 '검'으로 해석하여 그리스도인은 검으로 무장할 것을 주장하면서 과격한 농민혁명을 부추겼다. 이와 같이 성경을 로마 천주교도들처럼 시대의 중심적인 의미로 이해한다든지 루터란들과 같이 문자적으로만 해석한다면, 성경이 제시하고자 하는 바른 의미에서 멀리 떠날 수 있다. 그러므로 성경 본문에 대한 바른 해석은 성경의 내용을 바로 이해하는 지름길이라고 말할 수 있다.

성경의 바른 뜻을 이해하기 위해서는 바른 해석 방법이 요구되는데, 그와 같은 바른 해석 방법을 제시한 신학자는 존 칼빈이다. 그는 로마 천주교회의 성경 해석 방법을 비판하면서 문자적인 성경 해석을 주장한 루터나 과격파들과는 달리 성경의 본문에 대한 객관적인 해석을 추구하였다. 곧 하나님이 인간에게 주시고자 하는 원래의 의미를 바로 터득하기 위해서는 성경이 쓰여진 당시의 상황을 아는 일이 무엇보다도 우선되어야 한다고 성경의 역사적인 해석을 주장하였다. 그러나 전후 문맥을 바로 살피지 못하게 될 때, 성경이 전해 주고자 하는 원래의 뜻에서 떠날 수도 있기 때문에 성경 본문에 대한 역사적 해석 위에 문법적인 해석이 첨가되어야 한다고 주장하므로 성경의 역사적-문법적인 해석(historico-grammatical exegesis)의 길을 터놓았다. 칼빈은 역사적 문법적 성경 해석에 기초하여 로마 천주교회나 재침례교회의 성경 해석을 비판하고 개혁주의적인 신학운동을 전개하였다.

한국기독교회사[42)]

1. 들어가며

한국 교회 100년의 역사 과정 속에서 우리가 피부로 느끼는 것은 힘겨운 역사의 현장 속에서도 하나님의 주권적인 역사가 항상 이 민족 교회와 함께하였다는 것이다. 그렇다고 시대에 뒤떨어지게 민족주의의 발흥을 꾀하자는 것은 아니다. 그러나 이 나라 이 민족을 사랑하시는 하나님의 주권적인 역사의 현장들을 이 민족의 선교의 현장 속에서 찾아볼 수 있을 것이다.

2. 한국 개신교 준비의 시대적 배경

1886년 제너럴셔먼 호 사건 이후 개항 문제가 국내의 가장 큰 문제로 대두되었다. 개항을 반대하는 위정척사파가 있었고, 중국식의 온건한 개항을 주장하는 동도서기파, 일본식의 적극적인 개항을 주장한 개화파가 있었다. 이때 복음의 장을 여는 데 있어서 개화파가 큰 영향을 끼쳤다.

또한 중국에서는 경교의 실패 이후 존 로스와 맥킨타이어가 효율적으로 복음을 전도하다가 존 로스가 이응찬, 백홍준, 이성하, 김진기, 김청송을 포섭하여 한문 성경을 한글 성경으로 옮겼다. 이때 번역된 성경과 쪽복음의 전파로 인해서 1,000여 명의 성도들이 생

42) 박용규 〈한국기독교회사〉, 생명의 말씀사

겨, 언더우드와 아펜젤러가 오기 전에 이미 한국에는 하나님의 예비된 백성들이 복음의 밭을 준비하는 계기가 되었다. 일본에서는 하나님께서 이수정을 예비해 놓으셨다. 박영호의 개인 수행원의 자격으로 일본의 농업기술을 배우기 위해 건너갔던 이수정은 츠다센의 감화로 복음을 받아들이고 그 후 미국에 한국 선교에 대한 호소 편지를 썼고, 이것은 언더우드와 아펜젤러가 오는 계기가 되기도 하였다. 따라서 한국인 개신교 전파는 개화파 김옥균, 만주의 존 로스, 일본에서의 이수정의 성경 번역을 통해 포문이 열렸던 것이다.

3. 복음의 수용과 확장

1) 국내에서의 복음의 수용과 확장

김청송·이성하, 백홍준·서상륜은 모두 존 로스, 매킨타이어에 의해서 복음을 받아들였던 사람으로 김청송은 식자공으로 일하다가 성경을 깨닫게 되자 안현에서 복음을 전도하였고, 그로 인해서 1,000여 명의 신앙의 공동체가 언더우드가 입국하기 전에 세워져 있었다. 이들은 모두 존 로스의 영향을 받아 결국 존 로스는 국내에서의 복음의 확장에 지대한 영향을 미치게 되었다.

장로교는 4개의 교단인 북장로교회(1884년 알렌과 언더우드), 남장로교회(1892년 레이놀즈와 존슨), 빅토리아 미션(1889년 데이비스 남매), 캐나다 선교회가(1898년) 입국하였고, 감리교는 1885년 북감리교도인 아펜젤러의 입국, 남감리교는 윤치호의 노력으로 1896년에 입국하였다. 침례교는 1889년 펜윅, 성결교는 동양선교회로 1907년에 입국, 그 외 성공회는 1887년 울프, 구세군은 1908년, 러시아정교회는 1892년, 플리머스 형제단은 1898년에 입국하였다. 결국 한국 개신교는 1884-1908년 사이에 다양한 개신교가 동시에 입국을 하였고, 특히 장로교와 감리교가 한국의 선교를 주도하였다.

2) 선교 정책: 의료 및 교육 선교/성경 번역/연합 활동/선교지 분할 협정(1893)

선교사들의 입국으로 이 민족을 깨우는 최일선 주자는 선교사들이 되었다. 의료 선교와 교육 선교, 성경 번역과 연합 활동을 통해, 또한 선교지 분할 협정을 통해서 이 민족의 민족의식을 깨우고 시각의 변화를 일으키기 시작하였다.

의료 선교는 알렌과 스크랜턴을 중심으로 특히 왕실과 민중의 마음을 얻는 데 성공하였고, 교육 선교는 이화학당을 세운 스크랜튼, 경신학교를 세운 아펜젤러, 연희전문을 세운 언더우드에 의해서 이루어지게 되었다. 성경도 번역되었는데, 성경 번역은 이수정 역 로스 역(예수셩교전서), 언더우드와 아펜젤러 중심의 성서번역위원회가 활약을 하게 되었다. 연합 활동은 1893년 장로교공의회와 1905년 장감연합공회를 중심으로 이루어졌는데, 특히 장감의 연합 활동은 한국의 민족 복음화를 앞당기는 데 중요한 계기를 마련해 주었다.

또한 '교계이양'이라는 선교지 분할 협정은 재정의 낭비를 막고 선교 효율을 극대화하며 한 신학을 오래 심어 주었으나 지방색을 가속화시키는 원인도 되었다.

결국 한국 개신교의 선교정책은 천주교와는 달리 직접 간접의 균형을 이루었고, 고종의 윤허를 받았다. 선교에 있어서 왕실과 민심을 사로잡았다. 이렇듯 한국 개신교 선교는 한국인에 의해서 준비되었고, 성서번역에서 출발하게 되었다.

4. 선교사들의 신앙과 삶에 대하여

한국을 사랑하던 언더우드 선교사는 공식적인 선교사의 자격으로 입국하였다. 그는 라토렛의 평가대로 한국 선교를 주도하는 현명한 선교사가 되었을 뿐 아니라 교육자, 성경 번역자, 기독교 문서 편집자, 복음 전도자, 조직가, 그리고 국왕의 비공식적 고문관으로 탁월한 업저을 남겼다. 언더우드의 업적은 성경 번역, 성경신학교와 연희전문 설립, 선교 확장, 문서선교의 사역을 들 수 있다. 언더우드 없이는 한국의 선교는 상상할 수가 없을 정도이다.

장로교 배경의 감리교 선교사 아펜젤러는 한국 선교에 성경 번역의 토대를 놓았고, 장로교와 협력하면서 한국 교회의 선교를 모색하였다.

한국 선교의 선교사들의 신학적인 배경과 출신은 맥코믹 신학교를 중심으로 시작되었고, 선교의 열정은 프린스턴의 신학적인 배경을 중심으로 시작되었다. 맥코믹 출신으로 마포삼열, 소알론, 곽안련, 유니온 출신으로 이눌지, 구레인, 프린스턴 출신으로 라부열, 어도만, 함일돈이 있었다.

결국 한국에 파송된 선교사들은 선교적인 측면에서는 언더우드와 아펜젤러가, 신학적인 측면에서는 맥코믹, 유니온, 프린스턴 출신의 선교사들이 기여하였다. 선교사들은 대부분 신학적으로는 보수적인 구학파 출신이면서도 동시에 부흥운동에 긍정적이었다.

5. 평양 대부흥운동(1901-1910)의 시작과 전개 과정

1) 시대적인 배경

한국 교회의 부흥운동에 중요한 위치를 차지하고 있는 사건이 있다면 그것은 1903년 원산 부흥운동과 1907년 평양 대부흥운동, 1909년 백만인 구령운동으로 대변될 것이다. 이 영적 각성운동의 부흥의 발흥은 시대적인 요청이라고 할 수 있을 것이다. 그것은 전 세계적으로 부흥의 움직임이 있었고, 당시의 정치적인 상황, 또한 네비우스 선교정책이 배경이 되었다. 20세기 미국의 아주사 오순절 운동, 웨일스 운동, 인도의 부흥운동, 그리고 호주의 부흥운동 등 당시의 전 세계적인 부흥운동의 움직임과 함께 1903년 원산 부흥운동, 1907년 평양 부흥운동, 그리고 1909년 백만인의 부흥운동이 일어나게 되었다. 특히 당시의 정치적으로 1894년 청일전쟁, 민비 시해 사건, 1904년 러일전쟁이 일어난 후여서 많은 심령이 가난해 있었다. 또한 부흥운동은 1890년에 도입된 네비우스 선교정책의 일환으로 채택된 사경회 운동과 밀접한 연계성을 지니면서 발전했다. 세 개의 부흥운동의 과정에서 원산 부흥운동과 평양 대부흥운동은 말씀과 기도로 특징 되는, 기도회나 사경회 기간 중에 발흥하게 되었다.

2) 하디와 원산 대부흥운동(1903)

1903년 원산에서 있었던 기도회는 백낙준 박사의 말대로 한국 "부흥운동의 기원이었다." 특히 원산 기도 모임에 불을 지폈던 사람은 감리교 하디 선교사였다. 하디는 원산의 기도 모임에서 교만, 심령의 강퍅함, 믿음의 부재 등 자신의 죄를 낱낱이 털어놓으며 눈물로 참회하며 회개를 하였다. 이 원산의 부흥의 열기는 1906년 8

월 평양으로 확산되었고, 이어 삼남지방 목포까지 이어졌다. 백낙준 박사는 이 부흥운동의 발흥 배경과 관련해서 분열된 심령을 생기게 한 패배의식, 영적 체험의 심화를 위하여 외부에서 들어온 반가운 소식을 알려는 욕망, 그리고 부흥운동을 일으키려는 선교사들의 적극적인 노력을 지적하였다.

3) 평양 대부흥운동(1907)

평양 대부흥운동은 원산에서 일어난 부흥운동의 영향으로 발흥한 것이다.

원산에서의 부흥의 역사가 평양으로 옮겨 가기 시작한 것은 1906년이었고, 그 불씨를 제공한 주인공은 하디였다. 이 평양 부흥운동은 특히 장대현교회에서 실시된 사경회 기간 동안에 일어났다. 이 놀라운 성령의 역사는 한국 교회에 세 가지 선물을 가져다주었는데 회개운동, 영적인 개혁에 이은 사회 개혁, 급성장에 따른 선교 사역의 놀라운 확장이었다. 결국 평양 부흥운동의 영향은 전 선교회와 교회, 그리고 중국에까지 퍼져 나갔다. 1907년의 대각성운동은 백낙준 박사의 지적처럼 한국 교회의 영적인 재탄생을 특징 짓는 역사적인 사건이었다.

4) 백만인 구령운동(1909)

부흥운동을 통해 개신교 복음운동이 일어났는데 그 하나의 결실로 나타난 것이 1909년과 1910년 사이에 발흥했던 백만인 구령운동이었다. 백만인 구령운동은 한국 민족 100만 명에 복음을 전해 '민족 복음화'라는 거대한 공동의 목표를 이룩하겠다는 목표를 세우고 장감 6개 선교회가 힘을 결집하여 전국적으로 추진한 운동이었다. 1907년 부흥운동과 마찬가지로 백만인 구령운동은 성경에 대한 열정과 더불어 전국적으로 확산되었고, 민족 복음화와 해외 교포에 대한 전도열을 확산시키는 중요한 계기가 되었다.

결국 부흥운동은 독자적으로 일어난 것이 아니라 말씀 중심의 사경회 운동과 밀접한 연관이 되면서 대부흥운동으로 이어졌다. 또한 회개운동을 통한 성령의 역사는 에드워드 식의 영적 각성운동이었다. 그러나 백만인 구령운동은 전도운동의 성격이었다. 따라서 한국 교회의 뚜렷한 성장을 가져왔다. 개인의 각성운동에 머문 것이 아니라 사회개혁으로 이어졌다. 그리고 한국 교회의 생명력의 토대를 마련하게 되었다. 두 대의 물줄기로 원산, 개성을 중심으로 한 남감리교는 전형적인 웨슬리 신앙과 신학적으로는 구학파 전통과 부흥에 긍정적인 맥코믹 출신자들의 보수적인 청교도의 신앙이었다.

6. 1930년대의 자유주의의 도전과 보수주의의 대응(1930-1934)

1) 1930년대의 다양한 신학: 보수주의, 진보주의, 자유주의, 신비주의, 무교회주의

박형룡의 보수주의, 김재준의 진보주의, 정경옥의 자유주의, 이용도의 신비주의, 김교신의 무교회주의 등의 다양한 흐름이 나타났다.

당시 국내 정세에는 두 가지의 흐름이 있었다. 정치적인 소망이 상실되자 종교적인 소망을 가지게 되었는데, 일본의 통치방식이 문화정치로 변모되어 사범학교를 육성하면서 외국의 유학을 장려하였다. 이런 배경 속에서 다양한 신학이 1930년대에 유입되었다. 또 한국 선교 초기부터 파송된 선교사들은 다양한 신학사상을 가

지고 한국에 들어왔고, 선교사 중 소수는 성경의 무오성을 부인하였다.

2) 한국 자유주의의 뿌리 유니온 출신/ 감리교 선교회/ 캐나다 선교회/ 일본에서의 교육

한국 자유주의의 뿌리는 유니온 출신의 PCUSA 교단, 감리교 선교회를 통한 자유주의와 그리고 장로교를 통한 자유주의의 유입, 진화론을 강조하는 고등교육과 연합된 캐나다 선교회의 진보적인 흐름, 채필근 · 송창근 · 김재준 등 일본에서의 진보적인 교육이 한국 교회 내에 스며들게 되었다.

결론적으로 한국의 자유주의의 흐름은 1930년 이전부터 있었다. 교단이 자유주의 문제를 해결하였으나 근본적인 청산은 아니었고 조선신학교 설립으로 결국 한국 신학은 변천을 겪었다. 1930년대 일련의 신학이 역사에 등장하여 다양한 신학적인 흐름이 생기게 된 것이다.

3) 김재준의 진보주의

김재준의 진보주의적 신학의 사상적 핵심은 일본 청산학원의 신학적인 교육과 소선지서 연구를 통해 형성되었으며, 그는 서구의 신학을 답습하기보다는 자신의 신학을 개척해 나가려고 했다. 결국 1930년대 자신의 신학을 개척하여 진보주의적인 신학의 사조를 뿌리 내리게 되었다.

4) 정경옥의 자유주의: 신앙은 보수, 신학은 자유/ 노스웨스턴의 롤 교수와 슐라이어마허와 리츨의 영향

"신앙은 보수, 신학은 자유. 기독교는 체험의 종교이다"라는 주

장을 했던 정경옥은 수많은 현대의 신학자들의 사상을 인용 소개함으로써 한국 신학의 지평을 넓혀 갔고, 종교적인 체험, 신비주의, 종교다원주의, 사회 참여를 특징으로 하는 감리교 신학을 정리하였다. 또한 감리교의 문화 참여, 현실 참여 등 감리교의 원동력이 되었다.

7. 신사참배 반대 운동(1935-1945)

김양선은 신사참배를 105인 사건, 3·1운동보다도 더 중요한 사건으로 보았는데, 신사참배의 전초는 일본의 공립학교에서의 천황숭배와 역사, 지리교육을 폐지하는 교과과정의 개편을 통해 나타났다.

신사의 본질은 일본의 정신생활에 기본이 되는 일본 고유의 사상으로, 고대 일본의 정치권력의 발달과 함께 중앙집권화되는 과정에서 천황의 권력이 절대화되어 갔고, 결국 신앙의 형태로 굳어졌다. 일제는 1단계로 신사를 교파로 삼는 교파 신도를 한국에 침투시켜 포교를 통해 신도화 작업을 추진해 나가면서 다른 한편으로는 국가 신도를 통해 한국민을 신사화하려는 작업을 추진했다. 결국 1931년 만주사변을 일으킨 후 국민정신총동원을 구실로 한국인 전체에 신사참배 강요를 시작하였다.

일제는 신사가 종교가 아니라 국민의례에 지나지 않는다는 그들의 정책을 공립학교에서부터 실행하였다. 공립학교에서는 신사가 문제되지 않았지만 미션스쿨에서는 처음부터 신사참배가 문제시 되었다. 매큔 사건을 통해서 알 수 있듯이 신사참배에 대해 북장로교회는 매우 단호했고, 학교 폐쇄라는 현실 앞에서도 분명한 태도를 취했다.

그러면 한국 교회의 반응은 어떠했나? 국내의 천주교, 감리교, 성결교, 안식교를 비롯한 대부분의 기독교회가 신사참배를 결정하였고, 선교부의 영향이 줄어든 상황에서 장로교 총회에서 신사참배를 강요하였다. 결국 1938년 9월 9일 제27차 장로교 총회에서 총회장 홍택기에 의해 장로교 역사상 가장 치욕적이고 수치스러운 결정을 하였다. 일제는 각 교단을 통합시키기 위해 조선혁신교단을 만들고 급기야는 기독교 전체를 말살하고자 하였다.

8. 교단의 대립과 분열의 시대(1945-1960)

1) 분열의 역사적 배경

1940년 김재준, 채필근, 송창근 등이 주축이 되어 승동교회에서 조선신학교가 설립되어 평양신학교와 신학적인 단절이 생겼다. 조신은 황국신민의 목회자 육성, 한국인에 의한 신학 교육, 세계 신학 조류를 수용하였다. 조신의 설립으로 한국 장로교는 전통적인 신앙을 따르는 이들과 새로운 신학의 조류에 부응하려는 진보적인 이들로 뚜렷이 대별되었다. 이에 대한 반동으로 신사참배를 주도하였던 한상돈 목사와 웨스트민스터의 메이첸 문하에서 구 프린스턴의 보수주의 교육을 받은 박윤선 목사가 주축이 되어 옛 평양신학교를 계승하려는 목적으로 1946년 고려신학교를 설립하였다. 또한 조선신학교의 보수주의적인 신학생들 51인이 총회에 조선신학교의 진보적인 신학 교육에 이의를 제기하며 1947년 총회에 청원서를 제출하였다. 이들의 진정이 맞다고 결정되자 조선신학교는 정치적인 압력이라는 이유를 들어 결별을 선언했고, 1953년 6월 장로교회를 탈퇴하여 기독교장로회를 설립하였다.

2) 한국 교회의 대분열: 1952년 고신의 1차 분열/ 1953년 기장의 2차 분열/ 1959년 통합의 3차 분열

고려신학교는 신앙의 순수성을 보존해야 하지만 그와 동시에 신앙의 순수성에 기초한 한국 교회의 재건에 관심을 기울여야 할 책임을 부여받았다. 그러나 경남노회와 고려신학교 설립에 관하여 고려신학교 교장이었던 박형룡 박사와 한상돈 목사와의 견해 차이가 있어 박형룡 박사의 사임으로 이어졌고, 고려신학교는 총회의 인준도 받지 못하는 신학교가 되었다. 결국 1952년 평신의 전통을 계승하고 신사참배 이전의 장로교 총회의 신앙과 교리 표준의 전통을 계승하고 장로교 치리회 정신을 합법적으로 계승한다는 의미에서 고려파가 분열이 되었다. 그러나 고려파의 분열은 신학적인 문제이자 행정적인 문제가 연루된 복합적인 것이었다.

또한 51인 학생들의 진정서로 시작된 조선신학교의 신학을 둘러싼 총회 내의 대립과 갈등은 1953년 6월 조선신학교와 그 학교를 지지하는 장로교회들이 총회를 탈퇴하고 한국 신학에서 소위 법통 38차 총회를 개최하면서 분리되었고 이듬해인 1954년 기독교장로회라는 교단을 형성하고 스스로를 자유주의자-보수주의자들이라고 칭하였다. 두 차례의 대분열을 맞이한 한국 교회는 1954년 이후 WCC 문제로 지지하는 통합 측과 영구 탈퇴와 NAE와의 관계 청산을 부르짖던 합동으로 분리가 되었다.

결론적으로 21세기의 새로운 문턱에 들어선 한국 교회는 처음 전해 받은 복음의 순수성과 복음을 전해 준 이들의 순수한 복음의 열정이 그대로 살아서 숨 쉬고 있는가를 물어야 한다. 기독교의 역사 속에 끊임없이 살아났던 복음의 순수성을 회복하려는 개혁의

움직임이 우리에게도 있어야 할 것이며, 또한 교회는 교회가 처한 시대와 사회와 문화를 변혁시키기 위한 노력이 동시에 있어야겠다. 그것은 교회가 처한 사회와 문화의 소리에 끊임없이 귀를 기울이되 거기에 동화되지 않고 기독교의 정체성을 잃지 않고 기독교의 본래의 모습을 계승할 때만 가능할 것이다.

참고문헌

1. 존 파이퍼, "하나님의 열심", 조나단 에드워즈의 천지 창조의 목적.
2. 조나단 에드워즈의 "Sinners in hands of an Angry GOD" 중에서.
3. 김지찬, 《요세프스》, 생명의 말씀사.
4. The Works, "조나단 에드워즈", 백금산 옮김.
5. 박용규, 《한국기독교회사》, 생명의 말씀사.
6. 백금산, 《조나단 에드워즈의 생애와 사상》, 생명의 말씀사.
7. www.elshaddaiminstries.us 선교회 자료, 마크 빌 목사.
8. 마크 빌, Blood Moon, 조용식 옮김, 순전한 나드
9. lain H Murry(1987), *Jonathan Edwards : A New Biography*, Edinburgh : The Banner of Truth, pp.157-158
10. 존 길리스(1992), 《18세기 하나님의 주권을 드러낸 위대한 영적인 부흥》 김남준 역, 서울: 솔로몬.
11. William G. McLoughlin(1978), *Revivals, Awakening, and Reform*, Chicago : The university of Chicago Press.
12. 이문희(2005), 《조나단 에드워즈의 부흥과 신학》 pp.39-47.
13. 존 오웬, 《죄 죽이기》
14. J, Weingreen, *Hebrew Word*
15. 피터 콘놀린, 《나사렛 예수와 그 시대》

16. 강문호,《성막으로 성경을 말한다》
17. Seekins Frank(2012), *Hebrew Word Pictures*. Scottsdale.
18. 안병삼,《예수의 생애》, 한국기독교정보학회.
19. KJV Bible English
20. 조나단 에드워즈,《놀라운 회심 이야기》, 세계기독교 고전, 크리찬다이제스트.

MOED 거룩한 약속

1판 1쇄 인쇄 _ 2016년 9월 30일
1판 1쇄 발행 _ 2016년 10월 5일

지은이 _ 이문희
펴낸이 _ 이형규
펴낸곳 _ 쿰란출판사

주소 _ 서울특별시 종로구 이화장길 6
편집부 _ 745-1007, 745-1301~2, 747-1212, 743-1300
영업부 _ 747-1004, FAX 745-8490
본사평생전화번호 _ 0502-756-1004
홈페이지 _ http://www.qumran.co.kr
E-mail _ qrbooks@gmail.com / qrbooks@daum.net
한글인터넷주소 _ 쿰란, 쿰란출판사
등록 _ 제1-670호(1988.2.27)
책임교열 _ 김영미, 이화정

 ISBN 978-89-6562-942-9 93230

책값은 뒤표지에 있습니다.